中国化工通史
事业卷

ZHONGGUO HUAGONG TONGSHI SHIYEJUAN

《中国化工通史》编写组　编著

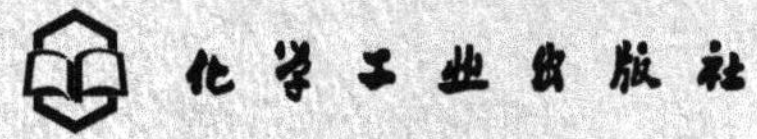

·北京·

内 容 简 介

本书向读者呈现出一幅有述有评、文表兼备、易阅易查、简洁明晰的化工事业发展画卷，使读者能一卷在手，粗知化工事业发展概貌。“事业卷”以时间为主线，按照“工程设计”“科研开发”“情报出版”“化工教育”和“化工社团”五大主题，分别记录了化工事业单位曾走过的足迹。记述了在我国化学工业发展过程中发挥了重要作用的各事业单位的历史沿革与发展，代表性人物及出版物，让后来者能够有所了解我国化工事业单位的发展与贡献，更好地还原历史面貌。

图书在版编目（CIP）数据

中国化工通史. 事业卷 /《中国化工通史》编写组编著. —北京：化学工业出版社，2021.7

ISBN 978-7-122-39184-1

Ⅰ. ①中… Ⅱ. ①中… Ⅲ. ①化学工业-工业史-中国 Ⅳ. ①F426.7

中国版本图书馆 CIP 数据核字（2021）第 096557 号

责任编辑：李晓红　　文字编辑：任雅航　陈小滔
责任校对：赵懿桐　　装帧设计：王晓宇

出版发行：化学工业出版社（北京市东城区青年湖南街 13 号　邮政编码 100011）
印　　装：北京建宏印刷有限公司
710mm×1000mm　1/16　印张 24¼　字数 469 千字　2021 年 8 月北京第 1 版第 1 次印刷

购书咨询：010-64518888　　售后服务：010-64518899
网　　址：http://www.cip.com.cn
凡购买本书，如有缺损质量问题，本社销售中心负责调换。

定　　价：148.00 元

前 言

FOREWORD

《中国化工通史——事业卷》（以下简称《本卷》）是多卷本《中国化工通史》（以下简称《通史》）中的一卷。

编写《通史》为什么将化工事业单独成卷，这就不得不探讨化工事业单位在中华人民共和国化学工业发展史上的地位与作用。在西方市场经济国家工业部门内似乎没有事业单位这一说。改革开放后进行的中国经济体制改革，其重要的内容之一，就是不断弱化和缩减工业部门内的事业单位。但是在 1978 年改革开放前后的计划经济体制下，化学工业部门曾经着力发展了一批事业单位，主要集中在工程设计、科研开发、情报出版、化工教育等领域，还有类似事业单位的化工社团。这种现象的出现和存在有其历史的必然性。

化学工业，又称化学加工制造业，其核心自然是化工生产。化工生产水平的高低，不能仅用化工生产规模（化工厂数量和化工产品的品种、年生产能力、产量等）来判断，同时也要看化工科学技术水平的高低，科学技术水平是生产力质量或生产效率的标准。若把实体化工厂和化工生产规模看作是“硬实力”，那么工程设计、科研开发、情报出版、化工教育等就可以看作是“软实力”。在社会经济发展中，“硬实力”和“软实力”相互促进发展，循环不已。大多数国家的发展模式，是“硬实力”率先发展，“软实力”在得到“硬实力”的经济带动和支持后，才开始蓬勃发展。中华人民共和国若仅是依靠工业内部“自我良性循环”来发展，迅速工业化和赶超西方工业化国家将不知何年何月。1949 年中华人民共和国成立后，学习苏联工业化的经验，利用国家财政支出在工业领域迅速建立了急需的工程设计、科研开发、情报出版、化工教育等单位，为工业建设和生产服务。这样依靠国家财政拨款而生存的工业部门的单位被纳入了事业单位。这些事业单位，在中华人民共和国成立后的社会主义建设中，为化学工业的发展做出了卓越贡献，同时也是承载化学工业科技水平“软实力”的重要力量。据此，《本卷》重点编排了“工程设计”“科研开发”“情报出版”“化工教育”“化工社团”五大篇，以此为代表，欲留下化工事业单位曾走过的一些闪光足迹。

化学工业技术进步的源泉，主要来自三个方面：生产实践、科技研究和技术引进。中华人民共和国成立后的很长一段时间，我国化学工业的科技水平与世界先进水平差距很大，如果按部就班地等待科研开发的成果再来建设新的化工厂，按当时的条件，一是没有大笔科研经费投入能力，二是大规模的建设时间等不起。因此，经中央高层决策的技术引进成为我国化学工业技术进步的重要手段。对化学工业有重大影响的技术引进，有 20 世纪 50 年代的“苏联援建 156 项工程”、20 世纪 70 年代的“大引进”，以及改革开放后的对外全面技术合作等。在技术引进过程中，从技术评估、谈判，到配合国外设计、施工建设，工程设计单位都是中坚力量。《本卷》在记述工程设计单位发展的历程中，清楚地说明了技术引进对化学工业的推动作用。

化学工业是一个化工产品品种繁多的工业，每种化工品的生产工艺和技术装备各异，同一个产品用不同原料时生产过程又不尽相同，必须进行大量的科学研究开发工作才能掌握各种化工品的生产。在国力尚弱的条件下，化工科学研究很难进行基础理论研究或从头开始创造自主研发的成果。国民经济发展急需生产各种化工产品，这个时期的科研工作主要是仿制填补我国化工产品的空白和为新建工程项目提供设计补充数据。广大科学研究人员在国外技术封锁、科研经费少等困难条件下，发挥了“为国争光”和“集中力量办大事”的社会主义制度优势，通过不计个人名利的埋头苦干，以及多行业、多部门的“攻关会战”，取得了一批丰硕的化工科研成果，从而使我国成为化工产品种类基本齐全，基本满足国民经济需要的化工生产大国。

科技信息的搜集、整理、分析与传播是科学技术进步的重要手段。化工情报（信息）和出版作为服务性行业资源，为化学工业的发展发挥了很重要的作用。情报和出版的范围以及产品浩如烟海，《本卷》提到的内容，难免挂一漏万。中华人民共和国成立后，教育事业为培养化工专业人才也做出了巨大努力。特别是前三十年，化工系统抓住化工中等教育和职工培训，使得大量对化工知识一无所知的人群（如世代农民群体）很快学会了技能，能够走进工厂操作管理复杂的化工生产，满足了大量化工厂的人才需要，其反映出的中等职业教育也成为那个时期化工教育的一大亮点。

《本卷》记述的内容，主要限于原化工部系统的事业单位相关历史情况，但因事件关联也提及国内其他单位相关内容。《本卷》的记述时间截止到 20 世纪末，个别地方延伸到 21 世纪初。因为到 20 世纪末化工事业单位经过分批“体制改革”已变成了企业，大部分化工事业单位亦成为历史。

各篇的结构，大体分为正文和辅文两部分。《本卷》与其他各卷相同，内容多为资料汇总，略加整理。正文以“章、节、目”的层次结构记述各类事业单位的发展过程，化学和化工专业性比较强，有些历史情况比较复杂，为了非专业读者阅读方便，编者加入了少量点评和知识性内容。考虑到篇幅，《本卷》各篇都增加辅文，即系年要录。系以中华人民共和国成立为界，以时间（年）为序，简要记述重要之事，对正文起铺陈、补充、拓展之作用。要录多采自《中国大百科全书》《中国化学工业大事记》等权威文献资料，力求与正文相辅相成、相得益彰。

改革开放之后，党和政府进一步完善科技奖励制度，大大调动了广大科技工作者的积极性、创造性。《本卷》附录辑录了 1984—2004 年这一段时间的化工部科技奖励项目名录，被奖励的这些科技成果，其蕴含的巨大能量，既为促进化工事业发展注入了强大动力，同时也代表了相应时段的化工科技水平。

编写组
2020-09-17

目 录

CONTENTS

（图）

（表）

（附表）

第一篇 工程设计

化学工业具有多行业、多品种、多工艺的特点。几十年来，我国化学工业从没有世界地位发展到全球第一生产大国，所取得的巨大成就举世瞩目。其中，化工设计做出了不可磨灭的贡献。

设计在基本建设中占有重要的地位。建设项目确定前，它为项目决策提供科学依据；建设项目确定后，又为项目建设提供实施蓝图。设计的理念（设计者的知识广度和深度以及技术水平）直接关系着建设项目的质量和投资效益。随着时代发展和科技进步，新建工程项目中包含的科技范围越来越广泛，科技层面越来越高深和复杂化，工程设计在项目建设中的重要性日趋凸显。自20世纪后期新技术革命浪潮以来，设计不仅在基本建设领域，而且在经济活动的各个领域都发挥着越来越重要的作用，例如：设计创意启发新产品的开发思路；设计评估判断新产品的市场前景和生命周期；总体设计是多学科汇总在一起的超大工程的核心。

化工设计是一个比较复杂的技术工作。它不仅仅是生产方法和工艺流程的设计，同时要顾及原料、机械设备、材料、控制、运输等许多其他非化工领域的技术进步或创新所带来的新变化。所以大多数情况下化工设计是综合多种技术，包括工厂规模、原料路线、生产工艺、产品质量、消耗及成本、机械设备、安全控制、建设投资、环境保护等的系统工程。近百年来，化学工业是技术更新速度快、蓬勃发展的工业部门之一，化工生产的技术进步具体体现在各个时期建设的新工厂或新装备中。本篇通过对不同时期化工设计工程项目的记述，展现了我国化学工业的技术发展历程。

第一章 主要化工设计单位历史沿革

自清末洋务运动以来，现代化学工业的生产方式从西方传入我国。中国沿海一些地方陆续建起了一些涂料、肥皂、染料、医药等小型工厂。这些工厂一般都技术比较简单，工艺流程较短，装备也很简陋，不需要复杂的工程设计工作。到了民国时期，虽然有了较大型的纯碱、烧碱、合成氨等化工厂的建设，但其技术、图纸、装备都是购自国外，国内的工程设计工作量很有限。有时也会拼凑一些专业技术人员为之配套服务，但工程一结束，队伍也随之解散。故在中华人民共和国成立前，我国基本上没有独立的化学工程设计队伍。解放战争末和中华人民共和国成立之初，人民政府为了恢复化工生产，从各地招聘一些化工工程技术人员，在重工业部化工局、东北化工局和华东化工局下先后成立了化工设计处（室），并在大连化学厂（后更名为大连化学工业公司，简称“大化”）、南京永利宁厂（后更名为南京化学工业公司，简称“南化”）等老化工企业成立了设计组。这些设计力量可以承接一些恢复性工程和小型化工项目，但还不具备设计完整化工厂的能力。

在中国共产党领导下，中华人民共和国决心改变贫困落后面貌，要把中国建设成一个先进的工业化国家。为适应大规模建设的需要，1952 年 1 月，中央财经委员会以财经计建字第二十四号命令颁发了《基本建设工作暂行办法》，确定我国进行基本建设的体制及管理办法。1952 年 10 月，中央财经委员会主任陈云在讨论加强基本建设工作时指出：1953 年将是大规模经济建设的一年，必须下决心迅速调集人员建立各部专业的设计和施工组织。为适应发展化学工业的需要，1953 年 1 月 20 日，重工业部发布《关于加强与调整设计机构的决定》。决定将当时全国主要化工设计力量集中起来，以东北化工局、重工业部化工局和华东化工局的设计处（室）力量为基础，同时抽调化工生产企业的技术骨干，于 1953 年 6 月在沈阳成立了化工设计公司（图 1-1）。1954 年 1 月，化工设计公司从沈阳迁到北京。1955 年更名为中央人民政府重工业部化学工业设计院，职工总数达到 1389 人。

1956 年 5 月化学工业部（简称化工部）成立后，重工业部化学工业设计院随之改名为化工部化学工业设计院。同年 11 月，化工部决定以原轻工业部设计公司石家庄分公司为基础，成立化工部医药工业设计院。该院后与上海化工局设计院合并，定名为化工部上海化工医药设计院（简称上海医工院），承担化工医药设计任务。1957 年 1 月，化工部成立化学工业部设计局，将化工部化学工业设计院一分为四，分别成立了化学工业部氮肥工业设计院、化学工业部有机化学工业设计院、化学工业部基本化学工业设计院和化学工业部勘察设计公司，统一由化工部设计局领导。1957年11月6日，化工部决定，以大连化学厂、大连碱厂设计科为基础，组建大连化工设计分院；以永利宁厂设计科为基础，组建南京化工设计分院。1958年7月17日化工部决定，以天津橡胶工业研究所、天津第四机电安装工程处和原轻工业部设计公司的橡胶部分为基础，成立北京橡胶工业研究设计院。各设计院和勘察公司总人数达到3200人，主要职能为承担全国化工建设所需的勘察设计任务。

图1-1 1953年在沈阳成立的重工业部化学工业设计公司旧址

1958年，化工部将在北京的氮肥、基本化学、有机化学三个设计院合并为化工部化工设计院（简称化工设计院），并在院内设立专门从事国防化工项目开发的设计室。同时，为适应社会主义建设快速发展和各地要求发展化学工业的需要，1958年8月20日化工部发布了《关于调整勘察设计机构的决定》，鉴于化工产品品种繁多，许多中小品种的化学品当时在国内生产尚属空白。为了缩短从科研开发到工业生产的过程，在这次调整勘察设计机构中，化工部尝试建立了科研设计一体化的开发机构。从北京化工设计院先后抽调1000多人与当地的化工设计力量合并，组建了8个区域性的设计研究分院（大连、吉林、锦西、西北、华东、西南、华北、华中）和5个综合性勘察队（撤销勘察公司，新成立5个综合勘察队，分属大连、华东、西北、华中、西南分院建制）。分院成立过程中，大批下放在京技术人员充实地方设计力量，使得这些单位能够很快正式运转，支持各地大批化工建设项目的需要。例如，化工设计院抽调近百人迁往四川成都，与四川肥料厂设计力量汇合，成立西南化工设计研究分院。化工设计院抽调70余人和大连碱厂及大连化学厂两个厂的中央试验室合并，组成大连化工设计研究分院。

院址在北京的化工部化工设计院受化工部直接领导，代行全国化工设计管理机构的职能。其主要任务除了完成自身的设计任务和试验研究工作外，还代化工部安排化工勘察设计任务，对分院进行业务领导，参与全国化学工业发展规划工作和化工生产技术经验总结与交流，负责收集国内外技术情报，向分院和省院提供设计资料，组织援外项目的设计工作等。

1960 年 10 月 25 日，化工部将西南、中南、华北的化工设计研究分院改名为西南、中南化学工业设计研究院和天津化学工业研究院；西北、大连、吉林、锦西、华东化工设计研究分院改名为兰州、大连、吉林、锦西、南京化学工业公司设计研究院；沈阳橡胶工业公司研究设计院改名为沈阳橡胶工业公司研究院（后更名为沈阳橡胶工业制品研究所）。1962 年 1 月，又成立了化学工业部矿山设计研究院。1963 年 3 月 1 日，安徽省重工业厅设计院移交化工部，定名为化学工业部淮南化工设计院。

此外，1958 年不少省市自行成立了化工设计机构，其主要任务是为本地区和地方化工建设服务。其中有：吉林、黑龙江、内蒙古、天津、河北、山东、新疆、河南、湖南、湖北、江苏、浙江、江西、福建、广东、广西、贵州、陕西等 18 个省、直辖市、自治区，从事化工建设的工程设计队伍总人数达 14000 余人。

1964 年 12 月，化学工业部成立了基本建设总局，归口领导勘察设计工作，并对部属设计院进行了调整。调整后，将设计与研究分家，于 1965 年 3 月调整更名的设计机构为按 1～9 九个数字排名的化工设计院，以及矿山、橡胶、医药设计院和勘察公司各 1 个，总人数 8400 人，并明确了各设计院的专业分工，详见表 1-1。

表 1-1　1965 年化工部直属勘察设计机构一览表

单位名称	曾用名称	院　址
化学工业部第一设计院	化学工业部化工设计院	北京
化学工业部第二设计院	太原化学工业公司设计研究院	山西太原
化学工业部第三设计院	化学工业部淮南化工设计院	安徽淮南
化学工业部第四设计院	化学工业部中南氮肥设计研究院	湖北武汉
化学工业部第五设计院	兰州化学工业公司设计研究院	甘肃兰州
化学工业部第六设计院	化学工业部化工设计院七室	原定青海西宁，后改在陕西咸阳茂陵
化学工业部第七设计院	南京化学工业公司设计研究院	原定云南昆明，后改在江苏南京
化学工业部第八设计院	化学工业部西南化工设计研究院	四川成都
化学工业部第九设计院	吉林化学工业公司设计研究院	原定贵州贵阳，后改在吉林省吉林市
化学工业部化工矿山设计院	化学工业部化工矿山设计研究院	江苏连云港
化学工业部橡胶设计院	化学工业部橡胶工业研究设计院	北京
化学工业部上海医药工业设计院		上海
化学工业部勘察公司		江苏南京

1971 年，燃料化学工业部决定成立燃料化学工业部石油化工设计院，担任炼油和化工大型项目前期研究工作。

1972 年 7 月成立中国石油和化学工业规划院，从事全国石油和化学工业行业规划研究和工程技术咨询等工作。

1998 年化学工业部撤销后，原隶属化工部的设计单位转制为企业，进行了较大的重组。1999 年 12 月，国务院办公厅转发了建设部、国家计委、国家经贸委、财政部、劳动保障部和中编办《关于工程勘察设计单位体制改革的若干意见》（国办发〔1999〕101 号），要求全国勘察设计单位由现行的事业性质改为科技型企业，成为适应社会主义市场经济要求的法人实体和市场主体。要参照国际通行的工程公司、工程咨询设计公司、设计事务所、岩土工程公司等模式进行改造，逐步建立现代企业制度，并同时进行管理体制的改革。这一决定标志着工程勘察设计的体制改革和创建国际型工程公司进入了一个新阶段。

到 2010 年，全国各种类型化工工程设计单位有百余家。其中，主要的化学工程设计单位如表 1-2 所示。

表 1-2　2010 年全国主要化工工程设计单位名录

单位名称	曾用名称	单位地址	隶　属
西南化工研究设计院	化学工业部西南化工研究院	成都	中国化工集团公司
中国寰球工程公司	化学工业部第一设计院（部分）	北京	中国石油天然气集团公司
中国石化工程建设公司	化学工业部第一设计院（部分）	北京	中国石油化工集团公司
中国石油集团工程设计有限责任公司东北分公司	化学工业部第九设计院	吉林	中国石油天然气总公司
中国石化集团宁波工程有限公司	化学工业部第五设计院	宁波	中国石油化工总公司
中国石化集团南京设计院	化学工业部第七设计院	南京	中国石油化工总公司
中国石化集团上海工程有限公司	化学工业部上海化工医药设计院	上海	中国石油化工总公司
中国天辰化学工程公司	化学工业部第一设计院（部分）	天津	中国化学工程集团有限公司
赛鼎工程有限公司	化学工业部第二设计院	太原	中国化学工程集团有限公司
东华工程科技股份有限公司	化学工业部第三设计院	合肥	中国化学工程集团有限公司
中国五环化学工程公司	化学工业部第四设计院	武汉	中国化学工程集团有限公司
华陆工程科技有限公司	化学工业部第六设计院	西安	中国化学工程集团有限公司
中国成达工程公司	化学工业部第八设计院	成都	中国化学工程集团有限公司
上海化工设计院有限公司	上海化工设计院	上海	中国寰球工程公司（大股东）
浙江省天正设计工程有限公司	浙江省石油化工设计院	杭州	中国中化集团有限公司
山东省化工规划设计院	山东省化工设计院	济南	中国海洋石油总公司
湖南化工设计院有限公司	湖南化学工业设计院	长沙	中国能源建设集团有限公司

注：后面行文或列表，多用现在名称或简称。

第二章 国防化工新材料开发设计

20 世纪 50 年代中期，为了保卫国家安全，打破帝国主义的核讹诈和核垄断，我国决定自己制造原子弹、导弹和超音速飞机，当时叫做“两弹一机”。苏联和美国分别于 1957 年和 1958 年发射人造卫星成功，我国将“两弹一机”的目标改为“两弹一星”。为了实现这个目标，就需要许多当时国内尚不能生产的化工新材料。这些新材料的来源绝大多数被国外垄断封锁，我国不得不自力更生地进行研制开发和生产，并及时满足军工需求。国防化工新材料行业就是在这样的历史背景下诞生并发展起来的。

1958 年，时任化学工业部部长、党组书记的彭涛同志，对完成国防尖端技术所需新材料的任务十分重视。他指定部党组成员、部长助理李苏（1959 年任化工部副部长）主管国防化工工作，具体工作由技术司负责。技术司下设立一室专门负责国防化工新材料工作。1960 年，国防化工工作从技术司分出，成立一局（主管国防尖端化工新材料）、二局（主管常规武器新材料）。1964 年，一局、二局合并成二局，负责全国国防化工新材料有关研究、设计、制造的计划和组织。

化工部于 1958 年 10 月 1 日决定在化工部化工设计院建立国防化工设计室（简称七室），专门负责技术开发难度大、建设项目和工程量大、产品特别重要和要求特别高的化工产品的开发和设计任务。七室成立时，共有 70 人，室主任由化工部化工设计院副总工程师陈鉴远兼任。

从 1958 年 10 月到 1965 年 11 月的“七室时期”，国家向化工部提出国防化工尖端技术产品计划，主要包括重水、液氢、偏二甲肼等高能燃料和推进剂。开始时，主攻产品为重水的研制，这一阶段的开发内容主要是各种生产工艺技术路线的探索性试验、小型试验、中间工厂试验装置的开发设计、大厂方案（概念）设计、中试装置的建设试车，直至拿出合格产品满足军工需要。在这一时期，七室和有关研究设计生产单位先后完成了重水、液氢等生产装置的开发、试验和设计任务，其中建成投产的有 28 项工程。在新型材料建设中，填补了国家 12 项空白，为国防工业的建设及时提供了合格的产品。特别是在外国对我国实行技术封锁、苏联毁约的情况下，他们走前人没有走过的路，研制成功重水等多项国防军工急需产品，为我国成功爆炸第一颗氢弹做出了重要贡献。

20 世纪 60 年代初，苏联在我国北方边界陈兵百万，形成了巨大的军事压力。毛主席提出“要立足于大打、早打”“三线建设要抓紧”等一系列重大指示。国防尖端武器的开发和生产需要大量新型化工材料，当时有关部门向化工部提出需要多达1600多种的新材料名录，其中有700种甚至连化工技术人员都情况不明的新材料。要想制造这些化工材料，大多数要从小试做起，有300多种要从探索开始，而且任务还在不断增加。因此，加强国防化工新材料研究、开发、设计、施工等建设队伍的迫切任务已经摆在面前。同时，国防急需的重水、液氢、高能燃料等尖端化学品，经过十多年攻关研制，已取得较好成果，需要尽快将研究成果工业化，建设适宜规模的大型工厂，以加快国防尖端化工产品的生产供应。面对这样的形势，仅仅依靠化工设计院国防化工设计室这不足200人的队伍，已感力量单薄。1963年8月，国家要求化工部尽快设计建设重水生产大厂，务必保证按进度进行，并力争提前，所需技术干部由化工部提出具体要求，报中央组织部在全国调配。化工部于1965年1月31日下发了《关于勘察设计机构调整、搬迁和更改名称的决定的通知》[（65）化基张字第119号文]。按照化工部党委对国防尖端工业布局的安排，以原化工部化工设计院七室为基础成立一个新的设计院，即化工部第六设计院（简称化六院），专门承担国防化工设计任务。

1965年11月1日，化六院在北京正式宣告成立，同时开始从石家庄、太原、吉林、上海等地陆续调来一大批20世纪60年代大学毕业、参加工作不久的技术人员，到1966年编制扩大为600人，其中技术人员420人。“文化大革命”时期，1968年10月至1969年2月，下放职工268人，其中技术干部222人。1969年4月，化六院分四批由北京搬迁到陕西省咸阳市茂陵马跑泉大队，当时共有职工504人，其中技术干部440人。1975年前又将下放的大部分技术人员调回，职工人数最多时达到1300人。

自1965年化六院建院以来，与有关科研生产单位一起先后出色地完成了建设重水、液氢、偏二甲肼等许多国防化工产品生产工厂和供应基地的任务，曾多次受到中共中央、国务院、中央军委的通令嘉奖，获得国家科技进步特等奖3项、国家科技进步一等奖2项、国家科技进步二等奖4项。20世纪70年代后，化六院军转民，开始了石油化工、化肥等各类化工工程的设计。

第三章 典型化工工程项目和化工设计能力进步

为了扭转我国化工产品严重短缺的局面，从第一个五年计划开始，每个五年计划期间都要建设一批重大化工工程项目。它们投入生产后成为中国化学工业的生力军，使得我国化工产品生产能力和产量不断大幅度提升，快速推动我国步入世界化工生产先进行列。

本章通过各个时期一些典型化工工程项目，反映我国广大工程技术人员利用来自化工厂生产经验和国内科研成果以及引进技术，做出了上万个化工厂（装置）工程设计，从而为把我国化学工业的科学技术和生产能力推向世界先进水平做出的巨大贡献。

在相当长的一段时间内，谈到化工技术进步似乎首先是国内科学研究成果，很少分析引进技术在我国化学工业技术进步中的巨大作用。自古以来，世界各个地区都是依赖交流学习才得以进步。我国古代的火药、印刷术和指南针传到西方，促进了西方文明的发展。在研究世界科学技术发展史中，西方学者写入这个历史事实，证明学习外来文明并不会使得西方创造的现代文明失色。在今天信息互联互通和经济全球化时代，互相借鉴学习更是不可阻挡的历史潮流。在当时我国科学技术水平相对落后不能满足建设需求的历史条件下，为了不延缓建设进度，中央在不同时期做过数次决策，不惜花费来之不易的外汇，从国外引进化工技术。几十年后回眸，证明这些举措十分正确。中国化工设计单位在引进国外技术时，始终贯彻“借鉴学习、消化吸收、改进创新”这一指导思想，不仅大大加快了社会主义建设速度，同时也把我国化学工业技术水平提高到接近当时世界水平的高度，缩小了与世界先进国家的差距。显然，引进技术能否帮助提高国内技术水平的关键，不是“拿来”，重要的是“消化吸收”的本领和“改进创新”的能力。

第一节　设计工作起步——恢复原有生产装置生产

中华人民共和国成立前的化学工业十分薄弱，只有民族实业家范旭东和吴蕴初等创办的天津永利碱厂、南京永利宁厂、上海天原氯碱厂以及日本和国民政府遗留下来的大连、沈阳、吉林、重庆等地少数的化工厂，且在解放前夕，均遭到不同程度的破坏，甚至被迫停产。

当时，国家关于化学工业的方针首先是重点恢复合成氨、硫酸、碱等无机化学工业的生产。各企业的技术人员先后完成了大连、南京、吉林、沈阳、天津等地老化工企业的恢复、改造和扩建的开发设计。

在大连化学厂，修复并自行设计了技术难度较大的空气分离和氢气分离装置。到 1951 年 5 月，包括炼焦、合成氨、硝酸和硫酸等车间已全面恢复了生产。

南京化学工业公司（简称“南化”）的恢复和扩建，也取得了成功。催化剂是化工生产的关键，其制造技术国外严加保密。“南化”攻克技术难关，于 1950 年设计建成催化剂车间，开发生产出合成硫酸和合成氨用的多种催化剂，使其供应立足于国内。当传统的合成氨制气原料焦炭供应受到限制时，时任总工程师的姜圣阶提出用产量丰富、价格便宜的无烟块煤取代焦炭，并在“南化”组织试用成功，开辟了新的合成氨原料路线。这一创造曾获国际氮肥界好评。

初期恢复原有工厂的设计工作比较简单，基本上是按原有的工艺和装备“照葫芦画瓢”进行设计。

第二节　第一个五年计划期间的三大化工基地建设

1953 年，国家开始实行有计划的经济建设。第一个五年计划期间的基本任务之一：以苏联帮助设计的“156 项工程”为核心，集中力量进行限额以上的 694 个建设单位组成的工业建设，建立我国社会主义工业化的初步基础。

化学工业的重点是建设吉林、兰州和太原三大化工基地。在苏联援建工程项目中，化工项目有 14 项（吉林氮肥厂一期、二期工程；太原氮肥厂一期、二期工程；兰州氮肥厂一期、二期工程；吉林染料厂；吉林电石厂；太原化工厂；兰州合成橡胶厂；华北制药厂抗生素分厂、淀粉分厂；太原制药厂；保定电影胶片厂）以及一个炼油项目（兰州炼油厂）。这些项目在当时的世界化学工业中均属于大中型项目，其工艺和装备也属于先进水平。

新诞生的化工设计队伍虽然经历三年的恢复和建设的实践，但是还没有设计“平地起家”大型化工厂的能力。在苏联援建的“156 项工程”实践中，中华人民共和国第一代年轻的化工设计人员，学习了苏联的设计经验，锻炼和提高了设计能力。通过配合三大化工基地的建设，学到了苏联大型化工项目的规划、选厂、三段设计（初步设计、技术设计、施工图设计）、施工、安装、试车等方面的知识和技术。特别是对复杂的大型合成氨厂和有机化工厂的工厂设计有了较全面、深入的了解，为其后自行设计、建设大中型化工厂打下了基础。

在 20 世纪 50 年代中期，化工设计院除了主要配合学习苏联援建的十多项化工项目外，还在苏联专家指导下，参照苏联的一些技术资料（主要是工艺流程），完成了一些化工项目的开发设计。1955 年完成了吉林电石厂醋酸装置与我国年产 3000 吨聚氯乙烯装置的设计。还完成了铜官山硫酸厂塔法硫酸、抚顺硫酸厂接触法硫酸、山西磷肥厂普通过磷酸钙、株洲化工厂隔膜法烧碱、锦西化工厂有机玻璃和四乙基铅、长寿化工厂氯丁橡胶、重庆塑料厂酚醛树脂和酚醛塑料、锦西化工厂卡普隆、保定电影胶片厂三醋酸纤维素片基和电影胶片等项目的开发设计。

第三节　探索适合中国国情的工程设计

1956 年 5 月化学工业部成立后，通过抽调各地化工人才，以及源源不断的大中专毕业生的加入，化工设计力量进一步加强。在化工部领导要求下开始探索适合中国国情的设计理念。苏联援建项目有其先进的方面，但是完全照搬很难在我国推广建设。化工设计院消化吸收了苏联引进吉林化肥厂 5 万吨/年合成氨厂设计原理，结合永利宁厂合成氨工艺的优点，自行设计了四川化工厂（图 3-1）年产 7.5 万吨的合成氨装置。该设计合理划分界区、调整车间布置，少占了农田；在工艺上，从本地资源特点出发，采用永利宁厂固定层煤气发生炉取代吉林化肥厂的劣质煤沸腾层气化炉，取消了投资较高的空气分离装置；采用 2SLK 高压压缩机取代 1Г-166 型和 1Г-266 型高压压缩机，适应了国内制造和维修水平；采用永利宁厂 130 大气压（13.17 兆帕）醋酸铜氨液净化技术代替苏联 320 大气压（32.42 兆帕）碳酸铜氨液净化法，缩短了工艺流程，提高了净化效率；采用单台合成塔系列，取消苏联氨合成系统中的精制塔，减少了高压设备和管线，有效地降低了能耗，节省了投资。该设计的建厂规模和技术水准都接近当时国际水平。四川化工厂的建成投产，标志着我国在学习、消化、吸收苏联技术的基础上，能结合我国国情，实现技术创新，基本具备了自力更生开发、设计、建设整套氮肥生产装置的能力。

图 3-1　我国独立自行设计的第一个化肥厂——四川化工厂

第四节　稳步发展的5万吨级中型氮肥厂技术

中国是一个人口大国，解决几亿人口吃饭问题是头等大事。快速发展化肥，尤其是氮肥工业，成为20世纪60年代化学工业发展的重点。

在四川化工厂设计的基础上，1958年化工设计院编制了以无烟煤为原料的5万吨/年合成氨的定型设计，建设投资和生产成本都比吉林化肥厂有所降低。各地可根据定型设计因地制宜建设中型氮肥厂。

1961年3月，党中央决定加快氮肥厂的建设，支援农业生产。首先利用我国自行设计的5万吨/年合成氨定型设计建设了衢州、吴泾、广州三个中型氮肥厂。1965年，又继续建设了开封化肥厂、云南解放军化肥厂、石家庄化肥厂、淮南化肥厂4个省级5万吨/年氮肥厂，包括以块状无烟煤为原料、配二套8万吨/年硫酸及一套21万吨/年硫铵（省-Ⅰ型），或配综合法8万吨/年硝酸和11万吨/年硝铵（省-Ⅱ型）。

20世纪60年代，中苏关系恶化，我国同西方国家的经济技术交流逐渐开展起来。中央抓住时机，决定引进西方国家的化工技术。这次技术引进的一个特点，是向开发多种原料路线的合成氨生产工艺进军，形成了中型氮肥厂原料以煤为主，煤、油、气并举的格局。1963—1966年，我国先后从西方国家引进16套化工生产装置：日本5套，英国4套，意大利3套，联邦德国2套，法国和荷兰各一套，主要是以天然气、轻油、重油为原料制取合成氨、化肥、有机化工原料及合成材料的装置，分别在1965—1970年间按期或提前建成投产。

如四川泸州天然气化工厂，系1963年从英国汉格公司引进的年产10万吨合成氨装置，由化工部西南化工设计研究院（化八院）负责并参与引进的谈判等工作。该装置在我国首次采用了以天然气为原料加压蒸汽转化法制备合成氨的工艺路线，具有能耗低、工艺先进、操作方便的优点。该装置的引进使化八院迅速掌握了该项先进技术，自行设计的自贡鸿鹤化工厂4.5万吨/年的天然气加压蒸汽转化合成氨装置获得成功，很快在全国推广。

1965年，由化五院负责引进的陕西兴平化肥厂重油加压气化年产6万吨合成氨装置，代表了当时重油气化的世界先进水平。该装置气化压力高，能耗低，流程先进合理，并对炭黑的回收采用了先进可靠的方法。该院创新并应用了多项新技术，成功地采用了中置式副产蒸汽合成塔废热回收、甲烷化精制及加压法制稀硝酸新工艺等，为我国当时利用较为充足的重油资源制备合成氨及氨加工产品开辟了一条新的途径。

第五节 学习引进技术助力国内尿素技术开发

与中型氮肥厂配套的氮肥品种，原来主要是硫铵和硝铵。尿素含氮（农作物营养成分）量高，受到农民的欢迎。在国外，随着尿素生产工艺的进步，尿素逐渐成为世界氮肥生产的主力产品。国内为了开发尿素生产技术，1958 年在“南化”建成日产 10 吨结晶尿素的中试车间。化工部第七设计院在日产 10 吨的高效半循环法合成尿素中试成功的基础上，于 1965 年设计建成衢化和吴泾两厂年产 4 万吨尿素生产装置。所采用的半循环法是生产尿素的过渡工艺技术。

1963 年，泸州天然气化工厂在引进合成氨装置的同时，从荷兰大陆工程公司配套引进了年产 16 万吨尿素的装置，采用荷兰斯达米卡邦公司的水溶液全循环法尿素生产工艺。该工艺当时属国际领先水平，我国尚处在试验研究阶段。装置的引进工作由化工部第四设计院（简称化四院）负责并承担全部配套工程设计和现场技术服务。在吸收引进技术的基础上，化四院结合上海化工研究院取得的水溶液全循环法尿素研究成果，于 1966 年初完成了我国第一套自行设计的石家庄化肥厂年产 11 万吨水溶液全循环法尿素装置的工程设计，于 1966 年底投产。此后，化四院相继于 1966 年和 1973 年完成了水溶液全循环法年产 11 万吨尿素装置的（66）版和（73）版复用设计。化四院和兄弟设计院利用（66）版和（73）版复用设计，在当时新建的 6 万吨/年合成氨厂和老企业扩建中广泛应用。到 1983 年，全国 56 个中型厂中有 30 个厂建设了尿素生产装置，并将技术和装备出口到阿尔巴尼亚、巴基斯坦等国家。

第六节 建设现代化大型化肥和石油化工装置

在技术上，现代大型合成氨工艺（大化肥）与经典合成氨工艺（中小化肥）的主要区别是流程的心脏——合成气高压压缩机不同，由往复式压缩机变为透平压缩机。这一转变使得工艺流程中蒸汽得以阶梯利用，所谓阶梯利用系指工艺流程中不同能级蒸汽合理布局加以有效利用。例如高温转化原料制合成气时废热锅炉产生大量高压和中压蒸汽，高压蒸汽用于推动高压压缩机的蒸汽透平，中压蒸汽可作为加热蒸汽或作为转化、变换的工艺用汽。低压蒸汽和各部分的余热尽可能回收利用。这个关键的转变，使得生产每吨合成氨的能耗大大降低。仅从电耗看，中小型化肥厂每吨氨电耗要 2000 千瓦·时左右，而大型化肥厂每吨氨电耗减少到 100 千瓦·时以下，从而大大降低了合成氨生产成本。看起来好像只是一台设备的变化，实际上是系统的全新设计理念。20 世纪 70 年代初，在国外开始彻底替代传统合成氨技术，但当时国内还没有掌握这套技术。

自 1972 年起，我国先后从国外引进了 13 套以天然气和轻油为原料的年产 30 万吨合成氨和年产 48 万～52 万吨尿素的大型化肥合成装置。这 13 套合成氨装置中，10 套以天然气或油田气为原料（其中 8 套从美国凯洛格公司引进，2 套从日本东洋工程公司引进），另外 3 套以轻油为原料，从法国赫尔蒂公司引进。配套引进的尿素装置，除了从日本东洋工程公司引进的两套采用日本三井东亚改良 C 法外，其余 11 套装置均采用荷兰斯达米卡邦公司的二氧化碳气提法。这些引进的装置分别于 1976—1979 年间陆续建成投产。1978 年，我国又引进了 3 套以渣油为原料的年产 30 万吨合成氨装置和 52 万吨尿素装置，合成氨采用德士古渣油气化、低温甲醇洗和氮洗冷法净化新工艺，尿素采用荷兰斯达米卡邦的二氧化碳气提工艺，分别建在浙江镇海、宁夏银川和新疆乌鲁木齐。

在石油化工方面，1972 年，我国成套引进年产 30 万吨乙烯及其配套装置，建在燕山石化；1978 年，我国又成套引进 4 套年产 30 万吨乙烯及其配套装置，分别建在大庆石化总厂、齐鲁石化公司、南京扬子石化公司和上海金山石化总厂。

20 世纪 70 年代我国引进的大型合成氨、尿素装置和大型乙烯及其配套装置，其特点是引进技术起点高，装置规模大，引进装置的数量多。引进方式是直接向国外的工程公司引进设计和成套设备，国内设计院参与配套设计。由于各设计院参与了项目引进的技术交流、合同谈判、设计联络、技术培训、现场施工安装、试车考核等各项工作，一大批设计人员通过这全过程的参与受到了锻炼，开阔了眼界，见识了世界水平，看到了差距。同时，在配合引进和承担配套设计的过程中，使自身的设计水平得到普遍提高，为独立设计大型化工装置打下了基础。

第七节　引进磷酸二铵技术彻底改变磷肥工业面貌

现在，在农业广泛使用的磷肥品种是高浓度复合肥磷酸二铵。我国早期磷肥工业，主要品种是低浓度的普钙和钙镁磷肥。虽然早在 20 世纪五六十年代就开始进行湿法磷酸、热法磷酸、重过磷酸钙（简称重钙）、磷酸铵、硝酸磷肥、脱氟磷肥等多项生产技术开发和中间实验工作，但是基本上停留在开发阶段，没有形成规模生产力。上海化工研究院 20 世纪 50 年代中期先后进行多种硝酸磷肥生产方法的研究，1964 年与南京化学工业公司磷肥厂（简称南化磷肥厂）、南京化学工业公司设计院合作完成了 3000 吨/年碳化法硝酸磷肥生产中间试验，生产出含氮 18%、五氧化二磷 12%的硝酸磷肥产品；1968 年，南化磷肥厂在中间试验装置上，采用混酸法（硝酸和硫酸），进行了氮、磷、钾三元复合肥料的试验和生产；1978 年，南化磷肥厂采用间接冷冻法，进行生产硝酸磷肥的中间试验，产品含氮 27%、五氧化二磷

13.5%，水溶率大于 65%。1966 年，化七院根据试验成果并参照国外资料，设计建成南化磷肥厂 1.5 万吨/年磷酸、3 万吨/年磷酸铵装置，采用了当时二水法磷酸工艺先进技术、同心圆多桨反应槽、翻盘过滤机、真空浓缩、两段中和、喷浆造粒干燥机等，在试生产期间又改为预中和转鼓氨化粒化，为磷铵工业的发展积累了一些经验，培养了人才。但由于种种原因，未及时组织推广和放大，在相当长时期国内磷肥生产技术停滞不前。

为了生产农业欢迎的高浓度磷肥，“七五”至“九五”期间，我国引进了多套大中型高浓度磷复肥生产装置。1987 年 12 月，12 万吨/年磷酸二铵装置在安徽铜陵落成；1989 年和 1990 年采用 Davy/TVA 技术的 24 万吨/年磷酸二铵装置在南化磷肥厂和 21.6 万吨/年复混肥装置在大化磷铵厂落成；1990 年 12 月，采用 AZF 技术的 48 万吨/年磷酸二铵、60 万吨/年复混肥装置在秦皇岛中阿化肥公司建成。1992 年的云南云峰 24 万吨/年磷酸二铵、20 万吨/年复混肥装置（Davy/TVA 技术），1996 年湖北黄麦岭 18 万吨/年磷酸一铵装置（Jacobs 技术），1997 年甘肃金昌 12 万吨/年磷酸二铵装置（AZF 技术），1999 年广西鹿寨 24 万吨/年磷酸二铵装置，逐步建成投产。

随着高浓度磷复肥装置的陆续引进，多项磷酸铵和复合肥技术落地中国，如美国 Davy-McKEE 管式反应-转鼓氨化造粒技术，法国 AZF 双管反应器生产技术，西班牙 ERT-ESPIND 单管反应一次氨化技术。这些项目和技术的建成使用，使得我国磷复肥生产和技术与国外同行达到同等水平。

大型引进装置在运行过程中，我国技术人员不仅完全掌握新技术，而且还不断完善生产工艺。例如中阿公司独特的单管式反应器新工艺流程（即单管式反应器-转鼓氨化粒化流程），是在传统预中和槽-转鼓氨化粒化机流程及 AZF 双管式反应器工艺流程基础上的一种改进，是当时磷复肥生产工艺中最先进的工艺之一，生产稳妥可靠，产品五氧化二磷水溶率高、外观好、质量容易控制，尤其在原料的适应性、产品转换灵活和操作简单等方面具备非常大的优势。

在引进技术的基础上，1991 年 10 月在江西贵溪化肥厂建成第一套采用预中和、料浆造粒工艺技术的大型国产化 24 万吨/年磷酸二铵装置。

“十五”期间，我国又分别在云南三环嘉吉（60 万吨/年磷酸二铵）、贵州开磷（24 万吨/年磷酸二铵）、重庆涪陵化工（24 万吨/年磷酸二铵）、云南富瑞公司（60 万吨/年磷酸二铵）建成 4 套大型磷铵装置。通过这些磷酸二铵工厂的建设，彻底改变了我国磷肥工业的面貌。

第八节　在消化吸收基础上应用与创新

自 20 世纪七八十年代以来，我国技术引进工作从低水平向高水平发展：从成套引进国外的设计和装备，发展到只引进工艺包或基础设计以及关键设备的“点菜式”

引进方式；从通过国外工程公司、中间商引进，发展到直接同国外专利商对口引进专利技术，自己承担工程设计的引进方式。详见第33页“20世纪70年代的‘大引进’”。

设计建设大型氮肥厂取得进展。1974年，在吴泾化工厂的扩建工程中，以上海化工设计院为主，设计了以轻油为原料年产30万吨合成氨装置，化四院设计了配套的年产24万吨二氧化碳气提法尿素装置。这些装置的设计，吸收了国外先进的技术，采用了最新的工艺、设备和自动化控制系统，通过与设备研制部门的通力合作，实现了装备国产化的目标。该工程建成投产，标志着我国化肥设计的能力、装备的研制、工程的施工建设等方面都达到了较高的水准，这也是通过消化吸收引进技术推动国产化工作取得的重大成果。特别是重点对洞庭氮肥厂引进的大化肥装置进行深入研究后，自行完成的第一套国产化大化肥装置设计。从方案设计到完成施工图历时15个月，1975年完成设计，1979年12月建成投产，概算投资2.28亿元，各类设备421套（全部由国内制造）。这套大型合成氨装置的建成，标志着我国化工设计技术水平有了很大的提高，并荣获了国务院重大装备领导小组颁发的一等奖。

1978年，在镇海年产52万吨尿素装置设计中，化四院首次采用“一买三合作”的方法，只买技术软件，聘请技术专家，立足国内设计与制造。装置建成后，效果良好。化四院还组织了一批工程技术骨干去荷兰凯洛格大陆公司与外商进行合作设计、合作采购，使设计工作开始向国际先进的通用设计程序和方法靠拢。1980年，化工部组织翻译由荷兰尿素设计组带回的凯洛格大陆公司的设计手册，并由中国化工勘察设计协会组织编制了结合国情的设计手册，约400万字，为推行国际通用设计程序和方法提供了技术基础。

石油化工方面也在消化吸收工作中取得了良好成绩。1975年，刚重组不久的燕山石化公司设计院，贯彻中央关于对引进装置要“一学、二用、三改、四创”的方针，在消化吸收的基础上，用不到一年的时间就完成了以“四烯”（乙烯、丙烯、丁二烯、聚乙烯）为代表的7套大型石化装置的初步设计。1979年，燕山石化总厂的精对苯二甲酸（PTA）装置，仅向外商购买专利技术，采购关键设备，由燕山石化设计院承担基础设计和详细设计，并参与建设和设备制造。燕山石化设计院和化工设计公司派人到日本与三井造船公司和东洋工程公司合作设计，并参加了采购、监制，既完成了设计，又学习了国外的设计方法和设计管理，还掌握了部分工艺技术。1983年，扬子公司引进年产14万吨聚丙烯和年产20万吨乙二醇装置，也采用了“一买三合作”形式。由于改革开放给化工设计系统带来了巨大的生机和活力，使得我国化工设计技术水平和行业经济效益有了明显提高，从而对设计技术投入也有了大幅度增加，各院把技术创新作为永远追求的目标，经过大型化工项目的建设实践和与国外工程公司的深度合作，在自主开发设计化工生产装置方面创造了诸多业绩，积累了创新经验。

第九节 化工主要行业的工程和技术水平进入世界先进行列

改革开放以后，我国化工和石化设计队伍的技术水平有了显著提高甚至是质的飞跃。各公司建立、健全了自己的全面质量管理体系，编制了本公司的工作手册；在设计体制、设计程序、设计方法、项目管理、工程咨询、工程承包方面已基本上实现了与国际接轨；各单位都培养了一大批经验丰富的项目经理和管理人才。经过长期学习和实践的积淀，我国拥有了高水平的工程技术设计队伍，在炼油和生产乙烯、芳烃、PTA、环氧乙烷/乙二醇（EO/EG）、聚乙烯/聚丙烯（PE/PP）等大型石油化工以及合成氨、尿素、无机化工、有机化工、天然气化工、煤化工、精细化工、医药、生物、农药等众多的化工领域，不仅能够独立完成设计和承包工程建设，并且有了自己的技术专利和专有技术。下面从三个代表性的化工行业来看我国化工工程设计队伍达到的技术水准。

一、大型合成氨和尿素生产的多种原料路线和多种生产工艺设计技术

几十年来，我国设计建设了数千个大中小型氮肥厂，对合成氨用煤（焦炭、块煤、粉煤、煤球、水煤浆）、油（轻油、重油、渣油）、气（焦炉气、炼厂气、天然气）等各种原料的合成、净化以及空分生产工艺的设计都已经掌握。各设计院几代设计人员为吸收和掌握各种合成氨工艺生产技术，付出了大量的心血。到 20 世纪末，我国拥有各种类型、各种规模的制造合成氨技术和工程设计能力，并处于世界领先的地位。

成达工程公司在天然气制合成氨方面经过多年的努力，完成了大型合成氨国产化设计，进行了天然气换热式转化造气新流程的开发并取得成功，掌握了二段蒸汽转化、部分氧化、换热式转化和“双一段”转化等世界各公司的四种合成造气技术。合成氨的合成塔也从高压冷管型拓展到世界先进的低压径向型，可设计生产能力 8 万～45 万吨/年的各种结构氨合成塔。

华陆公司经过对水煤浆加压气化技术多年的消化吸收和国产化工作，积累了丰富的煤气化设计经验。2002 年，他们采用国内水煤浆加压气化专利技术，为德州华鲁恒升集团完成了 30 万吨/年合成氨 6.5 兆帕水煤浆加压气化装置的全部国产化工程设计。2003 年，在南化公司 30 万吨/年合成氨油改煤工程中，在引进专利工艺包的基础上，和南化院合作完成了 Taxco 工艺 8.7 兆帕水煤浆加压气化装置的基础设计和

详细设计。

尿素从水溶液全循环法，到 Snam 氨气提法、Stamicarbon 二氧化碳气提法、日本东洋公司 Aces 法等世界的生产工艺，从中型到大型装置，我们都可以只买专利许可或工艺包，就能完成工程设计。寰球公司在尿素领域，通过几十年的经验积累和对世界上各种尿素专利技术的消化吸收，勇于创新，开发出我国具有自主知识产权的尿素专利技术，先后开发了两项水溶液全循环节能增产改造的专利技术和具有独创的先水解后解吸尿素工艺冷凝液深度水解解吸专利技术，流程简单，技术先进，消耗指标低，投资少，完全适合全循环尿素装置的节能增产改造和彻底消除污染的环境治理。更可喜的是，寰球公司开发的一种“全循环尿素生产方法”的专利技术，在缅甸第四尿素厂的国际招标中一举中标，改变了我国在尿素领域长期依靠引进国外技术的状况，发展到我们拥有自主知识产权的专利技术已走出国门，参与国际竞争。

2000 年以后，我国氮肥工业进入了结构调整和优化升级阶段，工程设计以示范项目为先导，着力突破国产化水煤浆和粉煤气化技术以及大型合成氨装置国产化的瓶颈，有力地支持了氮肥厂的改造和新建，为氮肥工业提高了经济效益，培育了新的经济增长点。通过优化升级彻底扭转我国长达近五十年进口氮肥的历史，2003 年我国首次实现氮肥产品净出口，2007 年成为世界氮肥最大出口国。

二、大型石油化工项目的改造和新建

乙烯生产代表了一个国家石油化工行业的水平。我国先后两次对“七五”以来引进的 16 套 11.5 万吨/年和 30 万吨/年乙烯装置进行改造和扩建，其中北京石化工程建设公司、上海医工院、寰球公司、成达公司、吉化院等，基本都是以我国为主完成的改造设计，即和外国公司合作完成基础设计，然后自己独立完成详细设计。经过多年对石油化工各种生产装置的技术改造和合资建设，我国工程技术人员完全掌握了（石脑油）裂解制乙烯、PTA、聚乙烯、聚丙烯、苯乙烯、聚苯乙烯、EO/EG 等大型石油化工装置的设计和工程管理。这些大型石化装置生产运营后，工程技术人员又在长期的生产中取得了丰富的实践经验。我国石化工程在工艺技术、工程设计和生产装备各方面实现了全面突破。2005 年，80 万吨/年乙烯工艺包设计开发完成。随后利用国产化技术建成赛科 90 万吨/年、茂名石化 64 万吨/年、福建联合石化 80 万吨/年和镇海炼化 100 万吨/年 4 套大型乙烯装置。100 万吨/年乙烯装置的成功建设，标志着我国进入世界石油化工先进技术国家行列。

三、煤气化大型生产工艺的开发和装置建设

在煤气化技术方面，洁净煤技术是当今煤化工发展的方向。当代先进的技术是以 Texaco 的水煤浆加压气化与 Shell 粉煤加压气化为代表的流化床气化技术和鲁奇

固定床煤气化技术。为了扩大生产合成氨的原料来源和降低能耗，1992 年，鲁南化肥厂引进了 Texaco 的水煤浆加压气化技术，经过反复摸索实践，与当时国内普遍采用的固定床常压气化比较，证明加压气化技术可以提高原料煤的利用率，有效地降低了生产能耗，减少了环境污染。由此，煤炭加压气化工艺在氮肥工业中迅速推广。天辰、华陆、五环等公司以及化二院、化五院、化七院都对这些先进技术进行了多年的消化、吸收和国产化开发工作，并取得了较好的成绩。化二院开发了二氧化碳及氧气气化焦炭制备高纯度一氧化碳成套技术，成功地实现了工业化生产，可广泛应用于光气、甲酸、*N*,*N*-二甲基甲酰胺（DMF）、二甲醚（DME）、草酸、醋酸等有机产品。2002 年，华陆公司采用中科院山西煤炭化学研究所开发的灰融聚流化床粉煤气化技术，为陕西城固化肥厂放大设计成功建成了煤气量为 9240 米^3/时的灰融聚粉煤气化装置；2003 年又为云南、天津等地改造了 20 万吨/年合成氨煤气化装置。天辰公司与华东理工大学、鲁南化肥厂三方共同开发的干粉煤加压气化（2.0 兆帕）中试装置，已进入连续化试车阶段，并已取得突破性进展。这些技术的开发成功，对国内中小型合成氨原料改用粉煤具有极大的推广意义。五环公司积极推广 Shell 粉煤加压气化技术，用于大型合成氨厂（年产 50 万吨）和大型甲醇工厂的建设，取得很大进展并深受企业欢迎。

随着我国经济的高速发展，对石油能源的需求急剧增加。为了应对我国进口原油不断增加的局面，国家布局了一批煤化工项目，包括煤制油、煤制天然气、煤制烯烃、煤制乙二醇等。这些项目所采取的技术，国外也仅是处于技术探索阶段，没有建设大的工业生产装置，他们也缺乏这方面的工程设计经验。国内工程设计单位的角色从“跟着跑”转换成了“领着跑”，凭借多年培养的能力和实力，通过与国内科研单位的密切合作，以及与机械制造厂协作，攻克了新工艺、新设备各种工程放大问题，以及大型设备和复杂设备制造的难题，取得骄人成绩。

这个时期，国内工程公司进行设计建设的煤化工代表性项目如下：

主要煤制油项目：神华鄂尔多斯 108 万吨/年直接液化煤制油、伊泰 16 万吨/年煤间接液化煤制油、神华鄂尔多斯 18 万吨/年间接液化煤制油、神华宁夏煤业集团 400 万吨/年煤炭间接液化煤制油。

主要煤制天然气项目：内蒙古大唐克旗 40 亿米^3/年煤制天然气、新疆庆华 55 亿米^3/年煤制天然气、内蒙古汇能 20 亿米^3/年煤制天然气、新疆伊犁 20 亿米^3/年煤制天然气。

主要煤制烯烃项目：神华包头 60 万吨/年煤制烯烃、神华宁煤集团公司 50 万吨/年煤制烯烃、大唐多伦 46 万吨/年煤制烯烃、中原石化 20 万吨/年甲醇制烯烃、宁波富德 60 万吨/年甲醇制烯烃、惠生（南京）30 万吨/年甲醇制烯烃、陕西蒲城 70 万吨/年清洁能化煤制烯烃、浙江兴兴 180 万吨/年甲醇制烯烃。

主要煤制乙二醇项目：内蒙古通辽金煤 20 万吨/年、河南煤化濮阳 20 万吨/年、河南煤化新乡 20 万吨/年、河南煤化安阳 20 万吨/年、河南煤化永城 20 万吨/年、中国石化湖北 20 万吨/年、新疆天业 20 万吨/年、安徽淮化一期 10 万吨/年、鄂尔多斯新杭能源 30 万吨/年。

上述所列的项目充分反映我国化工工程设计单位独立自主的开发能力和大型工厂建设能力进入了世界先进水平。

通过建设大批高水准的化工工程，我国的工程设计能力大大提高，技术实力增强，并在业务范围上逐渐具备了工程公司的种种功能。20 世纪后期，部分实力较强的工程设计公司开始参与国际石油化工招投标，与西方著名工程公司同台竞争，我国的工程公司已能独立承担特大型石化工程项目设计、项目管理和工程总承包的能力。进入 21 世纪后，寰球公司、成达公司、天辰公司、中国石化工程建设公司都在美国《工程新闻记录》（ENR）和全球最大 200 家国际设计企业排名中，连续榜上有名。

第四章　荣获国家级奖的部分化工、石化工程项目

本章主要选取20世纪50年代以来至20世纪末荣获国家级奖的部分化工和石化工程项目。详见表4-1至表4-6。

表4-1　20世纪80年代以来荣获国家科技进步奖项目一览表

序号	项目名称	获奖时间/年	获奖单位
特等奖			
1	重大配套化工新材料项目（六项国防科技成果）	1985	华陆工程科技有限责任公司
2	顺丁橡胶工业生产新技术	1985	中国石化工程建设有限公司
3	顺丁橡胶工业生产新技术	1985	中国石化集团宁波工程公司
4	顺丁橡胶工业生产新技术	1986	中国石化工程建设公司
5	×××的突破和武器化	1987	华陆工程科技有限责任公司
一等奖			
1	“七四三”工程设计	1985	华陆工程科技有限责任公司
2	常减压蒸馏装置节能改造技术的应用和推广	1985	中国石化工程建设有限公司
3	变压吸附法回收氨厂驰放气中氢工业装置1000米^3/时	1985	西南化工研究设计院
4	EVA开发研究工程设计	1987	中国寰球工程公司
5	大庆常压渣油催化裂化技术	1987	中国石化工程建设有限公司
6	国家十二个重要领域技术政策的研究	1988	中国石化工程建设有限公司
7	二水法磷酸——中和料浆浓缩法制磷铵新工艺	1989	四川省化工设计院
8	开阳磷矿锚杆护顶分段空场采矿法	1990	化学工业部连云港设计研究院
9	RN-1加氢精制催化剂及工艺	1991	中国石化工程建设有限公司
10	SH-1型裂解炉技术开发	1992	中国石化集团上海工程公司
11	千吨级四氟乙烯生产技术	1993	华陆工程科技有限责任公司
12	四川化工总厂20万吨/年合成氨装置	1993	中国成达工程公司
13	粉锈宁新技术开发	1993	江苏省化工设计院

续表

序号	项目名称	获奖时间/年	获奖单位
	一等奖		
14	水煤浆加压气化及气体净化制合成氨新工艺	1995	中国天辰化学工程公司
15	沈阳化工厂万吨级聚氯乙烯糊树脂国产化装置	1996	中国成达工程公司
16	唐山60万吨/年氨碱装置新技术开发应用	1996	中国成达工程公司
17	变压吸附气体分离技术推广应用研究	1998	西南化工研究设计院
18	大庆减压渣油催化裂化成套技术开发及工业应用	2001	中国石化工程建设有限公司
19	丙烯腈主装置成套国产化技术工业应用	2002	中国石化集团宁波工程公司
	二等奖		
1	动力基础设计规范85-SJ-2-003-3	1985	化学工业第二设计院
2	“六五九”工程设计及改进	1985	华陆工程科技有限责任公司
3	碳酸丙烯酯脱除二氧化碳和硫化氢工艺	1985	华陆工程科技有限责任公司
4	王集磷矿同步形成间隔矿柱的中深孔房柱采矿法	1985	化学工业部连云港设计研究院
5	催化裂化节能技术的推广应用	1985	中国石化工程建设公司
6	以炼厂气为原料的千吨级聚丙烯技术	1985	中国石化集团南京设计院
7	蒽醌法双氧水新工艺	1985	黎明化工研究院
8	滇池地区磷矿资源评价	1986	中国寰球工程公司华北规划设计院
9	1500吨/年天然气制二硫化碳装置设计	1987	四川省化工设计院
10	氩气检验方法	1986	西南化工研究设计院
11	年产52万吨成套尿素装置	1987	中国五环化学工程公司
12	吉化公司有机合成厂丁二烯抽提设计	1987	中国石化集团宁波工程公司
13	BV钾碱液从气体混合物中分离CO_2新方法的开发	1987	上海化工设计院有限公司
14	油—油路线新工艺炭黑（N339）生产技术开发研究	1986	中橡集团炭黑工业研究设计院
15	带外循环管烧焦罐式高效再生技术	1988	中国石化工程建设有限公司
16	高性能双级和单级发展型烟气轮机的气动两相流研究与推广应用	1988	中国石化工程建设有限公司
17	年产1000吨氯化法钛白工业化生产	1989	东华工程科技股份有限公司
18	ECSS工程化学模拟系统	1989	中国石油集团工程设计有限责任公司东北分公司
19	Z110Y型天然气一段蒸汽转化催化剂	1989	西南化工研究设计院
20	强化凝华传热过程及新型热熔冷凝箱的工业应用	1990	华陆工程科技有限责任公司

续表

序号	项目名称	获奖时间/年	获奖单位
	二等奖		
21	催化裂化 PV 型高效旋风分离器的研究开发	1991	中国石化工程建设有限公司
22	千吨有机硅生产装置技术开发	1991	中国石油集团工程设计有限责任公司东北分公司
23	低压法合成甲醇催化剂及工艺技术	1992	中国成达工程公司
24	全国磷资源开发系统研究	1992	连云港设研院、华北规划设计院、长沙设研院、中石化南京院
25	B-02 无铬铁系催化剂绝热固定床丁烯氧化脱氢制丁二烯工业化新技术开发	1992	中国石化工程建设有限公司
26	CBL 裂解炉技术开发	1991	中国石化工程建设有限公司
27	C302 型低压甲醇催化剂及工艺	1992	西南化工研究设计院
28	扑虱灵杀虫剂	1993	江苏省化工设计院
29	蒽醌法触媒固定床制过氧化氢工艺技术开发	1995	黎明化工研究院
30	24 万吨/年磷铵国产化装置	1996	中国石化集团南京设计院
31	年产 20 万吨硫酸大型国产化装置	1997	东华工程科技股份有限公司
32	固定床、混相床甲基叔丁基醚（MTBE）合成成套技术	1997	中国石化工程建设有限公司
33	炼厂焦化干气制氢、加氢精制催化剂的开发及应用	1997	中国石化工程建设有限公司
34	Z111 低水碳比转化催化剂	1997	西南化工研究设计院
35	合成氨生产蒸汽自给技术推广	1998	上海化工设计院有限公司
36	100 万吨/年中压加氢改质成套技术开发及工业化	2000	中国石化工程建设有限公司
37	A/O 工艺处理吉化混合化工废水	2000	中国石油集团工程设计有限责任公司东北分公司
38	热硫化硅橡胶生胶生产技术	2000	中蓝晨光化工研究院
39	万吨级新工艺炭黑生产技术	2002	中橡集团炭黑工业研究设计院

表 4-2　20 世纪 80 年代以来荣获国家优秀工程设计金质奖项目一览表

序号	项目名称	获奖时间/年	获奖单位
1	淮南化肥厂联醇装置设计	1980	东华工程科技股份有限公司
2	齐鲁公司以炼厂尾气为原料 6 万吨/年装置	1981	中国寰球工程公司
3	吉化公司全区污水处理工程综合污水处理现场设计	1983	中国石油集团工程设计有限责任公司东北分公司

续表

序号	项目名称	获奖时间/年	获奖单位
4	南京油脂化工厂年产1000吨化纤钛白工程	1984	东华工程科技股份有限公司
5	吉化公司有机合成厂丁二烯抽提	1984	中国石化集团宁波工程公司
6	吉化公司有机合成厂乙烯、芳烃抽提装置设计	1984	中国石油集团工程设计有限责任公司东北分公司
7	吉化公司肥料厂合成气装置	1984	中国石油集团工程设计有限责任公司东北分公司
8	上海醋酸纤维素厂2500吨/年裂化法醋酐装置	1984	中国石化集团上海工程公司
9	镇海石化总厂52万吨尿素装置设计	1987	中国五环化学工程公司
10	天津中国大冢制药有限公司输液工厂工程	1987	中国石化集团上海工程公司
11	吉林电石厂聚氯乙烯真空气提装置设计	1987	中国石化工程建设有限公司
12	河南辉县化肥厂年产4万吨尿素工程设计	1989	中国五环化学工程公司
13	扬子乙烯工程年产14万吨聚丙烯装置设计	1989	中国石化工程建设有限公司
14	盐锅峡化工厂1万吨/年离子膜烧碱	1990	中国石化集团宁波工程公司
15	上海石化总厂涤纶二厂精对苯二甲酸装置	1990	中国石化集团宁波工程公司
16	扬子乙二醇工程	1991	中国寰球工程公司
17	大庆石化总厂30万吨/年乙烯工程	1991	中国石化集团宁波工程公司
18	东北制药总厂1000吨/年维生素C车间工程设计	1992	中国石化集团宁波工程公司
19	大庆30万吨/年乙烯工程丙烯腈装置工程设计	1992	中国石化集团宁波工程公司
20	中原化肥厂工程	1993	中国寰球工程公司
21	扬子石化公司30万吨乙烯工程总体设计	1993	华陆工程科技公司、中国石化集团南京设计院
22	四川化工总厂20万吨/年合成氨装置	1994	中国成达工程公司
23	西安杨森制药有限公司工程	1994	中国石化集团上海工程公司
24	上海大中华橡胶厂年产30万套子午胎工程	1996	北京橡院兴业化工工程公司
25	华北制药厂青霉素分装车间	1996	中国石化集团上海工程公司
26	昆明制药厂蒿甲醚工程	1996	中国石化集团上海工程公司
27	铜陵磷铵厂年产20万吨硫酸国产化装置	1997	东华工程科技股份有限公司
28	哈尔滨煤气工程依兰煤气厂工程	1997	化学工业第二设计院
29	北京燕山石化公司30万吨/年乙烯改扩建工程总体设计	1996	中国石化工程建设有限公司
30	盘锦乙烯工业公司16万吨/年乙烯改造	1999	中国寰球工程公司
31	上海焦化总厂20万吨/年甲醇	1999	中国成达工程公司、上海化工设计院有限公司

续表

序号	项目名称	获奖时间/年	获奖单位
32	安庆石油化工总厂40万吨/年催化裂解联合装置	1998	中国石化工程建设有限公司
33	武汉石油化工厂60万吨/年重油催化裂解装置	1998	中国石化工程建设有限公司
34	临湘农药厂2000吨/年叶蝉散工程	1999	湖南化工医药设计院
35	上海轮胎集团140万条子午胎项目	2000	中国化学工业桂林工程公司
36	贵州开阳磷矿马路坪延伸开采工程设计	2000	化工部长沙设计研究院
37	北京燕山石油化工有限公司炼油事业部200万吨/年重油催化裂化装置	2000	中国石化工程建设有限公司
38	茂名30万吨/年乙烯工程总体设计	2000	中国石化工程建设有限公司
39	镇江化工厂921工程	2000	上海化工设计院有限公司
40	扬子20万吨/年乙二醇装置改扩建项目	2002	中国寰球工程公司
41	扬子石化公司精对苯二甲酸装置60万吨/年改造工程	2002	中国石化集团上海工程公司
42	上海焦化总厂三联供煤气化工程德士古气化装置	2003	中国天辰化学工程公司
43	潍坊亚星集团有限公司5万吨/年CPE技改工程	2003	山东化工规划设计院

表4-3　20世纪60年代以来荣获国家发明奖项目一览表

序号	项目名称	获奖时间/年	获奖单位
1	高炉法钙镁磷肥	1964	中国寰球工程公司
2	2000吨/年碳酸氢铵	1964	中国寰球工程公司
3	联合制碱的开发设计	1964	大化集团大连设计研究院
4	异型气态烃蒸汽转化催化剂（铜牌奖）	1986	西南化工研究设计院
5	冷却型塔式生物滤池（银牌奖）	1987	福建省石油化学工业设计院
6	光气法“一步法”合成聚碳酸酯（金牌奖）	1989	中蓝晨光化工研究院
7	乙烯裂解炉侧壁附墙燃烧器陶瓷喷头（三等奖）	1991	中国石化集团上海工程公司
8	石油重质组分催化裂解（Ⅰ）型制取低碳烯烃工艺及催化剂（一等奖）	1995	中国石化工程建设有限公司
9	外取热器（三等奖）	1995	中国石化工程建设有限公司
10	轻烃分离技术的开发和应用（三等奖）	1999	中国石化集团上海工程公司

表 4-4　20 世纪 60 年代以来荣获国家科技攻关奖项目一览表

序号	项目名称	获奖时间/年	获奖单位
1	锦西化工厂 1000 吨/年己内酰胺	1964	中国寰球工程公司
2	聚碳酸酯技术开发	1986	中国天辰化学工程公司
3	万吨级有机硅工业试验	1986	华陆工程科技有限责任公司
4	丙醛系列产品技术开发	1986	华陆工程科技有限责任公司
5	千吨级有机氟工程试验	1986	华陆工程科技有限责任公司
6	高效低残留农药品种开发研究	1986	中国石化集团上海工程公司、湖南化工医药设计院
7	1000 吨/年百菌清工业试验装置	1986	云南化工设计院有限公司
8	3 万吨/年黄磷设备测绘	1987	云南化工设计院有限公司
9	二正丙胺技术开发	1989	华陆工程科技有限责任公司
10	中原化肥厂高温变换炉	1991	中国寰球工程公司
11	TB610 重载斗式提升机	1991	中国寰球工程公司

表 4-5　20 世纪 50 年代以来荣获国家科技成果奖项目一览表

序号	项目名称	获奖时间/年	获奖单位
1	200 马力（147 千瓦）氮气压缩机设计	1955	大化集团大连设计研究院
2	新产品碳酸氢铵开发研究	1956	大化集团大连设计研究院
3	杀草丹、氧硫化碳单体开发	1984	湖南化工医药设计院
4	甲基叔丁基醚制造和应用	1985	中国石化工程建设有限公司
5	全常压渣油（大庆油）催化裂化技术	1987	中国石化工程建设有限公司
6	喷浆造粒制磷酸一铵	1988	中国石化集团南京设计院
7	年产 30 万吨合成氨装置的高温变换炉	1991	中国寰球工程公司
8	氟乐灵除草剂技术开发	1991	化学工业第二设计院
9	噻菌灵杀菌剂	1993	江苏省化工设计院
10	北京燕山石化公司 14 万吨/年高密度聚乙烯装置工程设计和成套设备研制	1996	中国石化集团上海工程公司

表 4-6　20 世纪 80 年代以来荣获国家优秀设计软件奖项目一览表

序号	项目名称	获奖时间/年	获奖单位
	金质奖		
1	ASPEN PLUS 二次开发	1988	中国石化工程建设有限公司

续表

序号	项目名称	获奖时间/年	获奖单位
	金质奖		
2	IBM-PC 兼容机压力容器设计计算程序软件包	1988	中国石化工程建设有限公司
3	工厂软模型设计（CAD）二次开发软件	1988	中国石化工程建设有限公司
4	化工自控计算机辅助设计软件包	1991	东华工程科技股份有限公司、中国五环化学工程公司、中国石油集团工程设计有限责任公司东北分公司
5	石油化工自控专业计算机辅助设计（PCCAD）软件包	1990	中国石化工程建设有限公司
6	石油炼制工艺计算流程模拟系统	1991	中国石化工程建设有限公司
7	催化裂化反应-再生系统模拟优化软件	1996	中国石化工程建设有限公司
8	石油化工总图计算机辅助设计及管理系统 GLDMS	1996	中国石化工程建设有限公司
9	PDA 微机三维配管工程设计软件包	1996	上海化工设计院有限公司
10	石油化工静设备计算机辅助设计系统	1996	中国石化工程建设有限公司、中国石化集团宁波工程公司
11	化工设备 CAD 施工图软件包	1999	上海化工设计院有限公司
12	项目物资管理与控制系统	2000	中国石化工程建设有限公司
13	中国石化北京设计院办公自动化与信息化系统（V1.0）	2000	中国石化工程建设有限公司
14	中国石化集团北京设计院计算机集成制造系统（BDI-CIMS）	2002	中国石化工程建设有限公司
	银质奖		
1	立式容器辅助设计程序包	1988	中国石化工程建设有限公司
2	合成氨装置计算机辅助设计模拟系统软件	1989	中国石化集团宁波工程公司
3	空冷器管内含不凝气多组分冷凝传热过程研究及应用	1990	中国石化工程建设有限公司
4	烟气轮机强度和振动计算程序软件包	1990	中国石化工程建设有限公司
5	管道工程软件	1991	中国石油集团工程设计有限责任公司东北分公司
6	工厂设计软件 CAD 系统（三维 CAD 二次开发）	1993	中国石化工程建设有限公司
7	热工专业计算机辅助软件	1996	中国五环化学工程公司、东华工程科技股份有限公司
8	石化引进装置非定型设备数据库	1997	中国石化工程建设有限公司

续表

序号	项目名称	获奖时间/年	获奖单位
银质奖			
9	化工设备 CAD 施工图软件包（V2.0）	1999	中国天辰化学工程公司、化学工业第二设计院、中国石化集团上海工程公司
10	圆筒型管式加热炉钢结构设计计算及盘管系统绘图软件包	1999	中国石化工程建设有限公司
11	三维工厂设计系统二次开发及应用	1999	中国石化工程建设有限公司
12	电气工程设计软件（EES）	2000	中国成达工程公司
13	工程设计档案管理系统	2000	中国石化工程建设有限公司
14	施工进度—费用综合检测系统	2000	中国石化工程建设有限公司
15	重整径向反应器 CAD 软件	2002	中国石化工程建设有限公司

第五章　人才脱颖而出

纵观化工开发设计的发展历程，无时无刻都离不开人才队伍的培养、锻炼、成长和壮大。表 5-1 至表 5-4 列出了几十年来在化工和石化开发设计过程中涌现出的各类优秀人才（数据截止至 2000 年）。正是由于他们的脱颖而出，才使整个团队出现了勃勃生机。

表 5-1　化工和石化系统部分中国科学院、中国工程院院士名单

序号	姓名	单位	当选时间/年
中国科学院院士			
1	侯祥麟	石油化工科学研究院	1955
2	闵恩泽	石油化工科学研究院	1980
3	陈冠荣	化学工业部	1980
4	陈家镛	中国科学院过程工程研究所	1980
5	时　钧	南京化工学院（现南京工业大学）	1980
6	陈俊武	中国石化集团洛阳石化工程公司	1991
7	姜圣阶	南京化学工业公司	1991
8	陈鉴远	化学工业部	1993
中国工程院院士			
1	徐承恩	中国石化工程建设有限公司	1994
2	闵恩泽	石油化工科学研究院	1994
3	林　华	兰州化学工业公司	1994
4	侯祥麟	中国石油天然气总公司	1994
5	邹　竞	中国乐凯胶片公司研究院	1994
6	周光耀	中国成达工程公司	1995
7	毛炳权	北京化工研究院	1995
8	李俊贤	黎明化工研究院	1995
9	唐明述	南京工业大学	1995
10	汪燮卿	中国石化总公司石油化工科学研究院	1995
11	袁晴棠	中国石化工程建设有限公司	1995

续表

序号	姓名	单位	当选时间/年
中国工程院院士			
12	袁渭康	华工理工大学	1995
13	金涌	清华大学	1997
14	沈寅初	上海市农药研究所	1997
15	魏可镁	福州大学	1997
16	曹湘洪	北京燕山石化公司	1999

表 5-2　全国工程勘察设计大师名单

序号	姓名	单位	当选时间/年
1	陈鉴远	化学工业部	1990
2	黄鸿宁	化学工业部	1990
3	伍宏业	中国寰球化学工程公司	1990
4	吴健生	东华工程科技股份有限公司	1990
5	徐承恩	中国石化工程建设有限公司	1990
6	李全熙	中国石化工程建设有限公司	1990
7	刘克非	中国石化集团宁波工程有限公司	1990
8	陈俊武	中国石化集团洛阳石化工程公司	1990
9	张　镔	中国石化集团上海工程有限公司	1990
10	祝仲芬	中国石化集团上海工程有限公司	1990
11	马思华	中国石化集团宁波工程有限公司	1994
12	章荣林	中国天辰化学工程公司	1994
13	陈以楹	中国五环化学工程公司	1994
14	潘行高	华陆工程科技有限责任公司	1994
15	杨勤盛	化学工业部连云港设计研究院	1994
16	刘兴辰	中国化学工程第一岩土工程有限公司	1994
17	郭志雄	中国石化工程建设有限公司	1994
18	吴协恭	中国石化集团上海工程有限公司	1994
19	张启锡	中国石化集团上海工程有限公司	1994
20	张显林	中国石化工程建设有限公司	1994
21	李大尚	化学工业第二设计院	2000
22	陈德华	东华工程科技股份有限公司	2000
23	余学恒	中国石化工程建设有限公司	2000
24	华　峰	中国石化集团上海工程有限公司	2000

表 5-3 全国优秀勘察设计院院长名单

序号	姓名	单位	当选时间/年
1	何立山	中国寰球化学工程公司	1994
2	吴耀梓	中国天辰化学工程公司	1994
3	缪大为	中国成达工程公司	1994
4	邓泽洪	中国化学工程第一岩土工程有限公司	1994
5	黄咏雪	中国石化集团上海工程有限公司	1994
6	何立山	中国寰球化学工程公司	2000
7	丁　叮	化学工业部第三设计院	2000
8	张旭之	中国石化集团北京石化工程公司	2000
9	刘英烈	中国石化集团北京设计院	2000
10	李海泉	山东省化工规划设计院	2000

表 5-4 省部级优秀勘察设计院院长名单

序号	姓名	单位	当选时间/年
1	梅安华	中国五环化学工程公司	1991
2	江熹生	浙江省天正设计工程有限公司	1995
3	姜煜泉	浙江省天正设计工程有限公司	1995
4	陈元苏	湖南化工医药设计院	1995
5	徐炎林	浙江省天正设计工程有限公司	1997
6	陈兴中	华陆工程科技有限责任公司	1998
7	刘培林	中国石化集团南京设计院	1998
8	张学书	江苏省化工设计院	1998
9	何立山	中国寰球化学工程公司	2000
10	严义培	中国天辰化学工程公司	2000
11	丁　叮	化学工业部第三设计院	2000
12	黄　耕	中国五环化学工程公司	2000
13	罗蜀生	中国成达工程公司	2000
14	曹　光	中国成达工程公司	2000
15	唐纪禹	化工部长沙设计研究院	2000
16	崔存喜	中国化学工程第一岩土工程有限公司	2000
17	卢秋生	化工部福州地质工程勘察院	2000
18	李海泉	山东省化工规划设计院	2000
19	郭云龙	吉林石油化工设计研究院	2000
20	刘肇庆	上海工程化学设计院有限公司	2000

续表

序号	姓名	单位	当选时间/年
21	高正钧	中国石油集团工程设计有限责任公司东北分公司	2001
22	黄　耕	中国五环化学工程公司	2002
23	卢秋生	化工部福州地质工程勘察院	2002
24	刘培林	中国石化集团南京设计院	2002
25	李海泉	山东省化工规划设计院	2002

【背景材料】

在中华人民共和国工业发展历史过程中，20 世纪 50 年代苏联援建的“156 项工程”和 20 世纪 70 年代的“大引进”是具有里程碑意义的事件。“156 项工程”把中国推上“工业化”快车道；“大引进”推动中国进入“工业现代化”发展轨道。

苏联援建的“156 项工程”

1949 年解放战争进展顺利，中国共产党开始考虑新中国的经济和建设问题。1949 年 6 月 21 日，刘少奇率中共中央代表团访问苏联。7 月 30 日，刘少奇和马林科夫分别代表中国和苏联签订贷款协定。8 月 4 日，毛泽东复电刘少奇，表示同意苏中两方组织共同委员会来把借款和订货等问题具体化。8 月 14 日，中国代表团离开莫斯科回国，同行的还有苏联专家负责人科瓦廖夫及苏联专家 220 人。

1950 年 1 月初，毛泽东在莫斯科向斯大林提出，希望苏联有关部门与中国进行经济合作。1 月 10 日，周恩来率由李富春、伍修权等组成的中国政府代表团赴莫斯科，与毛泽东一起同苏联政府谈判。2 月 14 日，中苏两国正式签订了《中华人民共和国中央人民政府和苏维埃社会主义共和国联盟政府关于贷款给中华人民共和国的协定》。其中规定苏联按年利 1%的低息贷款给中国 3 亿美元，中国以钨、锑、锡、铅等工业原料及农产品、美元现金等分 10 年还贷款及利息。1950 年 9 月 30 日，两国互换协议批准书。由此开始了苏联援助中国的大规模工业化建设。

苏联援建的“156 项工程”，是中苏两国经过多次商讨才确定下来的。其中第一批项目系毛泽东 1950 年首次访苏期间确定的 50 个大型工程项目。第二批项目是在 1952 年 8 月周恩来率团访苏，双方确定了大的原则后，李富春等历时 8 个月与苏方商讨细节，于 1953 年 5 月 15 日签署了《关于苏维埃社会主义共和国联盟政府援助中华人民共和国中央人民政府发展中国国民经济的协定》，苏联承诺在 1953—1959 年内援助中国新建和改建 91 个规模巨大的工程项目。第三批项目是在 1954 年 10 月赫鲁晓夫率团参加中华人民共和国成立五周年庆典期间议定的。1954 年 10 月 12 日，双方签署了包括《中苏关于苏联政府帮助中华人民共和国政府新建十五项工业企业和扩大原有协定规定的一百四十一项企业设备的供应范围的议定书》在内的 10 项文件。至此，苏联援华项目共计 156 项，统称“156 项工程”。经过反复核查调整后，最后确定为 154 项，实际施工建设 150 项。因为公布 156 项在先，此后一般称为“156 项工程”。实施的 150 项工程项目，包括军事工业企业 44 个，民用工业企业 106 个。民用工业企业包括：钢铁工业企业 7 个，有色金属工业企业 13 个，化学工业企业 7 个，机械加工企业 24 个，能源工业企业 52 个，轻工业和医药工业企业 3 个。原概算 187.8 亿元，最后实际投资为 196.3 亿元。化工占实际完成投资的 6.8%。

吉林、兰州和太原三地的化工厂建设是化学工业的重点工程项目。吉林肥料厂、吉林染料厂、吉林电石厂设计任务书是苏联帮助我国建设的“156 项工程”中的 3 项。根据设计，肥料厂工程总投资 25647 万元，年产合成氨 5 万吨、甲醇 4000 吨、硝铵 9 万吨，1954 年 4 月 20 日开工建设，1957 年 7 月 31 日试生产。染料厂工程总投资 10500 万元，年产高级染料 3054 吨、染料中间体 8201 吨，1956 年 1 月生产车间正式施工，1957 年 9 月试生产。电石厂工程基建总投资 3272 万元，年产电石 7.465 万吨、石灰氮 1.43 万吨、冰醋酸 6000 吨等，1955 年 4 月厂区工程开工建设，1957 年 5 月 28 日电石车间开始试生产。1957 年 10 月 25 日，吉化公司化肥厂、染料厂、电石厂的一期工程，提前 9 个月到一年建成，通过国家竣工验收，正式投入生产。国务院副总理薄一波、化工部部长彭涛等参加了竣工投产剪彩仪式。

太原氮肥厂、太原化工厂设计任务书是苏联帮助我国建设的“156 项工程”中的两项。肥料厂设计能力年产合成氨 6.27 万吨、甲醇 2.26 万吨、精甲醇 1.985 万吨、稀硝酸 10.2 万吨、硝铵 12 万吨、尿素 1 万吨，1958 年 4 月 1 日主体工程开工建设，1960 年 1 月 18 日试生产。化工厂工程总投资 10374 万元，设计能力年产硫酸 4 万吨、烧碱 1.5 万吨、液氯 0.5 万吨、滴滴涕 0.15 万吨、六六六 0.2 万吨，以及苯酚、盐酸、氯磺酸、氯化苯、氯乙酸等产品，1955 年 9 月厂区开始建设,1958 年 3 月硫酸车间首先进行化工试车，到 1963 年 10 月全部建成。

兰州氮肥厂是苏联帮助我国建设的“156 项工程”之一。根据设计，该项目年产合成氨 5 万吨、粗甲醇 1 万吨、硝酸铵 8 万吨，总投资 25187 万元，1956 年 8 月主体工程开始施工，1958 年 9 月 29 日生产出精甲醇，同年 11 月 5 日生产出硝酸铵。

兰州合成橡胶厂设计任务书是“156 项工程”之一，委托苏方设计，由中方做补充工作。该项目设计能力为年产丁苯橡胶 1.35 万吨、丁腈橡胶 1500 吨、聚苯乙烯 1000 吨。1958 年 2 月主体工程开始施工，1960 年 5 月 20 日生产出第一批丁苯橡胶，1962 年 4 月聚苯乙烯工程建成投产，同年 7 月丁腈橡胶建成投产，实际投资 5993 万元。

1953 年 12 月 31 日，国家计委批准在石家庄建设抗生素厂，厂名为华北制药厂。该项目是“156 项工程”之一，主要产品有青霉素和链霉素。药品生产部分 1956 年 6 月开工建设，1957 年 3 月建成，1958 年 6 月 3 日通过国家竣工验收，正式交付生产。原料生产部分年产葡萄糖3362吨、淀粉1.485万吨，以及饲料、玉米浆、玉米油、糖蜜等产品，实际投资2000多万元。华北制药厂玻璃分厂,该项目委托民主德国设计，年产药瓶2.9亿个，总投资522万元。1956年1月开工建设，1958年3月14日建成投产，同年6月3日通过国家竣工验收，正式交付生产。

国家在筹划第一个五年计划时，决定从苏联引进技术和设备，建设一座现代化的大型炼油厂，并列为全国156项重点建设工程之一。由于当时我国只有玉门油田的规模较大，同时在新疆、青海地区还发现一批有希望的地质构造，因而将厂址选定在甘肃省兰州市。1953年10月成立了兰州油厂筹建机构，开始勘察厂址、收集设计资料和委托设计。1954年3月国家计委批准计划任务书，1956年4月29日正式破土动工兴建。在当时的条件下，兰州炼油厂的工程建设任务是相当艰巨的。一期工程包括设计项目193个，设计以玉门原油为原料，年加工能力为100万吨，包括电脱盐、常减压蒸馏、热裂化、催化裂化、气体精馏、苯烃化、氧化沥青、丙烷脱沥青、酚精制、酮苯脱蜡、白土精制、酸碱精制等16套炼油生产装置及相应的储运和辅助设施，主要产品有航空汽油、航空煤油、车用汽油、煤油、柴油、燃料油、润滑油、石蜡、沥青等。

20世纪70年代的“大引进”

20世纪60年代后期至70年代初，世界政治和经济形势发生巨大的变化：一方面是中苏分裂从意识形态论争发展到边界对抗（1969年3月珍宝岛战斗）；另一方面是美苏争霸背景下，1969年新上台的美国尼克松政府开始试探扩大与中国官方的联系，美国政府宣布取消某些对华贸易管制。在这种风云变幻情况下，毛泽东做出重大战略决策，决定与美国加强接触。此后，1971出现“乒乓外交”和“1972年尼克松访华”等中美互动事件。在经济领域加强与美国和西方国家的接触提上议程，工业领域大规模从美国和西方国家进口先进技术和大型装备的“大引进”，在这样的背景下登上历史舞台。

“大引进”是分步展开的。首先是石油化学工业的化纤和大化肥成套装置的引进。1972年1月22日，李先念、纪登奎、华国锋联名向周恩来报送国家计委《关于进口成套化纤、化肥技术设备的报告》。报告提出“经国家计委与有关部门商量，拟引进化纤新技术成套设备4套，化肥设备2套，以及部分关键设备和材料，约需4亿美元”。（关于引进化纤和化肥生产装备的背景参见《中国化工通史——行业卷》441页和529页。）1972年2月5日，经周恩来批示呈报，毛泽东立即圈阅批准了这个报告（图5-1）。报告批准后，燃化部和轻工业部在前期工作的基础上，迅速组织出国考察和邀请外国相关公司来华谈判进口事宜。由此，中国与美国及西方国家的经济交往迅速升温。由于与西方国家接触后的反应良好，国务院组织重要工业部门进一步研究进口西方装备和技术问题。根据国务院领导新的指示精神，燃化部深入工作提出增加引进化工生产装备的建议。1972 年 11 月 7 日，国家计委再次上报《关于进口成套化工设备的请示报告》，建议进口 6 亿美元的 23 套化工设备。周恩来在批准该报告的同时，要求将总额 33 亿美元的另一进口方案送他合并考虑，准备一个更大规模的引进方案。

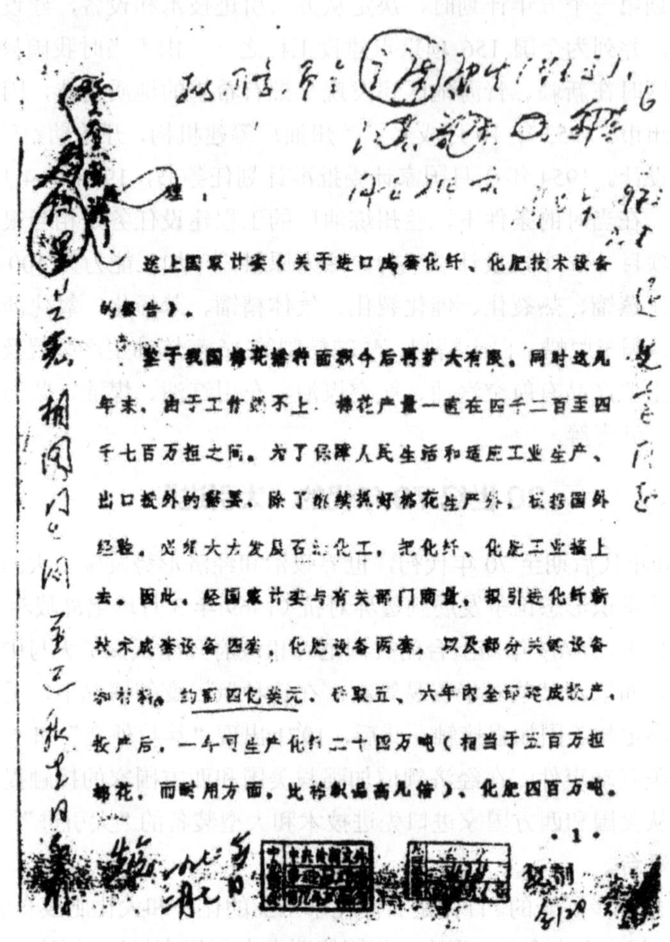

送上国家计委《关于进口成套化纤、化肥技术设备的报告》。

鉴于我国棉花播种面积今后再扩大有限，同时这几年来，由于工作跟不上，棉花产量一直在四千二百至四千七百万担之间。为了保障人民生活和适应工业生产、出口援外的需要，除了继续抓好棉花生产外，根据国外经验，必须大力发展石油化工，把化纤、化肥工业搞上去。因此，经国家计委与有关部门商量，拟引进化纤新技术成套设备四套，化肥设备两套，以及部分关键设备和材料，约需四亿美元，争取五、六年内全部建成投产。投产后，一年可生产化纤二十四万吨（相当于五百万担棉花，而耐用方面，比棉织品高几倍），化肥四百万吨。

·1·

图 5-1　1972 年国家计委关于成套引进化纤和化肥技术装备的报告领导批示

1973 年 1 月 5 日，国家计委又向国务院提交《关于增加设备进口、扩大经济交流的请示报告》。报告建议，利用西方处于经济危机、引进设备对中国有利的时机，在今后三五年内引进 43 亿美元的成套设备。其中包括（含 1972 年报告项目）：13 套大化肥、4 套大化纤、3 套石油化工、10 个烷基苯工厂、43 套综合采煤机组、3 个大电站、武钢一米七轧机及透平压缩机、燃气轮机、工业汽轮机工厂等项目。此后，又追加了一些项目，计划进口总额达 53.14 亿美元。后把这批项目的引进和建设事件简称为“四三方案”。这个方案引进的内容从化工和轻工扩展至钢铁、煤炭、机械、电力等主要工业部门。在当时较好的国内外大环境下，进口的一大批具有当时世界先进技术水平的装备没有受到西方国家任何阻挠，先后顺利签约并在各地按计划开工建设。

1976 年粉碎“四人帮”，举国上下人心振奋，力图实现“四个现代化”宏伟目标。在这种背景下，1977 年 9 月国务院提出高速发展国民经济的要求。由李先念、余秋里负责重新修订《国家计委关于 1976—1985 年国民经济发展十年规划纲要》，制定了《八年引进新技术和进口设备的规划》。提出今后 8 年要引进 68～69 个大型成套设备项目，其中第一批 1978 年成交 45 个项目，用外汇 60 亿美元；第二批 1979 年、1980 年成交 23～24 个项目，用外汇 80 亿美元。两批大型成套设备项目，连同材料、单机和技术专利，共需用外汇 180 亿美元。1978 年完成引进成套设备 45 个，实际使用外汇 85.59 亿美元，最大的上海宝山钢厂等 22 个大型成套设备项目占用外汇 80%，其中包括 10 套石油化工项目。后来把 1978 年的突击引进以及后来的“停、缓建”用“22 项”作为事件简称。

20 世纪 70 年代的“大引进”是继 20 世纪 50 年代“156 项工程”引进后的第二次大规模引进工业建设高潮。

在“大引进”中经常提到的“4 个化纤和 13 套大化肥”是指 20 世纪 70 年代前期被批准引进的石化项目。

4 个石油化纤联合企业是：在上海金山建设的上海石油化工总厂（简称上海石化总厂），在辽宁辽阳建立的辽阳石油化纤公司（简称辽化公司），在四川长寿建设的四川维尼纶厂，在天津大港建设的天津石油化纤总厂。上海石油化工总厂一期工程共有 18 套生产装置，其中从国外引进和国内配套各 9 套，年生产能力为乙烯 11.5 万吨、腈纶 4.7 万吨、维纶 3.3 万吨、涤纶 1.55 万吨。该厂从 1972 年 6 月开始筹建，1974 年 1 月破土动工，1977 年上半年建成投产。辽阳石油化纤公司共有 23 套生产装置，其中引进装置 21 套，年生产能力为乙烯 7.3 万吨、涤纶短纤维 3.2 万吨、锦纶长丝 8000 吨，从 1974 年 10 月破土施工，1979 年 9 月建成投产。四川维尼纶厂主要以天然气为原料，生产维纶短纤维，年生产能力为 4.2 万吨，于 1974 年 8 月开始建设，1979 年底建成投产。天津石油化纤总厂主要以油田气为原料，年生产 8 万吨聚酯，其中年产 2.59 万吨聚酯切片和 5.2 万吨涤纶短丝，从 1977 年开始动工，1981 年建成投产。以上四个化纤基地的建成投产，共增加合成纤维生产能力 30 万吨，使全国合成纤维的产量由原来只占世界总产量不足万分之一提高到 20 世纪 80 年代初的 4%以上。

13 套大化肥引进项目是：从美国、荷兰、日本引进的 10 套以天然气或油田气为原料，年产 30 万吨合成氨、48 万～52 万吨尿素装置，其中 8 套为美国凯洛格及荷兰斯达米卡邦公司技术，两套为日本公司技术。由于各省为了保障农业生产，争先恐后地要求在本省建设大化肥工厂。因此，燃化部根据相对有天然气原料供给的省份提出方案，分别建在：黑龙江大庆、辽宁盘锦、河北沧州、山东淄博、湖北枝江、湖南岳阳、四川成都和泸州、贵州赤水、云南水富。在没有天然气原料的农业大省，引进法国赫尔蒂公司技术 3 套相同规模的以石脑油为原料的大型化肥装置，分别建在江苏南京、安徽安庆和广东广州。到 1976 年，这 13 套大化肥装置中的 11 套相继建成投产，达到设计能力。只有洞庭和枝江两套装置因原“川气出川”项目没有实施，原料由天然气改用轻油，推迟到 1979 年建成投产。13 套大化肥建设总共用了 6 年时间。

20 世纪 70 年代的“大引进”，除“4 个化纤和 13 套大化肥”外，还有一批重点石油化工项目。

1973 年，北京燕山石化总厂引进年产 30 万吨乙烯及其配套装置，1976 年建成投产。这一工程包括 30 万吨/年乙烯装置、18 万吨/年高压聚乙烯装置、8 万吨/年聚丙烯装置、6 万吨/年乙二醇装置、10 万吨/年脱烷基制苯装置、4.5 万吨/年丁二烯抽提装置、2.7 万吨/年对二甲苯装置等 14 套石油化工装置及其配套的公用工程和生活设施。计划投资 19.7 亿元，是当时中国石油化工工业史上规模最大、技术最复杂的建设工程，可以说是那个年代的超级工程。1978 年又签约引进四套年产 30 万吨乙烯及其配套装置，分别建在大庆、淄博、南京和上海。这五套大型石油化工联合生产企业的建设，使我国一举进入世界石油化工先进国家的行列。

1978 年又签约引进三个化纤项目：建在江苏仪征的大型生产聚酯化纤装置，上海石化总厂聚酯二期（20 万吨/年）和河南平顶山尼龙 66 帘子布工厂。仪征化纤厂建设规模年产 48 万吨聚酯、24 万吨聚酯切片、24 万吨涤纶短纤维。1980 年缓建。1981 年 12 月成立仪征化纤工业联合公司。1982 年，采用借债建厂和一次规划、分步建设的方式恢复建设。1984 年 12 月，一期工程投产，主要规模为年产 12 万吨涤纶短纤维、6 万吨聚酯切片。1990 年 11 月，二期工程投产，主要规模为年产 12 万吨涤纶短纤维、18 万吨聚酯切片。生产装置分别从德国、日本、意大利和法国等国家引进，公司一地聚酯聚合产能居世界首位。

1978 年签约购买的化肥项目有：用煤炭为原料生产合成氨和硝酸磷肥装置，建在山西潞城；用重油为原料生产合成氨和尿素装置两套，分别建在宁夏和新疆。

此外为轻工业提供原料的两个石化项目是：合成革和烷基苯工厂。山东烟台合成革厂 1979 年始建，1984 年建成。它是生产聚氨酯合成革及其原料异氰酸酯和聚酯多元醇的轻工、化工综合企业。共投资 4.1 亿元，新增固定资产 3.7 亿元。年产合成革可达 300 万平方米，年产异氰酸酯 1 万吨，聚酯多元醇 3200 吨，聚氨酯 2300 吨。还生产硫酸、盐酸和甲醇等化工副产品。1978 年 2 月，日本几家公司应邀到我国进行技术交流和引进项目洽谈。经过 5 月至 8 月间的商务报价和谈判，最终签订三项合同：一是与可乐丽公司签订引进合成革生产技术和设备；二是与日挥公司、聚氨酯公司签订引进异氰酸酯生产技术和设备；三是与大日本油墨公司签订引进聚酯多元醇生产技术和设备。引进三套装置，概算为 2.298 亿元（人民币，下同）；加之国内配套的水、电、汽、气等公用工程建设投资 2.3252 亿元，总概算为 4.6232 亿元。按设计要求，建成的烟台合成革厂具有年产合成革 300 万平方米、异氰酸酯 1 万吨、聚酯多元醇 3200 吨、聚氨酯 4600 吨的生产能力。生产合成洗涤剂原料的南京烷基苯厂，始建于 1976 年，1980 年投产。

【辅文】

系年要录
（1928—2001 年）

中华人民共和国成立前

▲1928 年（民国十七年）6 月　中央研究院在南京成立。蔡元培任院长，下设物理、化学、动植物、工程、心理、社会及历史语言等 7 个研究所。

▲1928 年（民国十七年）　中央研究院工程（工学）研究所在上海成立。

▲1932 年（民国二十一年）11 月 1 日　国民政府成立国防设计委员会。化工界著名人士范旭东、吴蕴初、刘鸿生出任国防设计委员会委员。

▲1935 年（民国二十四年）4 月　国防设计委员会改隶军事委员会，更名为资源委员会。

▲1935 年（民国二十四年）　侯德榜获中国工程师学会首次颁发的荣誉金牌。

▲1941 年（民国三十年）3 月 15 日　永利化学工业公司将侯德榜研究成功的新法制碱命名为“侯氏制碱法”（Hou’s Process）。“侯氏制碱法”的成功，为中华民族在国际学术界争得了荣誉，并为世界制碱工业开创了新的里程碑。

▲1943 年（民国三十二年）　侯德榜荣获英国化工学会名誉会员称号。此时英国化工学会在全世界的名誉会员仅有 12 名。

▲1943 年（民国三十二年）　中国化学会在四川五通桥举行第十一届年会。“侯氏制碱法”在会上与学术界见面。代表们到试验现场进行了参观。会议特致函在美国的侯德榜先生对他所取得的成就表示祝贺。

▲1945 年（民国三十四年）10 月 4 日　爱国化工实业家范旭东积劳成疾，病逝于重庆沙坪坝南园，遗言“齐心合德，努力前进”。蒋介石、毛泽东、周恩来等发了唁电，并送了挽联。

▲1948 年（民国三十七年）1 月　大连化学厂于 1947 年下半年开始修复的硫酸、硝酸装置，新建的酒精、乙醚、硝化棉等装置投入生产，支援解放战争。

▲1948 年（民国三十七年）11 月 9 日　东北全境解放后，东北人民政府接收沈阳、

辽西地区各化学工厂，合并哈尔滨油脂厂、酒精厂和吉林化工厂、四平化工厂，组成东北人民政府工业部化学公司。

▲1948 年（民国三十七年） 永利化学工业公司为纪念范旭东设立范旭东纪念奖章及奖金，奖励在化学方面对理论研究和应用研究有突出贡献之人士。侯德榜为首届获奖人。

▲1949 年（民国三十八年）1 月 “侯氏制碱法”获准国民政府专利 10 年[文号：京工（38）字第 1056 号文]。

▲1949 年（民国三十八年）1 月 东北人民政府工业部化学公司成立研究室，开展以煤焦油为原料制取染料及其中间体的研究工作。

▲1949 年（民国三十八年）3 月 东北人民政府工业部化学公司改名为东北人民政府工业部化学工业管理局（简称“东北化工局”），着手恢复和重建东北化学工业，开展大规模的恢复和改建工作。其中，大连化学厂、沈阳化工厂、吉林化工厂、锦西化工厂是重点恢复和改建单位。

▲1949 年（民国三十八年）5 月 6 日 中共中央副主席刘少奇视察天津永利化学工业公司沽厂，向干部、工人表示慰问，表达党和政府对沽厂生产情况的亲切关怀。

▲1949 年（民国三十八年）7 月 中共中央副主席周恩来专程到永利化学工业公司北京办事处看望侯德榜博士，祝贺他克服重重困难，胜利回到祖国，赞扬他的爱国主义精神，说他回来得及时，永利公司需要他回来主持，中华人民共和国的建设事业需要他参与设计。

▲1949 年（民国三十八年）7 月 中共中央主席毛泽东接见侯德榜博士。毛主席详细倾听了侯德榜对复兴中国工业的意见及范旭东建设十大化工企业的设想，表示赞赏。

▲1949 年（民国三十八年） 全国化学工业总产值 1.77 亿元，占工业总产值的 1.6%。化工主要产品产量：化肥 2.7 万吨，硫酸 4 万吨，烧碱 1.5 万吨，纯碱 8.8 万吨，电石 0.32 万吨，轮胎 3 万条。

中华人民共和国成立后

▲1949 年 10 月 19 日 中央人民政府委员会举行第 3 次会议，任命陈云为中华人民共和国重工业部部长。11 月 1 日，重工业部正式成立，负责冶金、化工、机器、电机、国防和建材等工业的生产和建设。

▲1949 年 11 月 侯德榜博士应重工业部邀请到大连化学厂参观，并研究恢复生产问题。他向主管该厂的建新公司建议成立联合制碱车间，着手联合制碱的试验。1953 年 10 月 1 日，在大连化学厂建成日产纯碱、氯化铵各 10 吨的中试装置，开始全流程循环试验。不久，有人提出“苏联不搞联合制碱，氯化铵不能用作肥料”的意见，全流程循环试车中断。1957 年 5 月，在化工部部长彭涛支持下，试验继续

进行，1958 年完成中试任务。

▲1950 年 1 月 26 日　中央人民政府重工业部在北京召开全国化学工业会议，制订了1950 年化学工业生产建设计划。

▲1951 年 9 月 19 日　重工业部化学工业局与永利化学工业公司签定公私合营协议。

▲1952 年 1 月 13 日　政务院总理周恩来批准吉林肥料厂、吉林染料厂、吉林电石厂设计任务书。这是苏联帮助我国建设的 156 项重点工程中的 3 项。

▲1952 年 9 月　黄海化学工业社并入重工业部综合试验所。11 月，重工业部综合试验所分为化工研究所、钢铁研究所、有色金属研究所。

▲1953 年 3 月 15 日　国家计委批准兰州肥料厂设计任务书。这是苏联帮助我国建设的 156 项重点工程之一。

▲1953 年 5 月 15 日　中苏两国在莫斯科签订了《关于苏维埃社会主义共和国联盟政府援助中华人民共和国中央人民政府发展中国国民经济的协定》。

▲1953 年 6 月　重工业部组建专门从事化工勘察设计的队伍，在沈阳成立化工设计公司。

▲1953 年 9 月 15 日　中央人民政府委员会举行第 26 次会议，李富春作《关于与苏联政府商谈苏联对我国经济建设援助问题的报告》。

▲1953 年 11 月 7 日　国家计委在北京召开全国勘察设计计划会议，首次编制全国范围的设计计划会议。

▲1954 年 1 月　化工设计公司由沈阳迁到北京。6 月，改名为化工设计院。

▲1954 年 2 月 16 日　国家计委批准华北制药厂淀粉厂设计任务书。这是苏联帮助我国建设的 156 项重点工程之一。

▲1954 年 3 月 2 日　《人民日报》发表社论《发展重工业是实现国家社会主义工业化的中心环节》。

▲1954 年 3 月　国家计委、重工业部批准兰州合成橡胶厂设计任务书。这是苏联帮助我国建设的 156 项重点工程之一，委托苏方设计，由中方做补充工作。

▲1954 年 4 月 21 日　国家计委批准太原制药厂设计任务书。这是苏联帮助我国建设的 156 项重点工程之一。

▲1954 年 8 月 31 日　国家统计局发出《关于加强工业企业统计工作的指示》。

▲1954 年 9 月 29 日　以苏共中央第一书记赫鲁晓夫为首的苏联政府代表团应邀抵达北京，参加中华人民共和国成立五周年庆祝活动并进行国事访问。从 9 月 29 日至 10 月 12 日，以周恩来总理为首的中国政府代表团和以赫鲁晓夫为首的苏联政府代表团举行了会谈。毛泽东、刘少奇也参加了会谈。这次会谈签订了《关于中苏关系和国际形势各项问题的联合宣言》《关于对日本关系问题的联合宣言》以及《中苏关于苏联政府帮助中华人民共和国政府新建十五项工业企业和扩大原有协定规定的一百四十一项企业设备的供应范围的议定书》等。

▲1954 年 10 月 20 日 重工业部发出《关于切实执行苏联专家建议的指示》。

▲1954 年 12 月 29 日 薄一波在中苏友协第二次全国代表大会上发言，对苏联专家在我国工业建设方面给予的帮助表示感谢。

▲1955 年 2 月 11 日 建筑工程部发布《勘察设计工作承包暂行办法》。

▲1955 年 3 月 15 日 重工业部召开基本建设工作会议，会议提出了以后工作的任务，指出了前期工作中的缺点和不足。

▲1955 年 5 月 13 日 重工业部发出《关于加强生产企业与科学研究部门及高等学校协作的通知》。

▲1955 年 7 月 12 日 国务院常务会议通过并颁布了关于《基本建设工程设计和预算文件审核批准暂行办法》的通知。

▲1956 年 2 月 22 日—3 月 4 日 国家建委在北京召开全国第一次基本建设会议。会议着重讨论了今后若干年内设计、建筑、城市建设的初步规划以及改进基本建设工作的基本措施。

▲1956 年 4 月 25 日 毛泽东在中共中央政治局扩大会议上作了关于《论十大关系》的重要报告。

▲1956 年 5 月 8 日 国务院常务委员会通过《关于加强设计工作的决定》（以下简称《决定》）。《决定》要求，我国的设计力量能够在五年左右的时间内，基本上独立地担负起各部门设计任务，并争取在第三个五年计划期末，使我国设计工作接近世界先进水平。

▲1956 年 5 月 12 日 第一届全国人民代表大会常务委员会第四十次会议决定，将原重工业部的化学工业管理局、轻工业部的医药工业管理局和橡胶工业管理局合并，成立中华人民共和国化学工业部（简称化工部），任命彭涛为部长。1956 年 6 月 1 日开始办公。

▲1956 年 6 月 彭涛部长向周恩来总理汇报工作。总理说，化学工业很重要，是原料工业部门；化工很复杂，要好好学习，认真地抓。

▲1956 年 8 月 2 日 根据副总理李富春的批示，文化部决定将电影局所属电影胶片制造厂筹备组移交化工部管理。

▲1956 年 11 月 10 日 周恩来在中共八届二中全会上作《关于 1957 年国民经济发展计划和财政预算的控制数字的报告》中，谈到"经济建设的几个方针性问题"。他指出，1956 年计划总的说是打冒了，1957 年计划应在"保证重点，适当压缩"的方针下考虑安排。

▲1957 年 1 月 毛泽东主席在全国省、市委书记会议上说：化学肥料厂各省自己开办。大的工厂是必要的，但不要太多。小的更是必要的，不怕多。人都是由小长大的。小的要以有原料和销路为原则，大的要以国力有多大则搞多少为原则。

▲1957 年 1 月 化工部以化工设计院的氮肥部、基本化学部、有机化学部、勘察部

为基础，分别成立氮肥、基本化学、有机化学三个设计院和化工勘察公司。

▲1957年9月23日　我国第一座现代化的炼油化工设备厂——兰州炼油化工设备厂动工兴建。

▲1957年11月6日　化工部决定，以大连化学厂、大连碱厂设计科为基础，组建大连化工设计分院；以永利宁厂设计科为基础，组建南京化工设计分院。

▲1958年2月19日　中共中央将毛泽东主席提出的《工作方法六十条（草案)》转发全党。第五十二条指出：化肥工厂，中央、省、专区三级都可以设立。中央化工部门要帮助地方搞中小型化肥工厂的设计，中央机械部门要帮助地方搞中小化肥工厂的设备。

▲1958年3月7日　国务院第72次全体会议通过任命侯德榜为化学工业部副部长。

▲1958年2月　化工部副部长侯德榜率领谢为杰、黄鸿宁、姜圣阶、陈东等化工专家，在上海化工研究院进行碳酸氢铵生产工业性试验。1958年5月1日，我国第一个年产2000吨合成氨、8000吨碳铵的县级氮肥示范厂在该院投入试生产。

▲1958年3月　中共中央在成都召开工作会议。毛泽东主席在会上指出，化肥厂，南宁会议谈到统一由专区办，现在看来每县都可以办。在会上还通过了化工部《关于发展有机合成化学工业问题的报告》，认为有机合成化学工业的发展，将大大促进我国工农业发展和有助于人民生活水平的提高，必须作为整个工业发展的一个重点。

▲1958年8月　化工部成立管理国防化工的机构。

▲1958年8月　化工部决定调整勘察设计结构，将氮肥、基本化学、有机化学3个设计院合并，在北京建立化工设计总院；抽调一千多人组建大连、吉林、锦西、华东、华中、华北、西南、西北八个区域性设计分院；勘察公司分成大连、华东、华中、西南、西北5个综合性勘察队。同时，还为建立地方化工设计机构输送了技术骨干。

▲1959年5月11日　在“大跃进”中，全国实行“以钢为纲”，各行业都为发展钢铁让路，造成比例失调。化工部党组针对化工产品严重不足，计划完成不好的情况，向中央写了《化学工业不能再让路了》的报告。

▲1959年9月　我国自行设计建设的四川化工厂年产7.5万吨合成氨装置建成投产。

▲1959年　中国发现大庆油田。1963年底，大庆油田结束试验性开发，进入全面开发建设。以平均每年增产300万吨的速度快速上产，1976年原油产量跨上5000万吨台阶。

▲1960年7月16日　苏联政府正式照会我国政府，中断对中国的经济建设援助合同。在化工部化工设计院工作的苏联化工专家，于当年8月全部返苏。在该院工作的民主德国专家也随后回国。

▲1960年8月27日　上海化工医药设计院池八妹同志在参加上海东风农药厂六六六

产品扩大试验时突然发生爆炸，她为了抢救国家财产光荣牺牲。随后上海市委追认她为烈士和模范共产党员。

▲1960 年 12 月 12 日　橡胶工业研究设计院承担的援外设计项目——越南金星厂年产 10 万套轮胎建成投产。

▲1961 年 11 月 14 日　第八届中共中央候补委员、国家计委副主任、化工部部长彭涛因病在北京逝世。

▲1962 年 1 月　兰州化学工业公司建成年产 5000 吨管式裂解炉，我国石油化工的发展迈出了第一步。

▲1962 年 9 月 5 日　国务院批转化工部《关于调整与集中部分技术人员充实化工专业设计部门的报告》。国务院批示指出，为适应国民经济发展的需要，适当调整和集中部分技术骨干，来充实与加强几个需要保留的化工设计院，使之逐步形成化学肥料、基本化学、有机化学等方面的设计专业“拳头”，是必要的，也是符合保存技术骨干的原则的。

▲1962 年 9 月　大化公司年产 16 万吨联合制碱装置投入试生产。该装置经两年多试生产，实现连续化生产，产品质量、技术经济指标均符合要求，1964 年 12 月 16 日通过国家技术鉴定。

▲1963 年 8 月　国务院批准化工部引进主要以天然气、轻油、重油为原料，制造合成氨、有机原料及合成材料等石油化工装置 16 项，以加速化学工业的发展。

▲1964 年 5 月 15 日—6 月 17 日　中共中央在北京召开工作会议。毛泽东提出要下决心搞战略后方即三线建设。

▲1964 年 5 月　我国开发的碳化法合成氨制碳酸氢铵工艺流程，在江苏丹阳化肥厂建成生产装置，经过不断改进，各项技术经济指标均达到设计要求，获国家科委、国家计委、国家经委颁发的 1964 年工业新产品二等奖。

▲1964 年 6 月 29 日　中国自行研制的液体中近程弹道导弹飞行试验成功。

▲1964 年 10 月 16 日　中国第一颗原子弹爆炸成功。

▲1964 年 11 月　毛主席发出“设计革命”的号召，提出“精心设计、精心施工”的要求，在全国开展了一场设计革命。

▲1964 年 12 月 5 日　国家经委同意化工部试行《化工基本建设组织管理工作改革方案》，成立化学工业部基本建设总局（即化工建设总公司）。

▲1964 年 12 月　化工部第一设计院院长兼总工程师陈冠荣与中国科学院大连化学物理研究所商议，将该所研究的氧化锌脱硫剂、低温变换催化剂和甲烷化催化剂，用于以煤为原料的合成氨净化流程设计方案。这一新工艺流程比衢化、吴泾、广氮占地面积减少一半，生产车间投资节约约 300 万元，吨氨成本降低 19 元。该项目由化工部第一设计院副总工程师黄鸿宁主持，组织有关科研、生产、设计单位参加，在北京化工实验厂中试成果的基础上，应用于石家庄化肥厂三期扩建工程。

该项成果获1978年全国科学大会奖。

▲1965年1月31日 化工部调整设计机构，北京化工设计院改名化工部第一设计院；太原、兰州、南京、吉林四个化学工业公司的设计研究院的设计部门，定名化工部第二、第五、第七、第九设计院；淮南化工设计院、中南氮肥设计院、西南化工设计研究院的设计部门，分别定名化工部第三、第四、第八设计院。

▲1965年1月31日，化工部根据发展国防尖端工业的需要，以北京化工设计院七室为基础，成立化工部第六设计院，专门承担国防化工设计任务。

▲1965年2月20日—3月18日 化工部部长高扬在北京主持召开部属研究机构三级干部会议，研究加强科学实验工作的组织领导问题。会后，进一步加强了化工科研为经济建设和国防建设服务的工作，采取研究、设计和生产相结合，化工科研、生产单位同中国科学院、高等院校以及使用部门相结合的方式，开展重点项目攻关会战，开发成功一批重大技术项目。

▲1965年2月26日 中共中央、国务院发布《关于西南三线建设体制问题的决定》。

▲1965年4月12日 中共中央发布《关于加强备战工作的指示》。

▲1965年7月2日 聂荣臻副总理向毛泽东主席和中央报告化工新型材料研制进展情况。报告说，从1959年开始，共试制出3900多个品种，已可满足原子弹、导弹、航空及无线电工业等近期发展所需品种数的90%。现在初步解决了有无问题，需要抓紧实现工业化。要考虑采用先进的技术流程，进一步解决数量、质量稳定和经济合理性问题。

▲1965年8月 北京有机化工厂建成投产，这是我国从日本引进技术和成套设备，生产聚乙烯醇的第一个大型工厂。

▲1965年10月10日 国家科委向化工部侯德榜、谢为杰，江苏省化工厅陈东，化工设计院、丹阳化肥厂、上海化工研究院、北京化工实验厂，颁发“碳化法合成氨流程制碳酸氢铵”发明证书。

▲1965年12月3日 化工部决定，集中第五、第七化工设计院的勘察力量，在南京成立化工部勘察公司。1970年1月3日，该公司撤销，分别成立化工综合勘察大队和兰州、吉林勘察大队。

▲1966年1月 兰化公司研究院年产500吨顺丁橡胶中试装置生产出合格的顺丁橡胶。

▲1966年10月27日 中国导弹核武器首次发射成功。

▲1966年 中国在渤海湾用固定平台钻成第一口探井，获得工业油流。

▲1967年2月14日 国家计委批准建设北京东方红炼油厂（今北京燕山石油化工公司炼油厂）。该项目年加工原油250万吨，1968年8月开工建设，1969年9月27日全部建成，生产出合格油品。

▲1967年7月31日 中共中央、国务院、中央军委、中央文革小组发出《关于对化

学工业部实行军事管制的决定》。

▲1968 年　北京有机化工厂与化工部化工机械研究所、化工部第九设计院合作，完成年产 2 万吨聚乙烯醇技术改造，通过部级鉴定。该项成果获 1978 年全国科学大会奖。

▲1969 年 9 月 23 日　国务院批准化工部、石油部、北京市联合提出的关于综合利用石油气生产化工产品的报告。决定从 1970 年起，筹建胜利、向阳、东风、曙光化工厂，连同东方红炼油厂组成北京石油化工总厂。胜利化工厂以炼油厂催化裂化副产 2-丁烯为原料，年产顺丁橡胶 1.5 万吨；向阳化工厂利用液态烃中的丙烯和重整装置生产的苯经烃化反应生成异丙苯，再经氧化分解生产苯酚、丙酮，从重整碳八分离乙苯再经脱氢聚合，年产聚苯乙烯 1130 吨、聚丙烯 5000 吨；东风化工厂用炼油厂干气生产合成氨 1.5 吨/年,以及浓硝酸、碳酸铵等产品；曙光化工厂用蜡下油经裂解制取 α-烯烃，再与苯缩合生产烷基苯，规模为年产烷基苯 7600 吨。胜利化工厂的顺丁橡胶工程，1970 年 4 月开工建设，1971 年 9 月建成投产;向阳化工厂的聚丙烯工程，1974 年建成投产，使北京石油化工总厂形成了初具规模的石油化工联合企业。

▲1970 年 1 月　兰州化工公司 3.6 万吨乙烯砂子裂解炉、高压聚乙烯、聚丙烯、丙烯腈等装置建成投产；1970 年 2 月，建成年产 2000 吨丙烯腈-丁二烯-苯乙烯（ABS）工程塑料装置。

▲1970 年　燃料化学工业部决定成立燃料化学工业部石油化工设计院，担任炼油和化工大型项目前期研究工作。

▲1971 年 4 月 14 日　兰化公司合成橡胶厂自行设计的碳四抽提丁二烯生产装置建成投产，当年生产丁二烯 1070 吨。

▲1971 年 10 月 9 日　周恩来总理参观北京石油化工总厂，指示要节约建设投资，解决好水源问题，要搞好综合利用，立志赶超世界先进水平。青年工人要好好学习，老工人要带好头，好好教育他们。

▲1972 年 2 月 5 日　毛泽东、周恩来批准国家计委《关于进口成套化纤、化肥技术设备的报告》。

▲1972 年 7 月，成立中国石油和化学工业规划院，从事全国石油和化学工业行业规划研究和工程技术咨询等工作。

▲1972 年 12 月　国务院批准引进 4 套大型石油化工联合装置。其中，30 万吨乙烯及其配套的化工装置建在北京石油化工总厂；其他三套以合成纤维为主的装置分别建在上海、辽阳、重庆。

▲1973 年 1 月 5 日　国务院批准国家计委《关于增加设备进口、扩大经济交流的请示报告》（以下简称《报告》）。《报告》提出，在今后三到五年内引进 43 亿美元的成套设备（其中 12.5 亿美元设备中央已批准进口），包括 13 套大化肥、4 套大化

纤、3 套石油化工、1 个烷基苯工厂、43 套综合采煤机组、3 个大电站、武钢一米七轧机、透平压缩机、燃气轮机、工业汽轮机制造工厂等项目。引进的原则是：①集中力量，切切实实地解决国民经济几个问题；②学习与独创相结合；③有进有出，进出平衡；④新旧结合，节约外汇；⑤当前与长远兼顾；⑥进口设备大部分放在沿海地区。到 1977 年，实际对外签约成交为 39.6 亿美元。

▲1973 年 6 月 29 日　国务院批准北京石油化工总厂（后燕山石油化工公司）扩建工程计划任务书。该项目主要生产装置从国外引进，年产乙烯 30 万吨、高压聚乙烯 18 万吨、聚丙烯 8 万吨、丁二烯抽提 4.5 万吨、乙二醇 6 万吨、脱烷基制苯 10 万吨、对二甲苯 2.7 万吨、聚酯 4 万吨，新建一套年处理原油 250 万吨常减压蒸馏装置。1973 年 8 月 29 日开工建设，1976 年 5 月 16 日乙烯装置一次试车成功，生产出乙烯。同年 5 月 20 日生产出丁二烯，6 月 7 日生产出高压聚乙烯，6 月 17 日生产出聚丙烯。10 月 6 日、12 月 10 日、12 月 30 日，中日双方进行了交接验收。燕化公司成为一个现代化大型石油化工联合企业。

▲1973 年 9 月 5 日　由化工机械研究所、兰化公司机械厂、锦西化工机械厂合作制造的裂解气压缩机、乙烯压缩机、丙烯压缩机（简称“三机”），生产出合格的精乙烯、精丙烯产品。该“三机”获 1978 年全国科学大会奖。

▲1973 年　兰化公司设计院与兰州石油化工机械厂、兰州石油机械研究所合作，研制成功年产 1 万吨高压乙烯反应器，获 1978 年全国科学大会奖。

▲1974 年 1 月 8 日　李先念副总理等领导同志出席全国化肥会议并讲话。李副总理号召：“化肥不进口，全靠自己干，横下一条心，拿下三千万。”

▲1974 年 4 月 22 日　中共中央批转国家计委《关于 1974 年国民经济计划（草案）的报告》，计划建设的大中型项目 1135 个，其中新建开工项目 50 个，重点是进口的 13 套大化肥、3 套化纤、1 套乙烯、1.7 米轧机等。

▲1975 年 8 月 18 日　邓小平主持国务院会议讨论《关于加快工业发展的若干问题》，提出扩大进出口，引进新技术、新设备等重要意见。

▲1975 年 11 月 9 日、14 日　国务院副总理李先念批示：要研究措施，迅速解决武汉葛店化工厂对毗邻的鸭儿湖的污染问题。对此，国家投资 900 多万元，责成葛店化工厂治理好污染源。1983 年完成治理工程，污染基本得到根治。

▲1976 年 6 月　北京石油化工总厂从日本引进的年产 30 万吨乙烯工程及年产 18 万吨高压聚乙烯、8 万吨聚丙烯装置，建成投产。

▲1977 年 7 月 17 日　中共中央政治局原则批准国家计委《关于引进新技术和进口成套设备规划的请示报告》。规划提出，除抓紧已批准的在建项目外，再进口一批成套设备、单机和先进技术。其中，进口两套以粉煤和重油为原料的化肥关键设备，4 套生产高效低毒农药的中间体原料装置等，3 套大型石油化工成套设备，北京 30 万吨乙烯综合利用工程，3 套合成洗涤用品原料生产装置，一批燃料、动力、原材

料工业方面的新技术和关键设备。1978 年至 1979 年，实际对外签订合同成交金额 79.9 亿美元。其中，1978 年成交金额 63.6 亿美元。

▲1978 年 3 月　锦西化工机械厂制造的 100 立方米大型无底梁鱼腹式铁路槽车、YX160 型乙烯透平压缩机、30 立方米聚氯乙烯聚合釜，获 1978 年全国科学大会奖。

▲1978 年 12 月　化工部引进 4 套年产 30 万吨乙烯及配套装置。以后分别安排建在南京扬子石油化工公司、山东齐鲁石油化工总公司、大庆石油化工总厂和上海。

▲1979 年 1 月 20 日　国家建委批准，化工部建立化工设计技术中心，为提高全国化工设计技术水平服务。

▲1979 年 2 月 25 日　化工部决定，在原化工部北京第一化工设计院的基础上，组建化工部设计公司（后中国寰球化学工程公司）。

▲1979 年 9 月 18 日　陈云副总理在中央财政经济委员会的汇报会上指出，1978 年和 1979 年的投资超过了国家财力物力的可能，所以调整是必要的。

▲1979 年 10 月　辽阳石油化纤总厂引进的年产 7.3 万吨乙烯及配套的聚酯等装置，建成投产。

▲1979 年 12 月　我国第一个以天然气为原料，生产甲醇和维尼纶等产品的综合化工厂四川维尼纶厂在重庆建成，投料试车。

▲1980 年 1 月 8 日　化工部科技局颁发 1979 年重大科技成果 107 项，补报 19 项，并给予奖励。

▲1980 年 11 月 27 日　国家计委、国家建委、国务院清理在建项目办公室、财政部、中国人民建设银行发出《关于停缓建南京乙烯、北京东方化工厂等四个项目的通知》，经国务院决定，北京东方化工厂工程停建，南京、大庆乙烯工程及江苏仪征化纤厂缓建。

▲1981 年 5 月 27 日　国防工业办公室公布 1978—1979 年国防工业技术改进项目奖名单，其中化工部获二等奖 5 个、三等奖 26 个、四等奖 36 个。

▲1981 年 10 月 22 日　化工部决定，成立化工技术经济研究中心，承担并组织完成全国技术经济研究中心委托的各项任务，对化工建设方案、建设项目、战略性技术经济进行研究。该中心设在规划院内。

▲1982 年 10 月 16 日　我国向预定海域发射运载火箭成功，达到了预期的目的。化学工业为运载火箭提供了燃料和其他化工配套原料，化工部收到了中共中央、国务院、中央军委的贺电。

▲1983 年 1 月 11 日　国务院常务会议作出在本年停止六六六、滴滴涕农药生产的决定。

▲1983 年 1 月 12 日　党和国家领导人邓小平在谈到发展农业问题时说，肥料，要走复合肥料的道路，质量要好，要把大力发展复合肥料的方针定下来。复合肥料一

定要搞上去。

▲1983 年 2 月 19 日　中共中央、国务院决定，成立中国石油化工总公司，将原属石油部、化工部、纺织部的 39 个石油化工企业划归总公司。

▲1983 年 10 月 19 日　南化公司研究院开发的“现有化工装置统计调优操作法”通过部级鉴定。该项成果先后获国务院电子振兴领导小组二等奖，国家经委技术开发贡献奖，化工部科技成果一等奖，江苏省科技成果一等奖。

▲1984 年 9 月 13 日　化工部决定，由化工部化工设计公司和第一、第四化工设计院，分别组建中国寰球化学工程公司、中国天津化学工程公司、中国武汉化学工程公司，承担国内外工程建设项目的可行性研究、厂址选择、勘察设计、施工及试车投产等项目业务。

▲1984 年 9 月 19 日　化工部授予为化工科技进步做出重大贡献的孙铭、黄毓礼、陈大昌化工部劳动模范荣誉称号，并发给奖金。

▲1984 年 9 月 25 日　化工部批准，第八化工设计院组建中国成都化学工程公司。

▲1985 年 6 月 1 日　国家计委、国家经委、国家科委、国防科工委在北京联合召开国防军工协作工作会议，要求承担军工协作配套的民用工业部门，研究水平更高、品种更多的新材料、新品种，保证完成配套任务。同时搞好军民结合，利用生产军工产品的工艺和设备，生产合适的民用产品。在会上表彰的国防军工协作配套工作中做出成绩的先进单位和先进个人中，有化工系统 23 个单位、132 名个人。

▲1986 年 6 月 5 日　在全国计算机应用展览会上，化工系统的计算机辅助化工生产操作优化法“统计法调优”“模拟法调优”等 70 项参展。

▲1987 年 2 月 18 日　化工部发出《关于加强化工企业技术开发工作的几点意见》。4 月 2 日，化工部发布《关于推进化学工业技术进步的几点意见》。

▲1987 年 12 月 25 日　国务院重大技术装备领导小组召开表彰会，表彰 4 项重大技术装备项目，其中一项是化工部组织制造的年产 52 万吨二氧化碳气提法尿素装置。

▲1988 年 5 月　陈云、李鹏、彭冲、张劲夫、康世恩、段君毅等领导同志为庆祝我国小氮肥工业诞生 30 周年分别题词。

▲1989 年 9 月 4 日　李鹏总理听取顾秀莲部长工作汇报。9 月 6 日，李鹏总理为化学工业题词：发展化工强国富民。

▲1991 年 1 月 7 日　中阿化肥有限公司在秦皇岛建成并投入试生产。该公司由中国、科威特、突尼斯三国合作兴办。这是我国与第三世界合作的第一个大型化工项目。

▲1991 年 3 月　国务院重大技术装备领导小组对全国 244 个国产化成绩优异的重大技术装备项目进行表彰。

▲1991 年 5 月 17 日　《中国化工报》报道，我国第一家“国家重点化学工程联合实验室”通过国家验收，陆续向国际开放。该实验室投资 1000 多万元，由精馏、萃取、固定床反应工程、聚合反应 4 部分实验室组成，分别由天津大学、清华大学、

华东化工学院、浙江大学承担。

▲1992 年 4 月 24 日　四川化工总厂“操作工模拟培训系统”通过部级鉴定。该系统为年产 20 万吨合成氨装置配套，在总体功能上已达到 20 世纪 80 年代末国际先进水平。

▲1992 年 12 月 3 日　四川化工总厂国产化大型合成氨工程通过国家级竣工验收，正式交付生产。该装置年产合成氨 20 万吨，达到 20 世纪 80 年代末国际先进水平，总投资 2.5 亿元。

▲1993 年 3 月　全国人大常委会副委员长田纪云为中国寰球化学工程公司题词：服务国内建设，拓展国际市场。

▲1993 年 5 月 27 日　中国寰球化学工程公司举行创建四十周年大会。化工部部长顾秀莲到会祝贺，她希望尽快把寰球公司建成一流水平的国际工程公司。化工部副部长贺国强，国务院有关方面负责人马洪，原化工部领导人高扬、秦仲达、张珍等到会祝贺。

▲1993 年 9 月 23 日　上海吴泾 30 万吨/年合成氨装置计算机控制及管理系统，通过技术鉴定。

▲1993 年 9 月 28 日　中国石化总公司组织燕山石化公司、燕化聚酯厂、上海石化总厂机修厂、吉化公司机械厂、合肥通用机械研究所研制的 LLM508-1951、LL500 型立式螺旋沉降离心机，在燕化聚酯厂试车成功。

▲1993 年 10 月 30 日　由北京石化工程建设公司、北京化工研究院、兰州化工机械研究院共同开发的吉化公司年产 3 万吨乙烯裂解炉，通过考核验收。该炉国产化率达到 95%以上，各项技术经济指标达到和超过设计要求。

▲1994 年 6 月 3 日　中国工程院成立大会在北京举行。会议宣布了首批 96 名院士名单。其中有化工部第一胶片厂的邹竞，中国石油天然气总公司的侯祥麟，石油化工科学研究院的闵恩泽，中国石化总公司北京设计院的徐承恩。

▲1994 年 9 月 6 日　化工部印发《化学工业部关于深化科技体制改革的意见》（以下简称《意见》）。《意见》提出，化工科技体制深化改革的目标是：建立与社会主义市场经济相协调，与化工发展相适应，符合科技发展规律，立足经济建设战场，生产、科研、设计、高校紧密结合，有利于科技成果商品化、产业化和国际化的化工科技新体制。

▲1994 年 9 月 20 日　中国昊华化工集团及中国昊华化工（集团）总公司正式挂牌开业。

▲1994 年 9 月 22 日　北京燕山石油化工公司年产 30 万吨乙烯改扩建 45 万吨装置建成投产。该工程经国务院于 1992 年 1 月 11 日批准立项，同年 6 月 9 日批准可行性研究报告，1993 年 3 月 15 日开工建设。主要包括 30 万吨乙烯改扩建到 45 万吨，11.5 万吨聚丙烯扩建到 15.5 万吨，新建 14 万吨高密度聚乙烯，其中高密度聚乙烯、

聚丙烯装置全部国产化。总投资28亿元。

▲1994年10月6日 化工部印发《化学工业部“九五”科技进步规划》。

▲1994年11月18日—21日 全国化工系统勘察设计工作会议在北京召开。会上公布了工程设计获奖名单。其中四川化工总厂年产20万吨合成氨装置，获全国最佳工程设计奖；四川化工总厂年产20万吨合成氨技术改造工程设计和中原化肥厂、扬子石化公司年产30万吨乙烯工程总体设计，获国家优秀工程设计项目金质奖；扬子石化公司芳烃联合装置的国内配套工程设计，盘锦天然气化工厂、山东潍坊纯碱厂，获国家优秀工程设计银质奖；泸州天然气化工厂中型合成氨尿素装置节能增产改造设计、中国科学院大连化学物理研究所氨氢分离膜工业性试验装置、梅河口市硅藻土助滤剂厂、四川农药厂新产品开发工业性试验年产500吨叶枯宁项目、南昌化工原料厂白炭黑工程获国家优秀工程设计铜质奖。

▲1995年7月7日 中国工程院公布增选院士结果,共有216位杰出工程专家当选。其中化工系统有北京化工研究院毛炳权、黎明化工研究院李俊贤、中国成达化学工程公司周光耀、南京化工学院唐明述当选为中国工程院院士。

▲1996年1月29日 国家科技奖励授奖大会在北京召开，795项成果获奖。其中国家自然科学奖57项，国家科技进步奖607项，国家发明奖131项，授奖者共4600余人。在国家科技进步奖项目中，水煤浆加压气化及气体净化制合成氨新工艺，获一等奖。

▲1996年2月8日 化工部批准，在化工部第六设计院基础上成立华陆工程公司。

▲1996年4月7日 中国监控化学品协会成立。

▲1996年5月2日 中央编制委员会办公室批准化工部长沙化学矿山设计院更名为化工部长沙设计研究院；化工部化工矿山设计研究院更名为化工部连云港设计研究院；化工部化学矿山规划设计院更名为化工部华北规划设计院；化工部海洋涂料研究所更名为化工部海洋化工研究所；化工部劳动保护研究所更名为化工部职业安全卫生研究所；化工部西北橡胶工业研究所更名为化工部西北橡胶塑料研究设计所；化工部沈阳橡胶制品研究所更名为化工部沈阳橡胶研究设计所；化工部乳胶工业研究所更名为化工部株洲橡胶塑料工业研究设计所；化工部自动化研究所更名为化工部自动化研究设计所；化工部感光材料技术开发中心更名为化工部感光化工研究所；化工部涂料工业研究所更名为化工部涂料工业研究设计所；化工部炭黑工业研究设计所更名为化工部炭黑化工研究设计所；化工部西南化工研究院更名为化工部西南化工研究设计院；化工部制碱工业研究所更名为化工部大连化工研究设计所；化工部合成材料老化研究所更名为化工部合成材料研究所；化工部化肥工业研究所更名为化工部西北化工研究所;化工部涂料化工研究所常州中心更名为化工部常州涂料化工研究所。

▲1996年5月21日 国务院副总理邹家华在化工部《关于积极推进大型化工装置国

产化的几点意见》上指示："这几点意见很好。"化工部确定"九五"期间国产化的重点为：以天然气为原料年产30万吨合成氨装置，以水煤浆为原料年产30万吨合成氨装置，年产52万吨氨气提法尿素装置，年产15万吨料浆法磷铵装置，年产20万吨磷石膏制硫酸联产30万吨水泥装置，年产15万吨换热式转化造气合成氨装置，循环流化床煤气化装置，自然循环离子膜烧碱装置，年产1.5万吨氯化法钛白装置，等等。

▲1996年6月11日　化工部批准在化工部第二设计院基础上成立华泰工程公司。

▲1996年7月28日　化工部批准，在化工部第三设计院基础上成立东华工程公司。

▲1997年8月10日　侯祥麟基金管理委员会成立。侯祥麟是中国石油天然气总公司和中国石化总公司的高级顾问、中国科学院和中国工程院院士。设立该基金的宗旨是为实施科教兴化战略，培养造就一批高层次、高质量、高水平的专门人才，鼓励我国科研院所和高等院校有关石油加工领域的研究生，使他们能够献身于祖国的科学事业，在学习和研究工作中创出优异成绩。

▲1998年1月26日　化工部颁发《化工压力管道设计单位管理办法》。

▲1998年2月26日　化工部颁发《化工工程设计文件质量特性和质量评定实施细则（试行）》

▲1998年3月10日　九届全国人大一次会议决定，不再保留化学工业部，将化工部与中国石油天然气总公司、石油化工总公司的政府职能合并，组建国家石油和化学工业局，为国家经济贸易委员会管理的主管石油、化工行业的行政机构。

▲1999年7月　中国石化集团公司决定由中国石化工程建设公司、中国石化集团北京设计院、中国石化集团北京石化工程公司等合并重组为新的中国石化工程建设公司（新SEI）。

▲2000年7月3日　国家石油和化学工业局以国石化企发[2000]0244号文件报送建设部《关于调整国家石油和化学工业局原直属工程勘察设计单位管理体制改革方案的函》。

▲2000年9月20日　由中石化信息系统管理部和中科院软件研究所等单位联合承担的"九五"国家重点科技攻关项目"石化应用软件典型示范工程及产品开发"通过项目验收。

▲2001年1月8日　中国石油和化学工业协会正式挂牌，中国石油和化学工业协会党委同时成立。

▲2001年1月8日　扬子石化65万吨/年乙烯改造（烯烃片区）工程通过初步设计审查。该工程投资16.5亿元人民币，改造后乙烯装置的年生产能力将由40万吨扩大到65万吨。

▲2001年1月12日　国家石油和化学工业局党组以国石化党发[2001]4号文件向国家经贸委报告：国家石油和化学工业局各项改革工作已基本告一段落。一是人员

安排基本完成；二是事业单位去向基本确定。原化工部84家事业单位、42家科研设计单位已转制为企业；12家其他事业单位分别进入企业集团或划归其他部门；其余28家、矿山系统16家正按批准的方案办理转制手续；化工规划院、化工出版社、中国石油和化工杂志社、中国化工经济技术发展中心、化工对外经济合作中心、贸促会化工分会、中国化工学会等7家单位进入中国石油和化学工业协会或由协会代管；地质矿山局机关及在涿基地进入中国昊华化工（集团）总公司；太康培训中心暂挂化工机关报务局进入经贸委；离退休干部局进入经贸委机关服务局。

▲2001年2月15日　根据国务院决定和国家经贸委贯彻决定的实施意见，撤销包括国家石油和化学工业局在内的9个委管国家局，有关行政职能并入国家经贸委。

▲2001年4月28日　中国石油和化学工业协会在北京召开首次会员大会和协会第一届理事会第一次会议，中国石油和化学工业协会正式成立。原化学工业部副部长谭竹洲为中国石油和化学工业协会会长；原国家石油和化学工业局办公室副主任潘德润担任秘书长。

第二篇　科研开发

第六章 化工科研机构的诞生及体系建设

科研开发是“科学研究与开发研究（又称发展研究）”的简称，与联合国教科文组织《科学与技术统计资料指南》中“科学研究与试验发展（research and development）”的定义相应，是指在科学技术领域，为增加知识总量（包括人类文化和社会知识的总量），以及运用这些知识去创造新的应用进行的系统的创造性活动。根据科研开发工作的目的、任务和方法不同，通常划分为基础研究、应用研究、开发研究三个互相联系的环节类型，其中，“开发研究”是把基础研究和应用研究应用于生产实践的研究，是科学转化为生产力的中心环节。

第一节 中华人民共和国成立前

一、晚清先驱——徐寿世家

中华人民共和国成立前，我国基本上没有独立的化学工程设计队伍及其管理机构，但科研开发则不然，在洋务运动兴起之后，就有了诸如徐寿世家（图 6-1）那样家庭作坊式的化工科学试验活动并取得一定成效，从而开启了晚清以来科研开发的先河。

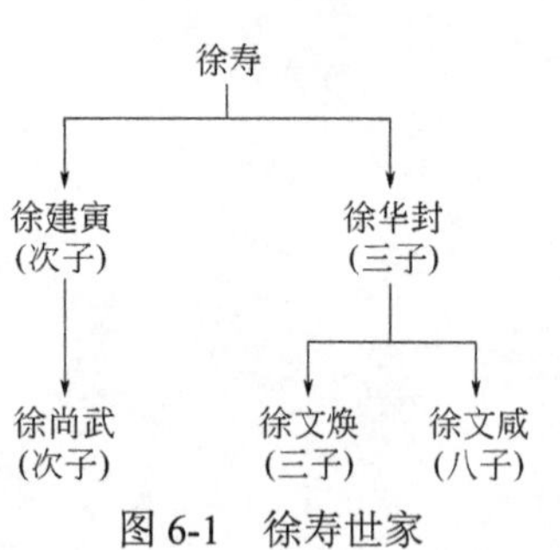

图 6-1 徐寿世家

《中国大百科全书·化工》中有“徐寿”的词条。其中提到了次子徐建寅和三子徐华封，还简略地介绍了徐建寅的业绩。其实他的孙子徐尚武（徐建寅之子）在化工尤其是火药方面也颇有建树。徐寿祖孙三代，从洋务运动肇兴，一直延续到中华人民共和国成立初期，横跨近一个世纪，历经晚清、民国、中华人民共和国三个重要历史时期，颇具传奇色彩。下面就其世家成员作一简要介绍。

1. 徐寿（1818—1884 年）

徐寿，字生元，别号雪邨，中国清代科学家，我国近代化学工业的先驱。1818 年 2 月 26 日生于江苏无锡钱桥社冈里（现山北乡社冈里村），1884 年 9 月 24 日卒于上海。对数理、矿产、汽机、医学等均有研究。编译有《西艺知新》《西艺知新续刻》《宝藏兴焉》《汽机发轫》《测地绘图》《营阵揭要》《法律医学》《汽机手工》《质数证明》等书。在化学方面，译述有《化学鉴原》（化学原理及应用）及其《化学鉴原补编》（无机化学）、《化学鉴原续编》（有机化学）、《化学考质》（定性分析）、《化学求数》（定量分析）和《物体遇热改易记》（物化部分知识），并且参与了江南制造局出版的《化学材料中西名目表》《西药大成中西名目表》两书的编译工作，系统地介绍了 19 世纪 60—80 年代国外化学知识。他是中国近代化学的启蒙者，对化学元素命名法做过可贵的贡献，参与清政府办安庆机器厂、上海制造局（即江南制造局）等，对火药、枪炮制造有所创新。他曾与华蘅芳、吴嘉廉、龚芸裳等合作，于 1865 年造出“黄鹄号”船一艘，为中国自制轮船之始。1874 年在上海创设格致书院，传播化学知识。

2. 徐建寅（1845—1901 年）

徐建寅，字仲虎，1845 年 3 月 7 日生于无锡，为徐寿次子，清末军工兵器专家。历任于山东机器局、上海制造局、湖北铁政枪炮洋务、湖北保安火药局、汉阳钢药厂（炼钢并制无烟火药）等。任福建船政大臣及驻德国使馆参赞时，曾赴英、法等国考察军事。后被张之洞调至湖北汉阳试制无烟火药。徐建寅“为感知遇之隆，忘危机之蹈，期于取材本地，以免仰给外人，日手杵臼，亲自研炼”无烟火药成功，举厂欢欣。1901 年 3 月 31 日，徐建寅在厂监工，亲至拌药房，督同委员、工匠等人拌和药料，不料事故突发，机器炸裂，徐建寅当场轰毙，为国殉职，年仅 57 岁。徐建寅在化学、化工、军工、造船等方面，著译颇丰。译有《器象显真》《器象显真图》《测地捷法》《兵法新书》《轮船布阵》《绘画船线》等。尤其是所著《欧游杂录》，它是我国近代早期的一本重要科技史料。

3. 徐华封（1858—1928 年）

徐华封，字祝三，徐寿三子，一生为发展我国近代化工科技与实业做出了巨大贡献。自 1868 年江南制造局翻译馆成立后，他不但翻译了《镀金法》《电气镀镍》《考试司机》《种植学》等书，还协助父亲校阅了《化学考质》等重要著作，共计 219 万字。1874 年以徐寿为中坚筹建上海格致书院，他除了协助父亲参与管理外，还在科技咨询中发挥了突出作用。1898 年，江南制造局创设工艺学堂，他担任化学教习。在他的言传身教下,不仅培养了如朱云龙等掌握近代科学知识的新型人才,还涌现出许多如香料大王李润田、味精大王吴蕴初等一批优秀实业家。1889 年起，他创办广艺公司，生产矿烛、肥皂，向洋商发起挑战。继又创办广艺冶炼厂，生产的纯铅，质优价廉，深受欢迎。20 世纪 20 年代，他又创办广艺机器制冰厂，人造冰产品还打进了上海英法租界地。徐华封在领导广艺公司与外商顽强苦斗的同时，还在他的家庭实验室里，带领三子徐文焕、八子徐文咸，与他的学生吴蕴初一起日夜奋战，终于研制成功了“天厨味精”，将日本的“味の素”赶出了中国市场。

4. 徐尚武（1872—1958 年）

徐尚武，字衡山，徐建寅次子，徐寿之孙，清癸巳恩科副贡，内阁中书，系我国兵工专家。京师大学堂毕业，留学日本。1913—1917 年，他汇参欧制之精微，融会家传之秘法，耗三世之心力资财而抉其奥，合百年之中西艺术而会其归，著成《徐氏火药学》一书，共 22 卷。这是迄今所见我国最早的一部全面、系统反映近代炸药科技成就的专著。书中对火药的概念、理论及制造工艺的论述，融会了徐寿、徐建寅、徐华封、徐家保、徐尚武祖孙三代的实践经验和理论认识成果，是对这一历史阶段火药生产技术发展的科学总结，也是研究中国近代火药发展的重要历史文献，但可惜至今尚未正式出版面世。他 1924 年研制成功安全炸药，最先仿制成硝化甘油炸药（TNT），可用于填装手榴弹、飞机炸弹、地雷、炮弹，较当时西方普遍使用的黄色炸药更为安全，也可用于开山采矿。

徐寿世家对科研开发条件的打造，颇具“家”的特色。1867 年，徐寿调任江南制造局，为工作方便起见，他在龙华路买地建成一幢五开间的双层楼宅院，上层为卧室和会客之用，下层辟有“化验间”和小车间，其中的“化验间”内有做实验的工作台，四周靠墙的柜子里放置着各种玻璃器皿、科学仪器、化学药品、试剂等；而车间则用来进行小型机械加工和电气试验。在这个实验室里，徐寿、徐华封亲自实践他们在翻译西方化学、化工技术书籍时所遇到的疑难问题，通过实验解难释疑。在这个实验室里，他们研究成功“电气镀金法”；在这个实验室里，他们冶炼纯铅，并在其中提取贵金属。到 19 世纪 90 年代，这个实验室已由徐华封发展为小型工厂，生产当时社会上的新型产品——矿烛和肥皂，用来与充斥市场的洋烛、洋皂抗衡。另外，我国著名科技书籍翻译家朱云龙、香料大王李润田、化学工业巨子吴蕴初、实业家赵楚惟等，都是这个实验室里的常客。徐华封与他的弟子们，经常在这里切磋学问，交流心得。可以说，这是中国近代最早的家庭式化工科学实验机构。

二、民国时期的初创

民国初年，范旭东、陈调甫、吴蕴初这些化工科研和实业家的先贤们，也分别在简陋的家庭实验室里，饶有兴趣地探索实验并获得了精盐、纯碱和味精的制造方法，为后来久大精盐公司、永利制碱公司和天厨味精厂的建立奠定了基础，也大大鼓舞了国人通过科学技术富国、强国的信心。

民国时期，实业救国的思想兴起。随着一批批化学工厂的建立，企业和政府单位也相继创办化工科研机构，如：黄海化学工业研究社、北平研究院、中央研究院等。20 世纪 30 年代前后，我国出现了一个短暂的化工科技发展黄金期。自 1922 年范旭东创立黄海化学工业研究社起，一直到1937年抗日战争全面爆发前，化工科研机构已发展到了30多家，并取得了一批科研成果。各种科研机构的相继建立和科研人员的刻苦钻研，使得在无机化工、有机化工、化学药物乃至化学工程等的研究方面都有所进展，甚至获得了一些有国际影响的重大成果。比如：

（1）在美国麻省理工学院留学的张克忠，在20世纪中期发表了化学过程的“扩散理论”，被美国科学界定名为“张氏扩散原理”；1929年刘树杞发表了《电解铝制造铍铝合金》的论文，引起各国航空界的极大兴趣，因为该合金较金属铝更轻、更坚固，被认为是“卓越的发明”；1933年顾毓珍发表“流体在圆管中流动时的阻力计算公式”，被美国《化学工程师手册》采用，并誉之为“顾氏公式”。

（2）1934年报道：黄海化学工业研究社的周瑞成功地试验了电解氧化铝制取金属铝，并用所得金属铝制作了我国第一个飞机模型；刘树杞通过电解磷酸钠与钨酸的共熔物而制得金属钨粉。1935年报道：四川自贡之井盐，其卤水经化验含有碘盐、溴盐和钾盐，顾毓珍等研究了提取方法。1936年报道：山东博山一带盛产石英、长石等，是制瓷与玻璃的原料，经分析品质良好，胡铁生、邵德辉等为改进博山瓷与玻璃做了系统的研究。

（3）有机化工研究工作集中在对各种植物原料进行加工，利用发酵技术制造酱油、醋、酒等。尤其是抗日战争期间，由于汽油紧缺，实施了以植物造酒精代替汽油的措施。

（4）在化学药物方面，中央研究院有机化学研究组和生物化学研究组曾进行胆酸、维生素D、雄性激素、雌性酮等化学药物研究。抗日战争期间，汤腾汉在成都华西协和大学创办了药物研究室，领导主持了乳酸钙的制备、磺胺类药物的合成以及四川省天然药物的研究等。

民国时期，在化工科研开发方面，成就最大和影响最深远的标志性成果，还当属侯德榜先生的科研工作和“侯氏联合制碱法”的探索。侯德榜先生基于永利碱厂建设和生产经验，编写了《纯碱制造》一书，于1933年在纽约出版，揭开了索尔维制碱法（又称“氨碱法”）长期垄断的技术奥秘，美国化学家E.O.威尔逊教授称“《纯碱制造》是中国化学家对世界文明所做的重大贡献”。1938年永利化学工业公司内迁四川，在乐山五通桥建立川厂。川厂迫于川盐质差价昂的现实，必须另觅新法。范旭东派侯德榜率技术人员赴德国考察，但在谈判中，德国人提出苛刻条件，侯德榜愤然离德，决心自力研究制碱新法。但当时探索新方法的条件是相当艰巨的。实验室设在香港，侯德榜在美国纽约搜集资料，遥控指挥试验。到1939年底已全部摸清了新制碱法的各项工艺条件，扩大试验分别在当时的上海法租界、美国哥伦比亚大学、四川五通桥三地进行。就这样，经过以侯德榜为首的郭锡彤、谢为杰、黄炳间、刘潜阳等研究人员前后3年多的努力，进行了几百次试验，终于设计出一条能同时生产纯碱和氯化铵的制碱新流程，使食盐利用率提高到98%。1941年3月

15 日，在川厂厂务会议上，范旭东亲自提议命名为“侯氏制碱法”。但侯德榜并不满足已取得的成就，认为新法还不理想。1942 年，他在给永利同事的信中说：“现已拟好一个从合成氨开始的制碱流程。这个制造碳酸钠和氯化铵的新法，自然地把两种工业——索尔维制碱工业和合成氨工业联合起来。”按照这一设想，1942 年秋，在五通桥建成一个日产几十公斤碱的连续试验装置，1943 年取得圆满的结果。1949 年 1 月 17 日，国民政府以京工（38）字第 1057 号文通知核准“侯氏制碱法”专利 10 年。

抗日战争期间，科研机构虽因内迁致使仪器、设备、图书、资料等损失惨重，但在十分艰苦的条件下，广大科技工作者同仇敌忾、艰苦奋斗，在服务军需民用科研方面仍然做出了不少贡献。抗日战争胜利后，科研机构陆续回迁，但因战火纷飞，元气大伤，实验室重建艰难，恢复缓慢，化工科研进展不大。

第二节　中华人民共和国成立后

一、建立科研体系

旧中国战乱不断、国力薄弱，一些零散的化工科研活动，不可能成为化学工业全行业发展的有力后盾。中华人民共和国成立后，开始分步有计划地建立起为整个化学工业服务的化工科研体系。

全国化工科研院所体系的组建过程中，沈阳化工研究院的历史最早。1949 年 1 月 8 日成立东北人民政府重工业部化工局研究室。同年浙江省工业试验所成立。1953 年 7 月，这两个科研机构和北京化工综合研究所（其前身为北平工业试验所）合并组建成立沈阳化工综合研究所，简称沈阳所，当时的所址外貌见图 6-2。1955 年 1 月，沈阳染料厂并入沈阳所作为中间试验厂。到 1955 年底，全所发展到职工 2500 多人。

图 6-2　沈阳化工综合研究所所址

1956 年 5 月，化学工业部成立，决定加强化学工业的科研工作，逐步建立基本覆盖全行业的化工科研体系。1956 年 9 月，将沈阳所一分为四：化学选矿和化学肥料部分迁往上海，并与上海天利制品厂和上海制酸厂合作，于 1956 年成立上海化工研究院；有机合成和合成材料部分以及一部分物化、分析、情报人员迁往北京，于 1958 年成立北京化工研究院；无机盐和涂料部分迁往天津，和天津工业研究所合并，并从天津油漆厂调入部分人员，于 1958 年成立天津化工研究院；余下染料、农药等部分留在沈阳，更名为沈阳化工研究院。

1957 年 5 月 31 日，化工部决定成立化学工业技术委员会，侯德榜任主任。其职责范围是：议定化工技术方针政策，审查设计计划任务书，初步设计，老厂（矿）改建、扩建和新厂矿建设中的重大技术问题，审查化工试验研究的年度和长远科学研究规划，讨论重大科研、生产技术、重要技术组织措施项目，决定部内重大技术奖励，以及部长交办的技术问题。

鉴于化学工业工艺技术繁多的特点，为了保证重点课题的开发，20 世纪 60 年代初期化工部决定进一步细分化工研究专业单位，又成立了化工机械研究所、合成纤维研究所等行业研究所；在吉林、南京、锦西、四川等技术力量比较强的大型企业内成立企业研究所；为适应橡胶工业迅速发展的需要，继 1955 年组建成立北京橡胶工业研究设计院后，又新成立了西北橡胶制品研究所、沈阳橡胶制品研究所、曙光橡胶工业研究所、化工部乳胶工业研究所。1964 年，根据我国炭黑工业的需要，抽调当时的抚顺炭黑三厂与抚顺化工厂的技术人员，组建成立了抚顺炭黑工业研究设计所。

加快“三线建设”是毛泽东主席在 1964 年提出的重大战略决策。“三线建设”的推进，新建了一批科研院所，不仅充实了地方的科研力量，同时构建了遍布全国的化工生产、科研体系。

1965 年，化工部决定，将沈阳化工研究院的军工部分向三线搬迁，将高能燃料研究室和蒽醌法制双氧水项目及其人员搬迁到青海大通县，同时将北京化工研究院五所、上海化工研究院的一室、天津化工研究院的无机三室及这 3 个院的相关人员搬迁到该地，组建成立黎明化工研究院，简称黎明院。化工部为建设新型合成材料研究基地，1965 年 1 月，将沈阳化工研究院的有机硅和工程塑料研究室及相关人员搬迁到四川省富顺县，并从北京化工研究院及天津化工研究院抽调人员组建成立了晨光化工研究院。据统计，到计划经济后期，化工部直属研究院所有 27 家，科技人员近万人。

1965 年 4 月，化工部确定了部属科研机构的研究方向和任务：北京化工研究院以石油化学、合成材料为研究方向；晨光化工研究院以合成材料为研究方向；上海化工研究院以化学肥料、新型材料为研究方向；西南化工研究院以氮肥、天然气综合利用为研究方向；沈阳化工研究院以化学农药、染料为研究方向；天津化工研究院以无机盐、涂料为研究方向；涂料工业研究所以涂料为研究方向；盐湖化工综合利用研究所以无机盐、钾肥为研究方向；北京合成纤维研究所以合成纤维单体、聚合及抽丝为研究方向；化工机械研究所以化工机械、化工防腐蚀为研究方向；化工技术情报研究所以国内外化工技术情报、技术经济研究、化工标准作为研究方向；锦西化工研究院以氯碱、无机和有机氯产品、有机玻璃、聚硫橡胶为研究方向；太原化工研究所以合成材料助剂、合成材料、化工安全技术及部分污水处理技术为研究方向；大连制碱工业研究所以纯碱、联碱、天然碱为研究方向；南京化工研究院以硫酸、催化剂、化肥为研究方向；兰州化工研究院以石油化工综合利用、合成橡胶为研究方向；化工矿山设计研究院以化学采矿为研究方向；北京医药工业研究院以合成药、中药合成为研究方向；上海医药工业研究院以地方病药、抗菌素（现称为抗生素）、针片剂为研究方向；四川抗菌素工业研究所以抗菌素为研究方向；天津医药工业研究所以解毒药、职业病药为研究方向；武汉医药工业研究所以中药、兽药为研究方向；北京橡胶工业研究设计院以轮胎为研究方向；上海橡胶制品研究所以橡胶模型制品、力车胎、胶带为研究方向；天津橡胶制品研究所以胶管、胶辊、再生胶为研究方向；炭黑工业研究设计所以炭黑新品种、新技术为研究方向；乳胶工业制品研究所以乳胶制品为研究方向；广州合成材料老化研究所以合成材料老化为研究方向；沈阳感光化工研究院以胶片、磁性记录材料为研究方向；光明化工研究设计院以低温工程为研究方向；沈阳橡胶制品研究所以模型制品、胶管、胶带为研究方向；黎明化工研究院以胶黏剂等为研究方向；西北橡胶制品研究所以模型制品、胶管、胶带为研究方向；北京化工实验厂、北京合成纤维实验厂分别以氮肥工业、合成纤维抽丝工业性试验为研究方向。

“文革”期间，行政管理机构受到冲击，影响化工科研工作开展。1970 年 8 月 19 日，国务院批准燃化部的报告成立燃料化学工业部石油化工科学研究院，其职能是管理全国石油、炼油、天然气、化工、医药科技工作。1972 年 7 月 19 日，由李苏担任燃料化学工业部石油化工科学研究院院长、党的核心小组组长，侯祥麟等任副院长。燃料化学工业部石油化工科学研究院的主要任务是贯彻执行科研为无产阶级政治服务、为社会主义革命和建设服务、与生产相结合的方针，研究发展石油化学工业科学技术的路线、方针、政策，拟定科技发展长远规划及年度计划；检查计划执行情况，组织重大科技项目的科技攻关会战；审查、鉴定科技成果；组织技术经验交流，推广新技术；组织编制化工产品的规格标准。

总体而言，中华人民共和国成立以后，在整体科技基础和经济实力薄弱的情况下，面对西方国家对我国经济技术封锁的严峻局面，实践证明只有在行政管理部门的规划、领导和协调下，集中有限资源，针对有限目标，才是加快研制开发的有效途径。一般性化工科研项目由研制单位自行负责。重大项目的技术攻关由化工部组织化工科研、设计、生产部门共同进行，即“内部三结合”。需要由中国科学院或其他工业部的研究院所及国内各高等院校参加的大型攻关项目，由国家科委和化工部组织联合攻关，即“内外三结合”。在统一领导和协调下，参加攻关单位工作目标明确，进展信息沟通快捷，出现矛盾便于协调。在这个时期，尽管有行政干预多了一些限制部分科技人员自由发挥的弊病，但是由于充分发挥了制度优越性，全国一盘棋、跨部门大协作，取得一批国民经济发展急需的科技成果，并使中国化工科研开发水平得到快速提升,有了可观规模的科研设施和科技研发人才队伍，由此形成了从实验室到中型试验、再到工业生产，一整套完整的和有中国特色的科研开发体系。

二、科研院所的改革与转制

1. 化工科研院所改革

1978 年 12 月 18 日到 22 日，中共十一届三中全会在北京召开。这次会议是 1949 年以来中共历史上具有深远意义的重要转折。会议的主要任务是确定把全党工作重点转移到社会主义现代化建设上来。由此拉开了化工科研院所改革的序幕。

1978 年 3 月，石油化学工业部拆分为石油工业部和化学工业部。1978 年 7 月 11 日经国务院批准，把石油化工科学研究院的化工部分与燃料化学工业部科教组的化工部分合并成立化工部科学技术研究总院（化工部科技局）[以下简称总院（科技局）]，负责管理全国的化工科技工作，同时管理化工部所有直属科研院所、中心的科研、基建、人事、劳资教育、财务、生产、安全、档案、纪检、监察、审计、物资供应、进口仪器设备等。同年 8 月 27 日国务院批准化工部改革化工重点科研单位管理体制的报告。同年 9 月 1 日，化工部科学技术研究总院（化工部科技局）印章正式启用。总院与科技局两块牌子、一套机构和人员，成为化工部的一个职能司局，又是机关口事业单位。其主要职责是在部党组的领导下，调查研究有关科技工作方针、政策的执行情况，对部属化工科研单位代部实行领导，对各省市自治区化工局的科技工作负有指导责任；组织编制化学工业的科技发展规划和年度计划，并检查实施情况；协助政治部研究并解决化工科技队伍建设和科技人才的培养、管理工作；协同外事局组织协调科技对外交流活动；组织化工重要科研成果、发明创造的鉴定、奖励和推广工作；负责化工产品标准的归口管理工作；负责化工学会的日常工作。这一阶段，根据国务院精神，把下放的原部属科研院所、中心恢复名称并由化工部直接管理，也即由总院（科技局）管理，同时又成立了一些科研机构，从此，化工部的科技管理工作进行了集中，形成了一批专业齐全，装备优良，专业方向明确，人才济济的科研机构。后来随着科技体制改革的发展以及化工部内部机构调整，部分科研院所又脱离总院（科技局）管理，最后总院（科技局）集中管理 15 个科研院所、中心。

1979 年 11 月，化工部在昆明召开了科研工作座谈会，1980 年在北京召开了科研院所长会，1981 年 12 月在大连召开了全国化工科技会，1984 年在北京召开了化工科技会议，先后制定了《部属研究院（所）扩大财权、加强经济管理试行办法》《关于加强化工科研单位经济核算工作的意见》《关于加强化工科研单位科研条件工作的意见》《化工新技术开发基金有偿使用试行办法》《科学技术进步奖励办法》《科学技术成果鉴定办法》等法规性文件。理顺了部门和省市对有关科研院所的领导关系，科研院所出现了有序管理和加强研究开发的大好局面。广大科技人员积极性空前高涨，纷纷带着科技成果走向社会，走向企业。从 1979 年下半年开始，到 1980 年底，据化工部直属 10 个科研院所的统计，共签订各类合同 276 项，实现合同收入 463 万元，约为这些单位一年科技三项费用的三分之二。

1985 年，中共中央发布了《关于科学技术体制改革的决定》，逐步减少对科研院所的财政划拨经费。化工科研院所以此为契机，进行了一系列改革与探索。如沈阳化工研究院的苯酐技术、天津化工研究院的水处理药剂及技术、炭黑工业研究设计所的新工艺炭黑技术、黎明化工研究院的蒽醌法双氧水技术、光明化工研究设计院的特种气体技术、化工矿山设计研究院的磷矿浮选技术等，在化工行业获得大面积推广应用，有力地推动了企业的技术进步。

2. 化工科研院所转制

1990 年，国家实施以科研院所转制为主要内容的科技体制改革。国家科委、国家体改委制定了《关于分流人才、调整结构、进一步深化科技体制改革的若干意见》（以下简称《意见》），由此开始了化工科研院所的转制进程。

化工行业认真贯彻《意见》精神，在不同层面采取了针对性措施。一是在部属 31 个科研院所中，选择北京化工研究院、上海化工研究院、沈阳化工研究院、西南化工研究院、天津化工研究院等 10 家条件较好的院所作为骨干力量给予重点支持等。二是鼓励院所建立科技先导型企业或直接进入企业、企业集团。如：海洋化工研究院利用开发成果建立科技先导企业，发挥了示范作用；沈阳感光化工研究院直接进入了中国乐凯胶片集团，成为其技术开发机构。三是推进公益型科研院所逐步社会化。中国化工信息中心、职业安全卫生研究院在这方面进行了很多有益的探索。

为了更好促进科研院所进入市场，使科技资源在市场机制的调节下更加有效地发挥作用，1999 年上半年，国家石油和化学工业局直属 31 个科研院所初步完成了由科研事业单位向企业的转制。其中，沈阳化工研究院转为中央直属大型科技企业，上海化工研究院转为科技型企业划归上海市，北京化工研究院和职业安全卫生院进入中国石油化工集团公司，沈阳感光化工研究院进入中国乐凯胶片集团公司，天津化工研究院、常州涂料化工研究院进入中国化工建设总公司，化工矿山地质研究院进入明达化工地质有限公司，连云港设计研究院、长沙设计研究院、晨光化工研究院（成都）、合成材料研究院、西北化工研究院进入中国蓝星化工清洗总公司，中国化工信息中心等进入中国昊化化工（集团）总公司。

第七章 化工科研开发重要成果

第一节 联合制碱法的开发

联合制碱法的研制与工业化过程是我国早期自主开发大宗化工品生产工艺技术的代表。整个过程大致分为四个阶段：制造方法的理论研究、探索工艺条件和设计参数的实验室研究与中间试验、实验工厂的工业化验证、工业生产的完善提高与推广。为了方便理解联合制碱工艺的发展，把合成氨装置脱碳工序得到的二氧化碳引入制造纯碱装置的工艺称为联合制碱法的基础版。把合成氨装置的变换气引入制造纯碱装置的工艺称为联合制碱法的提高版。

1938 年，侯德榜博士带领技术人员，在抗日战争期间的困难条件下，经过理论探索和试验，在 1943 年提出一个新的制碱方法——联合制碱法。该方法将生产合成氨的产品氨和副产品二氧化碳与生产纯碱联合在一起，最终生产出纯碱和氯化铵两个产品。该方法可以使食盐利用率从 75%提高到 98%，根除了氨碱法排放大量无用的氯化钙废渣的难题。1943 年，中国化学工程师学会将这一新的制碱法命名为“侯氏联合制碱法”，又称“侯氏制碱法”。“侯氏制碱法”虽于 1949 年 1 月获得了国民政府专利，但受条件限制，联合制碱理论未能实现工业化生产。

中华人民共和国成立后，1952 年 7 月，大连化学厂和大连碱厂共同组成了实验室研究组，对“侯氏制碱法”的基础理论进行补充试验。试验组主要成员有陆冠钰、卢作德等人。从 1952 年 7 月开始到 1953 年 8 月试验组完成了相律试验、不同工艺条件下的母液循环试验及母液物化数据的测定,提出了 α、β 重要工艺控制指标，作出了不同氯化铵结晶温度的对比，等等。1953 年 7 月，中央工商行政管理局以发字 1 号文给“侯氏制碱法”颁发了发明证书，发明人为侯德榜。1953 年 10 月，建于大连化学厂内的联合制碱试验车间开工运行，规模为日产 10 吨纯碱和氯化铵。但试验开始不久，有人提出“苏联不搞这种制碱法，氯化铵不能作为肥料”的意见，遂中止了全循环试验，研究工作亦告停止。

1957 年 1 月，当时化工部部长彭涛接受了侯德榜关于继续进行“侯氏制碱法”中间试验的建议，指示大连化学厂和大连碱厂要继续进行“侯氏制碱法”的中间试验。侯德榜亲赴大连召开会议，落实设备整修进度和充实试验车间技术力量等有关事项。1957 年 5 月，“侯氏制碱法”中间试验在侯德榜的指导下，又恢复了全面试验工作。根据课题安排，连续运转两年多。此次试验对确定流程、选择设备、制定工艺条件、提出原盐质量要求均进行了深入研究与全流程考验，写出了多份试验报告。同时培养了一批熟练工人和专责技职人员，为“侯氏制碱法”从实验室进入工业化生产打下了坚实的基础，也给即将开始的大厂设计提供了坚实依据。

在中间试验的同时，1958 年化工部决定以大连化学厂、大连碱厂设计科为基础，包括化工部化工设计院纯碱专业的部分技术人员组建大连化学工业设计研究院，由李祉川、王楚负责开展我国第一套年产 16 万吨联合制碱工业装置设计工作，从此“侯氏制碱法”进入大型工程化阶段，先后确定了流程、工艺条件、设备选型、碳化清洗方法、盐质量指标、母液平衡等。1959 年我国第一套大型联碱装置设计完成后，在大连化学工业公司进行施工，经过两年的紧张建设，1961 年投入试生产（图 7-1）。在试生产过程中，侯德榜副部长 16 次亲临现场进行指导，先后闯过了连续关、质量关、产量关和经济关。在技术上实现了多项突破，实现了联合制碱的工业化。1964 年通过国家科委鉴定，命名为“联合制碱法”（联合制碱法基础版）。

图 7-1 我国第一套联合制碱装置

根据碳酸氢铵小氮肥厂取得的经验，1966 年提出了变换气直接碳酸化制取碳酸氢钠的新工艺流程设计方案（联合制碱法的提高版）。即将合成氨装置的变换气，送至联碱装置的碳酸化塔，在其中脱除变换气中的 CO_2，同时又进行了联碱的碳酸化过程（制取重碱），脱除 CO_2 的气体送回合成氨系统。“变换气碳化”联碱法的生产，不仅利用了合成氨生产中的 NH_3 和 CO_2 以制取纯碱和氯化铵，而且联碱装置的碳酸化工序也是合成氨装置的脱碳工序，两者合二为一，从而使合成氨和纯碱、氯化铵生产实现了真正的联合。提高版简化了合成氨和基础版联碱的原有工艺流程，可以降低建厂投资和生产能耗。1967 年 1 月完成了规模为日产 1.5～2.0 吨纯碱的中间试验。1971—1972 年，共 17 套小联碱装置变换气直接碳酸化制取纯碱的联碱化工厂相继投产。其中有连云港化肥厂 1.5 万吨/年联碱装置、冷水江制碱厂 1.2 万吨/年联碱装置、上海浦东化肥厂 1 万吨/年联碱装置、河南郑州化肥厂 1 万吨/年联碱生产装置、合肥化肥厂 3000 吨/年联碱装置。其后又有一批小联碱厂建成，总数达 35 个。变换气碳化制纯碱的原理虽然十分清楚，设备也不复杂，但是把两个不同工艺的生产装置捆绑在一起运转绝非易事。这 35 个厂中，5 个建成后从未开车，7 个在开车一个阶段后停产，到 1977 年底仅剩 23 个，其中 20 个小联碱厂，3 个小氨碱厂。这 20 个厂中多数厂断断续续生产，1977 年共产纯碱 4.165 万吨，绝大部分厂亏损。

自 1978 年开始到 1989 年，“变换气碳化”小联碱不断攻克各项工业生产中的难题，逐步站稳脚跟。1978 年化工部在广东石歧召开小联碱工作会议，针对小联碱普遍存在的“消耗高、成本高、产量低、质量低”问题，提出了“小联碱过‘四关’”的口号。过“四关”的目标是：产量关，达到设计能力；质量关，达到国家标准；消耗关，氨耗降到 400 千克以下；成本关，可比成本小于 380 元/双吨。1979 年，杭州龙山化工厂率先过了“四关”，当年 4 月化工部在杭州召开了经验交流会，从企业管理、生产管理、设备管理、厂房防腐等方面系统地总结了龙山厂的经验，进一步提出“学龙山”、过“四关”的口号。同时组织了厂际竞赛，各厂生产和管理水平不断提高。1983 年 15 家小联碱厂投入正常生产。

通过总结第一代小联碱项目的经验教训，对这一阶段建设的小联碱项目在原始条件、生产规模、技术水平、工程设计等方面都提高了要求，并提出了 4 万吨/年为最低规模的产业政策。1989 年化工部提出“夯实基础工作，严格企业管理，努力达标升级；提高职工素质，实行技术进步，增添发展后劲”的行动口号。在各厂的努力下逐渐将小联碱提高到一个新水平。

20 世纪 90 年代，由中国成达工程公司制碱专家周光耀领队团队，与石家庄双联化工公司合作开发了加压碳化直接制碱的新工艺。首先进行了小型装置的探索，随后突破了工业装置加压碳化塔大型化等技术难题，开发出外冷式制碱碳化塔，使出气 CO_2 含量降到 0.2%以下，提高了重碱结晶粒度，连续作业时间提高到 60 天，进一步降低了能耗。该技术使联碱法工艺能耗由过去的 1 万～1.5 万兆焦耳降到 8000 兆焦耳，联合制碱工艺技术又上了一个新台阶。2000 年，新型变换气制碱技术通过鉴定。2008 年，入选国家发改委公布的《国家重点节能技术推广目录（第一批）》50 项重点节能技术，得到迅速推广。一批新建和扩建纯碱企业采用了新型变换气制碱工艺。其中有：四川和邦公司 60 万吨/年联碱装置、江苏华昌化工公司 60 万吨/年联碱装置、河南金山化工集团 30 万吨/年联碱装置、湘潭碱业公司 30 万吨/年联碱装置等。2000 年联碱法生产纯碱 344 万吨，占我国纯碱生产总量的 39%（其他为氨碱法和天然碱法）。

联碱开发和工业化过程，是在化工部统一领导下各单位协作，通过科技人员和参与职工的长期不懈的努力，联合制碱的工艺技术从理论到工业化生产日臻完善。

这证明在国家科研条件和物质条件比较困难的年代，发挥体制的优越性和人的积极性，同样能够开发出世界领先的化工技术。

联合制碱法克服了氨碱法排出大量氯化钙废渣的缺点，但是联碱工艺需要合成氨作为原料，受到建纯碱厂必须同时建生产合成氨装置的制约。此外，联产品氯化铵作为氮肥，应用范围也有一定的限制。联碱工艺的开发丰富了纯碱制造技术，但还不能全面取代传统的氨碱法。

第二节 碳酸氢铵小氮肥技术开发

中国近代，农业生产发展缓慢，再加上连年战争破坏，老百姓长期处于缺衣少食的困难境地。中华人民共和国成立后，解决老百姓吃饭穿衣问题成了党和国家的大事。1958 年，毛主席在领导干部工作会议上提出："化肥工厂，中央、省、专区三级都可以设立。"在当时提倡工业也要搞"小土群"的思想指导下，化学工业部提出了兴办小型氮肥厂的设想。在召开的技术讨论会上，与会人员认为，如果生产当时通用的化肥硫铵或硝铵，必须建设相应的硫酸或硝酸生产装置，不仅投资多，建设周期长，而且需要大量的铅或不锈钢材，这在当时是难以办到的。大连化学厂曾利用石灰窑气与氨反应，生产出碳酸氢铵，取得了有关物理化学性质的数据。农业科研部门的试验证明碳酸氢铵也具有较好的肥效。因此，生产碳酸氢铵可能是一条可行的路子。

最初，研究人员认为工厂规模越小、越简单就越容易建设。首先是设计建造 400 吨/年型与 800 吨/年型合成氨厂。1958 年 1 月，大连化学厂设计室陈以楹、党洪昌工程师等主持年产 400 吨、系统压力为 120 工程大气压（大约 11.77 兆帕）的氨厂设计。4 月，大连化学厂在大连金家街开始建设年产 400 吨合成氨样板厂。该套装置同年 11 月试车投产。1959 年 6 月 15 日，化工部在大连召开年产 400 吨合成氨厂设计审查会。会议根据彭涛部长指示，决定将小合成氨厂的规模由年产合成氨 400 吨改为 800 吨，以便于在全国推广。大连金家街 400 吨/年合成氨装置改造为 800 吨/年合成氨装置，并作为 800 吨/年样板厂。随后，安排 35 套 800 吨/年装置建设任务，并在化工部成立"化工部合成氨办公室"，负责小合成氨厂的建设工作。这些厂开车后因规模过小，连放热反应的氨合成塔都不能自热平衡，还要靠外加热才能维持反应，再加上设备过于简陋，工厂泄露和不断检修的经济损失很大，大多因难以为继而倒闭，只有极少数工厂坚持摸索改进。为了加快碳化法流程合成氨制碳酸氢铵工艺技术的开发速度，化工部安排了多个单位同时进行工作。

1958 年，化工部氮肥设计院吴健生等人就进行了碳化制取碳酸氢铵的计算和开发，并提出了年产 1 万吨合成氨、配 4 万吨碳酸氢铵的设计方案，完整地提出了碳化法合成氨流程制碳酸氢铵的工艺流程。经化工部批准，由化工部氮肥设计院设计，在北京化工实验厂建设年产5000吨合成氨装置，为摸索工艺技术参数，优化工艺流程，选择适用装备，以及为编制推广定型设计，提供有用数据。

1958年，我国首套采用碳化法合成氨流程制碳酸氢铵工艺、年产2000吨合成氨县级示范厂在上海化工研究院试车投产。上海市组织百家企业赶制2000吨/年型成套设备，化工部定点建设13个2000吨/年型氮肥厂：江苏六合化肥厂、山东明水化肥厂、江西东乡化工厂、福建永春化肥厂、内蒙古土左旗化肥厂、黑龙江绥化化肥厂、湖北武汉制氨厂、安徽江淮化肥厂、浙江杭州氮肥厂、广东番禺氮肥厂、四川温江氮肥厂、陕西西安氮肥厂、辽宁铁岭化肥厂。地方定点建设4个 2000 吨/年型氮肥厂：湖南衡阳化肥厂、河南偃师化肥厂、江苏丹阳化肥厂、河北柏各庄化肥厂。虽然2000 吨/年型工厂的装备有很大提升，但也存在生产工艺中氨与二氧化碳不平衡、碳化过程中生成结晶和设备堵塞等问题，只能开开停停。自此，开始了长达数年的生产技术攻关，重点解决以煤为原料的碳酸氢铵生产过程中的氨与二氧化碳的平衡问题及碳化系统腐蚀问题。

1962年，江苏丹阳化肥厂经过三年的艰苦努力，职工吃住在厂，取消工休，奋力拼搏闯关，对整个系统及设备进行了检修和更新改造，第一个解决了碳化流程中二氧化碳与氨平衡问题。1963年全年生产合成氨2636吨，超过设计能力31.8%，全年生产化肥10544吨，实现利润72万元，一举在全国率先闯过了设备关、技术关、经济关，为生产碳酸氢铵的小型氮肥厂发展提供了宝贵的经验。同年，800 吨/年型上海嘉定化肥厂过了经济关，当年盈余3万元；2000吨/年型浙江龙山化肥厂过了经济关，当年盈余5万元。1963年10月，化工部在北京召开全国小化肥会议。会议认为2000 吨/年小氮肥厂可以发展，800 吨/年小氮肥厂要继续巩固提高。为提高小氮肥厂技术经济水平，会议认为应适当扩大小氮肥厂规模。会议确定了800吨/年型改为 3000吨/年型，2000吨/年型改为5000吨/年型的改造方案。

1964年，全国小氮肥生产厂达到55个，其合成氨产量达8.7万吨。86%的小氮肥厂集中在华东，华东小氮肥厂合成氨产量与吴泾化工厂和衢州化工厂合成氨产量总和相等。上海小氮肥行业于1964年率先实现全行业扭亏增盈，是全国第一个实现省、市级小氮肥全行业盈利的市。1965年国家科委向侯德榜、谢为杰、陈东、北京化工实验厂、北京化工设计院、丹阳化肥厂、上海化工研究院等个人和单位颁发了“碳化法合成氨流程制碳酸氢铵”发明证书和奖金。

小氮肥厂的出现适合我国当时的国情。建设小型氮肥厂以其投资少、上马快、设备易制造、便于地方集资办厂等特点，基本上可以普及到全国各省、市、自治区大多数专区或县。1970年，全国小氮肥行业生产合成氨 100.04万吨，氮肥76万吨，占全国氮肥总产量的 50.22%。全国小氮肥厂氮肥产量首次超过全国氮肥总产量的50%以上。1965年到1979年，全国小氮肥厂总数达到1533个，产氨能力占全国氨总产量55.6%。

生产碳酸氢铵的小氮肥工艺技术是我国独创，是经广大职工克服种种困难取得的重要科技成果。在20世纪六七十年代生产的碳酸氢铵支援了农业生产，为缓解人口剧增带来的吃穿困难发挥了巨大作用。由于碳酸氢铵的营养成分浓度较低，同时不宜久放存储，给运输储存带来不便。在国家整个经济好转后氮肥工厂的装备制造和建设已不是制约因素，特别是营养成分浓度高的尿素更受农民欢迎，因此生产碳酸氢铵的小氮肥厂纷纷转产尿素。小氮肥厂一旦停止生产碳酸氢铵（或联碱），其独有的工艺特点也不复存在。其后，纵然仍有时提到“小氮肥”，实则已名存实亡。尽管生产碳酸氢铵的小氮肥工艺技术基本退出，但它的历史功绩将永远留在中国化工史册。

第三节　聚四氟乙烯制造技术开发

聚四氟乙烯（PTFE）是一种合成树脂，具有非常优良的化学稳定性、耐腐蚀性，可在–200～250℃下长期使用。因其优异性能超出被发现时的任何树脂，曾被称作塑料王。它最早用于原子弹、炮弹等的防熔密封垫圈。在制造原子弹过程中，需制备中间材料六氟化铀，其主要原料氢氟酸腐蚀极为严重，只有 PTFE 才能抵抗其严重的腐蚀。因此美国军方将该技术在第二次世界大战期间一直保密。直到第二次世界大战结束后才解密，并于1946年实现工业化生产，开始广泛使用。除核工业外，航天、航空和电子等国防尖端工业也迫切需要 PTFE。PTFE 系当时巴黎统筹委员会对中国实施禁运的物资，因此，中国只能自力更生进行研发生产。

1957年，上海鸿源化学厂的高曾熙工程师在一切都要从无到有的草创艰苦条件下，率先提出 F22 热裂解制取四氟乙烯（TFE），再聚合成聚四氟乙烯（PTFE）。最初试验没有所需要的特殊材料和装备，就以石英管做裂解管，裂解后经简单分离，TFE 单体用钢瓶直接聚合试验。为防止单体爆聚，将钢瓶置于沙袋垒成的土墩掩体内，通过掩体上的小孔用长杆在掩体外进行操作。在进行到第15次试验时，钢瓶爆炸，声震四野，所幸未伤及人。经过反复试验，当年即制得几克聚合物样品。1958年化工部副部长李苏等领导视察了鸿源化学厂，确定在该厂发展 PTFE，拟建中试装置。同年化工部还安排北京化工研究院进行了 PTFE 的研究工作。

1959年初，化工部在上海鸿源化学厂安排了年产30吨 PTFE 的中试装置，后来实际建设的规模约为3吨 / 年。由上海医药工业设计研究院负责设计，工艺设计负责人宋玉安经常到现场收集设计数据。同年，国家科委和化工部在上海召开了第一次氟塑料会议，组织中科院有机化学研究所、大专院校及化工部的研究院等协助上海鸿源化学厂攻克 PTFE 技术关。为集中试验力量，决定派北京化工研究院宋娟娟、张淑群等技术人员到鸿源化学厂参加中试工作。装置建成后试验进行得很不顺利，不能正常运转，也无法得到合格产品。

1961年3月27日，由国家科委刘西尧副主任和化工部李苏副部长主持，在上海召开了第二次氟塑料会议，即PTFE全国攻关会议。化工部一局吴振刚局长及杨光启副处长出席了会议。参加会议的有北京化工研究院、北京化工设计院、浙江省化工研究所、中科院上海有机化学研究所、上海医药工业设计院等单位的领导和技术干部，上海市化工局及鸿源化学厂人员，以及清华大学和复旦大学的相关人员。会议决定，组织PTFE全国攻关大会战，制订了会战计划。参加会战的技术人员留下参加攻关。外地到上海来的技术人员中，北京化工设计院五室的侯国柱、北京化工研究院的黄建名、浙江省化工研究所的王寿松三人坚持到攻关成功。杨光启副处长及上海市化工局科技处张仁从处长在攻关过程中多次召集参战单位交流经验，确定下一步的攻关部署。为了加强鸿源化学厂的领导力量，上海市化工局特派陈大猷任该厂技术副厂长。在试验中，参考了黄建名、史一之提供的国外PTFE中试装置的流程图资料，结合该厂在3吨/年中试装置试验中所出现的问题，分段进行局部试验，经试验取得数据后，立即由上海医药工业设计院宋玉安主持进行重新设计第二套3吨/年中试装置，聚合采用上海有机化学研究所的工艺。

第二套3吨/年装置的试验工作较为顺利，经过一年多的时间，证明PTFE生产技术已趋成熟。在确定了一些主要工艺参数后，由上海医药工业设计院负责进行30吨/年PTFE中间试验及小生产装置的设计。在两套3吨/年中试装置攻关期间，正值国家三年困难时期，大家生活非常艰苦，吃不饱，而且浮肿得厉害，但是即使在这样的条件下，大家在工作岗位上仍然发挥出极大的工作热情。同时氟中毒问题在试验过程中逐渐暴露，张淑群、宋娟娟先后中毒，且较重，不得不住院治疗。其他同志也均有不同程度的中毒反应，但大家始终忍着疼痛坚持攻关，直到取得成功。氟中毒问题引起领导机关高度重视，1968年上半年，国防科委计划局和化工部二局在上海召开氟中毒防治会议，请上海市化工局成立职业病防治研究所，重点抓防治氟中毒，工作有一定成效。随着在生产中防护工作的经验积累，不断加强了防止氟中毒的科研工作，氟中毒情况得到改善。

由于上海鸿源化学厂原址已无发展余地，故年产30吨PTFE中试兼小生产车间建在上海市合成橡胶研究所（后改名为上海市有机氟材料研究所）内。上海医药工业设计院的宋玉安主持了工程项目的设计。1964年初采用50升不锈钢立式搅拌釜30吨/年装置建成，厂长陈大猷及原来3吨/年装置的技术人员及工人全部转到了30吨/年装置的车间工作。1964年3月试车前，化工部二局副局长陶涛和朱光伟同志、上海化工局瓮远副局长及有关人员到PTFE车间蹲点。要求该所对装置的设备、管道、仪表、阀门、管接头等反复进行检查，达到质量合格、安装正确、系统清扫彻底干净，且全系统严格符合水密、气密试验要求，将一切缺陷消灭在化工投料试车之前。投料前，裂解管在进行升温试验时，被烧出裂口，上海市化工局科技处长黄志远立即将管子送到上钢五厂抢修好，并继续试验。原施工队伍及车间人员密切配合检修，清华大学周其庠、施秀琼两位老师带着 6 位应届毕业生在现场发挥了很好的作用。整套装置在检修达到质量全部合格的要求后，开始化工投料试车。1964 年 5 月 20 日顺利试生产出 PTFE 树脂，随即送到上海市塑料研究所进行加工，制成圆柱形制品、垫圈、管材等制品后，证明树脂产品合格。经过继续试车，先生产悬浮法 PTFE 树脂，后生产分散法 PTFE 树脂，后来又为提高质量、增加品种而继续努力。在继续试生产过程中，聚合釜曾发生过一次爆炸，防爆墙被烧得焦黑，釜盖被炸到远处，所幸未伤及人。

1964 年建成第一个 PTFE 车间，1965 年化工部鉴定后正式生产。这一装置的建成和试产成功，是我国发展氟化工历史上第一个重要的里程碑，结束了中国不能生产 PTFE 树脂的历史。20 世纪 60 年代后期到 70 年代，在上海市合成橡胶研究所的中试装置技术基础上，上海电化厂、山东济南化工厂、武汉市长江化工厂、北京化工厂和辽宁阜新 611 厂分别建成了年产 100 吨 PTFE 生产装置。这一时期生产的 PTFE 只有中粒度悬浮树脂一种品种。

PTFE 树脂问世解决了氟材料加工技术的原料问题。1959 年，化工部安排上海化工厂进行 PTFE 的加工研究，1963 年又成立了上海市塑料研究所。这两家单位开创了我国氟塑料加工先河，加工制成圆柱体、垫圈等多种制品，完成了一大批急需的军工应用任务。其中之一是研制用于军用飞机液压系统的编织钢丝网增强 PTFE 高压软管。经过近 20 年的努力，在塑料所建成了专门的 PTFE 高压软管流水线。

1978 年，在化工部二局主持下组成了以上海市合成橡胶研究所（1980 年更名为上海市有机氟材料研究所）和化工部第六设计院为主体的联合攻关组，晨光化工研究院二厂、华东化工学院、浙江大学等单位参与。1983 年列入国家“六五”攻关项目，建造了新型过热蒸汽发生炉，考核国产材料的耐腐蚀耐高温性能，自主设计了类文丘里原理的混合和反应系统。对试验装置中裂解气的急冷技术进行了系统研究，当时由于缺乏耐高温耐腐蚀的直接式急冷材料，创新地采用了分布间接式急冷，并回收部分热量。在浙江大学和华东化工学院帮助下，测定和计算有关热力学数据，对系统中的共沸和近沸系统进行了试验和条件优化，为设计需要的理论塔板数和塔高提供依据。1984 年化工部第六设计院和上海市有机氟材料研究所联合编制了千吨每年 PTFE 基础设计，其中聚合和后处理基本参照当时有机氟材料研究所的工艺技术。联合攻关中，晨光化工研究院二厂承担悬浮法 PTFE 的等温聚合研究和后处理连续过程的研究，有机氟材料研究所承担了分散 PTFE 聚合和后处理的连续化研究，与浙江大学联合开展了卧式釜替代立式釜聚合研究，该研究在国内属首创。该技术不仅在 PTFE 分散聚合中很快普及，在 F46 等其他含氟高分子材料的乳液聚合工艺场合都得到了推广和应用。千吨级 PTFE 及配套装置的工程放大技术的开发是这一时期氟化工发展的重要标志，获 1993 年国家科技进步奖一等奖。

千吨级 PTFE 装置工程化技术开发前，国内 TFE 单套产能为 300 吨/年，最大不超过 500 吨/年。济南化工厂率先采用上海市有机氟材料研究所技术建成 1200 吨/年 PTFE 装置，成为国内第一套采用水蒸气稀释裂解新工艺的经济规模装置。同期阜新 611 厂和晨光化工研究院也先后建成 1200 吨/年 TFE、1000 吨/年 PTFE 生产装置。20 世纪 80 年代末，规模化生产 PTFE 的单位主要有上海电化厂、济南化工厂、上海市有机氟材料研究所、化工部晨光化工研究院、阜新 611 厂等 5 家，总生产能力超过 3000 吨/年，年产量为 2600 吨，生产的品种主要有粗、中粒度的悬浮 PTFE 树脂，分散 PTFE 树脂和浓缩分散液。

1992 年上海市有机氟材料研究所转制成立全国氟化工行业第一家股份制上市公司——上海三爱富新材料股份有限公司。1994 年上海三爱富新材料股份有限公司建立了经济规模的 TFE、PTFE 生产装置，并实施了 F46、PVDF 和氟橡胶的产业化项目。“九五”（1996—2000 年）以来，在此基础上又建成了江苏梅兰化工公司（原为泰州电化厂）等几套大型装置，完成了衢州氟化厂的改扩建。这一时期，经过各企业的技术改进，至 20 世纪 90 年代末国内最大单套装置生产能力达到 3000 吨 / 年，年总产量超过 8000 吨，PTFE 产品种类涵盖了悬浮 PTFE、分散 PTFE 和 PTFE 乳液三大类，品种由几种发展到按照不同粒径、压缩比、分子量划分的 10 多个品种，基本满足了国内大多数加工单位的要求。2000 年 PTFE 产品的出口量首次大于进口量。这标志着除少数特殊品种需要进口调剂以外，我国成为能够大批量生产 PTFE 树脂并有能力出口的少数国家之一。

第四节　重水技术开发

由于国外对我国军用化学品的封锁，绝大多数新型国防军用化学品需要从科研开始进行探索。立题之初，选准制造技术路线十分重要，要对国内外有关文献资料以及国内具体条件进行调查，经过反复论证，项目才能确定下来。如果是必须经过试验才能决策的项目，则安排几个点按不同技术路线进行探索研究，一般只做到实验室试验阶段为止，进行取舍。对于特别重要的产品，则按照“有无第一，先进落后第二”的方针，安排几种技术路线同时进行研制。根据每条路线所掌握的技术成熟程度，分别先后安排基建和生产，以多快好省地完成任务。重水技术开发和偏二甲肼技术开发就是按照这样的指导思想开展工作，并取得了优异成果。

重水是氢的同位素氘与氧的化合物，存在于普通水中。它在水中的含量只有七千分之一，分离提取浓缩技术十分复杂。在核能工业中，重水是核反应的中子减速剂，用于原子弹装料钚的生产反应堆和某些核动力反应堆。重水是氢弹装料氘的来源，氘也是未来可控核聚变反应的重要原料。20 世纪 40 年代初，许多国家先后进行了各种分离方法的研究，主要有水精馏法、电解交换法、硫化氢-水双温交换法、液氢精馏法等。

一、水电解交换法制重水的研究和生产

1955 年，重工业部化工局安排沈阳化工综合研究所开展了水电解交换法制重水的试验，首先由吴冰颜、桂纯等对生产工艺和电解槽的结构进行研究。1959 年，核工业提出急需重水，化工部决定由沈阳化工研究院到大连油脂化学厂利用该厂的水电解槽进行电解交换法制重水的中间试验。中试装置的设计任务由北京化工设计院七室负责。七室主任陈鉴远组成了一个由姜进、李步年负责的包括工艺、设备、自控、土建、电气等各专业共 20 多人的设计组，到现场参加模型试验，边学习边做中试装置设计。由于设计及施工人员都缺乏经验，1961 年 3 月中试装置建成试车，但系统泄漏严重，只能停止试车。大连市科委、化工部一局组织工厂、设计单位及施工单位共同总结试车失败的教训并吸取其经验，由北京化工设计院七室重水组组长孙酣经组织重新设计。大连市科委向大连化工厂及市内十几个工厂借调了有经验的焊工和安装技工，大连油脂化学厂副厂长钟世发组织有关人员重新施工，于 1963 年 4 月再次试车，在大连油脂化学厂领导和车间职工，以及桂纯和北京化工设计院七室设计人员共同努力下终于打通了工艺流程，年底得到含量为 99.8%的重水，并取得了建工业生产厂所需要的数据和经验。1963 年底，通过了由国家科委张有萱副主任和化工部李艺林副部长共同主持的国家级技术鉴定。

在大连油脂化学厂进行重水试验期间，北京大学化学系派出由黄春辉、张榕森率领的试验小组在工厂研制镍-铬交换催化剂。化学系主任张青莲亲自为北京化工设计院七室设计人员讲解了重水的生产和分析方法；中科院大连化学物理研究所章元琦研究员和袁权向设计人员讲解了高效丝网波纹填料的性能，并在工厂建成了几个小型丝网波纹填料水精馏塔进行试验；天津大学余国琮教授为北京化工设计院七室讲授了稳定同位素分离的课。他们都为我国第一个重水中试装置试车成功做出了重要贡献。

化工部在 1959 年还同时安排了上海化工研究院利用该院已有的水电解槽进行电解交换法制重水的中间试验，北京化工研究院派李鑫和桂纯到该院设计试验装置，并指导试验，先后有钱如莹、沈隆文、钟授富、周俊发等同志参加了试验工作。中试装置试验成功后，于 1964 年 5 月产出了合格重水，同年通过了国家鉴定。1965 年后转入生产，在金润章等的共同努力下，为国家提供了一定数量的急需重水。

第一个重水生产装置建在吉林化工公司试验厂，设计负责人为北京化工设计院七室朱谨彝，工艺设计由魏国充、李步年负责，桂纯参加。在设计中陈鉴远指导选择了独特的工艺，使氧化氘浓度由 0.0145%浓缩到 3%，再富集到 80%，最后制得 99.8%的重水产品。设计从 1963 年 8 月开始。施工由吉化公司建设工程公司负责，公司经理徐宝华狠抓工程质量和进度，工地主任韩明华率领工地人员精心施工。于 1964 年 5 月正式破土动工，1965 年 8 月进行化工投料。根据吉化公司桂纯提出的建

议，采取措施缩短从投料到出料所需的系统平衡时间，于 1965 年 11 月 16 日产出合格产品。全部工程建设周期只用了 22 个月，提前一年半完成了设计建设任务，保证了我国 1967 年 6 月 17 日爆炸成功的第一颗氢弹所需氘化锂-6 生产线投产的需要。其后，又在四川建了一套重水生产装置。

二、硫化氢-水双温交换法的开发攻关

1959 年中国科学院大连化学物理研究所首先开展了硫化氢-水双温交换法的探索实验，证明了用此方法可以提浓重水。吉林化工公司派洪小灵参加了试验工作。1961 年在吉化公司研究院进行了扩大试验，由洪小灵、刘祖高担任试验组负责人，他们开展了单级交换的小型试验，达到连续运行，也取得了交换提浓的效果和数据。北京化工设计院七室的设计人员孙铭等一直在现场参加试验，1963 年已获得必要的工艺数据。北京大学张青莲教授还审订了北京化工设计院七室翻译的国外有关参考资料，组织测定了双温交换法工艺条件下氘在气液两相中的总分配常数，对于我国自行开发双温交换法工艺起了很重要的作用。

1963 年 8 月，中央专委决定建设大型的硫化氢-水双温交换法制重水的工厂。陈鉴远同志制定了一套比较科学的技术开发程序，他在增派人员到吉林化工公司现场参加扩大试验和着手中间试验设计的同时，又在院内组织力量开发大厂的预设计（主要为工艺过程设计）。大厂预设计和中试设计的项目负责人为孙酣经，工艺负责人为孙铭。在进行中试设计过程中，孙铭查阅和整理了国外大量的文献资料，按二级级联推导并编制了计算模型。该模型要求多次试算求解 160 个式子，精度要求 8 位有效数字，采用这一数学模型对中试装置进行了全系统物料及热量衡算，几乎对所有设备、流程都进行了细致的推敲，并基本上按大厂装置的缩小来考虑中试车间的设计。

在新组建的吉化公司试验厂厂长任洪宾、副厂长白宪镕、佟孝先等组织领导下，经过设计和施工人员的共同努力，中间试验装置于 1965 年初建成，在车间主任王步登、副主任洪小灵的主持下开始试车，第一阶段以工艺过程研究为主，第二阶段以工程性研究为主。除在中试装置上进行部分工程性研究外，对于腐蚀及防腐、塔器、换热设备选型、材料选择和试制，特殊机泵、阀门、仪表试制等方面开展了广泛的研究开发工作。参加该项工作的化工部内外科研、生产单位就有 30 多家。1965 年 9 月进行了中试成果的国家级鉴定，获得了很高的评价。

1964 年 6 月化工部下达建设第一个双温交换法重水工厂的任务。大厂的工程设计是在中试的第一阶段（工艺过程研究为主）告一段落时进行的，到中试鉴定后进行复查和局部修改。当时，由于北京化工设计院七室已提前进行了预设计，所以短期内就提出了订货清单，建设材料和设备于 1965 年下半年开始陆续到货，为加快建设进度创造了有利条件。该工程原来由陈鉴远任设计总负责人，后由梅宁远负责，

副总负责人为孙酣经，孙铭为工艺负责人。施工安装由化工部第六化工建设公司负责，第十一化工建设公司协助负责双温交换工段的施工。1965 年破土动工，受“文化大革命”影响拖延了工程进度；1967 年 3 月经化工部申请，对工厂和施工单位实行军管。化工部第六化工建设公司经理刘刚、副经理芮杏文、王维臣在很困难的情况下，坚持把工程建设搞好，于 1968 年 11 月开始试车，但试车进展缓慢。1969 年夏，化工部二局副局长陈自新到现场指导单机试车工作，后由副局长陶涛到现场协助工厂抓联动试车和化工试车工作。基建总局二处张立俊参加了试车的全过程，并在现场及时解决了问题，直至生产出产品。

大厂的生产人员是由原试验工厂的厂长任洪宾、副厂长白宪镕带领双温交换法试验车间全体人员及新增加的部分人员组成的，生产组长洪小灵抓生产准备工作。他们克服了在艰苦地区生活上和工作上的种种困难，积极投入试车工作。在“文化大革命”的混乱中，厂党委书记郑琦被“靠边站”，化工部陆续派康苇军任厂党委书记，王家敏、王子平任副厂长，以加强该厂工作。1969 年 11 月开始化工投料。待第二级交换塔中的重水浓度达到 2%以上时，即可以开始产出初浓重水，并视系统运行情况，权衡利弊，灵活决定采用何种浓度出料。车间主任王步登，副主任宋连发，车间技术员张鸿儒、孙恪商、徐惠民，高级技工张天伟、戴忠堂等和全体干部、工人，多次克服了硫化氢中毒、失火等大大小小的事故和险情。化工部第六设计院工程师孙铭在试车时忘我工作，冲在生产第一线，为工厂的顺利试车和生产做出了出色贡献。她本人在试车中严重中毒和烫伤，她因其优秀品质和模范事迹曾多次被陕西省和化工部评为优秀共产党员、劳动模范和学铁人标兵。通过共同努力奋斗，于 1970 年 6 月生产出重水产品，并逐步转入正常生产。

1966 年下半年，国家又批准建设第二个大厂。这个大厂的设计是在第一个大厂试车时开始的。以后又根据第一个大厂工程总结，做了复查和少量修改。这个工程的设计原则是要扩大单系列能力，稳定工艺操作。双温交换塔采用国产特殊研制的碳钢设备，各种设备都尽量立足国内。吸取了中间试验和第一个大厂的试车和生产经验教训，第二个大厂对于腐蚀及防腐、塔器换热设备选型、材料选择和试制、特殊机泵、阀门、仪表试制等方面，开展了广泛的研究开发工作，取得了良好的成果。

硫化氢-水双温交换法制重水工业化技术，1978 年获全国科学大会奖，化工部第六设计院重水工程设计组获全国科学大会先进集体奖。

两个大厂在以后的生产中又不断改进工艺，产品质量优良，均先后获得国家产品质量银质奖和金质奖。1985 年第二个大厂的硫化氢-水双温交换法制重水工程设计荣获国家科技进步一等奖。设计的主要完成者为吴镇南、叶鸿仪、陈克东、林峰、周汉臣等。

三、液氢精馏法制重水

1958 年化工部在安排重水研制项目时，考虑到液氢精馏法制重水，既可以制重水，也可以制液氢，是一举两得的好办法，因此就安排有深冷工作经验的大连化工厂承担液氢精馏法制重水的任务。

1959 年 2 月及 1960 年 2 月，化工部先后两次下达液氢精馏法（以下简称液氢法）制重水的中间试验任务，但是大连化工厂军工组仅做了工艺流程的概略设计，试验工作尚未展开。1960 年春，大连化工厂陈力厂长分别找了两位高级工程师，请他们负责这项试验任务，他们都说不懂而婉拒了。最后陈厂长找了科技处副处长赵明山和设计科张光弟共同商议，请他们主持这项试验工作。他们分别只有中专和大专技术水平，年龄 30 岁左右，但他们勇敢地、积极地承担了这项艰巨的研究任务。大连化工厂党委从厂内各单位选调一批年轻优秀的技术骨干充实到军工科研第一线工作。从 1961 年秋至 1964 年秋，化工部先后从清华大学、北京大学、浙江大学、中国科技大学、大连工学院等分配来数十名大学本科毕业生，到大连化工公司从事国防化工工作。这两部分技术人才成为攻克液氢法制重水技术难关的中坚力量。

1960 年 9 月，在赵明山领导下组成以张光弟为组长、张儒杰为副组长的设计组，对军工科原设计的液氢精馏制浓重氢燃烧成重水的工艺流程进行修改、补充。同年 11 月结束初步设计，国家计委将大连化工厂液氢法中试工程列入 1960 年新型材料基建计划。

1961 年 9 月，国家科委和化工部在上海召开重水会议，决定将液氢法研制工作作为重水攻关组的第三专业组，由大连化工公司任组长单位组织攻关。鉴于水电解交换法的第一专业组已建立水精馏和减容电解的中试，并取得一定成果，张光弟提出采用液氢精馏法作为制低浓度重水的方法，然后再用水精馏及减容电解作为制中、高浓度重水的方法，采用这两种方法的级联，形成新的工艺流程。即将含氢量 85% 左右的合成氨原料气，经冷凝法除去大部分氮气等杂质之后，进入吸附器除去剩余的氧、氮等杂质（吸附器有两台，一台吸附、一台再生，交替切换使用），使氢中总杂质含量小于百万分之一，然后经节流膨胀冷却成液氢后进入液氢精馏塔，待半重氢浓度达到 2% 以上后与氧气燃烧生成低浓度半重水（不做水精馏及减容电解试验）。新工艺流程既发挥了液氢法低浓度阶段重氢回收率高、分离系数大、平衡时间短、电耗低的优点，又排除了液氢精馏到高浓度时重氢泄漏会造成严重损失的问题，技术经济合理，符合国情。张光弟的设想得到化工部的同意，1962 年化工部补充下达了液氢精馏法制重水的中试设计任务书。

以液氢法作为制低浓度重水的方法，只做低浓度阶段的中试设计，加快了中试装置建设进度，为集中精力重点突破主要技术关键问题赢得了更多的时间，也为以后实现工业化生产提供了一条捷径。在张光弟、张儒杰带领下，全体设计人员不顾三年困难时期人员体质下降等困难，夜以继日地进行奋战。化工部第四化工设计院也派来张亦人、季光社等参与协作，经过大家同心协力地拼搏，于 1962 年 6 月，施工设计终于全部结束，共计完成施工图 1200 余张。大连化工公司机械分厂承担了设备制造任务。安装施工由技术处负责。与此同时，技术处下属的化机室、物化室等各科室都积极开展了与中试配套的研制和测试工作。1962 年初，为了配合实验室工作所需的冷源，化机室机装工段长王鹰受命试制冷源生产装置——氢液化器，通过设计人员吕多俊、刘懋才和熟练技工张仙宗等的努力，终于在 1963 年元旦生产出合格的液氢，为此化工部发来了贺电。

液氢法的研究开发涉及低温、高压和真空等一系列苛刻的技术条件，要实现工业化生产必须掌握在苛刻条件下设备管道等的技术参数和标准，必须解决一系列的低温工程技术以及分析测试问题。刘懋才、郭新旭冒着可能爆炸的危险，在采取必要的安全措施后进行了中试设计中液氢精馏塔塔圈锡焊的强度模拟试验，得出了某种成分锡焊料可以保证塔圈焊缝强度的结论。紫铜管道的焊接技术也研究成功。张儒杰还兼任机械设备技术负责人及施工技术组组长，负责新型结构真空阀的设计工作，与季光社共同解决了高压低温小流量节流阀结构问题，与张亦人共同设计了新型结构的节流阀，并负责解决液氢屏结构的设计问题，提出了–253℃（20K）低温用的特殊材料的建议和高压小流量计结构的建议。物化实验室的分析测试和工艺研究工作在室主任刘恩庆、专责工程师曾德辉的主持下展开。由韩福元、李秀英等负责以合成氨原料气为原料采用低温吸附常温再生工艺制纯氢的工作，要求氢中的总杂质含量降至小于 1μL/L。由杨秀莲、池东鲜、吕兆成等负责氢气、中微量氧、氮等杂质和氢中低浓度氘的色谱分析工作。由蔡体杰、徐允发等负责含低浓度氘的氢气和氧气燃烧成低浓度半重水的工作及其分析工作。仪器仪表组的毛玉柱、武振久、曲喜海等研制成功液氢级低温（–253℃）铂电阻温度计及蒸气压式温度计。耐–253℃低温钢也由材料组张春堂等与大连钢厂协作研制成功。

1964 年 6 月 2 日，液氢法中试装置建成试车，在车间主任赵青渊指挥下，孙业治、张丽泉、谢善文、张树魁带领四大班人员精心探索，杨秀莲、韩福元、王文华、徐福俊带领四个班的分析人员准确分析，富有经验的老技术工人宋厚俭、玄明昌等发挥了重要作用，试车比较顺利。6 月下旬即获得浓度为 4.5%的半重水（HDO）。6 月 30 日下午 5 时，邓小平总书记，李富春、薄一波副总理在东北局宋任穷书记、辽宁省委黄欧东书记、旅大市委胡明书记的陪同下，专程视察了大连化工公司的液氢精馏法制重水装置试车的全过程，亲眼看到了半重水液体产品，并听取了赵明山的工作汇报。

此时这支科技队伍平均年龄仅为 26 岁，只有 3 名工程师，即张光弟、曾德辉和赵静渊。1964 年 3 月由国家计委、国家科委批准大连化工公司科技处改为“化学工业部大连化工公司研究所”（即低温工程研究所）。1965 年 4 月 24 日改名为“化工部光明化工研究所”，所长赵明山，副所长张光弟。1965 年 2 月，在化工部召开的部属科研机构三级干部会议上，光明化工研究所朝气蓬勃、不怕困难、敢打硬仗、勇攀科技高峰的精神，受到高扬部长的高度赞扬，被评为“化工部科研战线先进单位”。

1965 年 3 月，北京化工设计院七室的设计组在涂毓贤率领下到光明化工研究所参加试验并收集设计数据。在工作中他们提出拟新建的装置应该全部采用合成氨原料气为原料的建议，以节省大量投资。为此化工部张珍副部长于 1965 年 5 月在兰州召开会议讨论这一建议，有低温工程经验的生产调度局局长秦仲达，北京化工设计院七室陈鉴远主任，光明化工研究所赵明山、张光弟所长及化工部二局陶涛副局长等出席了会议。与会人员认为此建议是合理的，但当时合成氨原料气的气体净化工艺尚不成熟，表现在吸附剂在使用过程中易于粉碎堵塞装置系统方面，因而经常被迫停车，尚不能用于建厂。随后化工部二局从上海化工研究院借调章炎生、黄聪慧同志，从西南化工研究院借调罗家麒同志到光明化工研究所协助研究气体净化工艺。他们在大连工作了一年，在原料气的净化和液氢精馏过程中都做了有益的工作，特别对净化气体用的吸附剂及吸附工艺的研究和改进发挥了很大作用，为光明化工研究所圆满完成任务做出了重要贡献。

1965 年末，化工部二局考虑到吉林化工公司已有的一套电解交换法制重水的装置有很多的水电解槽，副产的氢气可以用来建一套液氢精馏法制重水的装置。有了这套装置，可以先在工业规模上获得氢气液化、精馏等深冷技术和有关低温设备、材料、工艺等一系列问题的经验，为建设第二个工程做好技术准备。化工部领导批准了这个建议，由化工部第六设计院负责设计，项目负责人为刘芳柏和罗锡善，设计人员与研究人员共同设计。化工部和一机部组织解决了大量的深冷设备及阀门制造问题，还向国外购买了部分关键设备，如氢气压缩机、膨胀机、低温阀门等，解决超低温工程特殊装备难题。1966 年 5 月完成了施工图，1969 年 10 月至 1970 年 3 月试车，1970 年 4 月 24 日即产出了合格重水产品。由于电解氢中含有微量氧气，在低温下容易固化，较易发生固氧爆炸，所以必须除净。设计中虽考虑了此问题，但在投产后仍因固氧积累引起精馏部分 3 次爆炸事故，桂纯均在现场勇敢地进行抢救和处理，后采取措施解决了这个问题。从此，我国第一套液氢精馏法制重水装置正式投入生产。1975 年根据第七机械工业部的需要改为生产液氢。

第二套液氢精馏法制重水装置的建设，选择在以油品为原料制合成氨的厂内，这是因为其原料气中含氢量非常高，可以大大减轻净化过程的负荷。根据光明化工研究所吸附模拟试验的成果，由化工部第六设计院负责设计。1966 年 7 月，设计组的人员在一片荒凉的下马农场工地苦战了 4 个月完成了施工图，提出了有关机电方面的 56 项联合攻关课题。由化工部、第一机械工业部联合组织全国技术优势力量进行专题攻关，主要是各类低温阀门、纯氢对称平衡压缩机、膨胀机、低温无镍钢件的性能及爆破试验等。该工程由于受到“文化大革命”的影响，直到 1970 年才建成。

1972年8月开始试车，10月打通流程，产出了合格产品，标志着我国已完全掌握了采用部分冷凝及低温绝热吸附净化合成氨原料气，以液氢精馏法生产重水和液氢的工艺技术和成套设备。以后根据发射通信卫星的需求，这套装置也改产了液氢。本工程的设计及改进获1985年国家科技进步二等奖，设计的主要完成者为罗锡善、许跃庭、刘芳伯、郑祖炼、米佩瑶等。

浙江大学对低温工程做了大量的研究，对促进液氢精馏法制重水的技术过关起了很好的作用。

1978年，光明化工研究所的“低温温度计”“低温推进剂原料液氢的工业化技术”（合作完成）及“–253℃低温用钢的研制”（合作完成）均获全国科学大会奖。

四、氨精馏法

20世纪60年代中期，中国科学院大连化学物理研究所袁权等研究成功氨精馏法制重水工艺，并在中间试验取得成功。国家科委安排化工部建设工业性生产的实验厂。

液氨精馏法是利用含氘氨和不含氘氨沸点的差别，在二级级联的高效填料塔内进行精馏取得富氘氨，然后将富氘氨与水交换制得中浓度的重水，再经过精馏制得高浓度重水。这种方法建厂规模可大可小，又可全部用碳钢，采用热泵流程和多管高效精馏塔，投资和能耗均不算太高。由化工部第六设计院设计第一个工业性生产实验厂，设计负责人为马永福。1966年10月开始建设，受“文化大革命”影响，工程进度一拖再拖，建成后试车工作进展缓慢。1971年初核工业部计划需要大量重水，为适合当时备战的要求，决定采用此法分散建设几套生产装置。为了加快第一套装置的技术过关，化工部二局陶涛副局长和陈鉴远院长在现场组织设计、生产、科研人员协同攻关。在车间主任张茂元、技术员李达丁、值班班长郭廷喜、王福山、郑永康、李金福等全体职工的辛勤努力下，打通了全流程。化工部第六设计院孙铭作为项目负责人组织编制出新建工程的通用设计。第一批新建设的装置均先后建成投产。

液氨精馏法制重水完全是我国自己开发的一种新工艺，没有任何国外资料可供参考，中国科学院大连化学物理研究所为此做出了巨大贡献，清华大学在20世纪60年代初也进行过氨水交换的研究。工厂的科技人员、工人、干部和化工部第六设计院的设计人员进行了长时期的艰苦试车攻关工作，使这种新方法终于取得了成功。

从1955年开始到1971年，在国家科委的组织领导下，在中国科学院、高等院校的大力协同下，通过化工系统职工的努力，我国依靠自力更生，自主开发的四种重水生产工艺全部实现了工业化，技术水平先进。化工部第六设计院在重水技术开发过程中起了主要的中坚作用，同科研、生产、建设单位和高等院校一起，共同为重水的发展做出了巨大贡献。

第一机械工业部认真贯彻中央专委的指示，组织了30多个工厂、研究单位，从1964年开始，经过十年的努力，制造了多套不同吨位的重水设备，主要有电解槽、气体压缩机、各种交换塔、阀门、管道、仪器仪表等共200多项。冶金工业部安排冶炼特种钢材，为重水设备的制造给予了强有力的支持，他们都为我国重水的开发和实现工业化做出了非常重要的贡献。

第五节 液氢技术开发

液氢是除氦以外温度最低的一种低温流体，正常沸点为–252.77℃。它是一种优良的火箭推进剂。液氢-液氧火箭发动机是所有使用化学推进剂的火箭发动机中比推力最高的，国内外发射的同步卫星、宇宙飞船、航天飞机及空间站等大型火箭大都采用以液氢为燃料的液氢-液氧发动机，因此液氢已成为发展航天事业不可缺少的重要高能燃料。美国从1959年应用液氢作发射火箭燃料，开始了大规模的生产和应用。液氢技术的最关键问题是氢气的纯化和氢气的液化，为此要有相应的用于超低温的工艺、测试、材料和装备技术。

我国的液氢技术开发始于1956年，首先在中科院大连化学物理研究所开始探索实验，并由洪朝生等人自行设计、自行加工制造出我国第一台液化器，在国内首次获得了液氢。此后，为加快我国尖端武器的研究和发展，国家提出除战术、战略火箭推进剂外，还要安排将来运载火箭所需的高能推进剂。因此，从20世纪60年代开始研究液氢的生产技术和装备。1961年，在钱学森同志的倡导下，北京航天试验技术研究所（一〇一所）建立了低温技术研究室，开始研制氢与液化设备，并开展相关系列研究工作，以满足未来航天工业需求。1966年，第一套工业规模液氢生产装置在一〇一所投产。1969年吉林氢液化设备投产，后因事故发生爆炸。1972年陕西兴平化肥厂氢液化设备投产，历史上仅供航天发射和氢氧发动机研制试验用。

经过多年的努力，结合重水的开发，先后攻克了原料气净化、深度冷冻、正仲氢转化、产品质量检验以及液氢的贮存、运输等许多技术难关，还研制成功了具有高效率、长寿命、易于再生的正仲氢转化的催化剂，并于20世纪70年代初进行了工程建设，实现了工业化生产。

我国液氢的研制是以研制生产重水的液氢精馏法开始的，其工艺主要是以电解氢为原料，再进行纯化，氢气精馏得到重水，这个工艺生产过程可以副产液氢。但是，随着国防工业对液氢的急需，单靠电解工艺生产重水副产的液氢量已不能满足要求。同时，根据生产实践证明，电解氢气中虽经深冷纯化，但还有氧气等杂质，氧气在低温下容易固化，因而较易发生爆炸。为保证安全，又要提高产量，必须寻找别的原料路线。化工部第六设计院液氢设计人员大胆提出了以合成氨厂原料气（含有甲烷、一氧化碳、氢气等）为原料来生产液氢的革新意见。在化工部张珍副部长和陶涛副局长支持下，化工部决定同意化工部第六设计院提出的采用生产合成氨的合成气为制液氢的工业原料。化工部第六设计院配合做了多次试验和中试设计及改造设计，取得可靠的工艺设计数据。1966 年 7 月，相关技术人员苦战四个月完成了施工图，提出了 56 项联合攻关课题（机电方面），由三个部组织全国技术优势进行专题攻关。由于正值“文化大革命”时期，工程干干停停，一直到 1970 年才建成，1972 年 8 月开始试车，10 月份打通流程，生产出了合格产品，这标志着我国已完全掌握了采用部分冷凝及低温绝热吸附净化合成氨原料气，以精馏法生产液氢的工艺技术和成套设备（可参阅本章第四节中的“三、液氢精馏法制重水”）。

我国的液氢技术完全是靠自己的力量发展起来的，经过 20 年漫长的岁月，从无到有再到初具规模，产品质量完全符合国标规定。1986 年，国家调整液氢生产供应基地，化工部第六设计院又进行了新的工程设计，1988 年改造完成并投入生产，比原装置产量增加，能耗下降，提高了自动化控制水平，使生产安全性更加可靠，为国家提供了卫星发射需要的液氢。化工部第六设计院等单位开发的液氢生产技术，满足了我国用长征 3 号火箭发射通信卫星的需要，将卫星送上 36000 公里高空。液氢的研制还带动了我国低温技术和相关产业的发展。

当然，液氢设备的引进意义也不能忽视，如 1996 年一〇一所引进德国林德公司氢液化循环设备投产，采用改进的预冷型 Claude 循环；2008 年一〇一所、2012 年西昌卫星发射中心、2013 年海南文昌发射中心先后引进法液空氢液化设备并投产，采用改进的预冷型 Claude 氦膨胀循环。目前，我国在用的进口氢液化设备仍在发挥着重要的支撑作用。

第六节　偏二甲肼技术开发

偏二甲肼是一种综合性能优良的高能液体燃料，美国、苏联、欧盟都把它作为运载火箭推进剂的重要选项。在我国偏二甲肼主要用于中程以上导弹的运载火箭及发射卫星的长征系列运载火箭上。

偏二甲肼工业制备有三种方法。1960 年左右国外也尚处于研发阶段，我国有关院所就开始了研制。中国科学院长春应用化学研究所率先研究出锌粉还原法制偏二甲肼技术，1963 年转到吉林化工公司研究院投入中间试验，在中试车间副主任江冰的主持下开展试制。1964 年提供出少量产品，经国防部五院试用后，决定在研制的新型导弹中使用，并要求化工部立即建立生产车间，生产供应这种燃料。于是，吉林化工公司杨浚副经理立即安排该公司的设计院和建设工程公司进行设计和施工，但存在施工力量不足的问题。为解决这一问题，国防部五院副院长刘秉彦及国防科委张副秘书长，共同向工程兵司令员陈士榘申请到一个加强营共 900 人到吉林参加施工，仅用一年时间就把车间建成了。在车间主任江冰、副主任季永庆、洪虎等全体同志的努力下，1965年7月1日终于生产出产品。1967年5月用于发射我国自行设计制造的第一枚中程导弹获得成功。但该法成本高，毒性大，故在1972年停产。

第二种方法是催化加氢法。沈阳化工研究院开展加氢还原法的研究，于1966—1967年研究成功，掌握了合成工艺和操作条件，具备了中试的条件。但因制造成本更低的氯胺法研制成功，随即放弃。

第三种方法是氯胺法。北京化工研究院五所采用气相氯胺法及液相氯胺法两种方法进行研制，发现气相法在制取氯胺过程中，有大量氯化铵结晶析出，集结在器壁上，影响反应热移出，且温度无法控制，副反应剧增，并造成管道堵塞，不能连续运转。化工部第六设计院院长陈鉴远认为，这样的问题在工程上很难解决，他积极支持采用液相氯胺法，并指出液相法虽然反应生成物浓度偏低，但可以设法提浓和精制。对于中试方案，陈鉴远决定不做全流程试验，只做化学合成反应试验，提浓和精馏只在实验室补测汽液平衡数据和塔板效率，以加快中试工作。在工业装置设计中，他指导设计人员解决了保持等温反应、及时移出反应热的问题，制定了一套比较简单而又能保证产品质量的提浓、精馏流程，同时对于污水处理也制定了方案。

液相氯胺法中间试验在北京化工研究院五所室主任李俊贤的主持下，日夜奋战，加紧试验，最终取得了成功。1964年，国家下达了工程建设任务，化工部第六设计院于1965年5月完成初步设计，12月完成施工图，都是在现场采用边试验、边设计、边建设的方法进行。工程建设1965年土建开始动工，1966年9月设备安装结束，很快就开始试车，10月3日生产出了少量产品，但生产出少量产品后却难以再继续开车。于是化工部派徐晓副司长去调查，结果发现设计和施工均存在很大问题，认为必须进行重大修改。

1966年9月7日，党中央派石油部副部长徐今强任化工部代部长，在十分困难的条件下主持工作。他请示周恩来总理，建议对工厂和第六化工建设公司实行军管，得到批准。1967年3月工厂及公司实行了军管。同月，化工部派化工原料公司二处处长金洪涛到工厂任代理厂长，李维范任代理书记，化工部二局副局长陶涛带领由化工部二局和基本建设总局（简称基建局）人员组成的工作组到现场蹲点，在军管会的支持下开展工作，终于对工厂设计和施工中存在的问题进行了彻底的调查，并针对这些问题提出了详细的设计修改方案。由陈鉴远领导的化工部第六设计院（简称化六院）设计人员在现场进行了设计修改，然后由第六化工建设公司重新施工。在施工的重要阶段，化工部基建局副局长冯伯华到现场指导工作，副局长刘子廉到现场蹲点，确保及时解决施工中的紧急问题。化工部基建局二处索振海、李孔臣，二局汪廷炯、明祖望均先后在厂蹲点工作。1967年底，经修改后的工程建成试车。在车间主任洪虎主持下，化工投料一次开车成功。于1968年1月14日生产出了合格产品，并转入正常生产。国防工办和国防科委均发来了贺电。从此，成本仅为锌粉还原法三分之一的氯胺法制得的偏二甲肼，成为长期生产和供应的航天工业及部队使用的液体燃料。

制造偏二甲肼的主要原料二甲胺，由上海化工研究院军工室主任金经真主持研制，他利用该院已有的制三乙胺的设备来进行二甲胺的中间试验，先制成混合甲胺，再分馏精制得到二甲胺。化六院孟祥凤工程师深入到现场，掌握了试验情况，及时取得了第一手科研设计数据。化六院迅速完成二甲胺工程设计，这个项目的设计与施工都比较成功。1968 年 8 月顺利投产，为偏二甲肼生产提供了原料。之后，这个产品转为民用。化六院对这项技术经过进一步开发和改进，达到了国际先进水平，1996 年获化工部科技进步二等奖，并成为该院的专有技术。从 20 世纪 80 年代至今，用这项技术在国内建设了近 20 套装置，设计规模从开始的几百吨/年已发展到 6 万吨/年，取得了较好的经济效益。

第七节　国产新型蒸汽裂解炉（CBL）技术开发

国产新型蒸汽裂解炉（俗称中国北方炉，简称 CBL）是国务院重大技术装备乙烯专项“七五”国家重大技术装备研制项目。

CBL，系由中国石化总公司出面组织，以北京化工研究院石油烃裂解科研成果（包括对引进装置先进技术的消化吸收，荟萃我国裂解技术的研究、设计、设备制造、生产装置工艺等最新技术成果）为基础，由北京石化工程公司、北京化工研究院、兰州化学工业公司化机院、辽阳石油化纤公司等单位联合开发成功的。1988 年获中国实用新型专利。

CBL 的主要特点是：①采用 2-1 型炉管构型，体现“高温、短停留时间、低烃分压”裂解特性，提高选择性；②采用二次注汽技术，可提高辐射段进料温度，降低炉膛烟气平均温度和管壁温度；③采用二级急冷废热回收技术，二次反应得到抑制，急冷锅炉运转周期得以延长。

1988 年建成第一台国产 2 万吨/年裂解炉，在辽化化工一厂运转成功，通过国家级鉴定；1990 年 2 月，在齐鲁石化公司 4 万吨/年裂解炉上试车，经调整改进后，试车成功；1990 年 11 月，在吉化公司的 3 万吨/年裂解炉上投用顺利，正常生产。

该项目获 1990 年中石化总公司科技进步一等奖；获 1991 年国家重大技术装备办特等奖；获 1991 年国家科技进步二等奖。

1993 年 1 月立项进行年产 4 万吨乙烯国产第二代 CBL-Ⅱ型炉开发工作，已先后于 1995 年、1996 年分别在辽阳石油化纤公司和抚顺石化公司建成并一次投产成功。随后，又进行了年产 6 万吨乙烯的 CBL-Ⅲ大型裂解炉开发工作。2001 年 10 万吨/年大型裂解炉在燕山石化建成投产并获得 2006 年度国家科技进步二等奖。经过持续不断的完善提高，现在 CBL 型裂解炉已经形成系列化，采用 CBL 技术建成的裂解炉生产能力超千万吨，以液体为原料的单台裂解炉最大生产能力达到 20 万吨/年，以气体为原料的单台裂解炉最大生产能力达到 30 万吨/年。

第八节　顺丁橡胶技术开发

我国顺丁橡胶的研究开发与国外同步。中国科学院长春应用化学研究所和北京化工研究院，先后于 1959 年和 1960 年开始了顺丁橡胶的聚合研究工作。1965 年中国科学院对长春应用化学研究所顺丁橡胶小试取得的阶段成果进行了技术鉴定。1966 年开始，有关部门将中国科学院兰州化学物理研究所、中国科学院长春应用化学研究所、中国科学院山西煤炭化学研究所、化学工业部第一设计院、北京化工研究院、兰州化工公司研究院、石油工业部北京石油设计院、锦州石油六厂等单位的技术开发成果，在锦州石油六厂 1000 吨中试装置进行全流程试验，最终生产出了合格产品。张国栋等人以炼油厂催化裂化尾气为原料，从丁二烯单体的生成、分离、精制、聚合到后处理，进行了中试全流程的技术开发并获得了成功，为万吨级工业装置提供了数据，解决了顺丁橡胶的单体原料来源问题。

1970 年 9 月，北京石油化工总厂兴建我国第一套年产 1.5 万吨顺丁橡胶装置，翌年 4 月，生产出了第一批合格的顺丁橡胶。但是，丁烯氧化脱氢的塔、器、管线经常被自聚物堵塞，运转周期最多只有十几天。1973 年，燃料化学工业部在北京石油化工总厂再次组织了顺丁橡胶技术攻关会战。会战的主攻方向是解决万吨顺丁橡胶装置投产后存在的堵塞、挂胶、污水处理和提高产品质量等技术课题。经过三年攻关会战，取得重大成果。运转周期突破三个月，原材料和动力消耗低于或接近设计指标。1976 年的实际产量达到 15159 吨，突破了设计能力。

顺丁橡胶生产技术工业化后，仍然不断进行技术改进和创新。一是催化剂陈化方式由双二元催化剂陈化改为 Al-Ni 陈化，稀 $BF_3 \cdot OEt_2$（三氟化硼乙醚配合物）单加的方式，提高了聚合活性、降低催化剂用量和橡胶的凝胶含量，聚合釜的年生产能力可达到 530 吨/米^3，远远超过日本 JSR 公司 260 吨/米^{3}的年生产水平，聚合釜的寿命也大大延长，由最初的 30 天延长到 600 多天。二是在体系中增加适量的水能提高催化剂活性，缩短聚合反应时间，同时降低聚合物生胶和混炼胶门尼黏度，提高产品优级率。三是采用抽余油（国外为甲苯）为溶剂油。抽余油价廉、低毒、原料易得、馏程宽，可定期排放，且以抽余油为溶剂可使聚合物系黏度降低，易于输送。不断地进行技术改进和创新，使我国的顺丁橡胶生产技术一直保持在世界先进水平。

第九节　维生素C二步发酵技术开发

1986年，来自媒体的一则消息引起了国内外的广泛关注：由中国科学院微生物所和北京制药厂联合研究发明的维生素C生产二步发酵法新技术，以550万美元的价格转让给瑞士一家国际著名制药公司。微生物所开创其全新工艺技术的出口交易，既开启了我国化工技术向发达国家出口的先河，亦昭示我国在生物化工等高新技术领域也有一席之地。

维生素C，又名L-抗坏血酸（图7-2），是人体营养必需的一种维生素，它不仅是重要的医药产品，也广泛应用于食品、饲料及化妆品中。传统生产维生素C的方法是1933年德国人发明的“莱氏化学法”，它需要经过五道生产工序，伴生有大量有毒气体和“三废”，对生产环境有严格的防火防爆安全要求。

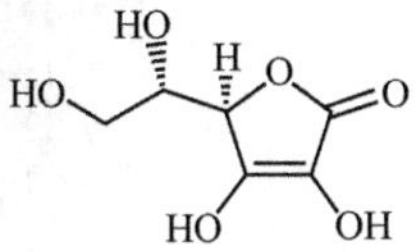

图7-2　维生素C的结构式

1969年2月，中国科学院微生物研究所向这个难题发起挑战。科研人员克服种种困难，查阅了大量的国内外文献资料，通过分析，决定另辟蹊径，走一条以生物氧化代替化学氧化的全新工艺路线：以第一步发酵所得的L-山梨糖为原料，一株氧化葡萄糖酸杆菌（“小菌”）和一株假单胞杆菌（“大菌”），大小两种菌自然组合的混合菌株再进行第二步发酵生成2-酮基-L-古龙酸，再进行转化精制得到维生素C。这个混合菌是整个技术的关键所在，它是在科研人员艰苦卓绝的努力和顽强钻研的毅力支持下，经过无数个不眠的日日夜夜的反复实验，最终在大量的土壤样品中获得的。

1972年在北京制药厂完成了小试和中试。1974年，二步发酵法生产维生素C中间体——2-酮基-L-古龙酸的方法通过国家有关部门组织的鉴定。1976年，上海第二制药厂首先使用全新的生产工艺开始试验性生产维生素C。1983年1月，二步发酵法生产维生素C中间体——2-酮基-L-古龙酸的方法被当时的国家科委发明评选委员会评为发明二等奖（图7-3）。该项发明经过微生物所和有关药厂的密切合作，经多年反复实践，技术不断成熟，终于达到了国际先进水平。

二步发酵法生产维生素C具有四大优势。一是减少了工业用粮、生产工序和生产设备，降低了原料成本；二是节约了大量易燃、易爆、有毒的化工原料，大大减少了“三废”处理，改善了劳动条件，有利于安全生产；三是以生物氧化代替化学氧化，省掉了酮化反应，缩短了生产周期；四是与国外二步发酵法比较，发酵规模和产酸量居领先地位。以当年北京制药厂年产150吨维生素C为例，二步发酵法工艺，每年可节约丙酮297吨，节省其他化工原料2600多吨和主要设备58台。

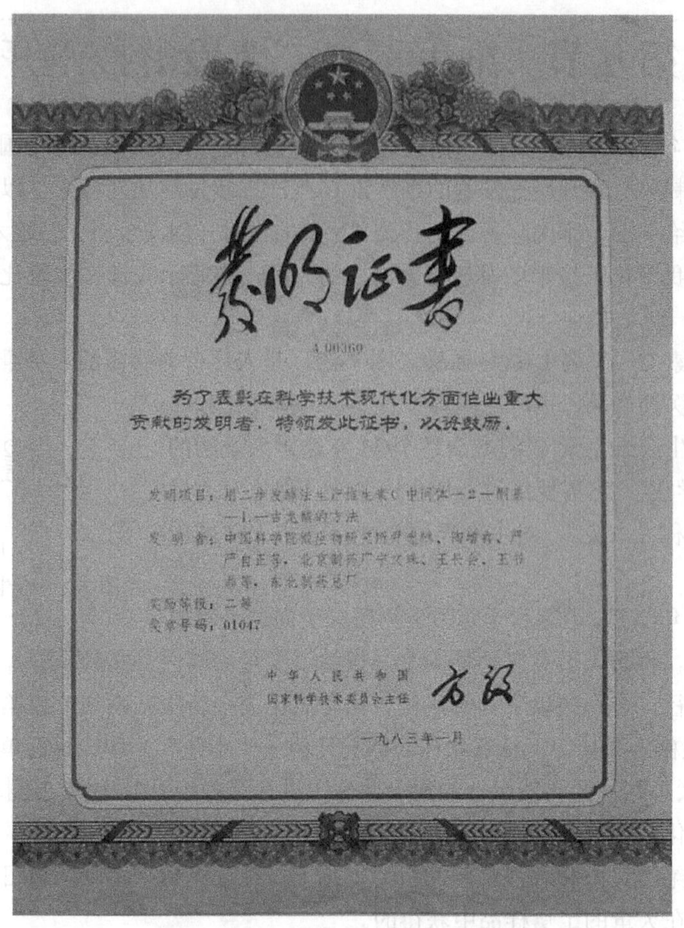

发明证书

A 00369

为了表彰在科学技术现代化方面作出重大贡献的发明者，特颁发此证书，以资鼓励。

发明项目：用二步发酵法生产维生素C中间体—2—酮基—L—古龙酸的方法

发明者：中国科学院微生物研究所尹光琳、陶增鑫、严自正等，北京制药厂宁文珠、王长会、王芬燕等，东北制药总厂

奖励等级：二等

奖章号码：01047

中华人民共和国
国家科学技术委员会主任 方毅

一九八三年一月

图 7-3　二步发酵法生产维生素 C 中间体发明二等奖证书

直至现在，我国一直保持维生素 C 生产大国和出口大国的地位。国内生产维生素 C 的工艺均是二步发酵法工艺。二步发酵法工艺创造了巨大的经济效益和社会效益。

第十节　“料浆浓缩法”磷酸一铵和三元复合肥的技术开发

磷酸二铵是农民欢迎的高浓度磷肥，但是生产过程中需要分离磷酸以及提浓，工厂装备投资较大，同时需要品质较高的磷矿原料。而我国磷矿资源 90%以上为难选的中低品位胶磷矿，原料来源严重制约了我国高浓度磷肥的发展。寻找能够利用

我国磷矿资源制造高浓度磷肥的生产技术成为重点课题。

我国自 20 世纪 80 年代开始对“料浆浓缩法”磷酸一铵（以下简称磷铵）工艺进行研究。原成都科技大学（现四川大学）钟本和教授与四川银山磷肥厂合作，针对四川金河磷矿（27% P_2O_5，3% MgO，5.8% N_2O_3）杂质含量高的特点，采用氨中和稀磷酸、双效浓缩料浆工艺，成功开发了具有自主知识产权的“料浆浓缩法”工艺，产品规格 11-42-0，P_2O_5 水溶率 70%，该成果获得了国家科技进步一等奖，被国家计委列为“六五”以来我国科技战线八大成果之一。该技术的成功开发、推广运用意义重大，结束了国产中品位矿不能生产磷铵的历史，改变了全国高浓度磷复肥长期依赖进口的被动局面。1988 年银山磷肥厂 3 万吨磷铵工业性试验装置通过了国家验收，“七五”“八五”期间，国家分别安排“20 亿”“45 亿”两个专项，在全国 21 个省、市、自治区共建成 3 万吨/年磷铵装置 80 多套，6 万/年磷铵 2 套。在随后的 30 多年，经实验室研究、中间试验、工业示范及大型化等关键性技术的研究开发，“料浆浓缩法”磷铵单系列生产能力由 3 万吨/年扩大到 10 万吨/年，成为我国高浓度磷复肥生产主要技术路线之一。

1993 年，山东红日有限公司（前身为山东省临沂市化工总厂）李继进等发明了氯化钾低温转化法生产三元复合肥的技术，将 3 万吨/年料浆法磷铵改造成 10 万吨/年氮磷钾复合肥装置。这项技术获得了国家发明金奖，被列为国家“九五”期间重点推广技术，填补了国内化肥行业的一项空白。该生产技术的特点是利用料浆法磷铵装置，将磷铵、氯化钾转化、复合肥料三道工序合而为一，生产硫基复合肥，不仅取消了磷酸料浆的浓缩，降低了生产硫酸钾时物料对设备的腐蚀，又可分别减少单独生产磷铵、硫酸钾、复合肥的一些重复工序（如造粒、干燥、冷却和包装），节约了大量能耗。其使用的原料磷矿 P_2O_5 含量一般在 30%～32%，杂质含量可以高于磷酸铵用矿，其工艺条件的非苛刻、原料磷矿质量要求不高是促使该工艺在我国迅速发展、并形成实力的基本保证。由于“料浆浓缩法”磷酸一铵有适合国情的特点，因此迅速发展已成为我国高浓度磷肥品种，并形成磷酸一铵和磷酸二铵双足鼎立的格局。

第十一节　农药的研制与创制

一、农药研制

我国人口众多，农业生产关系百姓生活和国家安危。在我国，已知危害农作物的病、虫、草、鼠害达到 2300 余种，可以造成农作物的灾害在 100 种以上。如果不用农药，因病、虫、草、鼠的侵害，经推演测算会使农作物受损 75%左右，其中由于病虫害引起减产高达 53%。农药不仅在保障农业生产粮食、果蔬方面具有不可替代的作用，在保护生活环境卫生、食品防霉保鲜、畜牧业和家畜家禽健康、森林防火、城市园林、建筑物和纺织品防蛀等诸多方面，同样发挥着巨大作用。

中华人民共和国成立初期，我国的化学家开始了化学农药的研究。1949 年黄瑞伦教授对种子消毒剂醋酸苯汞的合成进行了研究，北京制药厂、宁波农药厂等先后建设了赛力散（醋酸苯汞）生产装置。1950 年胡秉方和陆钦范教授将合成对硫磷的四种方法进行了研究比较，确定了简单、经济的合成工艺，为我国大规模生产对硫磷奠定了理论基础。20 世纪 50 年代初，南开大学的杨石先教授和他的助手合成了我国独特的植物生长调节剂。沈阳化工研究院（原东北局化工研究院）于 1952 年开始研究农药，1958 年设立农药研究室，农药专业下设农药合成、分析、生测、加工、安全评价、情报等研究室及试验车间。该院至今仍是我国农药研发的最重要的科研单位。

早期应用最多的农药是有机氯类杀虫剂。第一个滴滴涕生产装置于 1951 年建成投产，产品主要用于卫生害虫的防治，至今仍在防治非洲疟蚊方面发挥着巨大的作用。由华北农科所、上海病虫药械所和沈阳化工研究院开发的六六六生产装置于 1951 年和 1952 年相继投产，开启了我国大规模化学农药研发和生产的进程。化学农药一经使用，便显示了明显的优越性。例如使用六六六不仅节省治虫的劳力，而且控制了蝗虫对农作物的危害，从 1951 年至 1956 年连续 6 年使用六六六灭蝗，实现了基本保证蝗虫不致成灾。六六六在我国农药发展史上占有重要地位，其投产初期就在抗美援朝战争中抵抗美国细菌战发挥了巨大作用。

在有机氯杀虫剂蓬勃发展的同时，有机磷杀虫剂也开始了研制和生产装置的建设，20 世纪 50 年代中期至 60 年代初期，北京农业大学的胡秉方和陈万义，南开大学的杨石先、陈茹玉、杨华铮、邱桂芳、陈天池、李毓桂等先后发表了关于有机磷化合物及杀虫剂研究的文章。在胡秉方和陆范钦研究的基础上，北京农业大学、华北农业科研所进行了有机磷杀虫剂对硫磷生产工艺的研究和开发，1957 年在天津农药厂建设了我国第一个对硫磷的工业化生产装置，标志着有机磷杀虫剂在我国开始走上历史舞台。同年，上海信诚化工厂和上海农业药械厂共同试制成功另一种有机磷杀虫剂敌百虫，1958 年正式投产。敌百虫杀虫效果好，对人畜毒性较低，防治范围广，使用又较安全，不久就成了我国农药主要品种之一。1962 年，杨石先教授给中央领导写了一份《关于我国农药生产，特别是有机磷生产的几点意见》。杨石先教授受周恩来总理的委托，筹建了南开大学元素有机化学研究所（以下简称元素所），先后开展了有机磷化学及有机氟、有机硼等领域研究，为开辟我国农药发展道路做出了巨大贡献。1959 年有机磷农药全国年产量约 2500 吨，1970 年发展到 10 万吨以上，占农药总产量的三分之一。1983 年，为解决六六六等残毒存续时间长的农药带来的问题，我国宣布于 1983 年 4 月 1 日起停止生产和使用六六六和滴滴涕。这是我国农药发展史的一个重要节点。高效低毒的有机磷杀虫剂又一次快速发展，一些品种至今仍是有机磷杀虫剂的主要构成。这些品种主要包括：敌敌畏、乐果、马拉硫磷、甲基对硫磷、杀螟硫磷、磷胺、治螟磷、内吸磷、亚胺硫磷、甲胺磷、乙酰甲胺磷、杀螟畏、久效磷、皮蝇磷、辛硫磷、甲拌磷、蝇毒磷、哒嗪硫磷、稻丰散、异丙磷、伏杀硫磷、二溴磷等。一批有机磷杀虫剂陆续实现工业化生产。有机磷类农药成为我国杀虫剂的重要种类。

氨基甲酸酯类农药被称为世界“第三代新农药”。为满足农药生产的需求，实现农药品种多样化，我国把新型氨基甲酸酯类农药的研发列入国家“七五”科技攻关项目。在研发过程中，省级院所湖南化工研究院的贡献，值得留下浓墨重彩的一笔。因为，氨基甲酸酯类农药的原料光气和重要中间体甲基异氰酸酯（MIC）都有剧毒。美国联合碳化公司设在印度博帕尔的农药厂发生 MIC 泄漏灾难性事件震惊世界。在这种异常困难的背景下，以湖南化工研究院资深技术专家吴必显为首的科技人员敢冒风险，承担巨大压力，承接科技开发任务。他们开启 MIC 不贮存试验——直接用于连续化合成氨基甲酸酯农药的研究，经过百折不挠的反复试验，终于研究开发出了环境友好型生产工艺。并以 MIC 技术为基础，该院先后开发出克百威、灭多威、速灭威、仲丁威、丙硫克百威、甲萘威、残杀威等氨基甲酸酯类农药 10 多个品种，其中多个产品填补了国内空白。湖南化工研究院开发的连续化生产工艺技术，产品纯度达到 99%以上，为氨基甲酸酯类农药能在各地农药厂实现工业化生产起到关键性作用。开发此类农药的其他院所还有中科院动物所、上海医药工业设计院、沈阳化工研究院、北京农业大学和浙江省化工研究院，这些科研院所先后开发出甲萘威、仲丁威、速灭威和混灭威等。

其他具有代表性的杀虫剂新品种是拟除虫菊酯类杀虫剂。安徽省化工研究院 1983 年完成 20 吨/年氰戊菊酯原药中间试验并投入生产，是国内生产拟除虫菊酯类杀虫剂最早的单位。

随着农田水、肥条件逐步变好，耕作方式的进步和规模化，防治作物病害和草害问题日益突出。除研发各种杀虫剂外，科研工作者也在关注除草剂、杀菌剂以及其他种类农药的研发。

我国除草剂的研究和生产起步在 1950—1965 年间，改革开放以后快速发展。经北京农业大学、沈阳化工研究院、南开大学元素所、中科院植保所等科研单位进行研究开发，解放军 9719 工厂、沈阳化工厂、抚顺农药厂和天津农药实验厂等企业先后建设、投产了 2,4-D、2,4-D 钠盐、2,4-D 丁酯、2 甲 4 氯钠盐、2,4,5-滴、除草醚、除草剂一号和五氯酚钠等除草剂生产装置。其中，五氯酚钠不仅可以作为除草剂使用，在防治钉螺（血吸虫寄主）方面发挥了巨大作用。由于规模化农业和缓解农民劳动强度的需要，大田除草剂得到了较大的发展，如上海农药研究所开发的燕麦灵，沈阳化工研究院和南开大学元素所开发的氨基甲酸酯类除草剂燕麦畏、燕麦敌一号和燕麦敌二号。在除草剂的开发中，沈阳化工研究院做出了很大贡献，开发了一系列取代脲类、苯类和酰胺类除草剂，如异丙隆、绿麦隆、利谷隆、敌草隆、稗草稀、杀草胺和敌稗等。吉林市农药化工研究所和上海农药研究所开发了莠去津、扑草净、西玛津、西草净和扑灭津等三嗪类除草剂。在上述除草剂中，莠去津至今仍是玉米田主要除草剂。扑草净、西草净在防除水田杂草方面起到了很大作用。除草剂使农民从繁重的除草劳动中解放出来，为农村劳动力进入城市建设、工业生产和国家基础工程建设创造了条件。

同时，杀菌剂工作的研制也提到日程。沈阳化工研究院、江苏省农药研究所、中科院上海有机化学研究所、天津农药实验厂、上海农药研究所等科研单位进行了大量研究工作，开发了一批杀菌剂的生产工艺技术，在这些研究成果的基础上，山西临汾有机化工厂、大沽化工厂、上海联合化工厂、上海农药厂、天津农药实验厂等企业先后建成了五氯硝基苯、六氯苯、二硝散、克菌丹、灭菌丹、敌锈钠、代森铵、代森锌、福美双、稻脚青（甲基胂酸锌）等一批生产装置。此后，沈阳化工研究院和上海农药所开发的敌克松、陕西省石油化工研究设计院开发的甲基硫菌灵、西北大学开发的克瘟散、上海农药厂开发的稻瘟净、浙江兰溪农药厂开发的异稻瘟净、上海农药研究所和浙江兰溪农药厂开发的萎锈灵以及生物农药井冈霉素、中科院微生物所开发的多抗霉素和春雷霉素、中国农科院原子能所开发的多效霉素等一批杀菌剂相继研制成功并投产，对防治水稻、小麦、玉米、棉花等作物上的各种病害起了重要作用。尤其在汞制剂停产后，这几种杀菌剂迅速发展，保证了农业需要。

此外，植物生长调节剂也开始了多品种的研发。植物生长调节剂能增强农作物抵御自然灾害、适应恶劣自然环境的能力，增加产量和改善农产品品质。我国从 20 世纪 50 年代起，开始研究和试制植物生长调节剂。这一期间，先后投产的有赤霉素、矮壮素、乙烯利、丁酰肼、增产素等品种。1975 年，南开大学元素所研究成功的新植物生长调节剂矮健素，能促进农作物的根系发育，茎叶增粗，防止麦类倒伏，减少棉铃脱落，投产后很受农民欢迎。

从上面列举出的众多农药品种的研制和生产可以看出，为保障农业生产，国家进行了巨大投入，众多科技人员为农药开发做出了很多努力。

二、农药创制

20 世纪 90 年代，中国参加 WTO 的谈判中，新的医药和农药品种知识产权的问题成为中国与西方国家争执焦点之一。

每一种新的医药和农药品种开发过程，都需要投入大量的人力和资金。首先，要对众多的化合物进行是否有药效进行筛选，犹如大海捞针。发现有药效的化合物后并不是成果，还要对该化合物进行一系列测试和实体实验，例如：毒性试验、遗传试验、环境影响试验、活体生物实验等，均达到规定的安全标准后才能成为科研成果进入工业化阶段。由此可见新医药和新农药的开发投入大、耗时长。从化合物设计合成到后续的生物活性筛选、药效、工艺、毒性、毒理、残留等相关研究与开发，发明出新药品种，国际通行研发周期至少10年左右，成功率只有十六万分之一，难度大、周期长、投入大、风险高。因此，西方工业化国家对于医药和农药不仅是制造技术受知识产权保护，新医药和新农药的分子结构式也受知识产权保护，以防止仿制不正当竞争。中华人民共和国成立后，西方国家对我国实行经济和技术封锁，国内急需的大量物资不能从国外进口保障供应。在这种客观环境下，中国对急需的医药和农药进行仿制。中国加入WTO后尊重并实施了新医药和新农药的分子结构式知识产权保护。

20世纪50年代起，我国一些研究院所开始从事新农药的创制工作。20世纪50年代初，中科院上海有机化学研究所梅斌夫先生在甲基和异丙基大蒜素的基础上开发了我国第一个创制农药——乙基大蒜素（代号402）。1970年，沈阳化工研究院张少铭等研发了多菌灵，早于BASF公司（1973年），首先实现了工业化生产。20世纪70年代中期，贵州大学创制了我国沙蚕毒系仿生农药杀虫双和杀虫单，并在行业中推广，直至今日仍是我国杀虫剂中的主要品种之一。上海农药研究所沈寅初组织开发了生物农药井冈霉素技术，从我国井冈山地区土壤中发现菌株，经过培育、复壮，大大提高了发酵单位，开发成功为农用抗生素新品种，对水稻纹枯病具有良好的防治效果。所用生产工艺，发酵单位较高，生产成本较低，用药量低，药效显著，因而迅速得到推广，至今仍旧是农用抗生素的重要品种之一。但是，由于我国农药工业长期落后于跨国公司的发展，企业总体实力较弱，不足以支撑高额的创制投入，农药的创制工作进展比较缓慢。

为了应对参加WTO新的形势，加速我国农药科研从仿制向创制转变的进程，国家于1996年组建了农药国家工程研究中心和国家南方农药创制中心（即北方中心和南方中心），这是对我国农药工业的发展具有战略意义的重大决策，它们在创制新农药方面都做了开拓性工作。南北两个农药创制（工程）中心的创立，标志着我国农药创制研究体系的形成，农药科研步入创仿结合的轨道。

北方农药研究中心以沈阳化工研究院（简称沈阳化工院）和南开大学元素化学所为依托组建，分别为农药国家工程研究中心（沈阳）和农药国家工程研究中心（天津）。

农药国家工程研究中心（沈阳）1995年开始实施建设，1998年通过了国家专家组验收。沈阳化工院多年来为我国农药工业发展做出了重大贡献，国内生产的许多骨干农药品种，如除草剂丁草胺、乙草胺、草甘膦、磺酰脲类系列除草剂，杀菌剂多菌灵、甲霜灵、代森锰锌，杀虫剂甲胺磷、久效磷、杀虫双、哒螨酮、毒死蜱等都源自该院。1977年后该院农药科研项目获得国家和部级奖励90多项，获得省市级奖励40多项。刘长令团队发明的新型高效杀菌剂氟吗啉已经获得中国、美国和欧洲专利，成为国内第一个具有自主知识产权、具有国际水平并成功进入市场的农药品种，新型高效杀菌剂啶菌恶唑和烯肟菌酯被列入国家“九五”攻关计划。

农药国家工程研究中心（天津）1996 年开始建设。具有自主知识产权的绿色除草剂单嘧磺隆已完成 6 万亩（1 亩=666.67 米^2）田间药效试验，1999 年在天津市科委立项的绿色除草剂单嘧磺隆开发研究已通过中试鉴定。超高效除草剂#92825 被国家列为重点推广计划。创制除草剂单嘧磺隆的产业化开发项目和创制除草剂NK#94827 的研究开发被列入国家“十五”攻关项目。

同期组建的南方农药创制中心，分别依托于上海市农药所、江苏省农药所、湖南省化工院和浙江省化工院，创建 4 个各具专业特色的上海基地、江苏基地、湖南基地和浙江基地。经过 5 年的建设和运行，南方农药创制中心已经通过国家验收，多项科技成果被评为“九五”国家重点科技攻关计划优秀成果。

南方农药创制中心（上海）采取生物技术与化学技术相结合，在化学农药、微生物农药、半合成生物农药和半合成化学农药领域内，创制高效低毒、低残留且附加值高的农药。每年筛选农用抗生素和化学样品为 1 万～2 万个，年筛选能力为 2 万～3 万个。生物测定筛选模型及其靶标有：杀虫剂（包括杀虫剂普筛和作物害虫等）、杀菌剂（包括离体活性和活体盆栽普筛等）、除草剂（包括活体多靶标和盆栽多靶标等）。

南方农药创制中心成立5年来，各成员单位共合成全新结构的化合物近0.6万个，菌株 1.5 万个，筛选化合物及菌株 1.9 万多个，有 21 个化合物进入田间小区试验，7个化合物进入大田试验。其中金核霉素、磷氮霉素、2098、F1050 等 4 个新化合物已具备产业化开发条件，JSP236、JS412、HNPC-A9835、HNPC-A9908、HNPC-C9908、ZJ107、ZJ166、ZJ512 等 8 个新化合物具备工业化前期开发条件。其中湖南基地柳爱平团队创制的杀虫剂 HNPC-A9908 有较好的杀虫活性，每亩用量仅需 20 克。

其间，还设立了以安徽化工研究院为主的化工部农药加工和剂型工程技术中心。除早期开始研究农药新品种的合成和农药制剂加工的中国农业大学、贵州大学和辽宁省化工院等单位外，还有一批高等院校和科研单位也相继进入农药研发领域，其中包括华中师范大学、华东理工大学、中科院上海有机化学研究所、中科院大连化学物理研究所、西安近代化学所等。这些具有较强科研实力的单位加入，有力推动了农药新品种的开发和农药制剂加工水平的提高。

与此同时，江苏扬农化工公司、大连瑞泽农化公司、南通江山农化公司、浙江龙湾化工公司、山东侨昌化工公司等一批具有较强经济和科研能力的农药企业，也积极参与到农药研发和新农药创制工作当中。一个以市场为导向、企业为主体、产学研相结合的农药创制体系正在形成。

到 20 世纪末，我国农药创新成绩斐然。已创制包括丙酯草醚、异丙酯草醚、氟吗啉、丁烯氟虫腈、硝虫硫磷、呋喃虫酰肼、倍速菊酯、单嘧磺隆、单嘧磺酯等在内的 30 多个具有自主知识产权的农药新品种，并取得农药登记，累计推广使用 2.25

亿亩次。

不对称合成、催化加氢、定向硝化等关键共性技术的成功推广，提升了农药行业的总体技术水平。新的工艺技术包括草甘膦生产中的氯元素循环回收利用、活性炭催化空气氧化制造草甘膦、吡虫啉连续化清洁生产新工艺、亚甲基法生产乙草胺等，以及中间体吡啶碱、贲亭酸甲酯、乙基氯化物的新的生产工艺技术等。水性化制剂，如水分散粒剂、水乳剂、悬浮剂、微乳剂、泡腾片等的开发推广，以水代替了苯类有毒有机溶剂，既节约能源，又减少污染，还提高了农药的生物利用率。

经过几代人的不懈努力，我国农药工业从品种单一到可以制造 600 多种有机合成和生物源农药，已构筑了从化合物合成、菌种筛选、药效试验、安全评价的创制体系。经历了从单纯仿制转变为仿创结合发展过程，进而向创制为主的方向前进。2018 年我国农药产量达到 208.3 万吨，主营业务收入 2323.73 亿元，利润总额 227.04 亿元；出口量 140.53 万吨，出口额 80.72 亿元，进口量 4.20 万吨，进口额 4.90 亿美元，实现了连续 15 年出口数量及金额超过进口。我国稳居世界最大农药原药生产国地位十余年。同时也要看到我国农药工业正处于转型关键时期。一是创制一个新品种农药属于原始创新科学研究范畴，它的投入大、周期长、风险大；二是随着工业化程度的提高，环境保护的要求也随之提高，传统农药的发展必然要受到限制；三是生物工程开发出来的转基因农作物正在世界推广开来，转基因农作物一方面减少了传统农药的用量，但另一方面转基因农作物又需要相应的农药配合，为农药发展方向打开了一扇新的大门。因此继往开来，从人类大健康系统观念出发，注重农业环境各种要素的相生相克原理，从服务农业环境自愈能力提升角度去守正创新，将成为农药科研工作的一种新思路。

第八章 代表人物

第一节 科苑早期楷模

一、侯德榜（1890—1974年）

中国著名化工专家，中国化学工业的先驱者之一。字致本，1890年8月9日生于福建闽侯，1974年8月26日卒于北京。早年曾学铁路工程，在津浦铁路工作，后入清华留美预备学堂高等科学习，毕业后进美国麻省理工学院学习化工。1921年获美国哥伦比亚大学哲学博士学位。同年应范旭东之聘，任塘沽永利制碱公司技师长。当时索尔维法的生产技术为索尔维集团垄断，对外保密。侯德榜经长期潜心钻研，永利碱厂终于冲破封锁，1926年6月生产出洁白的纯碱，产品在美国费城万国博览会上获金质奖章，被誉为中国近代工业进步的象征。1935年，中国工程师学会广西年会为表彰侯德榜对祖国工业的卓越贡献，公推他为第一届金质奖获得者。1934年永利化学工业公司曾在江苏省六合县卸甲甸（今南京市六合区）兴建硫酸铵厂，即永利化学工业公司宁厂，由侯德榜负责技术工作。他引进美国氮气工程公司的先进技术，亲自选购设备，监督施工，培训人才，于1937年2月投产，陆续生产合成氨、硫酸、硫酸铵、硝酸等产品，成为当时远东最大的氮肥厂。1938年永利化学工业公司内迁四川，在乐山五通桥建立川厂。川厂用地下盐卤为原料，采用索尔维法制碱成本高，为购买德国察安法制碱专利，他曾去德国考察，但因技术封锁，未果。侯德榜回国后决心自己开发制碱新工艺。1938—1941年，联合生产纯碱与氯化铵的新工艺初步获得成功。1941年3月15日经范旭东提议，将新工艺命名为"侯氏制碱法"。至1943年完成了从合成氨开始的联合制碱流程。1943年中国化学会在四川五通桥举行第十一届年会，"侯氏制碱法"在会上与学术界见面。大会主席张洪沅亲自带领全体代表到永利川厂参观"侯氏制碱法"的操作运行，化学界对此做了高度评价。会议特致函在美国的侯德榜先生对他所取得的成就表示祝贺。自1953年起在大连对此法进行中间试验，1964年实现工业化，命名为"联合制碱法"。1958年，为打破国外对中国的经济封锁及迅速增加化肥产量，他又创建了碳化法生产碳酸氢铵的工艺。侯德榜有愤于帝国主义者的技术垄断，1932年将多年研究心得写成 *Manufacture of*

Soda，即《纯碱制造》一书，1933年在美国出版，将保密达70多年之久的索尔维法制碱技术公之于世，为中外学者所共钦。1941年修订，1942年再版，1948年曾译成俄文。1959年，他又结合中国资源情况进行修订补充，并增入他创造的"联合制碱法"内容，用中文写成《制碱工学》，由化学工业出版社出版。由于侯德榜在制碱工业上的成就，在世界享有盛誉，曾先后受南非邀请考察制碱条件，受巴西邀请勘察碱厂厂址，印度达达公司曾聘他为顾问，指导其碱厂的技术改造。

1949年以后，侯德榜历任中央财政经济委员会委员，重工业部化工技术最高顾问，化学工业部副部长等职。由于他在学术上的成就，被聘为中国科学院学部委员，曾任中国化学会及中国化工学会理事长，中国科学技术协会副主席。1943年被聘为英国化学工业学会名誉会员，是当时世界12位名誉会员之一，曾获美国哥伦比亚大学荣誉科学博士学位，英国皇家学会、美国化学工程学会、美国机械学会荣誉会员及美国机械工程师协会终身荣誉会员。

二、孙学悟（1888—1952年）

孙学悟，字颖川，山东省威海人。1905年，东渡日本就读于早稻田大学。1910年，考入清华学堂留美预备班。1911年赴美，入哈佛大学攻读化学。1915年，获化学博士学位，因成绩优异留校任助教。1919年离美回国。时值范旭东创办久大、永利两公司，深受范"工业救国"思想之影响，毅然放弃在开滦煤矿任总化学师的优厚待遇，就任久大盐业公司化学室主任，负责筹办黄海化学工业研究社（简称黄海社）。

黄海社在孙学悟的领导下，在无机应用化学和有机应用化学方面做了大量研究工作。特别是对永利碱厂碳化塔完成了系统查定和改进工作，大幅度地提高了纯碱生产能力。

正当黄海社事业蒸蒸日上，陆续获得实用性研究成果之时，抗日战争爆发，孙学悟忍痛率众西撤。1938年春，到达长沙建设新社址。1938年10月，武汉失守，长沙告急，不得不又迁往四川。经过一年多颠沛流离，黄海社多年积累和收集的仪器、图书、资料损失大半。

黄海社入川后，在孙学悟的"化学研究不要在大城市凑热闹，要和生产相结合"的正确思想指导下，修改了黄海社社章，决议以协助化工建设为宗旨，从事西南资源调查、分析与研究，成为开发西南化学工业的智囊与钥匙。黄海社在抗日战争期间卓有成效的研究工作，有力地促进了西南地区的生产建设和科学技术的发展，支援了抗战，享誉西南，得到了华西人民的称赞。

中华人民共和国成立后，孙学悟毅然将黄海社社长室由上海迁到北京，并着手聚集分散在国内外的黄海社职工来京。在总社成立大会上，孙学悟满怀激情地说："黄海自成立近三十年来，可说是一页坚韧死守的奋斗史。死守的是什么？死守的是一点信念，科学非在中国的土壤上生根不可。可庆的是，重视科学的新中国已经诞生，按人力、物力及一切条件来讲，从未有目前之优越。可深信中国自有历史以来，恐怕眼前便是科学在中国生根的时候了！”

从1949年秋开始，孙学悟和侯德榜、李烛尘一起，倡导永利、久大走公私合营之路。同年10月，他应邀列席了中国人民政治协商会议一届三次会议。1952年2月，黄海社董事会致函中国科学院，申请接管。月底，中国科学院同意接管黄海社，将其改名为中国科学院工业化学研究所，并任命孙学悟为所长。不幸的是，就在孙学悟准备为祖国科技事业大干一场的时候，癌症袭来，于1952年6月15日在京病逝。

孙学悟一生淡泊名利，坚定献身化工科研事业，矢志不移，辛勤耕耘30年，在永利、久大、黄海做了大量科技领导管理工作，创造了辉煌业绩，受到人们的崇敬和爱戴。

三、陈调甫（1889—1961年）

陈调甫，名德元，字调甫，苏州人。1917年在苏州东吴大学获硕士学位，是国内培养的第一个化学硕士。他是国内第一个在实验室用索尔维法获得纯碱的学者（1917年），接着他和范旭东、吴次伯、王小徐一起在天津用索尔维法以模拟设备制得纯碱8公斤，为创设永利制碱公司奠定了基础，遂加入永利制碱公司。由于他对我国特产大漆、桐油加工有深厚感情，曾广泛搜集资料，写成《国宝大漆》一书。1929年在征得范旭东同意后，在天津创办永明油漆厂。他认真分析各国油漆产品的优缺点，采用我国质优价廉的桐油为原料，调配成物美价廉的“永明漆”，成为我国涂料行业中第一个超过英、美技术标准的名牌产品，1933年荣获国民政府颁发的奖状。“永明漆”的入市，使天津地区洋漆进口骤然下降，陈调甫和“永明漆”也因此名声大振。他继而研制硝酸纤维素国产喷漆成功，并于1936年7月在天津国民饭店举办的喷漆展览会上获得各界好评。

抗日战争期间，陈调甫“宁为玉碎，不为瓦全”，坚决不与敌人妥协，致使财产被强敌抢掠，工厂被迫停业。他困居上海期间，仍坚持潜心研究涂料，并积极培养有志于涂料事业的青年人。

抗战胜利后，他经过550次中、小型试验，终于在1948年首先合成醇酸树脂，因其能喷、能刷、能烤，故名“三宝漆”。这是继“永明漆”后的又一名牌产品。醇酸树脂的研制及应用成功，是我国涂料发展史上自力更生的一个里程碑。

中华人民共和国成立后，到1952年陈调甫领导下的永明油漆厂，其不少指标已居全国同行首位，并承担向苏联、蒙古、朝鲜、东欧各国的出口任务，还派遣技术人员赴朝鲜进行技术援助。1955年参加全国工商联执委会期间，受到毛主席的亲切接见。

1956 年后，陈调甫患了心脏病，但仍笔耕不辍，努力编写《油漆词典》。1961 年 12 月 24 日晚仍工作不息，25 日凌晨 1 时，心肌梗死，猝然去世，手稿仍留在桌上，享年 72 岁。

陈调甫为民族化工特别是涂料工业的发展鞠躬尽瘁，奉献终生。

四、张克忠（1903—1954 年）

张克忠，1903 年 1 月 16 日生于天津，祖籍河北省静海县（今天津市静海区）。1915 年考入天津南开中学，学习勤奋，聪明过人，深得校长张伯苓的青睐。1922 年考入南开大学化学系。1923 年考取助学金赴美留学生，在麻省理工学院攻读化学专业。以 5 年时间学完一般需八九年才能完成的从大学本科到博士生的全部课程和实验，并写出高水平的博士论文——被誉为“张氏扩散原理”。1928 年，成为第一个获取该院化学工程科学博士的中国人。

1928 年回到南开大学任教授，年仅 25 岁。他积极筹办化工系和南开应用化学研究所，任所长兼化工系主任。1933 年 6 月，该所承接天津利中硫酸厂年产 3 万吨硫酸的设计、建设任务，用不到 1 年的时间就试车成功，耗资仅为拟请外商承包的一半，开创了我国自行设计、建设硫酸厂的先河。

1937 年日本侵略军大举侵华，研究所遭炮火轰击，张克忠和职工们一起将残存的仪器、设备和图书资料转移到重庆，兴办南开化工厂，生产市场急需的精白糖、酒精、油墨等以支援抗战。后来他的主要工作转移到黄海化学工业研究社。1942 年任昆明化工厂厂长。该厂先是恢复吕布兰法纯碱生产，继而又建成了硫酸厂（铅室法），不久又生产磷肥，办起了酒精厂等。昆明化工厂很快成为闻名西南的化工企业。

1947 年张克忠又回南开大学任工学院院长兼化工系主任，并重新组建了应用化学研究所。1951 年任天津市工业试验所所长。张克忠长年带病工作，1954 年 3 月 25 日又扶杖去工业所主持讨论，不幸于 11 时，当场昏迷，抢救无效，与世长辞，年仅 51 岁。

张克忠是中国化学工程学会的创始人之一，中国化工学会理事。曾主编《化学工程》《化学工业与工程》及《黄海化工汇编》等刊物，并著有《无机工业化学》（1936 年）、《有机工业化学》（1937 年）、《工业化学》（一、二、三册，1950、1952、1953 年）等专著。

五、张大煜（1906—1989 年）

张大煜，字任宇，江苏江阴市人。1929 年毕业于清华大学，1933 年在德国德累斯顿大学获工学博士学位。回国后在清华大学任教，1933—1936 年每年都有论文发表，自讲师升任教授。

抗日战争爆发后，张大煜从北平辗转到昆明，在西南联大任教，兼任中央研究院化学研究所研究员，历尽千辛万苦利用云南的褐煤炼出了油，为他后来创建我国第一个石油煤炭化学研究基地积累了经验。

抗战胜利后，张大煜从昆明到上海，任交通大学教授，讲授工业化学和胶体化学。留学回国十余载的经历，使他感到彷徨，他看到知识分子在旧中国不可能实现富民强国之梦。1948 年底，经上海地下党负责人介绍毅然离沪，绕道香港和朝鲜于 1949 年初到达解放区大连，任大连大学化工系教授、主任，同时担任大连大学科学研究所研究员、副所长。后该所几经更名和改变隶属关系，但张大煜一直任一级研究员、所长和顾问。他曾兼任中科院兰州化学物理研究所、山西煤炭化学研究所所长。1966 年调国防科委十六院任副院长，后任中科院感光化学研究所所长。历次当选为中国化学会副理事长，中国化学会理事。1955 年被聘为中国科学院学部委员。1960 年加入中国共产党。曾当选为第一、二、三届全国政协委员及民盟中央委员。

20 世纪 50 年代，张大煜紧紧围绕国民经济建设需要的重大课题开展科研，取得了很好的成果。其中“七碳馏分芳烃化合成甲苯”和“熔铁催化剂用于流化床合成液体燃料的研究”，曾获 1956 年国家科学奖。

1960 年后，张大煜开展表面键催化基础研究，并承担了合成氨原料气净化新流程中三个催化剂的攻关任务。不到一年就研制成功三种高效催化剂，并在工业上迅速推广，超过了国外同类催化剂水平，为我国合成氨工业的技术改造做出重大贡献，被国家经委和科委誉为协作攻关成功的典范。

张大煜一生在胶体化学、吸附和催化作用、催化剂研究、水煤气合成、表面化学研究等学术领域发表过论文 30 余篇。他在组织和发展我国的人造石油、石油炼制、催化科学、化肥工业、化学工程、色谱、激光和相应的理论研究等方面都做出了重大贡献。

六、顾毓珍（1907—1968 年）

顾毓珍，中国化学工程学家、教育家。1907 年 3 月 9 日出生于河北省保定市。1927 年毕业于北京清华学校留美预备班，在麻省理工学院攻读化学工程学。1932 年获化学工程学科学博士学位，博士论文是关于流体在管内流动时的摩擦因数及流体的速度分布，在理论分析和实验的基础上，分别得出新的计算式，被广泛采用。1932 年秋回国，任南京中央工业试验所室主任和分所所长等职，他专门从事寻求液态燃料代用品的研究，并发表了有关论文 20 余篇。1934 年曾在中国少数石油产区和油页岩产区取样分析评价。1935 年发表文章建议以酒精或酒精与汽油的混合物代替汽油作为液体燃料。随后，他研究以植物油为原料生产液体燃料，并得出对各种植物油的压榨产油量的计算式，在此基础上总结出产油量的一般计算式。他是中国化学工程学会创始人之一，且长期任该会书记工作。曾任金陵大学、同济大学等校教授，担任化工原理等课的教学。1952 年院系调整，成立华东化工学院，他调任该院教授兼化工原理教研室主任，直至1968年7月27日不幸逝世。曾编著《湍流传热导论》一书及化工原理教材数种。其中他与丁绪淮、张洪沅合编的《化学工业过程及设备》一书，为中国统一编写的第一套化工原理高等院校通用教材。

第二节　现代化工建设中的杰出人才

一、侯祥麟

侯祥麟，石油化工专家。广东省汕头市人，1912年生。1935年毕业于燕京大学化学系，获得学士学位。1938年加入中国共产党。1948年，获得美国卡内基理工学院博士学位。1950年回国，在清华大学化工系任教授兼燃料研究室研究员。1955年被聘为中国科学院学部委员。1956年任石油部生产技术司副司长。其间参加了国家1956—1967年科技发展规划的制订，提出建议成立石油科学研究机构，参加石油炼制研究所和石油地质研究所的筹备组建工作。1958年调任石油科学研究院副院长，1965年起任院长。

侯祥麟是我国石油化工技术的开拓者之一。领导研制成功了原子弹工业分离铀-235装置急需的油品和导弹所需的特种润滑油、脂；指导研究解决了国产喷气燃料对喷气发动机镍铬合金火焰筒的烧蚀问题；领导研究成功催化重整、催化裂化、尿素脱蜡、焦化和相关催化剂、添加剂等5项重大新技术；组建石油科研机构；参与历次国家和部门科技发展规划的制订、协调和实施。多次获得国家及省部级奖励。发表学术论文多篇，专著2本。

1978年任石油部副部长。1983年后任中国石化总公司技术经济顾问委员会首席顾问、副主任，中国石油天然气总公司技术委员会常务副主任。1979年当选为中国石油学会理事长。他是第五、六、七届全国政协常务委员。1986年7月8日，侯祥麟在意大利罗马荣获“马太依国际奖”，他是获此奖项的第一位中国科学家。

侯祥麟曾倡议成立中国工程院，1994年当选为中国工程院院士。

二、闵恩泽

闵恩泽，四川成都人，1924年生。石油化工催化剂专家，中国科学院院士、中国工程院院士、第三世界科学院院士、英国皇家化学会会士。2007年度国家最高科学技术奖获得者，感动中国2007年度人物之一，是中国炼油催化应用科学的奠基者，石油化工技术自主创新的先行者，绿色化学的开拓者，被誉为“中国催化剂之父”。

1946年，毕业于国立中央大学化学工程系。1951年，获美国俄亥俄州立大学博士学位。1955年回国，在石油化工科学研究院（前身是北京石油炼制研究所筹建处、石油科学研究院）工作，历任研究室主任、副总工程师、总工程师、副院长、首席总工程师等职。

闵恩泽主要从事石油炼制催化剂制造技术领域研究，20 世纪 60 年代主持开发了制造磷酸硅藻土叠合催化剂的混捏-浸渍新流程通过中型试验，提出了铂重整催化剂的设计基础，研制成功航空汽油生产急需的小球硅铝催化剂，主持开发成功微球硅铝裂化催化剂。20 世纪 80 年代开展了非晶态合金等新催化材料和磁稳定床等新反应工程的导向性基础研究。1995 年，闵恩泽进入绿色化学的研究领域，策划指导开发成功化纤单体己内酰胺生产的成套绿色技术和生物柴油制造新技术。

闵恩泽 1964 年当选为第四届全国人大代表，以后第五、六、七、八届连续当选。1980 年当选为中国科学院学部委员（院士），并任化学学部副主任。1994 年当选为中国工程院院士。

三、陶涛

陶涛，女，1917 年 7 月生，广东潮阳人，生于上海市。1940 年 2 月参加中国共产党，1940 年夏于上海大同大学化学系毕业，1940 年底参加新四军。1941 年后，历任新四军财政经济部秘书、江淮银行科长、苏中行署二厅科长。解放战争时期，任山东省财政厅会计科科长、大连建新公司工程部室主任。中华人民共和国成立后，任中南工业部计划处处长。1954—1955 年任苏联乌克兰鲁别什诺也染料厂、莫斯科染料厂实习生产副厂长工作。1955—1956 年任吉林染料厂副厂长。1956—1958 年任化学工业部有机化学工业局副局长、生产司副司长。1958—1970 年任化学工业部技术司副司长，一局、二局副局长。1970—1975 年任燃料化学工业部化工生产组、化工生产二组副组长。1975—1978 年任石油化学工业部副部长。1978—1988 年任化学工业部副部长、技术委员会主任。1988 年 6 月任化学工业部技术委员会常务委员。后历任中国化工学会理事长、名誉理事，国家计划生育委员会委员，中国印刷及设备器材工业协会副会长，中国工业经济协会副会长。1993 年 12 月离休。陶涛是第三届、第六届全国人大代表，第七届全国政协委员。

四、姜圣阶

姜圣阶，中国化工、核能专家。1915 年 11 月 11 日生，黑龙江省林甸县人。1936 年毕业于河北工业学院机电系，1936—1937 年任南京永利宁厂技术员，1938—1945 年任永利川厂主任工程师、制碱部副部长，1945—1947 年任南京永利宁厂高压合成车间主任工程师。1948—1950 年，在美国哥伦比亚大学研究生院学习，获科学硕士学位。1950—1958 年，任永利宁厂副厂长兼总工程师。在此期间，领导并参加了氨合成塔内部的结构改进，氨产量由日产 40 吨增加到 500 吨，领导设计和制造出大型沸腾焙烧炉，国内首次用于硫酸生产，它比机械炉产量提高了 10 倍。1956 年在布拉格国际氮肥会议上，宣读了新型氨催化剂研制论文、用无烟煤代替焦炭制造水煤气的论文。倡议并亲自从事理论计算设计，研制成功多层式高压（32MPa）容器，获国务院特等奖。1959—1962 年任南京化学工业公司副经理兼总工程师、华东化工研究设计院院长兼总工程师。1963—1975 年任国营 404 厂副厂长兼总工程师，领导和组织了六氟化铀厂的设计和运行，对生产工艺过程和冷凝工序进行了重大改革，用大型隔板容器代替单管冷凝器，既作冷凝装置又作贮罐，该成果曾获 1978 年全国科学大会奖。领导和组织中国第一个大型反应堆的设计、建造和运行工作。把核燃料后处理萃取法从三循环改为二循环，节省了大量设备和仪表。他又是将后处理的沉淀法改为萃取法的倡议人之一，其成果获得 1978 年全国科学大会奖。他也对核武器关键核部件的研制做出了贡献，是获得“原子弹技术突破与武器化”全国进步奖特等奖七人之一。在 α 相钚的提炼技术与研制成果中，是获得国家发明二等奖七人之一。1976—1977 年任第二机械工业部（简称二机部）核燃料局主要负责人。1977—1982 年任二机部副部长，是第六届全国人大代表。

姜圣阶在国内外报刊杂志上发表关于中国发展核电的论文 10 余篇。著作有《合成氨工学》4 卷，并主编《决策科学基础》2 卷及《核燃料后处理工艺学》。

1991 年当选为中国科学院学部委员（院士）。

五、陈冠荣

陈冠荣，化学工程专家。1915 年 12 月 5 日生于湖北武汉，籍贯上海。1936 年毕业于清华大学化学系。1948 年获美国卡内基理工学院化学工程硕士学位。国务院国有资产监督管理委员会高级工程师。曾任化工部副总工程师兼技术委员会副主任。1980 年当选为中国科学院学部委员（院士）。

陈冠荣领导设计了数十套化工生产装置，其中有不少是国内首次建设、带有试验性质的，如解放初期的苯胺、苯酚，后来的 PVC、聚四氟乙烯、有机玻璃等。还与中国科学院大连化学物理研究所合作开发“合成氨三触媒新流程”。从实验室研究触媒（现称为催化剂）开始，到年产 6 万吨的示范厂，只用了不到两年时间即顺利投产。主编了中国《化工百科全书》。

六、陈鉴远

陈鉴远，化学工程专家，1916 年 6 月 15 日生于江苏淮安。1940 年毕业于中央大学化工系。1948 年获美国依阿华大学硕士学位，1950 年获美国叙拉古大学博士学位。1993 年 12 月当选为中国科学院院士。1995 年 5 月 26 日逝世。曾任化学工业部教授级高级工程师、技术委员会副主任，化学工业部第六设计院院长，北京化工学院院长等职。20 世纪 50 年代初期，主持设计建成国家急需的磷肥工厂，为我国磷肥工业开拓者之一。自 1958 年起，主持并参与了国防化工新材料的技术开发和工程设计，创立了一套科学有效的化工技术开发程序。先后成功开发了水电解交换法、双温交换法等四种生产重水的工业技术设计，建成多套重水、液氢、偏二甲肼、混合甲胺、超氧化物等生产装置。其重水技术接近国际先进水平，偏二甲肼技术领先美国 10 年。是我国化工新材料事业的开拓者之一，为满足我国“两弹”、火箭和其他国防化工产品的需要做出了重大贡献。曾获 1978 年全国科学大会“重大贡献先进工作者”“国防军工协作配套先进工作者”“国家设计大师”称号以及国家科技进步奖一等奖等。

七、郭慕孙

郭慕孙，1920 年 5 月 9 日出生于湖北汉阳，原籍广东潮阳。中国化学工程学家，中国流态化学科研究的开拓者，中国科学院学部委员（院士），瑞士工程科学院外籍院士。1945 年 5 月，赴美国普林斯顿大学研究生院进修化工。1946 年 10 月，在美国普林斯顿大学化工系获得硕士学位。1956 年，郭慕孙在碳氢研究公司从事的项目刚进入中间试验之际，毅然放弃了在美国优越的工作和生活条件回到中国。1956 年 10 月，协助叶渚沛筹建中国科学院化工冶金研究所，建立了中国最早的流态化研究室，任室主任、研究员。

1978 年，担任中国科学院化工冶金研究所（现更名为中国科学院过程工程研究所）负责人、代所长、所长。1980 年，当选为中国科学院学部委员（院士）；同年获得中华全国总工会授予的全国劳动模范光荣称号。

1989 年荣获国际流态化学界最高奖——首届国际流态化成就奖，1997 年获美国化工学会流态化奖，同年当选为瑞士工程科学院外籍院士，2008 年被美国化学工程师学会评选为世界化学工程百年开创时代 50 位杰出化工科学家，成为获此荣誉的唯一亚洲科学家。

八、楼南泉

楼南泉，1922 年 12 月 13 日出生于浙江杭州，物理化学家，中国科学院学部委员（院士），中国科学院大连化学物理研究所研究员、博士生导师，第五任所长。

1946 年楼南泉从中央大学化学工程系毕业后进入南京永利化学工业公司合成氨厂化学研究部工作，担任研究技术员。1949 年参与了中国科学院大连化学物理研究所的建设工作，并在该所历任助研、副研究员、研究员及研究室副主任、主任等职。1980—1992 年担任中国科学院大连化学物理研究所学术委员会主任。1983—1986 年担任中国科学院大连化学物理研究所所长。1991 年当选为中国科学院学部委员（院士），并同时当选为化学部常委。1992—1996 年担任国家攀登计划项目 A“态-态反应动力学及原子分子激发态”首席科学家。

九、曹湘洪

曹湘洪，石油化工专家，1945 年 6 月出生于江苏省江阴市。1967 年毕业于南京化工学院。现任中国石油化工股份有限公司董事、高级副总裁，中国石油化工集团公司科学技术委员会主任，中国化工学会理事长。长期从事石油化工生产技术与企业管理工作，参加和组织实施了 30 多项重大炼油、石油化工装置的技术改造重大科技攻关项目。参加 20 世纪 70 年代顺丁橡胶生产技术攻关，提出的有独创性的聚合催化剂配方技术及体系中添加并控制微量水技术，为解决反应器长周期运转和产品质量问题起了关键作用。是中国石化北京燕山石化公司 30 万吨/年乙烯装置改造成 45 万吨/年项目的主要决策者和组织者之一。提出并组织完成了 14 万吨/年低压聚乙烯装置工程设计与重大设备国产化。指导设计完成了裂解汽油加氢和芳烃抽提的国产化联合装置。提出、组织并参与研究制定了燕山石化公司乙烯从 45 万吨/年到 71 万吨/年的第二次技术改造方案，决策改造中采用世界上没有工业化的二元制冷技术，获得成功，推动了世界乙烯技术进步。提出并组织完成了 20 万吨/年高压聚乙烯装置超高压管式反应器材料与制造国产化。提出并组织实施了燕山石化公司乙烯原料优化和提高炼油加工浓度的技术开发，间苯二甲酸生产技术开发。采用国产化技术，组织了异丙苯、乙苯、乙二醇、间甲酚改产苯酚丙酮等多套老装置技术改造。组织顺丁橡胶技术改进、溶聚丁苯橡胶成套生产技术开发、6 万吨/年乙烯 CBL-Ⅲ型裂解炉工业化等重大技术攻关。面对国外公司不转让技术，决策引进国外没有工业化的丁基橡胶技术，建设工业装置，组织并指导技术攻关，使反应器运转周期达到国际先进水平，产品质量达到国外同类产品水平，开发出聚合级异丁烯生产技术，填补了国内紧缺的丁基橡胶生产空白。多次获得国家及省部级奖励。“顺丁橡胶工业生产新技术”获 1985 年国家科技进步特等奖，“YS 系列银催化剂的推广应用”获 1998 年国家科技进步二等奖，“大庆减压渣油催化裂化成套技术开发及工业应用”获 2001 年国家科技进步一等奖。

1999 年当选为中国工程院院士。

十、袁晴棠

袁晴棠，石油化工专家，河南省南召县人。1961 年毕业于天津大学。第九届、第十届全国政协委员，中国石油学会副理事长，中国化工学会常务理事。曾任中国石化总公司、中国石化集团公司及股份公司总工程师，现任中国石化集团公司科学技术委员会常务副主任，教授级高工。1994 年被批准享受政府特殊津贴，同年被授予中国石油化工总公司有突出贡献专家称号。长期致力于乙烯裂解技术的研究与开发。参与国内第一套 30 万吨/年大型乙烯生产装置（燕山）的设计和建设；主持开发裂解炉、复杂塔的计算方法和流程模拟程序，完成了 30 万吨/年乙烯装置复用设计；

主持开发成功 CBL 型新型裂解炉技术，CBL-Ⅰ、Ⅱ、Ⅲ、Ⅳ型裂解炉分别在齐鲁、吉化、辽化、抚顺和燕山石化公司工业应用，使自主开发的单台裂解炉能力达到 6 万吨/年；主持与国外公司合作开发大型裂解炉技术（单台能力 10 万吨/年），已投产和正在建设的大型裂解炉达 30 台，为发展我国乙烯技术做出了贡献；主持完成了 2020 年我国石化工业与中国石化集团公司炼油化工可持续发展战略研究；主持中国石化企业技术咨询及重大石化投资项目的评估；组织制定并实施原中国石化总公司和石化集团公司科技发展规划，组织石化集团公司“十条龙”重大科技攻关，为完成“七五”“八五”“九五”及“十五”重大科技开发任务，转化、推广科技成果，推进石化工艺技术和设备、催化剂国产化进行了卓有成效的工作，为推进石化集团公司的科技进步做出了积极贡献。

1995 年当选为中国工程院院士。

十一、陈俊武

陈俊武，石油炼制工程专家，1927 年 3 月 17 日生于北京，籍贯福建长乐。1948 年毕业于北京大学。中国石油化工集团洛阳石油化工工程公司技术委员会主任。曾任该工程公司装置设计师、工厂设计师、总工程师、经理，石油工业部炼油技术攻关组专业组长。1990 年被授予“中华人民共和国工程设计大师”称号。1991 年当选为中国科学院学部委员（院士）。

主要从事炼油工程设计和技术开发工作。20 世纪 60 年代设计成功我国第一套流态化催化裂化工业装置。20 世纪 80 年代指导设计成功我国第一套同轴式催化裂化工业装置，获国家科技进步奖一等奖，以后对催化裂化工程技术持续改进，取得良好成果。曾主编《催化裂化工艺与工程》。

十二、沈寅初

沈寅初，生物化工专家，浙江省嵊县（今嵊州市）人，1938 年 7 月 7 日生。1962 年毕业于复旦大学。上海市农药研究所高级工程师。长期从事生物化工和生物农药研究。研究成功我国第一个用量最少、对环境最安全、对人畜无毒害的井冈霉素新农药，并得到广泛推广，建厂 30 余家，为我国生物农药产业的建立奠定了基础；主持开发生物农药产业骨干品种杀螨杀虫抗生素，经济效益显著；研究成功微生物催化法生产丙烯酰胺，建立了我国第一套利用生物技术生产大宗化工原料的工业化装置，推广了生物催化在化工行业中的应用。多次获得国家及省部级奖励。

1997 年当选为中国工程院院士。

十三、李俊贤

李俊贤，化工合成专家，四川省眉山市人，1928 年 3 月 10 日生。1950 年毕业于中央技艺专科学校。黎明化工研究院高级工程师，长期从事有机化工品的合成研究。研制成功氯胺法制偏二甲肼，满足了多种导弹的需要，生产装置及产品质量处于世界先进水平；研制成功一甲肼，满足了高效农药及长寿命卫星姿态控制需要；以硝酸酯为主要组分研制了鱼推-3 燃料，产品质量达美国热动力鱼雷用燃料的先进水平，现已用作我国热动力鱼雷推进剂；参与主持了固体推进剂用端羟基聚丁二烯的中试研究，满足30多种火箭、导弹型号的需要。多次获得国家及省部级奖励，“液体单元推进剂-鱼推-3 研究”获 1995 年国家科技进步奖二等奖。

1995 年当选为中国工程院院士。

十四、毛炳权

毛炳权，高分子化工专家，广东省东莞市人，1933 年 11 月 2 日生。1959 年毕业于莫斯科门捷列夫化工学院获工程师学位。北京化工研究院高级工程师。长期从事烯烃聚合工艺和聚合催化剂的研究。参加研制成功中小型间歇液相本体法聚丙烯装置，并得到广泛推广；研制成功聚烯烃 N 型高效催化剂及聚合工艺，取代进口催化剂，催化剂专利转让给美国某石油公司和催化剂公司，催化剂在世界范围内出售，经济效益显著。多次获得国家及省部级奖励，“以炼厂气为原料的千吨级聚丙烯技术”获 1985 年国家科技进步奖二等奖。“聚烯烃 N 型高效催化剂及聚合工艺研究”获 1993 年国家发明奖二等奖。“聚丙烯新型高效球催化剂的研究开发及工业应用”又获 2003 年国家科技发明二等奖。2004 年，获何梁何利基金科学与技术进步奖。

1995 年当选为中国工程院院士。

十五、邹竞

邹竞，感光材料专家。1936 年 2 月 9 日出生于上海市，原籍浙江省平湖市。1960 年毕业于苏联列宁格勒电影工程学院，获工艺工程师学位。现任中国乐凯胶片公司研究院首席专家、教授级高级工程师，河北省科协副主席。长期从事国防军工胶片、彩色电影胶片、彩色民用胶卷和医用胶片的制造技术和新产品开发研究。曾获得多项感光材料研究成果。20 世纪 60 年代成功地研制出当时国防军工急需的三种特种红外胶片，填补了国内空白；“六五”“七五”“八五”期间，先后主持开发了三代感光度为 ISO100 的乐凯彩色胶卷，使国产彩卷从无到有，质量逼近 20 世纪 80 年代末国际先进水平，取得了显著的经济效益和社会效益，为发展我国民族感光材料工业做出了突出的贡献。曾获国家科技进步一等奖、二等奖各一项，化工部科技进步二等奖二项，并获 1996 年度何梁何利基金科学与技术进步奖。近年来，主要从事新一代医用胶片的研制。

1994 年当选为中国工程院院士。

十六、周光耀

周光耀，无机化工专家，浙江省鄞县（今鄞州区）人，1935年12月13日生。1961年毕业于大连工学院，获学士学位。中国成达工程公司高级工程师。长期从事纯碱工程技术等方面的研究工作。设计成功我国第一套完全独立的联碱装置，解决了水平衡问题；组织制定新都氮肥厂联碱装置的工艺设计方案；在完全由我国自行设计的年产60万吨大型纯碱装置设计工作中，采用了多项新工艺、新型和大型设备；研究开发成功了自然循环外冷式碳化塔、新型变换气制碱技术，并广泛推广。多次获得国家及省部级奖励，“新都氮肥厂4万吨/年联碱工程设计新技术”获1990年国家科技进步奖二等奖。“年产60万吨大型纯碱装置工程设计新技术”获1998年国家科技进步奖二等奖。

1995年5月当选为中国工程院院士。

十七、钟本和

钟本和，四川达州人，1937年11月生。任四川大学化工学院教授、博士生导师。长期从事磷复肥、磷化工教学科研工作。负责完成的“料浆法制磷铵”新工艺创造性地解决了我国大量中品位磷矿长期不能生产高效复肥磷铵的难题，成为该领域的开拓者。经过20余年的研究和攻关，完成了该工艺的基础研究、模试、中试。3万吨/年工试和装置技术国产化、大型化，并在全国推广。已形成具有中国特色的20万～30万吨/年装置的成套先进技术，成为我国高浓度磷复肥生产的主导技术路线。被原国家计委列为“六五”以来我国科技战线的八大成果之一[计科1988（570）号文]。主持完成的“6万吨/年料浆法磷铵”，被国家计委列为全国“八五”攻关突出的五项重大成果之一；主持完成的15万吨/年多项关键技术的“九五”攻关获得重大经济效益。2007年全国产量达900余万吨，占磷铵总产量60%以上。此外，还主持完成多项磷化工科学研究项目。在上述领域取得多项重大成果，获得国家科技进步一等奖等多项奖励。

第九章 化工科技主要机构

第一节 中华人民共和国成立前

中华人民共和国成立前，科研开发机构主要是从民国时期才得到发展的。民国时期的化工科研机构大体可分为以下几种类型：一是由政府专设的科研机构，如1929年设立的北平研究院化学所和1928年设立的中央研究院化学所等；二是设有化工系或化学系的大学，如南开大学、浙江大学、北京大学等，它们人才荟萃，设备集中，往往是教学与科研并重，对化工科研多有贡献；三是工业界创办的研究单位，如范旭东的黄海化学工业研究社、吴蕴初的中华化学工业研究所、卢作孚的中国西部科学院理化研究所等；四是工业单位内部建立的研究部门，如1931年陈调甫在天津永明漆厂内设的研究室等；五是中国共产党领导的边区政府所办的科研机构，如延安自然科学院等；六是日本人在我国东北建立的科研机构，如满铁中央试验所等。现择其要简介如下：

一、第一家民营企业建立的研究机构——黄海化学工业研究社（1922年创办）

1922年，范旭东在久大精盐公司试验室的基础上创立了黄海化学工业研究社（简称黄海社），聘请孙学悟博士为社长，建有图书馆（图9-1）。其目的是“研究化学工业的学理和应用，以促我国化工事业和自然科学的发展”“并以辅助从事化学工业的实业家计划工程及现已成立的化学工厂改良工作、增高效益为宗旨”。

图9-1　黄海化学工业研究社图书馆（天津）

黄海社在1922—1952年的30年间，除为永利、久大解决了众多技术问题，推动其生产持续发展外，还在菌学发酵、肥料研究、金属铝研究和水溶性盐类研究方面做出了贡献，特别是其对四川五倍子的发酵进行了系列研究。1938年，黄海社随永利公司入川后，发现当地盛产五倍子。五倍子富含单宁，过去仅作为工业原料出口。黄海社集中方心芳、吴冰颜、魏文德、谢光遽等研究人员，从 100 多种微生物中筛选出较好的菌种，通过发酵技术用五倍子制出单宁、焦性没食子酸、鞣性蛋白、次没食子酸铋及五倍子染料等。1940 年由中国农民银行出资在川南建立化工厂，以五倍子为原料，每天生产没食子酸几百公斤，改由五倍子原料出口为成品没食子酸出口，使国货代替了洋货，不仅有了经济效益，而且促进了学术研究。

黄海社自 1939 年起发行《发酵与菌学》双月刊，至 1951 年共出版 13 卷 72 期，刊文 233 篇。1952 年还出版了《黄海化工汇报》盐专号 2 册，铝专号 1 册，调查报告仅 1932—1942 年就有 56 种之多。此外，在海外刊物上也屡见黄海社发表的有关各种科学知识的介绍文章。

二、北平研究院（1929 年创办）

北平研究院的创办人是留法学者李石曾和李书华。他们在五四运动时期于法国与蔡元培、吴稚晖、吴玉章等人创办了“留法勤工俭学会”和“华法教育会”，并于 1921 年筹办了里昂中法大学。接着便在北平筹建了中法大学作为里昂中法大学的预科。1924 年，李石曾、李书华又邀请严济慈等筹建北平研究院，院部设在东黄城根 42 号中法大学的北面，即今科学出版社社址，第一任院长为李石曾。研究院下设物理学、镭学、化学、动物学、植物学、生物学等 6 个研究所。物理所主任为严济慈，化学所主任为李麟玉。1935 年后主任改称所长。之后，李麟玉被聘为中法大学校长，化学所所长由刘为涛出任。药物研究所于 1932 年成立，所址设在东黄城根 42 号，次年便迁到上海，首任所长是赵承嘏。抗日战争爆发后，北平研究院内迁昆明。1946 年迁回北平，由周发岐任化学所所长。

三、中央研究院（1928 年创办）

1924 年，孙中山就有召集国民大会，建立中央学术院的设想。1928 年，定都南京的国民政府，正式成立中央研究院。蔡元培任院长，下设物理、化学、动植物、工程、心理、社会及历史语言等 7 个研究所。

中央研究院工程（工学）研究所的前身是理化实业研究所工程组，于 1928 年并入中央研究院，成立工程研究所。设有钢铁试验场、金工厂、陶器试验场、玻璃试验场、棉纺织染实验馆等。研究工作偏重于冶金、陶瓷、玻璃、棉纺、染色等，多与化学、化工有关。抗战期间迁入昆明，抗战胜利后重回上海，于 1945 年改名为中央研究院工学研究所。

中央研究院化学所于 1928 年冬在上海成立。王琎为第一任所长，后继所长为庄长恭（1934—1938 年）、任鸿隽（1938—1942 年）、吴学周（1942—1949 年）。到 1948 年，全所研究人员由建所初期的十几人增加到 30 余人，其中专任研究员除吴学周外，还有黄鸣龙、柳大纲、梁树权、沈青囊、沈昭文、黄耀曾等；通讯研究员有吴宪、侯德榜、曾昭抡、萨本铁、孙学悟、黄子卿、庄长恭（当时任台湾大学校长）、李约瑟（J. Needhan，英国生物化学家、化工史家）、张克忠、卢嘉锡等。

1948 年，中央研究院评议会第二届第五次会议在全国选出 81 名院士，为终身名誉职称。他们都是当时各学科之翘楚，顶尖的科学家。化学界的侯德榜、曾昭抡、庄长恭、吴学周、吴宪当选为院士。

四、中华工业化学研究所（1929 年创办）

1929 年，吴蕴初在上海创设中华工业化学研究所，聘潘履洁为所长。

该所成立后的研究中心有三个：防腐蚀研究、芳香油研究和饮料食品研究。抗日战争爆发后辗转汉口，1938 年 4 月在四川、重庆建新所。工作条件虽然艰苦，但研究工作仍能因陋就简，除代工商各界进行各种分析工作外，还将研究成果无条件贡献社会，如由五倍子提取鞣酸、建立工厂等。

吴蕴初有感于抗战建国责任重大，于 1942 年又投资 30 多万元新建所址，增聘研究员，扩大工作，以应社会发展之需求。

五、私立中国西部科学院理化研究所（1930 年创办）

该研究所由实业家卢作孚创办。卢作孚鉴于四川“兴称天府，幅员辽阔，特产丰富，惜尚未能予以开发利用”，于 1930 年 10 月在嘉陵江畔北碚建立中国西部科学院，卢作孚亲任院长。先后设理化、农林、生物、地质 4 个研究所。

理化研究所由李乐元任所长。以燃料研究为主，而尤重于煤加工利用中有关问题的解决。1932 年 11 月—1942 年 8 月，曾分析四川各地煤样 1826 种，辨明了四川各地煤矿的煤质情况，为工矿、冶炼选用煤提供了重要参考。

自 1936 年起，四川省政府建设厅按期拨款辅助。

六、实业部中央工业试验所（1930 年创办）

1928 年 10 月，工商部呈请国民政府设立中央工业试验所。1930 年 3 月工商部派技正张泽垚筹备工业试验所事宜。1930 年 12 月，工商部与农矿部合并为实业部，工商部中央工业试验所更名为实业部中央工业试验所。

试验所设化学、机械两试验处。化学试验处有工业实验室、工业分析室、有机实验室、酿造研究室、仪器药品室、暗室等机构。

1932 年 1 月，实业部派技正吴承洛任所长。为适应国防所需，赶制防毒面具，经十九路军和各界学术团体试验，一致认为“适合军队应用”。同时还进行了木炭瓦斯发生炉及酒精代替汽油等重要试验。

抗日战争爆发后，试验所转入西南地区，仍按军用民需，结合当地资源情况开展了发酵和油脂方面的工作，为支援抗战做出了应有贡献。

七、南开大学应用化学研究所（1932 年创办）

该所是我国高等院校第一个建立的应用化学研究机构，创办于 1932 年。其目标有二：一为发展化学工业，二为训练化工人才。首任所长是张克忠，研究人员有邱崇彦、杨绍曾、张洪沅、赵镛声、张德惠、潘尚贞、卢焕章、高长庚、伉铁儁等。该所提倡学用结合，为化工企业解决了大量技术难题。如 1933 年天津利中公司拟请外商包建一座年产 3 万吨的硫酸厂，费用高达 25 万元。后来该所承担了此项目，只收取了 13 万元，不到一年就建成投产。该所还设计了思勤油厂，可日轧棉籽 5 万斤。

抗日战争爆发后，南开大学校舍、实验室遭到严重破坏。研究所职工奋力将所内资产内迁重庆，在南渝中学内继续坚持科学研究。抗战胜利后，1947 年重新组建了该所。1952 年南开大学化工系在全国院校调整时并入天津大学，该所宣告结束。

八、延安自然科学院（1940 年创办）

延安自然科学院是 1940 年中国共产党领导的边区政府在延安创办的，它既是一所大学，又是科研、生产机构；既培养从事科技研究和管理人才，又研究、试制抗日前线和边区亟需的物资。李富春、徐特立和李强先后任院长。该院 1941 年分为物理、化学、地矿和生物四个系，李苏任化学系主任。该院建有边区唯一的科学馆。馆内的化学实验室可做分析化学实验。馆内玻璃仪器是从香港等地分批购进的。1942 年化学系改为化工系，仍由李苏任系主任。其教学、科研皆偏重于化工。例如，林华等曾进行过耐火材料、煤焦油化学、工业耐酸陶瓷的研究，并曾因地制宜以白土代替工业碱试制了针剂用玻璃器皿。1944 年，李苏曾研制出黄色炸药 TNT，由兵工厂生产。

该院 1945 年迁离延安，到张家口与当地一个工业学校合并为晋察冀边区工业专门学校。1948 年底又迁到河北井径与晋冀鲁豫解放区创办的北方工业大学工学院合并，改名为华北大学工学院。1949 年迁入北京。1950 年冬，中法大学的数理化三个系和校部并入华北工业大学工学院。1951 年底更名为北京工业学院。1988 年 4 月更名为北京理工大学。

九、北平工业试验所（1945 年创办）

该所原是 1945 年筹建的国民政府经济部中央工业试验所北平分部。抗日战争胜利后，国民政府在北平接收了敌产北支开发株式会社理化研究所、三美组化学所、大信造纸厂等；在天津又接收了大川理化研究所及其清凉饮料厂、若素（一种健胃药）酿造研究所及其制药厂、兴和机械制作所，皆由北平分部领导，因此该分部分北平与天津两个支部。北平支部在留题胡同开辟了 6 个实验室，在东郊建立了实验示范纸厂。1947 年扩充试验所机构以适应各地区工业建设之需，改为北平工业试验所，1948年1月正式成立，所长是顾毓珍，后由杜晏春接任。该所的研究内容是工业原料的开发、分析、利用以及工业技术的研究和工业检验标准法的制订，与应用化学的研究关系密切。

十、日建“满铁中央试验所”（1907年日本人在大连创办）

1905年日俄战争之后，日本取代了沙俄在我国东北的支配地位。日本为掠夺我国东北地区的丰富资源，于1907年在大连设立了由日本人主持的规模宏大的满铁中央试验所，对东北资源作全面调查和开发掠夺的研究。该所在1910年共设立分析化学、应用化学、制丝、染织、窑业、酿造、卫生、电气化学、庶务等9个部门。化学部有7个实验馆，共114个实验室。所内广泛收藏各国出版的理化杂志和一般科学书刊。

1945年8月15日日本投降后，满铁中央试验所由中长铁路局接管。接管工作主要集中在仪器、设备的保存及文献资料的整理方面，并逐步遣返日籍人员。与此同时，还开展了诸如六六六、浮选用黄原酸盐、非那西汀、细菌过滤、四氯化碳、烟碱提取、柠檬酸制造等项研究。

第二节　中华人民共和国成立后

一、中国科学院

1949年9月，在全国政协会议上正式提出了中华人民共和国要建立中国科学院，并指定中共中央宣传部部长陆定一负责筹建工作。承担具体工作的是化学家恽子强和心理学家丁瓒。1949年10月19日，中央人民政府委员会任命郭沫若为中国科学院院长，陈伯达、地质学家李四光、社会学家陶孟和气象学家竺可桢为副院长。

1949年11月1日，中国科学院正式成立，归中央人民政府政务院领导。它标志着中国科学事业开始进入一个新的历史时期。

中国科学院是在接收中央研究院和北平研究院的基础上诞生的。当时虽然人数不多，但却集中了中国科学界的精英。中国科学院承担的主要任务是研究基础的科学理论和国家建设中的关键性、综合性的科学技术问题。

1955年6月1日至10日在北京举行学部成立大会，成立了中国科学院数学物理学化学部、生物学地学部、技术科学部和哲学社会科学部，最后经国务院批准聘请了233位优秀科学家担任学部委员，其中自然科学方面的学部委员172名，我国著名物理化学家傅鹰、黄子卿、李方训，有机化学家黄鸣龙，石油化工专家侯祥麟等名列其中。中国科学院学部委员会第二次全体会议于1957年5月23日至30日在北京举行。增聘了21名学部委员，其中自然科学方面的18名，化学部有蔡馏生、赵宗濂。中科院学部委员会第三次会议于 1960 年 4 月在上海举行。1967 年 1 月，中科院学部被迫停止活动。1979 年春，恢复和重建学部。学部改聘任制为选举制，选举增补 283 名委员，闵恩泽等名列其中。1981 年 5 月，举行了第四次学部委员大会。1984 年初召开了第五次学部委员大会。到 1990 年，中国科学院有学部委员 316 人，分属于数学物理学部、化学部、生物学部、地学部、技术科学部。1993 年 10 月，经国务院批准，中国科学院学部委员改称中国科学院院士。中国科学院现分数学物理部、化学部、生命科学和医学部、地学部、信息技术科学部、技术科学部共 6 大学部。

1977 年 5 月，在中国科学院哲学社会科学部的基础上，中国社会科学院在北京正式成立。

在侯祥麟等 6 位中国科学院学部委员倡议下，1994 年 6 月 3 日成立中国工程院。中国工程院现分机械与运载工程学部，信息与电子工程学部，化工、冶金与材料工程学部，能源与矿业工程学部，土木、水利与建筑工程学部，环境与轻纺工程学部，农业学部，医药卫生学部，工程管理学部共 9 大工程学部。

二、中国科学院大连化学物理研究所

该所创建于 1949 年 3 月，原名为大连大学科学研究所。1950 年更名为东北科学研究所大连分所。1952 年改属中国科学院，改名为中国科学院工业化学研究所。1954 年又名为中国科学院石油研究所。1962 年正式命名为中国科学院大连化学物理研究所，简称大连化物所。

该所是一个基础研究与应用研究并重、有较强开发能力的、以承担国家和企业重大项目为主的化学化工科研基地型研究所。在催化化学、工程化学、化学激光和分子反应动力学以及近代分析化学和生物技术等学科领域屡有建树。

自建所以来，造就了若干享誉国内外的科学家及一大批高素质研究和技术人才，先后有 20 位科学家当选为中国科学院和中国工程院院士，4 位当选为发展中国家科学院院士，1 位当选为欧洲人文和自然科学院院士。截至 2020 年底，在所工作两院院士 14 人，国家万人计划入选者 25 人，创新人才推进计划入选者 24 人，国家杰出青年基金获得者 29 人。

2011 年以来，大连化物所取得各类科研成果 280 余项，以第一完成单位获得省部级以上奖励 70 余项，其中获得国家奖励 8 项，中科院、省部级一等奖 15 项。2013 年，张存浩院士获得国家最高科学技术奖；2014 年，“甲醇制取低碳烯烃（DMTO）技术”获得国家技术发明一等奖。

该所主持出版英文学术期刊 *Chinese Journal of Catalysis*（《催化学报》）、*Journal of Energy Chemistry*（《能源化学》）以及国内色谱领域核心期刊《色谱》。

三、中国科学院长春应用化学研究所

1948 年长春解放后，在伪满大陆科学院的基础上建立了东北工业研究所，隶属于东北行政委员会工业部，1949 年更名为东北科学研究所。1952 年 12 月与上海中国科学院物理化学研究所合并，正式组成中国科学院长春应用化学研究所。

该所现已发展成为集基础研究、应用研究和高技术创新研究及产业化于一体的综合性化学研究所，成为我国化学界的重要力量和创新基地。

建所以来，共取得科技成果 1200 多项，其中包括镍系顺丁橡胶、火箭固体推进剂、稀土萃取分离、高分子热缩材料等重大科技成果 450 多项，创造了百余项“中国第一”；建成了 3 个国家重点实验室、2 个国家级分析测试中心、2 个中国科学院重点实验室和 1 个中国科学院工程化研发平台；有 32 位在本所工作和学习过的优秀科学家当选为中国科学院院士、中国工程院院士和发展中国家科学院院士，被誉为“中国应用化学的摇篮”。

依托中国化学会，承担《分析化学》《应用化学》和《化学通讯》3 个科技期刊的编辑出版工作。

四、中国科学院兰州化学物理研究所

中国科学院兰州化学物理研究所（简称兰州化物所）始建于 1958 年，由原中国科学院石油研究所催化化学、分析化学、润滑材料三个研究室迁至兰州而成立，1962 年 6 月启用现名。

该所主要开展资源与能源、新材料、生态与健康等领域的基础研究、应用研究和战略高技术研究工作。

建所以来，获得科技奖励 240 余项，其中国家级奖励 41 项（含第一完成单位获国家科技进步特等奖 1 项）、省部级一等奖 35 项、摩擦学领域国际最高奖 1 项。

60 多年来，主持完成的“顺丁橡胶工业生产新技术”研究项目，打破了国外的技术封锁和垄断，形成了我国独立自主的工业化技术，先后在国内建立了多套工业生产装置，荣获国家科技进步特等奖和国家自然科学二等奖；发明了可用于降低卷烟烟气中一氧化碳释放量的催化剂，在国际上首次研制出了适合烟草工业应用的含纳米贵金属活性组分的催化材料、助剂和二元催化材料复合滤棒，获国家科技进步奖二等奖；开发的 DH-2 型除氢催化剂是国内首创的二氧化碳原料气除氢催化剂，综合性能达到且部分指标超过国外同类产品，用于我国大中型化肥厂二氧化碳原料气中氢的脱除，取得了显著的社会效益和经济效益，获得国家科技进步三等奖。广泛应用于航天、航空和国家战略高技术领域的固体润滑材料及特种润滑油和润滑脂等研究工作，解决了我国战略高技术发展的重大技术难题，填补了国内空白，绝大多数材料性能达到了国际同类材料的先进水平，先后获得国家自然科学、技术发明及科技进步奖，其中在航天领域的研究工作还作为参与单位合作获得国家科技进步特等奖。

五、中国科学院微生物研究所

中国科学院微生物研究所于 1958 年 12 月 3 日由中国科学院应用真菌研究所和北京微生物研究室合并成立。现已发展成为我国微生物学研究领域中学科齐全、水平最高的国家级研究机构。

以微生物所第一任所长戴芳澜院士以及邓叔群院士、阎逊初院士为代表的老一辈科学家，是我国真菌学、放线菌分类学的创始人和奠基人，他们的研究成果和经典著作至今仍在微生物学界具有很高的权威性；以方心芳院士为代表的老一辈工业微生物学家为我国微生物发酵产业做出了奠基性贡献。

研究所拥有微生物资源前期开发国家重点实验室、植物基因组学国家重点实验室（与中国科学院遗传与发育生物学研究所共建）、真菌学国家重点实验室、中国科学院微生物生理与代谢工程重点实验室和中国科学院病原微生物与免疫学重点实验室。拥有亚洲最大的具有 54 万号标本的菌物标本馆和一个国内最大的具有 7 万多株菌种的中国普通微生物菌种保藏管理中心，是世界知识产权组织批准的布达佩斯条约国际保藏单位。同时还有一个藏书 5 万余册的专业性图书馆。研究所共获省部级以上科技奖 173 项，其中国家奖 28 项。申请专利 228 项，授权 123 项。在微生物研究所挂靠的单位有中国微生物学会、中国菌物学会、中国生物工程学会。微生物所和上述有关学会编辑出版的学术刊物有《微生物学报》《微生物学通报》《菌物学报》及《生物工程学报》等。

六、中国科学院山西煤炭化学研究所

中国科学院山西煤炭化学研究所（简称山西煤化所）的前身是中国科学院煤炭研究室，于 1954 年在大连的中国科学院石油研究所（即现在的中国科学院大连化学物理研究所）挂牌成立。1961 年，煤炭研究室扩建为中国科学院煤炭化学研究所并开始向太原搬迁。1978 年 9 月改名为中国科学院山西煤炭化学研究所。

建所以来，山西煤化所以满足国家能源战略安全、社会经济可持续发展以及国防安全的战略性重大科技需求为使命，以协调解决煤炭利用效率与生态环境问题和重点突破制约国家战略性新兴产业发展的材料瓶颈为目标，围绕煤炭清洁高效利用和新型炭材料制备与应用开展定向基础研究、关键核心技术和重大系统集成创新，逐渐由一个只有 64 人的实验室，发展壮大为从基础研究到工艺过程开发直至产业化的体系较为完备且在国内外相关领域具有重要影响力的现代化研究所。

山西煤化所主办有《燃料化学学报》和《新型炭材料》等学术刊物，均被《中文核心期刊要目总览》收录。其中，《燃料化学学报》被美国工程信息公司数据库（EI

COMPENDEX）等收录并与 Elsevier 出版集团合作 ScienceDirect 在线出版英文网络版（*Journal of Fuel Chemistry and Technology*）；《新型炭材料》被美国科学引文索引扩大版数据库（SCI-E）、美国工程信息公司数据库等收录并与 Elsevier 出版集团合作 ScienceDirect 在线出版英文网络版（*New Carbon Materials*）。

山西煤化所在各个历史时期为国家洁净能源与先进材料技术研发与产业化以及国家经济建设和科学技术发展做出了突出贡献，到“十三五”末，共计获得全国科学大会奖、国家发明奖、国家科技进步奖、中国科学院科技成果奖、发明奖、自然科学奖、杰出成就奖以及省部级成果奖 232 项，国家授权专利 525 项。

七、中国石化石油化工科学研究院

中国石化石油化工科学研究院原名石油工业部石油科学研究院，创建于 1956 年。1960 年、1965 年、1969 年和 1970 年分别调出科研人员到兰州、锦西、荆门和四川成立专门研究所。1978 年石油部和化工部分设时，更名为石油化工科学研究院，简称石科院。

石科院以石油炼制技术的开发和应用为主，注重油化结合，兼顾相关石油化工技术的研发。20 世纪 50 年代，在短时间内成功研制出喷气战斗机专用航空燃料生产技术和常规武器，原子弹、导弹等尖端武器所需的特种润滑剂。20 世纪 60 年代，参与开发的流化催化裂化、催化重整、延迟焦化、尿素脱蜡、新型催化剂和添加剂，被誉为中国炼油史上的“五朵金花”；20 世纪 70 年代，开发出提升管催化裂化工艺、分子筛催化裂化催化剂、半再生催化重整工艺和双金属重整催化剂；20 世纪 80 年代，开发了重油催化裂化催化剂、USY 分子筛和 REHY 分子筛、RN-1 加氢精制催化剂、铂铼重整催化剂系列、SKI 二甲苯异构化催化剂、全大庆常压渣油催化裂化工艺技术、针状焦生产技术、高功率坦克发动机油等；20 世纪 90 年代，开发了催化裂化家族技术，其中：DCC 技术获得 1995 年度唯一的一项国家技术发明一等奖，并实现了我国炼油技术的出口；开发了新型 ZRP 分子筛、重油加工组合工艺技术、中压加氢改质技术、中压加氢裂化技术、低压组合床重整技术、新型溶剂芳烃抽提技术，以及用于神舟系列载人宇宙飞船、导弹、卫星、舰艇和水陆装甲车等的特种润滑油、脂等。

石科院有炼油工艺与催化剂国家工程研究中心、石油化工催化材料与反应工程国家重点实验室、国家能源石油炼制技术研发中心、工业产品质量控制和技术评价实验室、中国石化润滑油评定中心、中国石化水处理技术服务中心、中国石化生物液体燃料重点实验室、中国石化重（劣）质油及非常规油气资源炼制技术重点实验室、中国石化分子炼油重点实验室、中国石化芳烃技术重点实验室等机构。石科院是全国石油产品标准化归口单位，是国家石油产品质量监督检验中心、中国石油学会石油炼制分会的挂靠单位，是《石油学报》《石油炼制与化工》和 *China Petroleum*

Processing and Petrochemical Technology 三个科技期刊的编辑、出版单位。

八、中国纺织科学研究院

中国纺织科学研究院始建于1956年，为我国纺织行业最大的综合性科研院所，是“国家合成纤维工程技术研究中心”“纤维基复合材料国家工程中心”“生物源纤维制造技术国家重点实验室”的依托单位；是科技部试点联盟“化纤产业技术创新战略联盟”的牵头单位之一；是“绍兴纺织产业创新公共服务平台”“纺织标准检测公共服务平台”等纺织技术服务平台的承担单位；拥有纺织行业生产力促进中心、纺织工业标准化研究所、国家纺织制品质量监督检验中心、国家纺织计量站等行业重要公共服务资源。

【辅文】

系年要录

（1746—2001年）

中华人民共和国成立前

▲1746年　英国J.罗巴克在伯明翰建成第一个铅室法硫酸厂，代替了1740年J.沃德建成的用玻璃器皿生产硫酸的装置。

▲1791年　法国N.吕布兰发明制碱法获得专利，在巴黎近郊建成第一个吕布兰法碱厂。

▲1865年　比利时E.索尔维在库耶建成第一个索尔维法（氨碱法）纯碱厂投产。

▲1867年（同治六年）　徐寿到江南制造局工作。在上海龙华路购地建住宅。住宅一楼有“化验间”和“小车间”。这是我国首建的有关化学、化工的家庭实验室。

▲1874年（同治六年）　徐寿、徐建寅在江南制造局建成我国第一座铅室法制硫酸的工厂。

▲1875年　德国E.雅各布在克罗伊茨纳赫建成第一个工业催化剂（铂催化剂）生产装置，用接触法生产发烟硫酸。

▲1878年　中国台湾成立矿油局，开发苗栗油田。

▲1889年（光绪十五年）　徐华封在上海创办广艺公司生产祥茂肥皂、广艺矿烛、白兰氏矿烛及副产蜜水（甘油），第一次向外商的洋皂、洋烛发起了挑战。

▲1890年　德国在格里斯海姆建成第一座隔膜电解制取氯和烧碱的工厂。

▲1894年　中国汉阳铁厂1号高炉投产，日产铁100吨。

▲1897年　英国和美国分别建成制烧碱的氯碱工厂并投入工业化生产，采用的是1892年美国H.Y.卡斯特纳和奥地利C.克尔纳同时发明的水银电解法。

▲1913 年（民国二年） 农商部成立“地质研究所”。1916 年改建成“地质调查所”，做了大量研究分析化学的工作。

▲1915 年（民国四年） 农商部总长周自齐在北京创办工业试验所，首任所长是吴匡时。该所主要从事分析化学、应用化学和窑业三部分试验。这是我国最早的工业化学研究机构。

▲1921 年（民国十年） 翁文灏、谢家荣开始调查玉门石油河一带油矿情况。1930 年张人鉴提出关于玉门油矿的地质报告。

▲1922 年（民国十一年） 范旭东在塘沽创办黄海化学工业研究社，聘请美国哈佛大学博士孙学悟（1915 年毕业）为社长，张子丰为副社长。这是我国最早成立的私人化工研究机构。

▲1924 年（民国十三年） 韩祖康在上海自己家中建立了一个实验室，先后做出许多分析测试方面的成果，发表了十多篇得到国际公认的论文。

▲1928 年（民国十七年）6 月 中央研究院在南京成立。蔡元培任院长，下设物理、化学、动植物、工程、心理、社会及历史语言等 7 个研究所。

▲1928 年（民国十七年）冬 中央研究院化学研究所在上海成立。首任所长王琎。内设无机及理论化学、分析化学、有机及生物化学、应用化学 4 组。早期以中草药及有机化合物为研究重点。这是我国第一个研究化学和化学工程的机构。

▲1928 年（民国十七年） 中央研究院工程（工学）研究所在上海成立。

▲1930 年（民国十九年）沁园燃料研究室成立。该室对我国燃料研究贡献颇丰。

▲1930 年（民国十九年） 北平研究院化学研究所成立。首任所长刘为涛。该所主要进行无机化学、理论化学和应用化学方面的研究。

▲1930 年（民国十九年） 由实业家卢作孚创办的中国西部科学院在重庆北碚成立。内设理化研究所，王以章作所长。该所主要是进行四川及西部各省燃料、矿产分析及工业原料的调查、试验等。

▲1931 年（民国二十年）7 月 实业部成立中央工业试验所，分化学工业和机械工业两部分。所长为徐善祥。

▲1931 年（民国二十年） 王琎和柳大纲对我国有悠久历史的宜兴陶瓷首次进行了考察和总结，发表了《宜兴陶瓷之初步观察》和《宜兴陶瓷之化学观》两篇论文。

▲1932 年（民国二十一年）7 月 北平研究院药物研究所成立，首任所长赵承嘏。该所主要进行中草药化学成分及药理作用的研究。

▲1932 年（民国二十一年） 南开大学成立应用化学研究所，张克忠任所长。

▲1933 年（民国二十二年） 徐名材在上海交通大学创设油漆研究所。

▲1935 年（民国二十四年）9 月 12 日 北京大学理学院院长，著名化学家、化工专家刘树杞逝世。10 月 6 日，为纪念刘树杞在化学、化工方面的卓越贡献，中国化学工程学会通过决议，设立“楚青纪念奖金”。

▲1937 年（民国二十六年）8 月　上海复旦大学的韩祖康、林继庸教授和南京工业试验所的吴承洛等，积极研制防毒面具等军用物资，组织国防化学演讲，支援抗日战争。

▲1941 年（民国三十年）3 月 15 日　永利化学工业公司将侯德榜研究成功的新法制碱命名为“侯氏制碱法”（Hou’s Process）。“侯氏制碱法”的成功，为中华民族在国际学术界争得了荣誉，并为世界制碱工业开创了新的里程碑。

▲1943 年（民国三十二年）　侯德榜荣获英国化工学会名誉会员称号。此时英国化工学会在全世界的名誉会员仅有 12 名。

▲1943 年（民国三十二年）　中国化学会在四川五通桥举行第十一届年会。“侯氏制碱法”在会上与学术界见面。代表们到试验现场进行了参观。会议特致函在美国的侯德榜先生对他所取得的成就表示祝贺。

▲1944 年（民国三十三年）　重庆药械制造实验厂首次合成滴滴涕，并于 1946 年有小批量生产。

▲1947 年（民国三十六年）　英国化学会补行成立一百周年庆祝大会及学术演讲活动。中国化学会派李方训、朱汝华两位前往参加，并同时参加了国际纯粹与应用化学联合会的学术会议。

▲1948 年（民国三十七年）　李方训应邀赴美讲学。美国西北大学特授予他荣誉科学博士学位，并赠给他象征已打开智慧之门的金钥匙。

▲1948 年（民国三十七年）　永利化学工业公司为纪念范旭东设立范旭东纪念奖章及奖金，奖励在化学方面对理论研究和应用研究有突出贡献之人士。侯德榜为首届获奖人。

▲1949 年（民国三十八年）1 月　“侯氏制碱法”获准国民政府专利 10 年[文号：京工（38）字第 1056 号文]。

中华人民共和国成立后

▲1949 年 11 月 1 日　中国科学院成立。

▲1949 年 11 月　侯德榜博士应重工业部邀请到大连化学厂参观，并研究恢复生产问题。他向主管该厂的建新公司建议成立联合制碱车间，着手联合制碱的试验。1953 年 10 月 1 日，在大连化学厂建成日产纯碱、氯化铵各 10 吨的中试装置，开始全流程循环试验。不久，有人提出“苏联不搞联合制碱，氯化铵不能用作肥料”的意见，全流程循环试车中断。1957 年 5 月，在化工部部长彭涛支持下，试验继续进行，1958 年完成中试任务。

▲1950 年 11 月 3 日　北京组建的北京新华化学试剂研究所成立。该所先后从上海一心、利培化学厂调入一批技术人员，从北京并入中华企业公司一厂，后改名为北京化学试剂研究所。1956 年又相继并入一批中小化工厂，后改名为北京市化学试

剂厂（今北京化工厂、化学试剂总厂），是我国最大的化学试剂厂之一。

▲1951 年　南京永利宁厂工程师余祖熙，研制成功接触法硫酸用钒催化剂，生产出第一批 S101 型钒催化剂。该项成果获 1963 年国家新产品奖。

▲1952 年 9 月　黄海化学工业社并入重工业部综合试验所。

▲1953 年 7 月　北京化工研究所、浙江省化工试验所和原东北化工局研究室合并，成立中央化工局沈阳化工综合研究所。

▲1953 年 12 月　山东新华制药厂研制成功我国第一台搪玻璃罐，为解决设备腐蚀问题创造了重要条件。

▲1954 年　重工业部化工局工程师羡书锦等提出提高电解槽电流密度，增加烧碱产量方案。经与工厂职工共同攻关，缩小阴极和阳极间的间距，由原来 25 毫米缩小到 12 毫米，电解槽电流密度可由 6 安培/厘米 ^{2} 提高到 9 安培/厘米 ^{2}，在特定条件下可达 15 安培/厘米 ^{2}，相应提高电解能力 40%～80%。

▲1955 年 10 月　沈阳化工综合研究所研究成功的有机玻璃聚甲基丙烯酸甲酯，在锦西化工厂建成年产 230 吨生产装置，生产出我国第一批有机玻璃。

▲1955 年 11 月　天津制药厂研究成功人工合成牛黄，该项成果获 1978 年全国科学大会奖。

▲1955 年　永利宁厂研制成功 C_4 型中温变换催化剂。1956 年经改进成为 C_4-2，即 B104 型，1965 年获国家科委科技成果奖。

▲1956 年 3 月　重工业部颁发 1955 年重大技术成就奖 23 项，其中化工系统 6 项：①合成氨新触媒还原方法；②试制成功大型空气分离设备、深冷氢气分离设备和重型 2400 马力压缩机；③提高六六六丙体含量；④硫酸钒触媒和合成氨铁触媒制造；⑤试制成功聚氯乙烯、有机玻璃、中定剂、醋酐等产品；⑥将整流设备并车，提高烧碱电流密度。分别给予大连化学厂、永利宁厂、化工设计院、天津化工厂、化工局综合研究所、锦西化工厂的有功人员物质奖励。

▲1956 年 8 月　在国务院科学规划委员会统一组织下，编制了《1956—1967 年科学技术发展远景规划》

▲1956 年 7 月　锦西化工厂年产 50 吨有机玻璃中试装置建成投产。

▲1956 年 9 月　化工部将沈阳化工综合研究所调整改组。其中有机合成和合成材料部分迁北京，成立北京化工研究院；无机盐和油漆部分与沈阳药物研究所合并迁天津，并从天津油漆厂调入部分人员，成立天津化工研究院；化学矿选矿和化学肥料部分迁上海，并从上海天利淡气制品厂、上海制酸厂调入部分人员，成立上海化工研究院；余下染料、农药部分成立沈阳化工研究院。

▲1956 年 10 月 22 日　化工部决定成立上海抗生素研究所、上海合成药物研究所、上海生物化学药物研究所、上海药物制剂研究所。上述 4 所于 1957 年 2 月 12 日合并为上海医药工业研究所（今上海医药工业研究院）。

▲1956 年 12 月　中共中央、国务院批准《1956—1967 年科学技术发展远景规划纲要（修正草案）》。

▲1957 年 1 月 24 日　中国科学院颁发 1956 年度科学奖金（自然科学部分）。这是国家第一次颁发科学奖金。

▲1957 年 2 月 12 日　化工部决定将上海抗生素研究所、上海合成药物研究所、上海生物化学药物研究所、上海药物制剂研究所合并，成立化工部上海医药工业研究所。1961 年改为上海医药工业研究院。

▲1957 年 5 月 31 日　化工部成立化学工业技术委员会，侯德榜任主任。

▲1957 年 7 月　桦林橡胶厂研制成功海绵轮胎。

▲1957 年 9 月　上海鸿源化工厂试制出聚四氟乙烯样品。为此，《人民日报》于 1957 年 9 月 26 日以《塑料王》为题，转发了上海《解放日报》的报道。

▲1958 年 3 月　化工部副部长侯德榜率领谢为杰、黄鸿宁、姜圣阶、陈东等化工专家，在上海化工研究院进行碳酸氢铵生产工业性试验。1958 年 5 月 1 日，我国第一个年产 2000 吨合成氨、8000 吨碳铵的县级氮肥示范厂在该院投入试生产。

▲1958 年 10 月　化工部确定在北京成立化工机械研究所。

▲1959 年 3 月 4 日　化工部决定，以华北化工设计研究分院药物室为基础，从有关单位抽调部分人员和设备，组建北京医药工业研究院。同年 12 月 10 日，国家科委批准该院为全国性医药工业科学研究工作的中心机构。

▲1959 年 11 月　化工部召开全国化工科研设计会议，彭涛部长在会上提出，化学工业的主要任务是：支援农业；支援轻工，为轻工开辟第二原料来源；配合工业交通运输；为国防尖端技术发展做好准备。

▲1959 年 11 月　锦西化工设计研究分院（现锦西化工研究院）建成聚硫橡胶中试装置。

▲1960 年 1 月 5 日　南化公司双层合成塔试验获得成功，正式投入生产。该装置的研制成功，对加强发展我国合成氨工业有重大意义。

▲1960 年 3 月 29 日　化工部决定，成立北京化工研究院第五研究所。

▲1960 年 4 月 26 日　化工部决定，成立北京合成纤维研究所。

▲1960 年 10 月 25 日　化工部将西南、中南、华北化工设计研究分院改名为西南、中南化学工业设计研究院，天津化学工业研究院；西北、大连、吉林、锦西、华东化工设计研究分院改名为兰州、大连、吉林、锦西、南京化学工业公司设计研究院；沈阳橡胶工业公司研究设计院改名为沈阳橡胶工业公司研究院（今沈阳橡胶工业制品研究所）。

▲1960 年 11 月 8 日　陈云副总理视察上海化工研究院的年产 2000 吨和上海市的年产 800 吨合成氨的试验装置后指出，对小合成氨厂的设计、设备制造要严格认真，按规矩来办；设备制造要专业化；对安装、生产操作、设备制造等的经验教训，

要进行总结。

▲1960 年 12 月 12 日　橡胶工业研究设计院承担的援外设计项目——越南金星厂年产 10 万套轮胎建成投产。

▲1961 年 7 月 19 日　中共中央发出《关于自然科学工作中若干政策问题的批示》。同意《关于当前自然科学工作中若干政策问题的请示报告》和《关于自然科学研究机构当前工作的十四条意见（草案）》(即“科研十四条”)。

▲1961 年 11 月　上海树脂厂试制成功阴离子交换树脂，1961 年 12 月批量生产。

▲1962 年 8 月　在国家科委的统一组织下，化工部编制了《化学工业科研 1963—1972 年长远规划》。

▲1962 年 9 月　大连化学工业公司年产 16 万吨联合制碱装置投入试生产。该装置经两年多试生产，实现连续化生产，产品质量、技术经济指标均符合要求，1964 年 12 月 16 日通过国家技术鉴定。

▲1963 年 8 月　国务院批准化工部引进主要以天然气、轻油、重油为原料，制造合成氨、有机原料及合成材料等石油化工装置 16 项，以加速化学工业的发展。

▲1963 年 8 月　武汉建新化工厂年产 60 吨乳液法聚氯乙烯糊树脂中试装置开始生产。该项成果 1965 年形成 500 吨生产能力，1966 年获国家新产品二等奖。

▲1963 年 11 月 3 日　国务院发布《发明奖励条例》和《技术改进奖励条例》。

▲1963 年 12 月 2 日　中共中央、国务院原则批准了中央科学小组、国家科学技术委员会党组《关于 1963—1972 年科学技术发展规划的报告》《科学技术发展规划和科学技术事业规划》。

▲1964 年 1 月 1 日　经化工部、广东省人民委员会协商决定，将广州高分子材料老化试验研究所移交化工部直接管理。

▲1964 年 3 月 2 日　国家计委、国家科委批准，在大连化学工业公司成立低温工程研究所（今大连光明化工研究所）。

▲1964 年 5 月 20 日　上海合成橡胶研究所年产 30 吨聚四氟乙烯中试装置投料试车，生产出合格树脂。

▲1964 年 5 月　我国开发的碳化法合成氨制碳酸氢铵工艺流程，在江苏丹阳化肥厂建成生产装置，经过不断改进，各项技术经济指标均达到设计要求，获国家科委、国家计委、国家经委颁发的 1964 年工业新产品二等奖。

▲1964 年 9 月 1 日 化工部决定，化工机械研究所迁往兰州，并将兰州化学工业公司自动化研究室并入该所。

▲1964 年 12 月　化工部第一设计院院长兼总工程师陈冠荣与中国科学院大连化学物理研究所商议，将该所研究的氧化锌脱硫剂、低温变换催化剂和甲烷化催化剂，用于以煤为原料的合成氨净化流程设计方案。这一新工艺流程比衢化、吴泾、广氮占地面积减少一半，生产车间投资节约约 300 万元，吨氨成本降低 19 元。该项

目由化工部第一设计院副总工程师黄鸿宁主持，组织有关科研、生产、设计单位参加，在北京化工实验厂中试成果的基础上，应用于石家庄化肥厂三期扩建工程。该项成果获1978年全国科学大会奖。

▲1964年12月　国家科委在大连召开“联合制碱法”工业规模生产技术鉴定会，正式通过国家技术鉴定。

▲1965年1月　化工部为建设新型合成材料的科研基地——晨光化工研究院，开始从北京化工研究院和上海、天津、沈阳等地抽调人员。

▲1965年2月12日　化工部调整科研机构。西南化工设计研究院的研究部分迁往四川泸州，建立西南化工研究院；锦西、吉林、南京、兰州、太原、大连六个化学工业公司的设计研究院的研究部分，分别定名锦西、吉林、南京、兰州化工研究院，太原化工研究所、大连制碱工业研究所。

▲1965年2月20日—3月18日　化工部部长高扬在北京主持召开部属研究机构三级干部会议，研究加强科学实验工作的组织领导问题。会后，进一步加强了化工科研为经济建设和国防建设服务的工作，采取研究、设计和生产相结合，化工研科、生产单位同中国科学院、高等院校以及使用部门相结合的方式，开展重点项目攻关会战，开发成功一批重大技术项目。

▲1965年10月10日　国家科委向化工部侯德榜、谢为杰，江苏省化工厅陈东和化工设计院、丹阳化肥厂、上海化工研究院、北京化工实验厂，颁发“碳化法合成氨流程制碳酸氢铵”发明证书。

▲1965年　中国人工全合成结晶牛胰岛素。

▲1966年1月　兰化公司研究院年产500吨顺丁橡胶中试装置，生产出合格的顺丁橡胶。

▲1966年3月1日　化工部在北京召开全国化工科研工作会议，总结化工科研工作经验，讨论落实第三个五年计划期间化工科研工作计划。部长高扬肯定了实行“科研、设计、生产制造”和“科研单位、生产企业、高等院校”三结合攻关经验。

▲1966年9月　国家科委、石油部、化工部联合组织顺丁橡胶技术攻关会战，以锦州石油六厂为主要现场，开发成功以丁烯为原料制顺丁橡胶技术，年产1000吨装置建成投产。

▲1966年10月　石家庄化肥厂采用我国自己开发的氧化锌脱硫、低温变换和甲烷化净化原料气的流程，建成年产6万吨合成氨装置，投入生产。

▲1967年1月3日　化工部决定，将上海化工研究院氮肥研究的一部分迁往陕西临潼，成立西北氮肥试验站（后改为化工部西北化工研究院）。

▲1967年8月16日　化工部批准，在四川化工厂建立触媒研究机构。

▲1968年　北京有机化工厂与化工部化工机械研究所、化工部第九设计院合作，完成年产2万吨聚乙烯醇技术改造，通过部级鉴定。该项成果获1978年全国科学大

会奖。

▲1969 年 1 月 14 日　吉化公司研究院试制成功异戊橡胶。

▲1970 年 4 月　沈阳化工研究院开发的内吸性广谱杀菌剂“多菌灵”农药，在该院附属工厂投产。

▲1970 年 8 月 19 日　国务院批准燃化部的报告成立石油化工科学研究院，其职能是管理全国石油、炼油、天然气、化工、医药科技工作。

▲1971 年 3 月　上海农药厂从井冈山地区土壤中，发现并分离出对防治水稻纹枯病有良好效果的菌种，制成杀菌剂，定名井冈霉素。该项成果获 1978 年全国科学大会奖。

▲1972 年 7 月 23 日　周恩来对周培源来信作出批示，要求加强基础科学研究。

▲1973 年 9 月 11 日　吉林省地方工业研究所更名为吉林省石油化工设计研究院。

▲1974 年 6 月 3 日　燃化部在上海主持召开维生素 C 两步法发酵新工艺鉴定会。这项新工艺由北京制药厂、中国科学院微生物研究所、东北制药总厂、上海第二制药厂、上海医药工业研究院等单位共同完成，可以节约大量化工原料，减少易燃、易爆有害原料，对安全生产和保护环境有利。该项成果获 1980 年国家发明二等奖。1974 年 9 月，两步发酵法生产维生素 C 新工艺在上海第二制药厂建成年产 400 吨装置投产。

▲1975 年 4 月　四川鸿鹤化工总厂对纯碱生产进行技术改造，由氨碱法改为联碱法，年产纯碱 10 万吨，配套建设以天然气为原料的年产 4.65 万吨合成氨装置。该项目 1976 年 1 月交付生产。这是我国第一个以井盐为原料的联碱法。

▲1976 年 12 月　山东新华制药厂研究成功咖啡因加氢还原工艺，用于生产。

▲1977 年 5 月 17 日　中共中央办公厅发出通知，经中共中央批准，“中国科学院哲学社会科学部”改名为“中国社会科学院”。

▲1977 年 6 月　北京合成纤维实验厂建成聚四氟乙烯纤维扩大试验装置。

▲1977 年 8 月 4 日—8 日　中共中央召开科学和教育座谈会。邓小平在会上指出，建国后的 17 年，科研战线、教育战线的主导方面是红线。我国知识分子的绝大多数是为社会主义服务的劳动者。

▲1977 年 10 月 25 日　石化部决定，黎明化工研究所由青海省迁往河南省洛阳市。1978 年 8 月 10 日，该所定名为黎明化工研究院。

▲1978 年 3 月 18 日—31 日　全国科学大会在北京召开。大会制定了《1978—1985 年全国科学技术发展规划纲要（草案）》，号召向科学技术现代化进军。

▲1978 年 8 月 27 日　国务院批准国家科委、化工部《关于调整部分化工重点科研单位管理体制的报告》。上述两批调整管理体制的单位，由化工部直接管理，分别恢复或改名为：化学工业部北京化工研究院、北京橡胶工业研究设计院、沈阳化工研究院、沈阳橡胶工业制品研究所、合成材料老化研究所、西南化工研究院、乳

胶工业研究所、炭黑工业研究所、抗菌素研究所、化工机械研究院、涂料工业研究所、光明化工研究所、晨光化工研究院、上海化工研究院、上海医药工业研究院、天津化工研究院、西北橡胶工业制品研究所、化肥工业研究所、黎明化工研究院。

▲1978 年 9 月 4 日　经化工部、江苏省革委会协调同意，南京动力学校改由化工部直接管理。

▲1978 年 9 月 20 日　化工部批准，在北京化工研究院环境保护研究室的基础上，成立北京化工研究院环境保护研究所。

▲1979 年 1 月 4 日　中共中央转发国家科委和中国科学院《1978—1985 年全国基础科学发展规划纲要》。

▲1979 年 3 月 16 日　国务院批准，建立化工部化工劳动保护研究所。该所以青岛市化工局职业病防治研究所为基础，承担全国化工劳动保护的研究任务。

▲1979 年 4 月 5 日—28 日　中共中央召开工作会议，主要讨论经济问题。会议针对国民经济比例失调的严重情况，提出了“调整、改革、整顿、提高”的方针（简称“新八字方针”），决定用三年时间，认真搞好调整，同时进行改革、整顿、提高的工作。

▲1979 年 4 月 7 日　化工部决定，在石家庄建立化工施工技术研究所，承担化工施工技术研究任务。

▲1979 年 11 月　化工部召开化工科研工作会议，讨论三年调整期间化工科研工作的奋斗目标、主要任务，以及 1980—1981 年化工重点科技发展计划草案。

▲1980 年 1 月 8 日　化工部科技局颁发 1979 年重大科技成果 107 项，补报 19 项，并给予奖励。

▲1981 年 5 月 27 日　国防工业办公室公布 1978—1979 年国防工业技术改进项目奖名单，其中化工部获二等奖 5 个、三等奖 26 个、四等奖 36 个。

▲1982 年 3 月 13 日　化工部批准，郑州工学院、青岛化工学院、沈阳化工学院、武汉化工学院、上海化工研究院、北京化工研究院成立学位评定委员会。院校评委会负责授予学士学位的授予工作，科研单位负责研究生硕士学位的授予工作。

▲1982 年 5 月 20 日　中共中央批准，陶涛任化学工业部技术委员会主任。

▲1982 年 10 月 16 日　我国向预定海域发射运载火箭成功，达到了预期的目的。化学工业为运载火箭提供了燃料和其他化工配套原料，化工部收到了中共中央、国务院、中央军委的贺电。

▲1982 年 10 月 30 日　国家科委批准，大连制碱工业研究所由化工部直接管理，承担面向全国的制碱工业技术研究、天然碱开发和加工技术的研究。

▲1982 年 12 月 8 日　化工部在四川纳溪召开部直属科研院所长会议，总结开展整顿、改革试点工作经验，推行课题承包和有偿转让制，要求化工科技工作更好地为化

工生产建设服务。

▲1983 年 3 月 29 日　化工部批准，涂料工业研究所在江苏常州设立涂料技术服务中心。

▲1983 年 6 月 3 日　化工部决定，在成都建立化工部有机硅应用研究中心。

▲1983 年 9 月 20 日　国家科委批准，将锦西化工研究院改由化工部直接管理。

▲1983 年 10 月 19 日　南化公司研究院开发的“现有化工装置统计调优操作法”通过部级鉴定。该项成果先后获国务院电子振兴领导小组二等奖，国家经委技术开发贡献奖，化工部科技成果一等奖，江苏省科技成果一等奖。

▲1983 年 11 月　北京化工研究院研制成功的碳三馏分液相加氢催化剂，通过技术鉴定。

▲1984 年 6 月　北京燕山石化公司研究院开发的丁苯热塑性弹性体（SBS）技术，在岳阳化工总厂工业性试生产成功。

▲1984 年 9 月 1 日　化工部化工机械研究院团委书记任建新利用化工机械研究院成果，贷款 23 万元，带领 6 名共青团员在兰州办起全国第一个化学清洗公司，当年清洗各类设备 1000 余台件，收入 24 万元。

▲1984 年 12 月　化工部在杭州召开全国化工科技工作座谈会，研究在化工科研院（所）加快改革步伐，全面推行对外实行有偿合同制，对内实行课题承包制。

▲1985 年 6 月 1 日　国家计委、国家经委、国家科委、国防科工委在北京联合召开国防军工协作工作会议，要求承担军工协作配套的民用工业部门，研究水平更高、品种更多的新材料、新品种，保证完成配套任务。同时搞好军民结合，利用生产军工产品的工艺和设备，生产合适的民用产品。在会上表彰的国防军工协作配套工作中做出成绩的先进单位和先进个人，有化工系统 23 个单位、132 名个人。

▲1986 年 3 月 26 日　化工部批准，在化工部第二设计院成立化工部煤化工科技情报中心站。将化工设计情报协作组改名为化工部化工设计情报中心站。将全国化工院校情报协作组改名为全国化工院校情报中心站。

▲1986 年 6 月 5 日　在全国计算机应用展览会上，化工系统的计算机辅助化工生产操作优化法“统计法调优”“模拟法调优”等 70 项参展。

▲1987 年 2 月 18 日　化工部发出《关于加强化工企业技术开发工作的几点意见》。1987 年 4 月 2 日，化工部发布《关于推进化学工业技术进步的几点意见》。

▲1987 年 4 月 9 日　在第 15 届日内瓦国际发明和技术展览会上，晨光化工研究院孙韶渝等研制的室温固化耐高温高强韧性环氧结构胶黏剂获金奖。

▲1987 年 12 月 25 日　国务院重大技术装备领导小组召开表彰会，表彰 4 项重大技术装备项目，其中一项是化工部组织制造的年产 52 万吨二氧化碳气提法尿素装置。

▲1988 年 4 月 29 日　兰化公司引进的毫秒炉裂解装置取代原有的砂子炉裂解装置，建成投产，年产乙烯 8 万吨。

▲1988 年 10 月，化工部进行机构改革，成立科技司撤销科技局。确定自 1989 年 1 月起，化工部科技政府职能由新成立的部科技司负责。化工部科学技术研究总院的主要职责是负责组织及进行研究开发、技术推广及软科学研究，为促进化学工业的技术进步及决策科学化服务。归口管理 15 个具有法人地位的科研事业单位，即：北京化工研究院、北京橡胶工业研究设计院、沈阳化工研究院、天津化工研究院、上海化工研究院、西南化工研究院、锦西化工研究院、化肥工业研究所、涂料工业研究所、炭黑工业研究设计所、合成材料老化研究所、制碱工业研究所、标准化研究所、化肥工业技术开发中心、科技干部培训中心。

▲1989 年 11 月初　集国内化工系统和中国石化总公司系统科研和企业的力量，先后开发的年产 2 万吨和年产 4.5 万～5 万吨轻油裂解生产乙烯的裂解炉，分别在辽阳石油化纤公司和大庆石化总厂投入使用，经考核，运转良好。年产 2 万吨乙烯的裂解炉采用两段回收余热；年产 4.5 万～5 万吨的裂解炉，高 27 米，质量 300 多吨。

▲1990 年 1 月 10 日　辽阳石油化纤公司年产 2 万吨国产化新型乙烯裂解炉建成投产，通过国家验收。该装置由北京石化工程公司、北京化工研究院、化工机械研究院和辽阳石油化纤公司共同开发，设备国产化率达到 97%，是国家“七五”期间重大科技攻关项目的第一台，技术性能达到 20 世纪 80 年代国际先进水平，为乙烯装置国产化提供了条件。

▲1991 年 2 月 2 日　《人民日报》报道，天津化工研究院研制的氯酸盐电解新装置“外循环复极式金属电解槽反应器”，已由北京化工机械厂批量生产。

▲1991 年 3 月　国务院重大技术装备领导小组，对全国 244 个国产化成绩优异的重大技术装备项目进行表彰。化工系统共有 25 个项目获奖，其中特等奖 1 个，一等奖 2 个，二等奖 9 个，三等奖 8 个，共 21 个单位分获 27 块奖牌。

▲1991 年 5 月 17 日　《中国化工报》报道，我国第一家“国家重点化学工程联合实验室”通过国家验收，陆续向国际开放。该实验室投资 1000 多万元，由精馏、萃取、固定床反应工程、聚合反应 4 部分实验室组成，分别由天津大学、清华大学、华东化工学院、浙江大学承担。

▲1992 年 4 月 24 日　四川化工总厂“操作工模拟培训系统”通过部级鉴定。该系统为年产 20 万吨合成氨装置配套，在总体功能上已达到 20 世纪 80 年代国际先进水平。

▲1993 年 4 月 17 日　由中国化工信息中心牵头，组织青岛园林科学研究所、中国水稻科学研究所、浙江医科大学等单位的专家，经过 3 年试验研究，开发出高效新农药“抗铃净”，通过化工部技术鉴定。该产品已申请国家专利，在河北涿州华太精细化工厂组织批量生产。

▲1993 年 6 月　北京燕山石化公司研究院研制开发的年产 200 吨银催化剂工业生产

装置，在该公司建成。这项成果已在我国和美国获得专利。

▲1993 年 9 月 23 日　上海吴泾 30 万吨/年合成氨装置计算机控制及管理系统，通过技术鉴定。

▲1993 年 8 月 31 日　化工部将化肥工业研究所更名为化学工业部西北化工研究院。

▲1993 年 9 月 28 日　中国石化总公司组织燕山石化公司、燕化聚酯厂、上海石化总厂机修厂、吉化公司机械厂、合肥通用机械研究所研制的 LLM508-1951、LL500 型立式螺旋沉降离心机，在燕化聚酯厂试车成功。

▲1993 年 12 月 16 日　北京燕山石化公司研究院研制开发的乙烯氧化制环氧乙烷用 YS-6 银催化剂，通过中国石化总公司组织的技术鉴定。

▲1993 年　我国第一套万吨国产离子膜烧碱装置在河北沧州市化工厂建成投入试生产。1993 年 8 月 11 日—14 日，化工部组织专家考核认证，其主要工艺技术指标达到设计要求。1994 年 9 月 7 日通过鉴定验收。

▲1994 年 3 月 2 日　北京燕山石化公司研究院与南京树脂厂合作开发的 AMPS（2-丙烯酰胺-2-甲基丙磺酸）中试技术，通过省级技术鉴定。

▲1994 年 3 月　化工部直属科研单位沈阳化工研究院、化工机械研究院、沈阳橡胶制品研究所和化工部科技研究总院被外经贸部授予科技产品进出口权。

▲1994 年 6 月 3 日　中国工程院成立大会在北京举行。会议宣布了首批 96 名院士名单。其中有化工部第一胶片厂的邹竞，中国石油天然气总公司的侯祥麟，石油化工科学研究院的闵恩泽，中国石化总公司北京设计院的徐承恩。

▲1994 年 6 月　石油化工科学研究院与齐鲁石油化工公司催化剂厂、长岭炼油化工厂、天津炼油厂、齐鲁炼油厂合作开发的 RHZ-200、CC-14 重油催化裂化催化剂，通过中国石油化工总公司技术鉴定。

▲1994 年 7 月 30 日—8 月 4 日　北京燕山石化公司研究院研制生产的 YS-5 型高效银催化剂，在扬子石油化工公司引进的乙二醇装置上应用成功。

▲1994 年 9 月 6 日　化工部印发《化学工业部关于深化科技体制改革的意见》（简称《意见》）。《意见》提出，化工科技体制深化改革的目标是：建立与社会主义市场经济相协调，与化工发展相适应，符合科技发展规律，立足经济建设战场，生产、科研、设计、高校紧密结合，有利于科技成果商品化、产业化和国际化的化工科技新体制。

▲1994 年 9 月 14 日　北京燕山石化公司研究院年产 200 吨乙烯氧化制环氧乙烷催化剂生产装置技术改造项目，在北京通过技术鉴定。

▲1994 年 10 月 6 日　化工部印发《化学工业部“九五”科技进步规划》。

▲1994 年 10 月 6 日　化工部决定，将化学工业部技术委员会更名为化学工业部经济技术委员会，成思危任主任，王珉、王文善任副主任。

▲1995 年 7 月 7 日　中国工程院公布增选院士结果，共有 216 位杰出工程专家当选。

其中化工系统有北京化工研究院毛炳权、黎明化工研究院李俊贤、中国成达化学工程公司周光耀、南京化工学院唐明述。

▲1995年12月 经全国自然科学名词审定委员会批准公布的《化学工程名词》出版发行。该书由化工名词审定委员会审查，共收录化学工程基本词2164条。

▲1996年1月29日 国家科技奖励授奖大会在北京召开，795项成果获奖。其中国家自然科学奖57项，国家科技进步奖607项，国家发明奖131项，授奖者共4600余人。在国家科技进步奖项目中，水煤气加压气化及气体净化制合成氨新工艺，获一等奖。

▲1996年4月18日 烟台万华集团公司(原烟台合成革总厂)和青岛化工学院合作，使万华集团二苯甲烷二氰酸酯及MDI产量由1万吨提高到1.3万吨，同时开发出2万吨/年MDI装置技术，并掌握了4万～8万吨级的核心技术——光气化技术。

▲1996年5月23日 北京燕山石化公司合成橡胶厂采用燕化研究院开发的成套技术，建成年产1.5万吨溶聚丁苯橡胶装置，生产出合格产品。

▲1996年5月 北京燕山石化公司研究院与北京大学化学系合作研制的BY-2型裂解汽油二段加氢催化剂，通过中国石化总公司组织的工业开发和工业应用鉴定。

▲1996年6月27日 石油化工科学研究院建院四十周年，《中国石化报》刊登了中央政治局候补委员温家宝和国务委员宋健为该院的题词。温家宝的题词是："加强石油化工科学技术研究，为发展我国的炼油和石油化工做出新的更大的贡献。"宋健的题词是："提高技术创新能力，落实科学兴国战略。"

▲1996年8月20日 国务院总理视察河北中阿化肥公司，听取了厂领导的汇报。当汇报到中阿公司由中方承包前公司几乎解体的关键时刻，李鹏总理批示："三个发展中国家合资项目在国内不多，有什么困难还是尽可能帮助解决为好。"中阿公司从而得到各方面的支持，活起来了。李鹏说："你们现在的生产形势很好，我很高兴。"还说："多元化肥是方向，要大力发展。"

▲1996年6月 化工部化学矿山地质研究院教授级高工李扬鉴和他的合作者所著的《大陆层控构造导论》学术专著由地质出版社出版。

▲1996年9月17日 北京燕山石化公司合成橡胶厂年产1万吨丁苯热塑性弹性体（SBS）生产装置通过专家验收。该装置采用燕化研究院开发的SBS技术，由中国寰球化学工程公司设计。

▲1996年10月22日 化工部科技研究总院完成的氟聚氨酯硬质泡沫研制及应用技术，通过化工部技术鉴定。

▲1996年12月 北京化工研究院承担的国家"八五"科技攻关项目"短纤维增强热塑性复合材料研制开发"，开发成功连续碳纤维和短切碳纤维增强热塑性工程塑料等5种CFRPT材料，并形成年产100吨生产能力，通过化工部组织的技术鉴定。

▲1997年1月28日 化工部化工机械研究院、化工部自动化研究所合并为化工部机

械及自动化研究院。

▲1997 年 6 月　郑州工业大学开发的过氧碳酸钠合成新工艺、SP 型高分子量聚丙烯酸钠两项科研成果，通过河南省科委组织的技术鉴定。

▲1997 年 8 月 10 日　侯祥麟基金管理委员会成立。侯祥麟是中国石油天然气总公司和中国石化总公司的高级顾问、中国科学院和中国工程院院士。设立该基金的宗旨是为实施科教兴化战略，培养造就一批高层次、高质量、高水平的专门人才，鼓励我国科研院所和高等院校有关石油加工领域的研究生，使他们能够献身于祖国的科学事业，在学习和研究工作中创出优异成绩。

▲1997 年 11 月 18 日　经国家科委批审核，中央编制办公室批准，化工部天津化工研究院更名为化工部天津化工研究设计院。

▲1997 年 12 月 30 日　北京燕山石化公司研究院和合成橡胶厂等单位联合开发的年产 1.5 万吨溶聚丁苯成套工业生产技术，通过中国石化总公司组织的技术鉴定。

▲1998 年 3 月 4 日　化工部光明化工研究设计院承担的“超临界二氧化碳萃取工业装置的开发”，通过化工部科技司组织的技术鉴定。

▲1998 年 9 月 21 日　以沈阳化工研究院为依托组建的农药国家工程研究中心(沈阳）通过国家竣工验收。

▲1998 年 9 月 28 日　北京化工研究院进入中国石油化工集团公司签字仪式在石化集团公司举行。

▲1999 年 5 月 27 日　国务院决定，10 个国家局所属的 242 家科研机构，按国务院批准的方案完成转制工作。同年 7 月，化工科技总院整体进入中国昊华化工（集团）总公司，在国家工商局注册登记，名称由化工部科学技术研究总院更名为中化化工科学技术研究总院。原来管理的部分院所、中心分别进入其他企业集团或属地化管理。

▲1999 年 9 月 28 日　沈阳化工研究院举行建院 50 周年大会。全国人大常委会副委员长成思危发了贺电，国家石油和化学工业局发了贺信。李勇武局长为该院题词：“五十年硕果累累，新世纪再创辉煌。”

▲1999 年 9 月 13 日　北京橡胶工业研究设计院与山东成山橡胶集团承担的国家“九五”重点科技攻关项目“高速低滚动阻力子午线轮胎系列产品技术开发”的核心部分——55.50 系列轿车子午胎，全钢载重和轻型载重子午胎，以及高模量、低收缩聚酯帘线的开发与应用项目通过国家鉴定。

▲2000 年 9 月 20 日　由中石化信息系统管理部和中科院软件研究所等单位联合承担的“九五”国家重点科技攻关项目“石化应用软件典型示范工程及产品开发”通过鉴定。

第三篇 出版与情报工作

中国古代劳动人民创造的化工技术早就有了记载。近代社会，科技书籍和期刊成为广泛传播、交流知识的主要手段。中华人民共和国成立以后，为了适应经济建设和科学技术发展的需要，许多产业部门都成立了主要面向本行业的专业出版机构。与此同时，化工情报（信息）事业启程。步入新世纪，传统传媒方式向新型数字技术的迅速转变，正在急速地改变信息传播的途径。

第十章 中国古代化工出版

闪烁着智慧光芒的古代化工史，是我国劳动人民用汗水和心血浇灌成的艳花奇葩。他们中有不少像发明活字印刷术毕昇那样的黔黎布衣，可惜无人记下他们的功名。但在长期重文轻理的封建社会氛围中，还是有些有远见卓识的知识分子、官吏和炼丹方士，他们或因藐视功名或因科举落第或因官场失意，然后深入到劳动人民和生产实践中，经过反复认真实验、研究和探索，仔细观察，虚心求教，在不断总结前人经验和实践的基础上，呕心沥血，写成了一部部科技鸿篇巨著，其中也包括有关化学和化工的记载与论述，铸就了中国古代化工出版的辉煌篇章。

第一节 我国第一部手工艺技术汇编《考工记》

《考工记》是我国第一部手工艺技术汇编。作者不详。据清朝人考证，认为它是春秋末年齐国人关于手工业技术的记录。其中记述的“六齐”规律最引人瞩目。

我国进入青铜时代虽比西亚晚，但是后来居上，创造了举世闻名的青铜文化。在冶金方面，不但生产出许多庄重精美的青铜器，而且探索一般规律，进行了初步的理论总结。《考工记》中的“金有六齐”和“铸金之状”正是其生动体现。

《考工记》中记载：“金有六齐：六分其金而锡居一，谓之钟鼎之齐；五分其金而锡居一，谓之斧斤之齐；四分其金而锡居一，谓之戈戟之齐；三分其金而锡居一，谓之大刃之齐；五分其金而锡居二，谓之削杀矢之齐；金锡半，谓之鉴燧之齐。”这是商周以来积累的青铜合金中铜、锡（包括铅）配比知识的系统归纳。

已故科学史家钱宝琮先生曾指出：“研究吾国技术史，应该上抓《考工记》，下抓《天工开物》。”英国科学史家李约瑟博士在其皇皇巨著《中国科学技术史》中，视《考工记》为“研究中国古代技术史的最重要的文献”。

第二节 晋代葛洪的《抱朴子》

葛洪（284－364 年），中国晋代著名的炼丹家和医药学家。丹阳句容（今江苏省句容县）人。字稚川，自号抱朴子。葛洪少年时家道贫困，以砍柴所得买纸抄书，刻苦攻读诸子百家，杂学旁收，十年如一日。葛洪的从祖葛玄是一个方士，精于炼丹术，号称葛仙翁，他传授过一个弟子，叫郑隐。葛洪起初跟郑隐学炼丹，后来又拜鲍玄为师。葛洪做京官时听说交趾郡（今越南）出产仙丹的原料朱砂，请求到勾漏县当县令，以便就近采料炼丹。晋朝皇帝同意后，他带了一家人到南方去。到广州后，受到朋友劝阻，就留在附近罗浮山上修炼，过他的“丹鼎神仙”生活，直到老死。罗浮山现有他的炼丹遗址。

葛洪学识丰富，著作很多，大多散佚。《正统道藏》收入葛洪的著作有十几种，大部分是托名的。现存的足以代表他的学术思想的是：《抱朴子内篇》《抱朴子外篇》《肘后备急方》。葛洪收集了很多丹方秘籍，《抱朴子内篇》概略地介绍了这些内容，可说是集各家炼丹术的大成，在炼丹史上有重大影响。《抱朴子外篇》是儒家应世之术。《肘后备急方》中，详细记录了天花、伤寒、痢疾、结核病等传染病，还介绍了中药常山治疟疾、麻黄治哮喘、松节油治关节痛等单方，与现代应用大致相符，在医学史上有很高价值。

第三节　南朝陶弘景的《本草经集注》

陶弘景（456－536 年），中国南朝齐梁时期著名的医药学家和炼丹家，字通明，晚号华阳隐居，丹阳秣陵（今江苏南京）人。他的祖父善解药术，陶弘景的父亲也深解药术，对他都有影响。陶弘景少年时读葛洪《神仙传》后，便有养生之志，15 岁就倾慕隐逸生活。由于他读书很多，还不到 20 岁，就被齐高帝（萧道成，427—482 年）任为诸王侍读。37 岁辞朝归隐。后来梁武帝（萧衍，464－549 年）每有吉凶征讨大事，还向他咨询。

陶弘景在医药、炼丹、天文历算、地理、兵学、铸剑、经学、文学艺术、道教仪典等方面都有深入的研究，而对于药物学的贡献最大，这又和炼丹有关。他对当时的《神农本草经》加以整理校订，又补充了 365 种药物收在《名医别录》内，撰成《本草经集注》。

陶弘景对化学的贡献之一是记载硝酸钾的火焰分析法：“先时有人得一种物，其色理与朴硝大同小异，朏朏如握雪之冰。强烧之，紫青烟起，仍成灰，不停滞，如朴硝，云是真硝石也。”所谓“紫青烟起”是钾盐所特有的性质。陶弘景这一记载，是世界化学史上钾盐鉴定的最早记录。

陶弘景曾长期从事炼丹实验。梁武帝送给他黄金、朱砂、曾青、雄黄等原料，让他炼丹。他在炼丹过程中掌握了许多化学知识，例如：①他指出水银“能消化金、银成泥，人以镀物是也”。意为汞可与某些金属形成汞齐，汞齐可以镀物。②他指出胡粉是“化铅所作”，黄丹是“熬铅所作”。意为胡粉（碱式碳酸铅）和黄丹（四氧化三铅）不是天然产物，而是由铅制得。

第四节　北魏贾思勰的《齐民要术》

贾思勰，北魏时山东人，曾任高阳郡（今山东省淄博市临淄区）太守，北魏时期杰出的农业科学家。他在公元 533－544 年间编写的《齐民要术》，是我国现存最早、最完整、最全面的农业科学巨著，也是世界上最古老的农业科学专著之一。达尔文曾在《物种起源》中写道：“我看到一部中国古代的百科全书，清楚地记载着选择原理。”经过专家考证，这很可能就是《齐民要术》。“齐民”即平民，“要术”即谋生方法。全书共 10 卷，92 篇。第 7~9 卷主要讲述酿酒、制酱醋等方法，反映了我国古人对微生物的认识和利用，可以说是我国古代生物化工的较早记载。

第五节　唐代孙思邈的《千金要方》和《千金翼方》

孙思邈（581—682 年），唐医学家，京兆华原（今陕西耀州区）人。少时因病学医，对医学有较深研究，并博涉经史百家学术，兼通佛典。他总结了唐以前的临床经验和医学理论，收集方药、针灸等内容，著《千金要方》《千金翼方》。提倡医德，重视妇女、小儿疾病，创立脏病、腑病分类，具有新的系统性，对预防、养生、食疗、针灸、药物学以及临床各科疾病诊疗等有较大贡献。

《千金要方》，一名《备急千金要方》，共 30 卷，约成书于公元 652 年（唐高宗永徽三年）。其时，孙思邈已 72 岁高龄。孙思邈认为“人命至重，有贵千金”，故书名贯以“千金”二字。书首着重论述医德。书中广辑前代各家方书及民间验方，叙述妇、儿、内、外各科疾病的诊断、预防与主治方药、食物营养、针灸等。本书以脏腑、寒热、虚实分类，列证治 232 门，合方论 5300 余首。所列方剂，有一病而立数方，或一方而治数病，内容丰富，保存了唐以前的不少医学文献资料。

《千金翼方》，共 30 卷，为《千金要方》的续编，故称“翼方”。书约成于唐永淳元年，即公元 682 年，是孙思邈去世前所著。卷首为“药录”，辑录药物 800 余种，详论其性味、主治等，其中有些是唐以前未收录的新药和外来药物。书中对内外各科病症的诊治在《千金要方》基础上均有增补，并收载了汉张仲景《伤寒论》内容，选录《千金要方》未载的方剂 2000 余首。很多方药依赖本书得以保存。

孙思邈活了 102 岁，是现知有记载的古代名人中之长寿者。鉴于孙思邈对医药的巨大贡献，后人尊他为药王。清代孙氏故乡的五台山改名为药王山，山上建庙塑像，树碑立传，以纪念他的丰功伟绩。

第六节　北宋曾公亮等编的《武经总要》

公元1040年，出现了“火药”一词，《武经总要》（图10-1）一书还记述了其具体配方（表10-1）。

图10-1　《中国兵书集成》中的《武经总要》

表10-1　火药配方　　单位：两

火器名称	火药成分			
	焰硝	硫黄	木炭	其他
毒药烟球	30	15	5	巴豆、砒霜、狼毒等10种
蒺藜火球	40	20	5	竹茹、麻茹等7种
大炮	40	14	14	桐油、蜂蜡、干漆等10种

火药发明后，首先被用于军事，使冷兵器时代逐步向热兵器时代过渡。宋初，人们用火药制成火药箭，并加上引线，点燃后射向敌阵。人们还用火药包代替石头，用抛石机射出去，石炮就变成了火炮。北宋末年，出现了以爆炸为主，杀伤力较大的“霹雳炮”“铁火炮”，并朝着管形枪炮发展。到了元代，除了出现铁质、铜质的火铳外，还出现利用喷气原理的“火箭”之类的武器。

第七节　北宋沈括的《梦溪笔谈》

沈括（1031－1095年），杭州人，我国北宋时期杰出的政治家、卓越的军事家和著名的科学家。《宋史·沈括传》称其：“博学善文，于天文、方志、律历、音乐、医药、卜算无所不通，皆有所论著。”其晚年所著《梦溪笔谈》，是中国古代科学史上的杰作，也是世界科技资料中的一份宝贵遗产。其内容包括数学、物理、化学、天文、地质、地理、气象、工程技术、生物和医药等各方面，被英国著名的中国科学史专家李约瑟博士称作“中国科学史上的里程碑”。他在该书中首次提出了石油的命名，认为石油“生于水际，沙石与泉水相杂，惘惘而出”，与其他油类不同，称之为“石油”。并提出“石油至多，生于地中无穷”“此物后必大行于世”的科学诊断。沈括对石油的命名，要比德国人乔治·拜耳 1556 年提出的“石油（petroleum）”一词早近 500 年。他还对石油的产状、性能、用途做了大量研究工作，并采集石油烧成炭黑，制成名为“延川石液”的墨，得到广泛应用。在其兼管军器监期间，京城开封曾设有“猛火油作”，这是世界上最早的炼油车间，并生产出粗加工石油产品“猛火油”，应用于军事。

第八节 明代李时珍的《本草纲目》

李时珍（1518－1593 年），是我国杰出的医药学家。他系统地总结了 16 世纪以前我国药物学的宝贵经验，写成了长达 190 万字的名著《本草纲目》。本书共收载药物 1892 种，对每种药物均叙述了名称、产地、形态、气味、栽培及采集方法、炮制方法和功用；订正药物品种真伪和纠正历史文献记载的错误；并刊方剂 11000 余种，1100 余幅药物形态图。其中大量矿物药物和有机物条目中，记述了中国古代化学工艺的重要成就。书中对一些无机化合物的化学性质以及化学实验过程的蒸馏、蒸发、升华、重结晶、沉淀等也有记述。对氯化汞的制备、黄金的比色鉴别以及多种铜合金的区别都有精辟的见解。有日、德、法、英、俄等外文译本。该书对中国和世界的医药学及自然科学做出了不朽的贡献。

第九节 明代宋应星的《天工开物》

宋应星，中国明代著名科学技术家，字长庚，江西省奉新县人。生于万历十五年（公元 1587 年），卒于清顺治、康熙年间（1661 年左右）。

宋应星的传世著作除《天工开物》外，尚有《野议》《论气》《谈天》和《思怜诗》4 种。已佚著作有《画音归正》《原耗》《卮言十种》和《春秋戎狄解》等。

宋应星对中国古代化学的贡献主要有两方面。在化学理论方面，他倡导火质说。他认为火质存于木内，木燃烧的过程就是释放火质的过程。宋氏火质说与德国化学家 G. E.施塔尔 1703 年提出的燃素说有些类似。他还提出化学变化的物质不灭思想。他隐约认识到化学变化前后物质的总量是不变的。例如，谈到土生金时说：“土为母，金为子，子身分量由亏母而生。”（《论气·形气五》）又如，谈到水银和硫黄反应生成银朱（硫化汞）时说：“每升水银一斤，得朱十四两，次朱三两五钱，出数借硫质而生。”（《天工开物·丹青·朱》）其大意是：银朱之所以会比水银重，是因为硫参加变化的结果。这是化合概念和质量守恒定律的思想胚芽。在化学工艺方面，他记述了许多居于当时世界先进水平的化工技术，其中最突出的有两种：①炼锌技术，《天工开物》在世界冶金史上首次记述了由炉甘石（碳酸锌）还原为锌（当时叫倭铅）的炼锌技术。这是准蒸馏法。②煤的分类，《天工开物》根据火焰、块度等化学、物理性质把煤分为明煤、碎煤和末煤 3 种。这相当于今天说的无烟煤、烟煤和褐煤（或泥煤）。

《天工开物》是中国历史上第一部科技方面的百科全书，初刻于崇祯十年（1637年），曾译成日、英等文字，在国内外影响甚大。全书分上、中、下三篇共 18 卷，即乃粒、乃服、彰施、粹精、作咸、甘嗜、陶埏、冶铸、舟车、锤锻、燔石、膏液、杀青、五金、佳兵、丹青、曲蘖和珠玉。附有插图 123 幅，记载了包括农业、矿冶、铸造、纺织、食品加工、造纸印刷及手工业各部门大量生产实践知识。在化学工艺方面以金属冶炼和制陶最受重视，记述了金、银、铜、锡、锌、铅等多种有色金属的化学性质和冶炼方法，铁（及钢）的冶炼和加工技术。陶瓷和硅酸盐方面论述精练。此外，本书还记载了煤炭、石灰、硫黄、白矾的开采和炼制，朱砂颜料、酿酒、造纸等古代化学工艺的重要成就。

第十节 清代赵学敏的《本草纲目拾遗》

《本草纲目拾遗》由清代医学家赵学敏编著，成书于 1765 年（乾隆三十年），时距《本草纲目》刊行已近两百年。其书以“拾”《本草纲目》之“遗”为目的，共 10 卷，载药 921 种，其中《本草纲目》未收载的有 716 种，包含了不少民间药材，如冬虫夏草、鸦胆子、太子参等，以及一些外来药品，如金鸡纳（喹啉）、日精油、香草、臭草等。本书除补《本草纲目》之遗以外，还对《本草纲目》所载药物备而不详的，加以补充，错误之处给予订正。本书对研究《本草纲目》与明代以来药物学的发展起到了重要的参考作用，作为清代最重要的本草著作，受到海内外学者的重视。

第十一章 近代化工出版

第一节 晚清洋务运动时期的化工译著

晚清的洋务运动，也称自强运动，兴起于1861年第二次鸦片战争之后。“自强”的核心是引进、学习、掌握西方的先进技术，特别是军工技术。而军火和矿冶都与化学工业密切相关，因此大量引进化学、化工知识就成了刻不容缓的大事。在这种形势下，据陈韵文《中国近代化学工业史》一书介绍，在1861—1911年期间，我国引进、翻译的有关化学、化工方面的译作，包括教科书在内，就多达100多部。其中特别值得一提的一个人物是英国人傅兰雅（John Fryer）。

傅兰雅生于英国海特一个贫苦的牧师之家，1861年来香港，任圣保罗书院院长，随即赴北京同文馆任英文教习，1865年调上海江南制造局翻译馆任翻译。他会讲北京、广州、上海方言。傅兰雅在江南制造局长达28年之久，与徐寿等人合作先后译出大量西方科技书籍。他还自编自撰，编译合计共120多部，是外国学者中在我国翻译科技书籍最多之人。由于他在译作上的贡献，被保荐为清政府的三品官员。

一、《化学鉴原》

本书由傅兰雅（J. Fryer）与徐寿合译自英国人韦尔斯（D. A. Wells）著《韦尔斯化学原理及应用》（*Well's Principles and Application of Chemistry*）的无机化学部分，是我国近代化学理论教科书。1871年由上海江南制造局初刊。在国内流行三四十年，书院、学堂都乐于取为教材。

二、《化学鉴原续编》和《化学鉴原补编》

这两部著作由傅兰雅与徐寿合译自英国人蒲乐山（C. L. Bloxam）所著《化学》（*Chemistry*）一书中的有机化学和无机化学部分。分别于1875年和1882年由上海江南制造局初刊。其中，《化学鉴原续编》是我国最早的一部近代有机化学的著作，《化学鉴原补编》以介绍元素及其化合物为主。

三、《化学指南》

1862年，由清政府总理衙门奏请在北京设立京师同文馆（简称同文馆），最初主要是为了培养外语人才，是中国近代第一所新式学堂。

1866 年春，洋务派领袖恭亲王奕䜣委托休假回英的中国海关总税务司赫德在欧洲为同文馆物色科学教师。

1871 年，经赫德介绍的化学教习——法国人毕利干（A. A. Billequin）来到北京。不久，同文馆开设了化学课程。毕利干任教不久，即与同文馆学生联振合作翻译了法国化学家马拉古蒂（F. J. M. Malaguti）的《化学基础教程》（*Chemistry for Beginners*）一书，取名为《化学指南》。该书译本共 10 卷，用同文馆自己的铅印设备印刷，用的是竹纸料，于 1873 年出版。书前有总理衙门大臣董询作的序。

该书是毕利干在同文馆使用的化学教材之一。毕利干 1871 年进京，1890 年回国，担任同文馆化学教习长达 20 年，为我国近代化学教育的发展做出了贡献。

2007 年，中国化工集团创办中国化工博物馆。刘承彦有幸在海淀图书城发现了这一稀世珍宝，由此成了该博物馆的镇馆之宝。

四、《化学分原》（分析化学）

本书由傅兰雅与徐寿合次子徐建寅合译自英国人蒲乐山著《实用化学及分析化学导论》（*An Introduction to Practical Chemistry, Including Analysis*），共分为 8 卷，内容包括定性分析和定量分析，是一本实用的化学工艺分析教材。

1971 年由上海江南制造局初刊。这是我国出版最早的一部分析化学译著。

五、《西艺知新》

由傅兰雅和徐寿编写。该书共 22 卷（正编 10 卷，续编 12 卷），木刻，江南制造局初刊（上海，1877 年刊 1～10 卷，1889 年刊 11～20 卷）。此后上海有石印本。全书共 44 万字，原书于 1876 年出版。其中与化工有关的内容有：铅室法制硫酸、西洋漆、制肥皂法、制油烛法、电学镀金、玻璃制法等。本书所介绍的工艺技术都是我国当时军需民用、工业发展所需的技术。《清史稿・徐寿传》推崇《西艺新知》和《化学鉴原》为“善本”，是晚清传布较广的科技著作。

六、《化学阐原》

本书由毕利干与王钟祥合译自德国人富里西尼乌斯著《定性分析化学导论》（法文版），主要介绍分析化学相关内容。1882 年由京师同文馆初刊。

七、《化学考质》和《化学求数》

本书由傅兰雅与徐寿合译自近代分析化学之父富里西尼乌斯（K. R. Fresenius）的两部分析化学著作 *Manual of Qualitative Chemistry Analysis* 和 *Quantitative Chemical Analysis*，1883 年由江南制造局初刊。这两部著作和《化学分原》共同奠定了我国近代分析化学的基础。

八、《化学材料中西名目表》

本书由傅兰雅与徐寿合编。此书原用于傅兰雅、徐寿二人在翻译蒲乐山著作时为统一全书译名而编录的中西化学名词对照表，此后单行本排印，成了我国第一部英汉化学辞典。

九、《化学工艺》

本书由傅兰雅与汪振声合译自英国人能智（今译为乔治·龙格）著《硫酸、烧碱制造及附属工业之理论及实用大全》。此书的出版，使中国读者得到了当时西方化工方面最新的科学及工艺知识。

十、《物体遇热易改记》

本书由傅兰雅与徐寿合译自英国人乔治·福斯特（H. Watts）编辑的《化学辞典》。1899 年由江南制造局初刊。该书主要讨论物体受热时体积变化的规律，是我国最早的一部物理化学著作。

十一、《最新无机化学》

本书共二册，山西大学堂刊（太原，1905 年）。新常富讲，习观枢等译。新常富为瑞典人埃里克·尼斯特朗于 1902 年来华后所取的汉名，任山西大学堂教习。此书是他的讲稿。

第二节　民国时期的化工教材与专著

民国时期，特别是 20 世纪 30 年代，是我国化工教育、科研和生产建设都获得了一定发展的时期，这些发展的成就在有关化工教材与专著的编撰出版方面也得到了一定的反映和表现。

1914 年，北京大学俞同奎教授组织和亲自编写了一批化学和化工方面的教材，其中的《应用化学》是我国最早自编的珍贵教材。

1923 年，吴承洛在北京工业大学编著的《化学工程》讲义，是我国自编的第一本有关化学工程的教材，对推动当时的化工教育有很大影响。

1924 年，吴承洛在北京出版了《应用电化学》，这是我国第一本有关电化学工业方面的专著。

1930 年，徐名材在交通大学编写的《化学工程手册》，由校图书馆发行，此书进一步促进了我国化学工程教学的开展。

1931 年，沈增祚的《毛皮鞣染法》由国立北平大学工学院出版；陈驹声的《发酵工业》由上海中华书局出版。

1936 年，上海正中书局出版了顾毓珍的《液体燃料》；是年出版了顾毓珍、吴守忠的《工业药品制造学》。

1941 年，薛愚编著的《实用有机药物化学》一书出版。

1944 年，孙师白在上海水祥印书馆出版《碳化钙工业概论》。

1947 年，上海正中书局出版了林纪方编撰的《化工计算法》，深受读者欢迎。

仅就商务印书馆一家出版机构而言，就于 1925 年出版了韩祖康的《工业化学试验法》，1933 年出版了林继庸的《皮革》，1935 年出版了李仙舟的《最新实用制革学》，1935 年出版了陈驹声的《酒精》，1936 年出版了陶延桥的《制革学》，1937 年出版了李敦化的《硫酸制造法》，1940 年出版了陈驹声的《酿造学分论》和《酿造学总论》。

下面简单介绍几本影响较大的专著。

一、从《纯碱制造》到《制碱工学》

1926 年，永利制碱公司经过 8 年艰苦奋斗，在范旭东、侯德榜的领导下，战胜国际索尔维集团的技术封锁，克服重重困难，终于获得成功。是年 8 月，“红三角”纯碱在美国费城万国博览会上获得金奖。侯德榜得到范旭东的支持，将所取得的经验教训进行全面技术总结，将被封锁了 70 多年的索尔维制碱技术公之于世。侯德榜花了两年时间用英文撰写了一本 *Manufacture of Soda*（《纯碱制造》），1933 年在美国为美国化学会所接受，第一次将中国学者的著作列入美国化学会丛书第 65 卷，在纽约出版。

《纯碱制造》的出版，对制碱工业的设计、研究、生产都有着重要的指导意义，获得各国学者的欢迎和高度评价。美国化学家 E. O. 威尔逊教授称：“《纯碱制造》是中国化学家对世界文明所做的重大贡献。”

1935 年中国工程师学会第五届年会，将首次颁发的荣誉金奖给了侯德榜。学会主席恽震先生在会上发言说：“侯博士主持永利 15 年，备尝艰苦，卒底于成，其毅力精神实堪钦佩！况博士兼学术与业务之长，不特为我国奠定化学工程之基础，且其所著《纯碱制造》一书，尤为中外学者所共仰，允为我国工程学术界之光荣。今本会赠予荣誉，盖不仅向侯博士致敬仰之忱，亦所以望国人多以侯博士为楷模，努力于工程技术、工程建设也。”

《纯碱制造》在化工学术界引起强烈反响，初版很快销售一空。1942 年又在纽约出版了增订第二版，1948 年又在苏联出版了俄文版，被苏联制碱同行誉为“制碱工业的《圣经》”。

1938 年永利化学工业公司内迁四川，在乐山五通桥建立川厂。川厂用地下盐卤为原料，采用索尔维法制碱成本高，为购买德国察安法制碱专利，侯德榜曾去德国考察，但因技术封锁，未果。侯德榜回国后决心自己开发制碱新工艺。1938—1941年，先后在香港、上海和美国纽约进行试验。1941年，联合生产纯碱与氯化铵的新工艺初步获得成功。同年3月15日经范旭东提议，将新工艺命名为“侯氏制碱法”，至1943年完成了从合成氨开始的联合制碱流程。在1943年中国化学会第十一届年会上，此法获中国工程学会一届化工贡献最大者奖。

1959年，侯德榜又结合中国资源情况进行修订补充，并增入他创造的联合制碱法内容，用中文写成《制碱工学》，由化学工业出版社出版。

二、杜亚泉与《化学工业宝鉴》

1932年，杜亚泉担任商务印书馆理化部主任时，参考日本有关化学工业的书籍，编纂、出版了《化学工业宝鉴》一书，由商务印书馆出版。这是国人自编有关化学工业书籍的首创。

三、张洪沅和《化学工程机械》

20世纪30年代初张洪沅回国时，国内还没有一本国人自编的关于化学工程这门新兴学科的教材。为适应化工教育形势发展的需要，张洪沅和他的学生谢明山合编了《化学工程机械》一书，1936年在上海商务印书馆出版。此书对化学工程的内容、性质及所用机械设备作了详细介绍。这是我国正式出版的第一本用中文编写的有关化学工程的教材，对当时国内化学工程教育的发展产生了很大的影响。

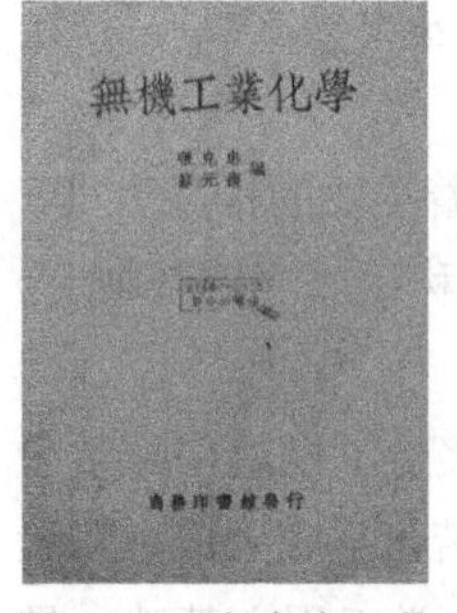

图11-1 张克忠、苏元复编《无机工业化学》

四、张克忠与《无机工业化学》《有机工业化学》

张克忠与苏元复合编《无机工业化学》一书（图11-1），由商务印书馆于1935年出版发行。张克忠于是年2月在天津南开大学写的序言中道：“夫纯粹科学本无国界区域之别，自可悉遵他人成法施教，但应用科学则不然；必须因地制宜，以求达其应用之目的。……故工业化学施教之方法及材料，亦不能尽以欧美成法为准绳。”

1936年，张克忠又与赵镛声合著《有机工业化学》，由北平国立编译馆出版。

第三节　清末、民国时期的化学、化工期刊

学术期刊能将科技工作者的研究成果及时向全国乃至全世界做出报道，全国及全世界的科学家又可从学术刊物中了解到同行们的最新发明和发现，也可通过刊物

与同行进行学术思想交流、讨论。由于它的专业性强，出版周期短，所以它在进行学术交流方面具有较强的时效性、灵活性和广泛性，对推动世界科学技术的发展起到巨大的促进作用。由于长年累月的积累，学术期刊也就成了多种专门学科宝贵的文献库。

世界上最早的学术期刊，可能是创刊于 1665 年的英国皇家学会的《皇家学会哲学会议记录》，最早的化学期刊是创刊于 1784 年德国的《化学杂志》。

欧美的学术期刊，绝大多数由学会主办。因为学会本来就是以进行学术交流和开展学术活动为宗旨，而且有大量的同行可以参与学术评议，具备办好刊物的各种有利条件。我国也不例外，1949 年中华人民共和国成立前的化学、化工期刊，大多是由中华化学工业会、中国化学工程学会、中国化学会等创办。

1953 年，《化学世界》杂志第 8 卷第 7 期刊出了《中国化工文摘专辑》（以下简称《专辑》）。此项工作由王箴主持，他为此事可谓竭尽心力。《专辑》搜集到了 1921—1949 近 30 年共 40 多种与化学、化工有关的学术期刊，选取其中有创造性的内容进行了摘编。《专辑》实质上是对几十年来化工学术成果的全面整理和系统总结，充分反映了这一历史时期我国化工学术的进展与水平，客观上也反映了我国化工学术刊物的出版情况，是难得的宝贵历史文献。

下面简单介绍几本影响较大的刊物。

一、《格致汇编》

《格致汇编》创刊于 1876 年（光绪二年）2 月，它的前身是北京广学会创办的《中西见闻录》。《中西见闻录》是包括社会科学和自然科学在内的综合性期刊，而《格致汇编》是格致书院的机关刊物，是我国早期专门刊载自然科学的综合性期刊。其宗旨是："欲将西国格致之学广行于中华，令中土之人不无裨益。"

《格致汇编》的主编是英国教士傅兰雅，具体主持编辑工作的是中国科学家徐寿。该刊创刊时是月刊，后改为季刊。在它 16 年（1876—1892 年）的存续期内，由于中间两次停刊，实际上共出 7 卷 60 册。

该刊内容丰富，凡西方科学的新知几乎无所不包，而且特别重视化学、化工方面的知识传播。在出版的 7 年中，总共编发这方面的材料计 50 篇。

该刊创刊后，得到舆论的赞扬和支持。上海《申报》称："其价甚低，其书甚美……其中所言皆属有益于人生之事，中西讲究格致之人所可取法者也。"

据 1880 年统计，除对新加坡和日本的神户、横滨发行外，国内广销北京、上海、天津、香港等 70 多处。

二、《亚泉杂志》

《亚泉杂志》是国人杜亚泉自办的最早的综合性自然科学期刊之一，创刊于 1900 年（清光绪十六年）农历十月。每月初八及二十三日出版，共出过 10 期。由于刊物介绍了大量近代自然科学知识，它就成为研究我国近代自然科学史的一份重要参考资料。这份期刊保存下来的极少，越发显得弥足珍贵。

《亚泉杂志》虽名为综合性自然科学期刊，但有关化学、化工方面的内容几乎占了三分之二。其最早介绍了元素周期律和新发现的化学元素，如氩、镭、钋等，并为新发现的十几个元素进行了中文命名。可以说，19 世纪中期国人介绍西方化学科学最有成绩的是徐寿，20 世纪初在中国介绍化学科学的，杜亚泉要算成绩卓著的人物之一了。

三、《科学》

1914 年夏，一群在美国康奈尔大学留学的中国青年组织成立中国科学社，于 1915 年正式出版发行《科学》月刊，发起人是：胡达（后改名为胡明复）、赵元任、周仁、秉志、章元善、过探先、金邦正、杨铨（杏佛）、任鸿隽。首届总编辑是杨铨，继任者有钱崇澍、王琎、路敏行、刘咸、张孟闻等。

《科学》自创刊以来，历经艰难困苦，即使在抗日战争时期仍坚持不辍。自 1915—1949 年共出 32 卷，刊载论文 3000 余篇，其中有关化学、化工的达几百篇。我国化工泰斗侯德榜的初试之作《碳化矽之制造》就连载于第 3 卷 11、12 期。化工界第一篇研究论文方汉诚的《竹纸料之研究》，也在第 8 卷（1923 年）第 372～390 页上发表。

《科学》为适应印刷数学公式和西文名的排版方便，突破中国传统，首创横版，采用西式标点，在改革科技杂志版式上不愧是一项大胆的创新。

1950 年，《科学》因与《自然科学》合并而停刊。1957 年又复刊，以季刊发行，到 1960 年又出了 33～36 卷。1960 年，中国科学社由上海科学技术协会接办。在结束会务前，中国科学社将《科学》第 1～36 卷的目录编成总目录，分为分期目录汇编和分类索引两种，给后人查阅提供诸多方便。

四、《中华化学工业会志》和《化学工业》

《中华化学工业会志》（简称《会志》），为半年刊。系由中华化学工业会于 1923 年创办，是我国创办最早、历史悠久、影响较大的化工专业杂志，刊载化工研究成果论文的数量全国排行前列。第 1～3 卷在北京出版，1926 年从第 4 卷起改在上海出版，并更名为《化学工业》。1947 年改为季刊，自 1923—1949 年共出 21 卷 46 期，共刊文 374 篇。

该杂志，第一任主编为俞同奎，其后陈聘丞、吴承洛、王琎、戴济、徐作和、曹梁厦、王箴分别担任过主编或总编纂。

1950 年中华化学工业会的《化学工业》与中国化学工程学会的《化学工程》合刊（在合并前《化学工业》已出 21 卷，《化学工程》已出 16 卷），定名为《化学工业与工程》（*Chemical Industry and Engineering*），季刊，由张克忠任主编。1952 年 3

月《化学工业与工程》出到第 2 卷第 3 期停刊，改由中国科学院编译局出版，定名为《化工学报》，但卷次仍与《化学工业与工程》相衔接。故 1952 年《化工学报》的创刊号即为第 2 卷第 4 期。《化工学报》仅出一期即停刊，到 1957 年又由中国化工学会筹备委员会接办。为了区别于 1952 年出版的第 2 卷第 4 期《化工学报》，1957 年出版的《化工学报》不再排卷次，改以年为序。1960 年新版的《化工学报》第 1、2 期出版后又停刊。及至 1965 年，中国化工学会决定恢复《化工学报》的出版，改为季刊，由苏元复任主编，当年出刊 4 期。1966 年第 1～2 期出版后，因“文化大革命”又停刊。

1978 年中国化工学会长沙理事扩大会上，决定恢复《化工学报》，出版季刊，仍由苏元复任主编，1979 年开始出版。同时开始对外发行英文版，刊名为 *Journal of Chemical Industry and Engineering*（*China*）。

这两份刊物，皆由中国科协主管，中国化工学会主办，化学工业出版社承办出版。《化工学报》荣获 1995 年化工部科技进步奖二等奖，2001 年被评为国家科技期刊方阵“双效期刊”，2002 年获第五届全国石油和化工行业优秀期刊（学术类）一等奖，2004 年获第三届国家期刊奖提名奖。*Journal of Chemical Industry and Engineering*（*China*）（《中国化学工业与工程学报<英>》），2002 年获第五届全国石油和化工行业优秀期刊（学术类）一等奖。

五、《化学工程》

《化学工程》杂志自 1929 年酝酿筹备起至 1950 年与《化学工业》合并为《化学工业与工程》止，共出版 16 卷（其中第 13、14 卷空白），总计 52 期 31 本，保存了大量我国化学工程方面的珍贵资料。但其走过的历程却十分艰难曲折。

1929 年由顾毓珍、杜长明、张洪沅等 9 人发表启事，倡议组织中国化学工程学会（以下简称学会），为出版刊物创造条件。1930 年中国化学工程学会正式成立，确定会刊名为《化工》，半月刊，由张洪沅任主编。

1931 年春，学会采纳了“约集全国化工专家组织杂志社”的提议，由刘树杞、顾毓珍、曾昭抡、丁嗣贤、吴承洛等发起，组织了独立的中国化学工程杂志社，并把《化工》更名为《化学工程》（图 11-2）。学会则将征得的稿件和部分资金捐赠给杂志社。确定以吴承洛为主编，张洪沅等 26 人为编辑。创刊号组织已毕，不料吴承洛一病卧床不起。随后，又发生了“九一八”“一二·八”事件，创刊号未能如愿出版。待淞沪战事结束后，创刊号才得以付印。

图 11-2　《化学工程》创刊号封面

1934 年春，中国化学工程学会举行平津地区会员联欢会，决定由中国化学工程杂志社重新负起《化学工程》的出版责任，将已印就的创刊号另加封面发行。及至创刊号在天津问世，已是1934年6月了。在创刊号上，主编吴承洛撰写了情深意切的《化学工程》发刊引言："在这强敌压境，先失四省，收回无法的时间，眼看着是撤防、后退、协定，大有任受威吓、非城下作盟不可的样子。加以内战扩大，流亡遍野，敌产倾销，国产摒弃，农村破产，工商歇业，弄得前方士兵将领，只有热血头颅，后方爱国民众，空怀梦想赤心。吾人应当痛定思痛，加紧准备，期以十年，各尽其能，努力贡献，不要做消极的互相怨恨，只好积极合作，猛进！本刊发起，就本此志愿，集合化学工程同志，拟将有关民生与国防各种化学工程问题，详加研究，陆续登载，并介绍国外化学工程新实施，以辅国内化学工程建设，更将我国化学工程上的种种利弊，作为比较，以资去取，而定从违。"

1935年3月，《化学工程》第2卷第1期发表了"中国化学工程杂志社紧急启事"，申明自第2期起，《化学工程》杂志改由中国化学工程学会承办，张洪沅作主编。为了便于国际交流，提高我国在国际上的学术地位，决定用英文发表论文，向世界各大图书馆、著名化工院校、研究单位赠送或交流。英国一家期刊经营商曾专函要求给予国外独家经营权。

当时遇到的唯一困难是经费不足。编委曾昭抡建议在《化学工程》上登启事，呼吁读者支持，效果不错。个人捐助，少则二元，多则百元；团体捐助几百元不等。编辑同仁深受感动。

抗日战争期间，条件十分艰苦，但刊物仍坚持在成都（第5～8卷）、重庆（第9～10卷）出版。1946年因迁返复员等原因被迫停刊。但到1948年，又在天津继续出版。可谓"野火烧不尽，春风吹又生。"

《化学工程》的出版，适逢战乱，印数甚少且散失严重。中国化学工程学会于1956年曾将第1～16卷全套重印。目前全国各图书馆能查到的，多为重印本。

六、《中国化学会会志》

中国化学会成立后，十分重视学术刊物。1932年8月5日第一次理事会就决议创办《中国化学会会志》，简称《会志》，用英、法、德文发表，这是我国化学期刊外文版最早的刊物。

《会志》设总编辑一人，经理编辑（主管出版、发行）一人，编辑若干人。理事会推定曾昭抡为总编辑，郑贞文为经理编辑。编辑由总编辑提请理事会聘请，第一届编辑由曾昭抡、黄子卿、高崇熙、韩祖康、康辛元、陈可忠、萨本铁7人组成。

《会志》创刊号于1933年3月在北平出版。全面抗战之前，第1～3卷为季刊，从第4卷起改为双月刊。1937年"七七事变"发生时，正在付印的第5卷第5期，由于印刷厂被炸，致使无法出版。好在稿件已携出，后由曾昭抡多方设法，才在成都出版。

在抗日战争和解放战争期间，条件极端困难，但曾昭抡还是尽最大努力坚持出版，使《会志》没有间断。这一期间，由郑集、李方训、袁翰青、孙承谔先后担任经理编辑，协助总编辑主持编辑出版工作。

1952 年 6 月从第 19 卷第 1 期起按中国科学院决定改《中国化学会会志》为《化学学报》，改用中文出版，刊登外文摘要和英文目录。从 1952 年起，先后由张青莲、梁树权、汪猷担任主编。台湾地区的化学会仍以《中国化学会会志》继续刊行。

《化学学报》于 1966 年“文化大革命”被迫停刊，1975 年复刊，编辑部设在中国科学院上海有机化学研究所。该刊物为月刊，国内外公开发行。

七、《化学》

《化学》是中国化学会创办的第二份刊物。1933 年 8 月第一次年会上，根据会议提案，由大会决议创办综合性中文刊物。创刊号（1 卷 1 期）于 1934 年 1 月在南京出版。该刊的任务是：传播化学知识，推广化学应用，提倡化学研究。主要内容包括化学进展、化学教育、化学新闻、化学撮要、化学工业概况、化学出版介绍以及会务记载等。

《化学》创刊后，由戴安邦任总编辑兼总经理，方乘（工业）、曹元宇（无机）、张江树（理论）、汤元吉（有机）、余兰园（分析）、贺闿（工业）、张资珙（教育）、顾毓珍（工程）、曾昭抡（撮要）、吴承洛（会务）、马杰（咨询）、裘家奎（新闻）等 13 人为第一届编辑。

《化学》创刊后为季刊，1936 年第 3 卷开始改为双月刊。但到 1937 年抗日战争爆发后，第 4 卷在南京只出版三期就未能继续出版。第 5、6 卷各出了 2 期，均在重庆出版。后因常遭轰炸，1943—1945 年改在成都出版。1943 年出版第 7 卷第 2 期。1944—1945 年，为纪念中国化学会成立 10 周年出版纪念专刊，为第 8 卷全（1944 年），纪念刊上册；第 9 卷全（1945 年），纪念刊下册。这两卷全是邀请有关专家撰写化学、化工各领域 10 年来的研究成果和发展状况。上册着重刊登化学方面的文章，下册着重刊登化工方面的文章。这两卷为研究中国近代化学、化工史提供了珍贵的史料。

抗日战争胜利后，《化学》迁北平出版，1946 年和 1948 年共出第 10、11 卷，各 1 期。

1949 年中华人民共和国成立后，《化学》第 12 卷第 1 期于 1950 年 5 月在北京出版，戴安邦为该期写了复刊辞。

1952 年 7 月，根据中央文教委员会指示，全国科联领导的数学、物理、化学、生物四个刊物，要专为中学教学服务，并于 1952 年第 15 卷第 7 期开始，将《化学》改名为《化学通报》。

八、《黄海发酵与菌学》

《黄海发酵与菌学》是范旭东创办、孙学悟为社长的黄海化学工业研究社（简称黄海社）在抗日战争最困难、“永久黄”团体经济最拮据的时候创办的一种刊物。初定名为《黄海》，1939 年 6 月 1 日出版，创刊号为“发酵与菌学”特辑。以后演变为专门发表黄海社菌学室的研究成果，故取名《黄海发酵与菌学》。

在抗战的艰苦岁月里，范旭东坚定不移地支持《黄海发酵与菌学》的出版，由于孙学悟和方心芳的努力，该刊坚持保质保量，按期出版。刊物出版后，向各大专学校、科研单位和工厂按期发送，有力地推动了大后方有关发酵和菌学方面的研究，得到好评。刊物一直坚持到四川解放前夕才停刊。中华人民共和国成立后，黄海社迁入北京后又继续出了几期，至 1951 年正式停刊。

该刊从 1939 年创刊到 1951 年停刊，共出 12 卷 10 期，刊文 233 篇，其中有研究成果 70 多篇。刊载有创造性的论文的数量在我国化工专业期刊中名列第二。该刊中所积累的文献，已成为我国发酵与菌学方面科技文献库中的佳品，弥足珍贵。

九、《化学世界》

《化学世界》系中华化学工业会创办，“旨在普及化学知识，提倡综合利用，推广工业分析，促进化学工业发展。”创刊于 1946 年 5 月 1 日，半月刊，第 1 卷共 16 期。自 1947 年第 2 卷起改为月刊。1946 年到 1948 年由曹梁厦主编，1949 年起由王箴任总编纂。1952 年出版至第 7 卷第 12 期后，即转由上海科普出版社出版，不再是中华化学工业会的刊物了。

《化学世界》自 1953 年第 8 卷第 1 期起，增辟“中国化工文摘”一栏。先前，此栏仅登 1950 年后的文献。后来编委会决定，由王箴负责将 1921—1949 年的文献做成文摘。王箴用了 5 个月的时间，共翻阅 42 种期刊，计 600 余册，以有创造性的文章为主搜集对象进行摘录，编成了《中国化工文摘专辑》（简称《专辑》）。全部文摘分为酸碱及食盐工业等 22 类，共 481 条。《专辑》较全面地反映了中国早期化工研究概况，很有史料价值和文献价值。

《中国化工文摘专辑》刊出后，编委会决定利用化工图书馆的期刊和广大会员的力量，组织编写中国化学家对于现代化学的贡献，这是中国各学科从未做过的大事。首先邀请学识比较广博、经验比较丰富的会员分头查阅中外化学期刊，特别是美国的化学文摘、化学评论及英国的化学会会志、化学评论等，摘录中国化学家的研究论文，分类归纳为 32 个分支，再由各专家核实增删。这一专栏的稿件一律在《化学世界》上发表，从 1953 年第 8 卷第 4 期至 1958 年第 13 卷第 3 期，共 50 期，约刊 259 页，引用文献 3436 条，连续发表了我国化学家对无机化学、有机化学、物理化学、分析化学、生物化学、药物化学和化学工程等领域的贡献。通过对这些文献的系统总结，提供了我国化学家在 20 世纪 20—50 年代初的研究概况和所做的贡献，对化学工作者开展研究工作提供了资料来源，增加了查阅的方便，受到广大化学家的欢迎和赞扬。

《化学世界》后由上海市化学化工学会主办出版。

十、“永久黄”团体的喉舌——《海王》旬刊

随着范旭东的久大（1914 年）、永利（1917 年）、黄海（1922 年）相继成功创办，特别是 1926 年 8 月永利生产的“红三角”牌纯碱在美国费城的国际博览会上荣获了金质奖章，范旭东和“永久黄”的大名可谓誉满全球。特别是在我国北方，永利、南开、大公报成了家喻户晓的华北三大宝。

1928 年 9 月 20 日，范旭东又创办了“永久黄”团体的内部刊物《海王》旬刊（图 11-3），主要由留学德国的阎幼甫兼任《海王》旬刊的编辑出版工作。范旭东在广泛征求意见后制订的著名的“永久黄”团体的“四大信条”（一、我们在原则上绝对相信科学；二、我们在事业上积极发展实业；三、我们在行动上宁愿牺牲个人，顾全团体；四、我们在精神上以能为社会服务为最大光荣）公布后，最早刊登在《海王》1934 年 9 月 20 日出版的第 7 年第 1 期。其后，《海王》每期都用醒目字体刊登，起到潜移默化、深入人心的作用。

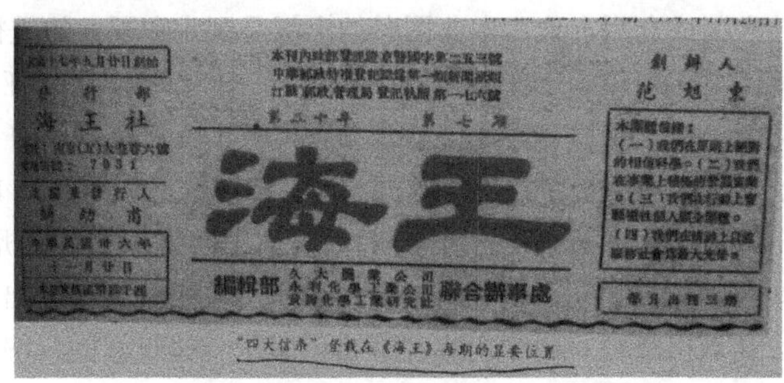

图 11-3　范旭东创办的《海王》旬刊

范旭东在抗日战争经济最困难的时候，曾对《海王》编辑多次说过：“黄海与《海王》，当掉裤子也要干！”“《海王》对团体、对社会起了作用，我们今后应视《海王》和黄海社同样重要。”难怪有人说：黄海社是团体的神经中枢，《海王》是团体的喉舌。实际上，“永久黄”是范旭东实业救国的实践行为，而《海王》所体现的思想是他实业救国的理论所在。

《海王》在范旭东的大力支持和全体编辑人员的努力下，自 1928 年创刊至 1949 年停刊的 22 年间，其中除因战争破坏有两次短期停刊外，每年都出满 36 期，为“永久黄”团体积累了丰富的历史资料。

第十二章 中华人民共和国化工出版事业

第一节 化工专业图书教材出版历程

一、开创化工出版新局面（1949—1978年）

1. 图书出版

中华人民共和国成立后，化工专业图书的出版受到党和国家的重视。1950年，商务印书馆出版了日文中译本《增订化学工业大全》（1～18卷），新亚书店出版了李世瑨编译的《化学工业大纲》等，龙门联合书店出版了苏元复编译的《化工原理》，上海科技图书仪器公司出版了丁绪淮等编的《化工操作原理与设备》。1952年东北工业出版社翻译出版了苏联《氮素工作者手册》《染料中间体的工业分析》等书。

中华人民共和国成立初期，化工科技图书出版工作主要是翻译出版苏联化学科技图书。同时，高教出版社、科学出版社等也出版了一些较好的自编图书，如黄子卿著的《物理化学》、王世椿著的《染料化学》等。1953年至1957年，重工业出版社、高教出版社和化学工业出版社，共出版了化工科技图书280种，印刷发行60多万册。这一时段，我国化工科学技术和化学工业的基础较薄弱，通过翻译出版国外著作，能及时借鉴苏联的化工科学技术和建设经验，并运用到我国化工生产建设和教育事业中去，适应了当时建设的需要，也推动了化工科技出版工作的发展。但是这一时期的出版工作结合我国国情不够，对苏联外其他国家的先进化工技术介绍也很少。

自1958年以后，化学工业出版社集中了编辑、印刷力量，在短时间内先后出版了《化学工业基本知识丛书》（共25种）、《合成树脂与塑料通俗丛书》以及一些普及性化工知识读物。1958年7月，出版了《吉林化工区施工经验汇编》（3集10个分册），还出版了一套化肥厂工人、工长培训用书，包括合成氨、硫酸、硫酸铵、直接法制造浓硝酸等分册。其中合成氨分册后来进行了修订，改名为《合成氨厂的工艺与操作》。这本书总结了南京化学工业公司氮肥厂、大连化学工业公司氮肥厂和吉林化学工业公司化肥厂多年的操作经验，内容成熟实用，传播很广，影响很大。同时还出版了县级氮肥厂工人教材，后由丹阳化肥厂重新编写，书名《碳化法合成氨流程制碳酸氢铵》，于 1967 年印行，是全国小型氮肥厂操作工人培训的好教材。

20 世纪 50 年代后期，中国化学工业开拓者侯德榜编著的《制碱工学》《天然碱》《制碱工作者手册》和《从化学家的观点谈原子能》等著作先后出版，是我国自主知识产权的出版物。化学工业出版社还与科学院名词室合作，编纂出版了第一部《俄汉化学化工词汇》。1958 年至 1960 年，化学工业出版社出版了化工科技图书约 620 种，发行近 260 万册。

全国出版会议和化工科技出版会议的召开，调动了化工系统科技人员从事著译活动的积极性。一些科技出版社加强了化工图书的出版工作。如上海科技出版社出版了《高分子译丛》（共 6 卷）以及钱人元译《高分子物理学进展》等，科普出版社出版了王葆仁编的《高分子时代》等。

为了提高化工系统职工的技术素质，化工部部长高扬倡导编写出版了《化学工业知识丛书》（14 册），并亲自为这套丛书撰写序言，审查了其中的《氮肥工业》和《化学工业概论》等分册。化工专家姜圣阶主编的我国第一部合成氨行业专著《合成氨工学》，总结了中华人民共和国成立以来我国合成氨工业的生产技术经验，反映了当时国内外先进水平，是合成氨行业方面的一部代表性专著。翻译的图书有：民主德国阿辛格尔的《单烯烃化学与工艺学》，苏联的《石油化学合成工艺学基础》《高压聚乙烯》《低压聚乙烯》，联邦德国的《聚氯乙烯与氯乙烯共聚物》，英国的《化学工程》，美国的《化工中间试验和比拟放大》等。还出版了辞书《德汉化学化工词汇》和《英汉化学辞典》。

1961 年至 1965 年，全国出版化工科技图书 800 多种，300 多万册。其中，化学工业出版社和化工图书编辑室出版的图书占 85%。

1969 年 8 月，化学工业出版社出版了王箴主编的《化工辞典》，楼宇新等编的《化工机械制造工艺及安装修理》《化工流程图解》《石油化工手册》等图书也在这一时期相继出版。值得一提的是，20 世纪 60 年代末期，在多数出版社不出书的情况下，化学工业出版社副社长靳众敏顶住各种压力，毅然决定接受由冶金工业部北京有色冶金设计研究院、化工部第一化工设计院和煤炭工业部北京煤矿设计研究院为主联合编写的《机械设计手册》书稿的出版任务。这套手册，总结了中华人民共和国成立以来各个部门使用机械的经验，内容广泛、实用性强，成为机械专业人员的重要工具书。

20 世纪 60—70 年代出版的《农药问答》数次再版，发行量达到 60 余万册。20 世纪 70 年代，《合成氨工艺学》《橡胶工业手册》等一批优秀专业图书出版。

2. 教材出版

20 世纪 50 年代，化工教材主要以翻译出版为主。1953 年前后，翻译出版了著名化学工程专家卡萨特金著的《化工原理》、沃利福柯维奇等著的《普通化学工艺学》，以及杜马什涅夫著的《化学生产机器及设备》，这些翻译教材，成为我国当时和之后相当长一段时间高等院校相关专业的重要教科书。这个时期，还出版了张洪沅主编的《化工原理》。

20 世纪 60 年代，化工教材以编译和编著为主。先后出版了张洪沅、丁绪淮、顾毓珍三位教授编著的《化学工业过程及设备》（北京新 1 版）、徐僖教授编译的《高分子化学原理》以及余国琮教授编译的《化工机器与设备》等一批有影响的高校基础和专业教材。这些第一批自编高等院校和中等专业学校化工教材，有效地配合了教学的需要。

20 世纪 70 年代出版的《化工和石油化工检修工人技术等级标准自学丛书》（16 册）分 1～6 级工逐级编写，是我国第一批化工工人培训教材。

二、实现化工出版新发展（1978—2000 年）

1. 图书出版

1977 年 12 月，国家出版事业管理局召开了全国出版工作座谈会，拨乱反正，肯定了建国以来出版工作的成绩，讨论了今后出版工作的方针政策，提出了三年（1978—1980 年）的出书规划和八年（1978—1985 年）的出书规划设想。会后国务院批准转发了国家出版事业管理局《关于加强和改进出版工作的报告》和《关于加强科技出版工作的报告》。1978 年，化学工业出版社恢复建制后，当年就出书 86 种，比 1977 年增加了 32 种，印数也有很大提高。

党的十一届三中全会后，为了适应化学工业迅速发展的需要，化学工业出版社重印了一批生产、建设、科研急需的图书，陆续出版了一大批新书。同时，全面安排了一批化工重点图书的编辑出版工作，如《石油化工裂解原理与技术》《高分子化学丛书》《石油化工手册》《化工机械工程手册》，《化学工程手册》《生物分离原理及技术》，《化学进展丛书》，《材料大辞典》《复合材料大全》、以及《分析化学手册》（第 2 版）、《化工辞典》（第 4 版）、《化验员读本》（第 3 版，上、下册）、《机械设计手册》（第 3 版）等。还迅速翻译了一批学术价值较高和反映现代科学技术水平的外国图书，如《化工热力学导论》《化学反应器原理》《化工系统工程》《化工数学》等。为了配合消化、吸收引进技术和培训操作人员，化学工业出版社还编写出版了年产 30 万吨合成氨和乙烯装置的有关技术资料。

这一时段出版的化工图书，门类和品种空前丰富，图书质量有了显著的提高。王箴主编的《化工辞典》（第 2 版）、邹仁鋆编著的《石油化工裂解原理与技术》和郭天民编著的《多元气液平衡和精馏》，获得了全国优秀科技图书奖。《机械设计手册》（第 2 版）等 13 种图书被评为化学工业部优秀科技图书。化工专业图书的印数也远远超过历史最高水平。

其他各出版社出版的化工科技图书也不断问世。科学出版社出版了冯新德著的《高分子合成化学》、林尚安等编著的《高分子化学》和唐敖庆著的《高分子反应统计理论》。上海科技出版社组织编写了多卷集的《化工机械全书》。中国轻工业出版社出版了《塑料二次加工基本知识》《塑料挤出成型工艺》和《聚氯乙烯人造革》等。中国纺织工业出版社出版了《涤纶生产基本知识》《丙纶生产基本知识》《粘胶纤维生产基本知识》等化学纤维基本知识图书，并出版了《化纤原料与化工原料手册》等工具书。国防工业出版社出版了《涂料结构学与施工》《火炸药的化学与工艺学》等。

据不完全统计，1977 年到 1984 年间，全国共出版化工专业图书 1500 种，近 3000 万册。其中，化学工业出版社出版的品种约占 60%，印数占 70%。

1983 年 5 月，化工部为贯彻全国出版工作会议精神，召开了第二次化工科技出版工作会议，审议了化工科技图书八年（1983—1990 年）选题规划。会后，化工部又聘请 55 位学识渊博、热心化工科技图书出版工作的专家、学者和有关方面的负责同志，组织了化工科技图书编审委员会，简称编审委。1986 年 6 月，编审委在北京召开一届二次会议，审议了出版社发展规划，时任化工部部长的秦仲达决定由化学工业出版社编辑出版 20 卷本《化工百科全书》。1986 年 12 月 16 日，《化工百科全书》编委会在京召开编委会成立暨第一次编委扩大会议，陈冠荣为编委会主任，陈鉴远、时钧、朱亚杰为副主任。1990 年 6 月 20 日—22 日，《化工百科全书》第四次编委扩大会议在京召开。时任化工部部长的顾秀莲在讲话中谈到编好、出好这本书的重要意义时指出，《化工百科全书》集中了全国化工、石油化工、冶金、轻工、能源等工业系统和教育界的知名专家、教授和科技工作者编纂，它既是一部为化工科技进步有效服务的重要大型工具书，又是一项积累汇集科学技术成果的重要工程。1998 年 12 月，《化工百科全书》20 卷全部出版，于 1999 年荣获第四届国家图书奖荣誉奖。这套书编写过程历经 13 年，先后组织作者 1278 人，审稿 724 人，编委、特邀编审 61 人，社内外编辑 40 人，共计 2103 人参加编纂工作。全书设主词条 858 条，共分 20 卷，4845 万字，被《中国新闻出版报》誉为科技图书群落的“巨人”，并被列为中国出版十项重点工程之一。《化工百科全书》的出版被称为我国化工界乃至科技界的一件大事，标志着我国化工科技水平以及我国科技文化传播和积累水平又迈上了一个新的台阶。

1994 年 3 月，《机械设计手册》（第 3 版）出版，4 月 18 日，化工部办公厅与化学工业出版社联合召开“《机械设计手册》发行百万套”庆祝大会。1994 年 8 月，《材料大辞典》和《中国化工产品大全》正式出版。1996 年出版的《化学工程手册》（第 2 版）和 1997 年开始出版的《分析化学手册》（第 2 版）均获国家图书奖提名奖。

1998 年 1 月，化学工业出版社在成立 45 周年之际策划出版了三部大型画册，其中的《新中国化学工业》，以其独特的视角，反映了中华人民共和国成立之后化学工业的发展历程，讴歌了化学工业取得的重大成就，受到中央和化工部领导的表扬。

2. 教材出版

这一时期，化工专业教材主要以我国自主编写为主。从 1978 年开始，化学工业出版社先后进行了四轮大规模化学化工及相关专业教材建设，共出版各类教材 1000 多种，涵盖了大学本科、高职高专、中专、技校、成人教育、工人培训等不同教育层次，大学教材包括化学工程与工艺、应用化学、制药工程、生物工程、工业设备与控制工程、材料工程、工业自动化、工业分析等专业，高职和中专教材涉及化工工艺、工业分析、仪电、建材等专业，满足了各类学校的教学需要，为国家培养一批又一批化工专业人才提供了适用的教材。陈敏恒主编的《化工原理》、余国琮主编的《化工容器及设备》、潘祖仁主编的《高分子化学》、彭司勋主编的《药物化学》、李绍芬主编的《反应工程》、朱裕贞主编的《现代基础化学》、金日光主编的《高分子物理》等 57 种教材被评为国家级或省部级优秀教材。

化学工业出版社是教育部面向21世纪教材化学工程与工艺专业教材的主要出版单位，以及教育部五年制高职专业课教材的唯一出版社和教育部中职教材出版基地。

20 世纪 90 年代出版的《化工工人技术理论培训教材》将化工行业 168 个生产工种按五个专业大类以模块方式编写，分 112 个分册。

三、推动化工出版新繁荣（2001—2020 年）

1. 图书出版

进入新世纪，化工图书与教材出版得到更快发展，特别是结合化工行业技术进步与创新需求，对影响力大的专业图书和教材进行全方位的修订更新，同时加大了化工实用技术与新技术类图书、化工信息与工具类图书、化工专业教材以及化工科普图书、专著译著方面的出版力度。

出版了一批名家名作，如袁晴棠主编的《石油化工设计手册》、汪家鼎院士和陈家镛院士主编的《溶剂萃取手册》、高从堦院士主编的《膜技术应用丛书》、余国琮院士主编的《化学工程辞典》和《化工机械工程手册》、郭慕孙院士和李洪钟院士主编的《流态化手册》、孙优贤院士主编的《工业过程控制技术》和《控制工程手册》、闵恩泽院士和朱清时院士主编的《绿色化学化工丛书》、周同惠和陆婉珍院士等主编的《分析化学手册》（第 2 版）、谭天伟院士主编的《工业生物技术过程科学丛书》、张俐娜院士主编的《天然高分子基新材料》、王静康院士主编的《化工过程设计》、周廉院士主编的《海洋工程材料丛书》、谢克昌院士主编的《现代煤化工技术手册》

和《现代煤化工技术丛书》(12 卷)、陈建峰院士主编的《超重力技术》、屠呦呦教授的《青蒿与青蒿素》等，以及《新领域精细化工丛书》、《合成树脂及应用丛书》、《塑料工业手册》、《杂草化学防除丛书》、《涂料工业手册》、《工业涂料与涂装技术丛书》、《化工设备设计全书》、《合成橡胶工业手册》(第 2 版)、《新型化　　肥——长效碳酸氢铵》、《跨世纪的高分子科学》、《石油化工自动控制设计手册》、《工程塑料》、《控制阳离子聚合及其应用》、《农药中间体手册》、《化工工艺设计手册》(第 4 版)、《化工产品手册》(第 5 版)、《现代农药化学》、《生物基高分子材料》、《农药手册》、《甲醇工艺学》、《现代干燥技术》、《工业“三废”综合利用技术丛书》、《无机盐工艺学》、《化工过程与技术丛书》、《石油和化工工程设计手册》等化工应用技术图书，还有《纳米材料前沿》、《海水淡化技术与工程》、《世界常用农药色谱-质谱图集》(5 卷)、《材料延寿与可持续发展》、《天然有机化合物结构信息手册》、《高性能高分子材料丛书》、《危险化学品安全技术丛书》(第 2 版)、《现代有机反应》、《现代磷化工技术和应用》、《化工过程强化关键技术丛书》等反映行业创新成果和前沿技术的系列专著，同时，还出版了《化学化工大辞典》、《中国材料工程大典》、《英汉・汉英化学化工词汇》等专业工具书。

《机械设计手册》《化工辞典》《化验员读本》自问世以来，深受读者欢迎，一版再版，发行量均达 100 万册以上。

为普及高新科技知识，化学工业出版社组织编纂了由路甬祥院士任编委会主任的《高新技术科普丛书》，第一批出版的有《纳米材料》《膜技术》《生物农药》《绿色化学与化工》《吸附分离技术》等，介绍了化工高新技术的特点、应用与产业发展前景。

2009 年 4 月，为庆祝中华人民共和国成立 60 周年出版了《新中国石油和化学工业 60 年》大型画册。

2. 教材出版

这一时期化工教材主要是国家级重点教材、工人培训教材和引进优秀化工专业教材的翻译出版。

一批化工专业重点教材出版，包括陈敏恒教授主编的《化工原理》(第 2 版)、金日光教授主编的《高分子物理》(第 2 版)、李绍芬教授主编的《反应工程》、欧阳平凯院士主编的《生物分离原理及技术》以及《化工热力学》(第 3 版)等，以及《无机精细化工工艺学》《过程设备设计》《化学工艺学》《化工基础实验》《材料科学与工程基础》《精细有机合成化学与工艺学》《化工热力学》《化工基础》《化工单元操作技术》等，列入化学工程与工艺专业国家级面向 21 世纪课程教材或国家级化工类专业规划教材。

《化学基础》《化学实验技术》《化工单元过程及操作》《化工制图》《环境监

测技术》《无机物定量分析》《工业分析技术》《仪器分析》等入选国家规划多媒体教材。

《有机化学实验单元操作》获得首届中华优秀出版物（电子）奖提名奖。

针对化工行业工人提高实际操作技能的《技术工人岗位培训读本》《工人岗位培训实用技术读本》《技术工人岗位培训题库》等200多种培训教材在注重实用性的同时，可解决生产实践中遇到的各类问题。

第二节　几种有代表性的化工教材与图书出版

一、张洪沅、丁绪淮、顾毓珍编著的《化学工业过程及设备》（1955年）

20世纪50年代中期，由张洪沅、丁绪淮、顾毓珍3位教授共同编写，最终由丁绪淮校定的《化学工业过程及设备》，是我国第一本关于化工原理过程的全国统编教材，为我国化工院校普遍采用。本书于1956年7月由人民教育出版社出版北京第1版，1966年1月由化学工业出版社出版（图12-1）。

图12-1　张洪沅、丁绪淮、顾毓珍编著的《化学工业过程及设备》（上册）封面

二、侯德榜著的《制碱工学》（1959年）

侯德榜有愤于帝国主义者的技术垄断，1932年将多年研究心得写成*Manufacture of Soda*（即《纯碱制造》）一书，1933年在美国出版，将保密达70年之久的索尔维法制碱技术公之于世，为中外学者所共钦。1941年修订，1942年再版，1948年曾译成俄文。1959年，他又结合中国资源情况进行修订补充，并增入他创造的联合制碱法内容，用中文写成《制碱工学》（图12-2），由化学工业出版社出版。

三、《机械设计手册》（1967—2002年）

1967年，化学工业出版社承接《机械设计手册》出版任务，这是采用我国自己的标准、规范，结合设计和生产需要编纂的一部大型实用工具书。《机械设计手册》（第1版），荣获1978年全国科学大会科技成果奖。1994年3月，《机械设计手册》（第3版）全书五卷出齐。1994年4月18日，化工部办公厅与化学工业出版社联合召开“《机械设计手册》发行百万套”庆祝大会。1995年，该书获第七届全国优秀科技图书奖二等奖。2002 年 3 月，《机械设计手册》（第 4 版）1～5 卷全部出版。2016 年，《机械设计手册》已出版到第 6 版（图 12-3）。

图 12-2 侯德榜著的《制碱工学》

图 12-3 《机械设计手册》（第 6 版，第 3 卷）

四、王箴主编的《化工辞典》(1969—2000 年)

由著名化工专家王箴主编的《化工辞典》，1969 年由化学工业出版社出版第一版。因其收词全面、新颖、实用，释义科学、简明、规范，检索查阅方便，长期以来深受广大读者青睐。其第二版于 1982 年获得全国优秀科技图书奖。第 3 版于 1992 年 7 月出版发行，1997 年获化工部科技进步三等奖。《化工辞典》（第 3 版）刚问世不久，德高望重的王箴老先生便与世长辞了。为使这部为广大读者喜闻乐见的传世之作延续下去，经征得王箴之子王建中先生同意，根据王箴先生遗愿，编纂思想、思路和风格，进行了认真修订，于 2000 年出版了第 4 版（图 12-4）。

图 12-4 《化工辞典》（第 4 版）

五、《化工百科全书》(1986—1999 年)

《化工百科全书》（图 12-5）于 1986 年开始编写，1990 年出版第一卷，1998 年底出版最后一卷，历时 13 年之久。全书共 20 卷，4845 万字，是第一部按汉语拼音顺序编排出版的大型专业百科全书，是我国化工史上第一部、世界上第三部化工百科全书。本书由陈冠荣任主编，肖振华任编辑部主任。

图 12-5 《化工百科全书》(20 卷本)

1999 年 9 月 20 日，在第四届国家图书奖颁奖大会上，《化工百科全书》荣获国家图书奖荣誉奖。

六、时钧、汪家鼎、余国琮、陈敏恒主编的《化学工程手册》(1996 年第 2 版)

《化学工程手册》(第 2 版)(图 12-6) 由时钧、汪家鼎、余国琮、陈敏恒 4 位著名化学工程专家、教育家、中国科学院院士主编，由化学工业出版社于 1996 年出版。

4 位教授在“再版前言”中写道：《化学工程手册》(第 1 版) 于 1978 年开始组稿，1980 年出版第一册 (气液传质设备)，以后分册出版，1989 年最后一册出版发行。……最近十几年来，化学工程学科在过程理论和设备设计两方面，都有不少重要进展，计算机的广泛应用，新颖材料的不断出现，能量的有效利用，以及环境治理的严峻形势，对于化工工艺设计提出更为严格的和创新的要求。……第 2 版对于各个篇章都有不同程度的增补，不少篇章还是完全重写的。

《化学工程手册》(第 2 版) 荣获 1997 年第三届国家图书奖提名奖、第八届全国优秀科技图书奖一等奖。

七、《中国化工通史》(2007—2020 年)

《中国化工通史》(图 12-7) 系从 2007 年开始筹划，由中国化工博物馆编著，2014 年由化学工业出版社出版《古代卷》和《行业卷》，2017 年被中国石油和化学工业联合会授予优秀图书二等奖。后改由《中国化工通史》编写组编著，由化学工业出版社于 2019 年出版《区域卷》(含附辑“化工人物剪影”)，2020 年出版《统计卷》。

《中国化工通史》从筹划到最后一卷完成，历时近 14 年之久，约 300 万字。主要由沈渭、周嘉华、刘承彦、余一、刘国杰、李钟模、蔡强、王有成等负责编纂，化学工业出版社李晓红担任责任编辑。

图 12-6 《化学工程手册》（第二版）

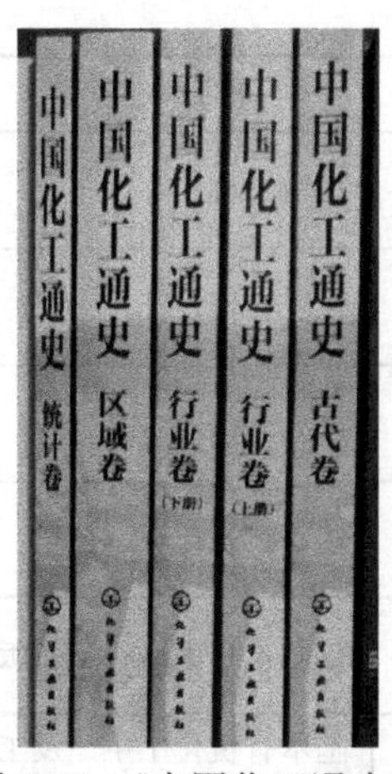

图 12-7 《中国化工通史》

第三节 化工专业部分获奖图书与教材

表 12-1 为 1978—2017 年化工专业部分获奖图书教材。

表 12-1 化工专业部分获奖图书教材（1978—2017 年）

获奖年份	出版物名称	作者	获奖名称
1978	机械设计手册（第 1 版）	《机械设计手册》联合编写组	全国科学大会科技成果奖
1982	化工辞典（第 2 版）	王箴	第一届全国优秀科技图书奖
1987	化验员读本（第 1 版）	刘珍	第二届全国优秀科普作品奖二等奖
1987	化工原理	陈敏恒	第一届全国高等学校优秀教材奖
1987	化工容器及设备	余国琮	第一届全国高等学校优秀教材奖
1988	工业过程模拟化及计算机控制	吕勇哉	第四届全国优秀科技图书奖一等奖
1989	安全基础知识	蒋永明	第三届全国优秀图书奖
1991	乡镇企业实用日用化学品制造技术	孙绍曾	全国星火计划丛书优秀图书奖
1992	高分子化学	潘祖仁	第二届全国高等学校优秀教材奖
1992	药物化学	彭司勋	第二届全国高等学校优秀教材奖
1994	工业过程模拟化及计算机控制	吕勇哉	第一届国家图书奖提名奖
1995	化工过程控制工程	王骧程	全国高等学校化工类优秀教材奖一等奖

续表

获奖年份	出版物名称	作者	获奖名称
1995	反应工程	李绍芬	全国高等学校化工类优秀教材奖一等奖
1995	化工容器设计	王志文	全国高等学校化工类优秀教材奖一等奖
1995	高分子物理	金日光	全国高等学校化工类优秀教材奖一等奖
1995	基本有机化工工艺学	吴指南	全国高等学校化工类优秀教材奖一等奖
1997	化学工程手册（第 2 版）	时钧，汪家鼎，余国琮，陈敏恒，等	第三届国家图书奖提名奖，第八届国家科技图书奖一等奖
1998	基本有机化工生产及工艺	陈性永	第四届优秀教材奖一等奖
1998	无机化学（第 1 版）	蒋鉴平	第四届优秀教材奖一等奖
1998	无机化工工艺学（第 2 版）	陈五平	第四届优秀教材奖一等奖
1998	化工分离过程	陈洪钫	第四届优秀教材奖一等奖
1998	化工原理	张弓	第四届优秀教材奖一等奖
1998	合成氨工艺	赵育祥	第四届优秀教材奖一等奖
1998	化工机械制造与安装修理	楼宇新	第四届优秀教材奖一等奖
1999	农药施用技术	徐映明	受农村读者欢迎的图书
2000	化工工艺学概论（中专）	曾繁芯	第五届优秀教材奖一等奖
2000	化学实验技术基础（中专）	朱永泰	第五届优秀教材奖一等奖
2000	现代基础化学（面向 21 世纪课程教材）	朱裕贞	第五届优秀教材奖一等奖
2000	化工电器及仪表（中专）	尹廷金	第五届优秀教材奖一等奖
2000	化学工程与工艺专业英语（高等）	胡鸣	第五届优秀教材奖一等奖
2001	分析化学手册（第 2 版）（1～10 册）	周同惠，陆婉珍，汪尔康，等	第五届国家图书奖提名奖
2003	材料科学导论——融贯的论述	冯端，师昌绪，刘治国	2003 年度中国石油和化学工业协会科技进步奖一等奖
2004	生态农业——中国可持续农业的理论与实践	李文华	第十四届中国图书奖
2004	有机化学实验单元操作	王庆文，吕义	第四届全国多媒体课件大赛一等奖
2005	高新技术科普丛书	张立德，衣宝廉，闵恩泽，等	中国石油和化学工业协会科学技术奖一等奖
2006	抗肿瘤药物研究与开发	甄永苏	中国石油和化学工业协会科学技术奖一等奖

续表

获奖年份	出版物名称	作者	获奖名称
2007	中国材料工程大典（26卷）	中国机械工程学会，中国材料研究学会，中国材料工程大典编委会	首届中国出版政府奖图书奖
2007	化学进展丛书	戴树桂，张礼和，王梅祥，朱道本，袁权，等	第一届“三个一百”原创出版工程科学技术类图书
2007	化学反应工程（第4版）	朱炳辰	2007年度普通高等教育精品教材
2007	现代酶工程	梅乐和，岑沛霖	2007年度普通高等教育精品教材
2007	化学制药工艺与反应器	陆敏	2007年度普通高等教育精品教材
2008	流态化手册	郭慕孙，李洪钟	第二届“三个一百”原创出版工程科学技术类图书
2008	高级食品化学	汪东风	2008年度普通高等教育精品教材
2008	核材料科学与工程（12本）	李恒德，等	中国石油和化学工业协会科技进步奖一等奖，第二届中华优秀出版物奖图书奖
2008	农民安全科学使用农药必读	梁桂梅	农家书屋必备出版物
2009	精细有机合成技术（第2版）	薛叙明，等	2009年度普通高等教育精品教材
2009	流态化手册	郭慕孙，李洪钟	中国石油和化学工业协会科技进步奖一等奖
2011	流态化手册	郭慕孙，李洪钟	第二届中国出版政府奖图书奖（科技类）
2011	中国富钾岩石——资源与清洁利用技术	马鸿文，等	第三届“三个一百”原创出版工程科学技术类图书
2011	生活的化学	杨金田	第八次向全国青少年推荐百种优秀图书
2011	分析化学原理（第2版）	吴性良，孔继烈	2011年普通高等教育精品教材
2011	化学反应过程与设备——反应器选择、设计和操作（第2版）	陈炳和，许宁	2011年普通高等教育精品教材
2011	药用高分子材料（第2版）	姚日生	2011年普通高等教育精品教材
2011	化工热力学（第3版）	朱自强，吴有庭	2011年普通高等教育精品教材
2011	材料科学与工程基础（第2版）	顾宜，赵长生	2011年普通高等教育精品教材
2011	高分子流变学基础	史铁钧，吴德峰	2011年普通高等教育精品教材
2011	生物高分子——微生物合成的原理与实践	徐虹	2011年度中国石油和化学工业联合会科学技术奖·科技进步一等奖

续表

获奖年份	出版物名称	作者	获奖名称
2011	发酵过程优化原理与技术	陈坚	2011年度中国石油和化学工业联合会科学技术奖·科技进步一等奖
2012	苹果酸工艺学	胡永红，欧阳平凯	2012年度中国石油和化学工业联合会科学技术奖·科技进步一等奖
2012	分子印迹技术及应用	谭天伟	2012年度中国石油和化学工业联合会科学技术奖·科技进步一等奖
2013	高等药物化学	白东鲁，陈凯先	第四届"三个一百"原创图书出版工程科学技术类图书
2013	糖生物工程	张树政	第四届"三个一百"原创图书出版工程·科学技术类图书
2013	低碳经济的工程科学原理	金涌，朱兵，陈定江	2013年度中国石油和化学工业联合会科学技术奖·科技进步一等奖
2013	躲不开的食品添加剂——院士教授告诉您食品添加剂背后的故事	孙宝国	2013年度中国石油和化学工业联合会科学技术奖·科技进步一等奖
2015	现代农药化学	杨华铮，邹小毛，朱有全	第五届中华优秀出版物奖·图书奖
2015	材料图传——关于材料发展史的对话	郝士明	2015年全国优秀科普作品
2016	躲不开的食品添加剂——院士教授告诉您食品添加剂背后的故事	孙宝国	2016年度国家科技进步二等奖（科普类），2015年全国优秀科普作品
2017	呦呦寻蒿记	本书编写组	2017年全国优秀科普作品
2017	海水淡化技术与工程	高从堦，阮国岭	2017年度中国石油和化学工业联合会科学技术奖·科技进步二等奖
2017	世界常用农药色谱-质谱图集（5卷）	庞国芳	2017年度中国石油和化学工业联合会科学技术奖·科技进步二等奖
2018	控制工程手册（上、下）	孙优贤	第四届中国出版政府奖图书奖

第四节　化工专业报刊出版

报刊具有出版周期短、时效性强等特点，对推动科技进步和社会发展有着巨大的促进作用。同时，由于长年累月的积累，报刊也就成了多种专门学科和领域的宝贵的文献库。从这点看，其有别于一般书籍的出版，是另类的出版事业。

一、化工行业报纸

1.《中国化工报》

1984 年，为适应石油和化工行业改革和发展的需要，化学工业部党组决定成立中国化工报社，创办《中国化工报》。1985 年 1 月 5 日，作为化工部的机关报《中国化工报》正式创刊，性质为化学工业部党组机关报。老一辈无产阶级革命家、长期主管化学工业的陈云同志为《中国化工报》题写报头。《中国化工报》发表了薄一波、张劲夫同志的题词。薄一波的题词是：办好《中国化工报》，为促进化工系统的经营管理、提高技术、提高经济效益服务。张劲夫的题词是：希望《中国化工报》为发展我国化学工业，提供信息和各种服务，努力做出贡献。

中国化工报社是我国工业部门中创刊较早的行业新闻出版机构，为宣传我国化学工业的发展进行了大量适时的报道，受到各方面好评。

1987 年，《中国化工报》由国内公开发行扩大为国内外公开发行。1990 年，《中国化工报》正式采用华光电子激光照排系统，告别"铅与火"排版方式。1994 年 6 月 13 日，在第八届产业报双良好新闻评选中，《中国化工报》获一等奖 1 项、二等奖 1 项、三等奖 2 项。到 1995 年初，已从创刊初期的每周一期发展到每周四刊，并在全国产业报中首创英文版《中国化工周报》，面向国外发行。1997 年 1 月 1 日，经新闻出版署批准，《中国化工报》由一周四刊改为日刊。

2002 年，《中国化工报》正式彩色印刷。2004 年，创办《农资导报》，以服务"三农"为办报宗旨，很快成为农资行业广受欢迎的权威报纸。2005 年，《中国化工报》理事会在北京成立，由 32 家行业核心企业组成。截至 2019 年，理事会成员已扩大至近百家行业骨干企业。2009 年，以《中国化工报》为基础，数字报、手机报等新媒体开始实质性运作。2013 年起，《中国化工报》积极适应现代传媒发展趋势，建立起微信、微博、网络视频、化工号等新媒体平台，进一步丰富了媒体传播平台。《中国化工报》已由创刊时的周一刊、对开四版发展到目前的周四刊、对开八版。

1989—2020 年，《中国化工报》组织开展了化工万里行、矿山采风、化工长江行、"十五"国家重点石油和化工工程纪行、美丽化工中国行、年度行业十大新闻暨影响力人物发布、化肥供给侧结构性改革调研、能源化工"金三角"产业协同发展主题调研、新疆能源化工发展主题调研、石油和化工园区可持续发展调研等一系列重大新闻采访、调研报道活动，影响广泛，受到国内外读者的高度关注和好评。2013 年，《中国化工报》被国家新闻出版广电总局评为"中国百强报刊"。2018 年 3 月，该报荣获"第三届全国百强报纸"称号。2019 年 12 月 7 日，该报荣获中国产经媒体"新媒体影响力指数"进步奖。

《中国化工报》自创刊以来，以推动我国石油和化工行业的改革发展为己任，深入行业、深入企业、深入基层，立足行业，服务行业，全方位、全过程地开展行业新闻宣传工作，是行业由小变大、由大变强的见证者、推动者、瞭望者。

获奖情况如下：

（1）中国新闻奖

三等奖 《征费所长挟私报复 山化化肥无法出门——三天损失 200 万元》（消息 1992 年）

铜奖 《背篓里的希望》（图片 1997 年）

三等奖 《马鞍山一全国劳模下岗惹争议》（消息 2001 年）

三等奖 《这样的企业是救星还是魔鬼》（通讯 2003 年）

优秀奖 《新闻反馈》（栏目 2008 年）

三等奖 《这里的污染没人管？》（通讯 2012 年）

三等奖 《一封信引发的环保执法问题讨论》（系列报道 2018 年）

（2）中国摄影金奖

《王府井众生相》（图片 2001 年）

（3）全国人大好新闻奖

二等奖 《贺》（图片 1994 年）

二等奖 《找人大代表去》（特写 1995 年）

三等奖 《报告正在修改》（评论 2001 年）

三等奖 《三颗水珠折射出的政治文明》（评论 2003 年）

三等奖 《务实谋发展》（评论 2004 年）

二等奖 《总理报告没有提石油两字》（评论 2007 年）

三等奖 《人大是社会和谐的关键》（评论 2008 年）

三等奖 《有底气的信心能持久》（评论 2009 年）

其他获全国安全生产新闻奖、中国产经新闻奖、应急管理好新闻奖、首都女新闻工作者协会好新闻奖、国企好新闻奖、全国石油和化学工业新闻宣传奖、拜耳环境记者奖等奖项荣誉数百项。

2.《中国石化报》

《中国石化报》于 1988 年 7 月 1 日创刊。最初为每星期一期，对开四版。到 2020 年已变为每星期五期，对开八版，彩色印刷，每期随主报出版周刊，分别为《油气周刊》《炼化周刊》《营销周刊》《物装周刊》《环球周刊》。

中国石化报社成立于 1988 年 7 月 1 日，是中国石化集团公司直属事业单位，有驻企业记者站 100 多个。2010 年，中国石化报社荣获首届中国现代行业传媒创新奖；《中国石化报》发行量达 13.2 万份。

《中国石化报》创刊以来，以新时代中国特色社会主义思想为引领，按照“高举旗帜、党性立报”的政治要求，做到党管媒体全覆盖、舆论导向全受控，始终坚持“为振兴石化鼓与呼”的办报宗旨，把提升媒体质量、增强传播效果作为生存发展的根本所在，紧随石化行业发展壮大步伐，贴近石化生产，贴近石化企业，贴近石化员工，“走基层、转作风、改文风”，做好新闻舆论工作。通过重大主题报道、先进典型报道、基层一线报道、思想言论引导，以及专题策划、品牌培育、融媒体传播等方式和手段，宣传党和国家方针政策，反映企业和员工心声，全面报道、真实记录、深度解读中国石化行业在新时代书写的新篇章、创造的新业绩和变革的新趋势。《中国石化报》已经成为石化行业颇具影响力的新闻媒体，受到读者的广泛好评。

《中国石化报》以“守正”铸就发展，以“出新”实现跨越，坚持谋新、谋强、谋真，媒体融合工作也走在行业报前列。1997 年，率先建立新闻采编系统，进入网络化、信息化时代。1998 年，正式推出中国石化网络版。2002 年，经国新办批准，创办中国石化新闻网，较早拥有了互联网新闻发布资质，进入了以报为主、报网联动的新阶段。2007 年，建立 EIP 综合信息管理平台。2009 年，中国石化手机报应运而生。2012 年到 2014 年又先后创办中国石化新闻网微博、《中国石化报》官方微信和石化新闻客户端。2015 年，全媒体采编平台建立并投入使用。2017 年，完成了全媒体采编平台 2.0 版和石化新闻 APP 3.0 版升级，建立了行业报首家“融媒体实验室”。经过 30 多年的发展，如今的《中国石化报》已成长为新闻出版广电总局评出的“全国百强报刊”，并由单一的报纸成长为“中国报业融合发展创新百强”。

获奖情况如下：

2013 年，《中国石化报》被国家新闻出版广电总局评为“全国百强报刊”。

2012 年、2013 年，《中国石化报》连续两年被中国媒体品牌联盟评为“中国品牌媒体百强和行业报品牌 10 强”。

2007 年，《中国石化报》“综合业务管理平台 EIP 项目”被中国报协电子技术工作委员会评为 2005/2006 年度中国报协电子技术项目一等奖。

3.《中国石油报》

《中国石油报》是中共中央宣传部批准、中国石油天然气集团公司主管主办，中国石油报社承办的集团公司党组机关报，于 1987 年 1 月创刊，以报道石油天然气勘探开发、炼油化工、管道运输、油气销售为主，涵盖相关产业，以百万石油职工为主要读者群，面向国内外公开发行。荣获“2017 年百强报纸”荣誉。

二、化工行业期刊

中华人民共和国成立后，党和政府十分重视报刊事业的发展。据有关文献介绍，1949 年，全国有期刊 257 种。到 1959 年，全国期刊已达 851 种，其中自然科学期刊增长较快，从1952年的87种增加到356种。我国的化工科技期刊，到“文化大革命”前，大约有20余种。一部分是中华人民共和国成立前延续下来的期刊，如《化学工业》、《化学工程》（前两者后合并成《化学工业与工程》，又更名为《化工学报》）、《中国化学会会志》（后更名为《化学学报》）、《化学》（后更名为《化学通报》）、《化学世界》等；一部分是新创办的期刊，如《橡胶工业》（1953年）、《华东理工大学学报》（原名《华东化工学院学报》，1957年）、《染料工业》（1958年）、《涂料工业》（1959年）、《广东化工》（1959年）、《无机盐工业》（1960年）、《化肥设计》（原名《氮肥设计》，1962年）、《氯碱工业》（1965年）等。

从20世纪70年代初开始，特别是党的十一届三中全会之后，我国陆续引进了一批国外大型化肥和石油化工装置，化工行业呈现了快速发展的态势，一批化工新刊也就应运而生了。如《石油化工》（1970年）、《化学工程师》（原名《黑龙江化工》，1970年）、《燃料与化工》（1970年）、《化学工程》（1972年）、《山东化工》（1972年）、《辽宁化工》（1972年）、《煤化工》（1973年）、《上海染料》（1973年）、《广州化工》（1973年）、《北京化工大学学报（自然科学版）》（原名《北京化工学院学报》，1974年）、《化工设计通讯》（1975年）、《河北化工》（1978年）、《化学试剂》（1979年）、《化工建设工程》（原名《化工施工技术》，1979年）、《化工矿产地质》（原名《化工地质》，1979年）、《现代化工》（1980年）、《轮胎工业》（1981年）、《青岛化工学院学报（自然科学版）》（原名《山东化工学院学报》，1980年）、《化工进展》（1981年）、《工业水处理》（1981年）、《山西化工》（1981年）、《化工标准·计量·质量》（原名《化工标准化与质量监督》，1981年）、《抚顺石油学院学报》（1981年）、《油气储运》（原名《油气管道技术》，1982年）、《低温与特气》（1983年）、《石化技术与应用》（1983年）、《化工技术经济》（后更名为《化学工业》，1983年）、《中国化学工业年鉴》（原名《世界化学工业年鉴》，1984年）、《湖北化工》（1984年）、《计算机与应用化学》（1984年）、《化工统计与信息》（1984年）、《油田化学》（1984年）等。截止到1996年底，由化工部管理的期刊，已超过70种。

1978年，全国共有期刊930种；到1996年底，增至7916种，其中社科类3631种，科技类4285种，我国已步入世界期刊大国的行列。

为了从期刊大国向期刊强国跨越，党和政府采取了一系列措施。一是多次对期刊进行了治理整顿，特别是要求各部委主管部门要对期刊编辑人员进行培训。化工系统从1997年以来，已举办过多次培训班，有200多名刊物的主编、副主编或编辑受到了系统的业务培训，领取了由新闻出版署颁发的合格证书，大大提高了编辑人员的业务素质。二是从1992年起，连续多次开展了全国性或行业性期刊评比活动，有力地提高了期刊的质量和水平。

1992年，国家科委、中共中央宣传部、新闻出版署联合发文《关于开展全国优秀科技期刊评比工作的通知》，将科技期刊分为综合类、学术类、技术类、科普类和检索类 5 大类。此次评比，获奖期刊 351 种，约占科技期刊总数的 10%。其中一等奖 50 种，二等奖 100 种，三等奖 201 种。化工期刊获奖情况，详见表 12-2。

表 12-2 1992 年首届全国优秀科技期刊评比化工期刊获奖情况一览表

获奖刊物	奖项	名次
合成橡胶工业	一等奖	第 7 名（共 50 种）
现代化工	一等奖	第 14 名（共 50 种）
橡胶工业	一等奖	第 47 名（共 50 种）
化工机械	二等奖	第 28 名（共 100 种）
石油学报	二等奖	第 40 名（共 100 种）
石油炼制	二等奖	第 41 名（共 100 种）
石油化工	二等奖	第 87 名（共 100 种）
中国化工文摘	二等奖	第 98 名（共 100 种）
广州化工	三等奖	第 13 名（共 201 种）
辽宁化工	三等奖	第 42 名（共 201 种）
化学试剂	三等奖	第 68 名（共 201 种）
化工自动化及仪表	三等奖	第 108 名（共 201 种）
燃料与化工	三等奖	第 127 名（共 201 种）
天然气化工	三等奖	第 135 名（共 201 种）

1996 年，国家科委等三部委又发文开展了“第二届全国优秀科技期刊”评比工作。获奖期刊 425 种，其中一等奖 60 种，二等奖 120 种，三等奖 245 种。并规定，获奖期刊两年内免年检，获一等奖期刊可直接参加第三届全国优秀科技期刊评比总评。化工期刊获奖情况，详见表 12-3。

表 12-3 1996 年第二届全国优秀科技期刊评比化工期刊获奖情况一览表

获奖刊物	奖项	名次
合成橡胶工业	一等奖	第 18 名（共 60 种）
石油地球物理勘探	一等奖	第 39 名（共 60 种）
石油炼制与化工	一等奖	第 40 名（共 60 种）
现代化工	一等奖	第 46 名（共 60 种）
油气储运	一等奖	第 49 名（共 60 种）
石油化工	二等奖	第 66 名（共 120 种）
云南化工	二等奖	第 86 名（共 120 种）
北京化工大学学报	三等奖	第 3 名（共 245 种）

续表

获奖刊物	奖项	名次
化工机械	三等奖	第 67 名（共 245 种）
化工自动化及仪表	三等奖	第 68 名（共 245 种）
天然气化工	三等奖	第 158 名（共 245 种）
涂料工业	三等奖	第 163 名（共 245 种）

1999 年，新闻出版署组织举办了“首届国家期刊奖”评比。化工期刊获奖情况，详见表 12-4。

表 12-4　1999 年首届国家期刊奖化工期刊获奖情况一览表

获奖刊物	奖项
石油炼制与化工	国家期刊奖（科技）
合成橡胶工业	国家期刊奖（科技）
现代化工	国家期刊奖（科技）
油气储运	国家期刊奖提名奖（科技）

2001 年，科技部组织了“科技期刊方阵”评比活动，化工期刊列名情况，详见表 12-5。

表 12-5　2001 年科技期刊方阵化工期刊列名情况一览表

列名刊物	列名
石油炼制与化工	双高期刊
现代化工	双奖期刊
油气储运	双奖期刊
石油化工	双百期刊
石油学报	双百期刊
北京化工大学学报（自然科学版）	双效期刊
石油化工自动化	双效期刊
涂料工业	双效期刊
化学试剂	双效期刊
燃料与化工	双效期刊
高分子材料科学与工程	双效期刊
高校化学工程学报	双效期刊
工业水处理	双效期刊
华东理工大学学报	双效期刊
化工进展	双效期刊

续表

列名刊物	列名
化工学报	双效期刊
计算机与应用化学	双效期刊
膜科学与技术	双效期刊
齐鲁石油化工	双效期刊
中国化工信息	双效期刊

2002 年，新闻出版署组织举办了“第二届国家期刊奖”评比。化工期刊获奖情况，详见表 12-6。

表 12-6 2002 年第二届国家期刊奖化工期刊获奖情况一览表

获奖刊物	奖项
石油炼制与化工	国家期刊奖提名奖
现代化工	国家期刊奖提名奖
石油化工	国家期刊奖提名奖
橡胶工业	国家期刊奖百种重点科技期刊

2002 年，中国石油和化学工业协会组织了“第五届全国石油和化工行业优秀期刊”评奖活动。荣获一等奖的期刊，详见表 12-7。

表 12-7 2002 年荣获第五届全国石油和化工行业优秀期刊一等奖一览表

获奖刊物	刊物类别	获奖人员
石油学报	学术类	杨 茁 孟伟铭 张君娥 张占峰 张 怡
化工学报	学术类	汪家鼎 李成岳 时铭显 朱自强 赵颖力 黄丽娟 王 琳 史来娣
中国化学工程学报（英）	学术类	陈家镛 余国琮 毛在砂 汪文川 廖叶华 吴 刚
膜科学与技术	学术类	申为中 周慧珠 董菁华 刘颐荣 王 珏 刘宪秋
橡胶工业	专业技术类	陈志宏 黄丽萍 许炳才 黄家明 黄向前 吴淑华 储 民 赵 明
现代化工	专业技术类	张立萍 赵秀云 沈汉生 罗亚敏 胡世明 张淑兰
化工进展	专业技术类	蒋楚生 李建斌 黄丽娟 王友军 戴燕红 张 荣
中国化工信息	专业技术类	王晓雪 马国华 马从越 孙善林 陈 玉 苏晓渝 李丹蕾 吴振绮 邬新民 路元丽 李海军 栗 欣 胡晴燕 陈 霞 啜 亮

续表

获奖刊物	刊物类别	获奖人员
工业水处理	专业技术类	刘艳飞 李绍全 王月卿 郭伽南 明云峰 刘魁元 刘恩义 乐志强
涂料工业	专业技术类	竺玉书 谢凯成 顾素静 张昱斐 赵晓东 付雪雁 严　杰 叶超美
硫酸工业	专业技术类	王海帆 郭景芝 黄　新 胡小云 王爱群 纪罗军
石油物探	专业技术类	杨勤勇 潘申平 张仪宁 朱文杰
化学试剂	专业技术类	李建华 杨　献 张春霞 徐理阮 树向辉
化工机械	专业技术类	朱　越 王　方 包东生 张来蒙 白妮玲
齐鲁石油化工	专业技术类	高步良 丁希良 吴翠红 徐晓东 殷树青
精细化工	专业技术类	邵玉昌 许国希 薛桂芬 龚叶南 张靖一 曲　蕾 葛培元
磷肥与复肥	专业技术类	刘　丽 孙以中 许秀成 汤建伟 许忠莉 赵欣加
化学工程	专业技术类	王抚华 王重新 曲　莹 梁少晖 逯志宏 于春艳
染料工业	专业技术类	肖　刚 杨　威 徐龙鹤 宋　玮 孙朝晖
化工环保	专业技术类	陈殿英 徐怡珊 刘建新 张铁锺 吴　鹏 王淑惠
化工自动化及仪表	专业技术类	高长春 周江萍 缴志华 马雪珍 刘　凤 李映霞
油气储运	专业技术类	杨祖佩 柳广乐 刘春阳 孟凡强 张淑英 张彦敏 吕　彦 陈桂明
化工技术经济	专业技术类	史献平 王振亚 赵荣忠 魏小卉 祁　颖 郑秋梅
无机盐工业	专业技术类	宁延生 刘其昌 张秀娟 武换荣 刘　钧 赵世忠
工业催化	专业技术类	房根祥 郑承献 李玲莉 陈锦波 郭　莉 李念念
聚氨酯工业	专业技术类	刘益军 张骥红 陈双飞 陈　峰 庞华章
石油化工设备	专业技术类	孙晓明 杨本灵 张漪芳 杜金绳
上海化工	地方技术类	姚锡福 徐子成 刘用华 董明柏 张松涛 林福海 周慧君 涂　闽 黄玉芳 朱伟青
应用化工（原《陕西化工》）	地方技术类	王思晨 朱明道 崔　军 曹　飞 朱建华 康福海
山东化工	地方技术类	张裕丁 张福田 张荣斌 李学军 王国卿 张晓谦
中国化学化工文摘	综合（检索）类	揭玉斌 龚文君 王晓红 许胜利 张　蓓 朱　蕊 刘兰英 郭　彦

2004 年，新闻出版署组织举办了“第三届国家期刊奖”评比。化工期刊获奖情况，详见表 12-8。

表 12-8 2004 年第三届国家期刊奖化工期刊获奖情况一览表

获奖刊物	奖项
现代化工	国家期刊奖
化工学报	国家期刊奖提名奖
石油炼制与化工	国家期刊奖提名奖
石油学报	国家期刊奖百种重点期刊
化工机械	国家期刊奖百种重点期刊
橡胶工业	国家期刊奖百种重点期刊

第五节 化工出版机构

1953 年 1 月，重工业出版社成立，承担冶金、化工和建筑材料等专业图书的出版任务。1956 年 5 月，重工业部分为冶金、化工和建筑材料 3 个工业部，重工业出版社也随之一分为三。1956 年 6 月，化学工业出版社成立。原轻工业出版社橡胶、医药专业图书的出版任务，随工业部门机构的调整，也转到化工出版社。1959 年以后，根据文化部的统一安排，化工高等、中等院校的专业教材，也归口到化学工业出版社出版。

1960 年冬，在贯彻“调整、巩固、充实、提高”方针中，各工业部门所属专业科技出版社合并，成立统一的中国工业出版社，但各专业图书编辑部仍留在各部委内，中国工业出版社负责印刷、出版、发行等。化工出版社撤销后，化工图书编辑室设在化工部化工技术情报研究所（简称情报所）内，继续进行化工图书编辑工作。1962 年，国家科委设立宣传出版局，在业务上归口领导各部委的科技出版工作。1963 年 9 月，化工部为贯彻全国出版会议精神，召开了化工科技出版会议，会上还审议了化工图书编辑室拟定的《化工科技图书十年（1963—1972 年）选题规划》。1965 年 5 月，化工图书编辑室从情报所分出，化工出版社恢复建制。

“文化大革命”期间，化工出版工作遭到很大的冲击，工作几乎停顿，但留下的一部分工作人员仍坚持出版工作。1969 年 1 月，化学工业出版社与化工情报所合署办公，隶属化工部。化学工业出版社对外独立开展业务。1970 年 6 月，化学工业部、煤炭工业部和石油工业部合并为燃料化学工业部，简称燃化部。随之，化学工业出版社、石油工业出版社、煤炭工业出版社合并成立燃料化学工业出版社。该机构设在燃料化学工业部科技情报研究所，对内称“燃料化学工业科技情报研究所出版组”，对外为“燃料化学工业出版社”，隶属燃化部。1975 年 1 月，燃化部撤销，分为石油化学工业部和煤炭工业部。1975 年 5 月，燃料化学工业出版社撤销，成立石油化学工业出版社和煤炭工业出版社。石油化学工业出版社仍实行所社合一制，机构设在石油化学工业部科技情报研究所内，对内称“石油化学工业部科技情报研究所出版组”，对外为“石油化学工业出版社”，隶属石油化学工业部。1978 年 3 月，石油化学工业部撤销，成立化学工业部。化工出版社于同年 8 月从化工部情报所中分出单独建制，定为正局级单位，隶属化工部。

回眸化工出版机构的沿革及其取得的成就，可以用 1993 年 9 月 22 日化工部部长顾秀莲在庆祝化工出版社成立 40 周年大会上的讲话加以概括。她说：化工科技出版工作，是化工科技事业乃至整个化工行业的一个组成部分，化工科技出版工作的改革与发展，对提高化工行业劳动者的素质，推进化工科技进步，有着重要意义。

一、化学工业出版社

化学工业出版社（简称化工出版社）是一家具有突出特色和品牌影响力的大型专业出版社，其前身可以追溯到 1953 年 1 月重工业出版社的成立。1956 年，化工出版社独立建制，后历经数次变迁，于 1978 年再一次独立建制至今。化工出版社坚持“服务读者、面向市场、立足化工、传播科技”的出版宗旨，秉持“严谨、创新、合作、诚信”的核心价值观，实施“出精品、树品牌、创高效”的经营理念，始终把坚持正确的出版方向、坚持社会效益第一作为工作的出发点和立足点，以改革创新、开拓发展为首要任务，走内涵式发展之路。出版领域涉及专业图书、科技教材、大众读物、科技期刊、电子出版物和数字出版物等几大门类。2010 年 12 月，化学工业出版社由事业单位转为出版企业，实现了规模更大、实力更强、质量更优的发展，连续四次荣获“中国出版政府奖（先进出版单位奖）”，连续 14 年获“中央国家机关文明单位”称号，连续多年获北京质量协会“出版物优质奖”，荣获“全国百佳图书出版单位”称号，是国家一级出版社。

作为化工出版事业的中流砥柱，化学工业出版社出版了大量化学化工专著、应用技术图书、工具书、化学化工专业教材和化工行业工人培训教材。有数百种化工专业书刊和教材获得国家级或省部级优秀图书教材奖或科技进步奖。其中：《机械设计手册》（第 1 版）获全国科学大会科技成果奖；《化工辞典》（第 2 版）获得第一届全国优秀科技图书奖；《化工原理》（陈敏恒主编）、《化工容器及设备》（余国琮主编）、《高分子化学》（潘祖仁主编）、《反应工程》（李绍芬主编）获得全国高等学校优秀教材奖；《化工百科全书》获国家图书奖荣誉奖和全国优秀科技图书奖暨科技进步奖（科技著作）一等奖；《化学工程手册》（第 2 版）、《工业过程模拟化及计算机控制》、《分析化学手册》（第 2 版）获国家图书奖提名奖；《中国材料工程大典》（1～26 卷）、《流态化手册》和《控制工程手册》获中国出版政府奖图书奖；《化学进展从书》《流态化手册》入选新闻出版总署“三个一百”原创出版工程；《现代农药化学》、《核材料科学与工程》（12 册）获中华优秀出版物奖图书奖；还有《化验员读本》《涂料工艺》《化工学报》《中国化工通史》等一大批获奖优秀书刊在学术性和实用性方面都堪称精品，在广大读者中建立了良好的信誉，受到了社会各界的好评。

化学工业出版社以市场为导向，以科技和教育发展趋势为依据，以自身优势为基础，在石油化工科技图书编审委员会以及全国化学化工和相关行业专家学者的支持下，不断强化核心竞争力，努力开拓专业出版，在化学、化工、材料、环境、轻工、农业、能源、机械、安全、生物等板块的实体店零售市场占有率一直保持领先地位，近百种出版物荣获国家级优秀图书和杰出学术期刊奖，3000 多种出版物获得省部级以上奖励，有 30 个重点出版项目获得国家出版基金支持，120 多种专业图书获国家科学技术学术著作出版基金资助。此外，化学工业出版社有 10 多个化学化工专业数字出版项目和创新出版工程入选国家新闻改革发展项目库，获得国家财政支持，并于 2014 年入选中央文化出版企业数字化转型示范单位。

化学工业出版社积极开展对外交流与合作，先后与俄罗斯、日本、德国、美国、英国、荷兰、以色列等国家及中国香港、台湾等地区的科技界和出版界进行合作，出版了一系列科技著作和生产技术用书。在建设文化强国方针的指引下，化学工业出版社正在向着“国内一流、国际有影响力的出版企业”的发展目标不断迈进，努力建设成为导向正确、品牌优秀、特色鲜明、效益优良、极富活力的现代出版企业。

二、石油工业出版社

石油工业出版社的前身是中华人民共和国成立最早的燃料工业出版社，1956 年正式成立石油工业出版社，2011 年完成转制后变更为石油工业出版社有限公司。石油工业出版社是中国石油科技工作、中国石油院校教材建设工作、中国石油员工队伍建设和中国石油企业文化建设的重要组成部分，是中国石油天然气集团公司直属机构，中央科技出版社。1995 年以来，连续荣获国家良好出版社称号。

石油工业出版社秉承多年来形成的 “选题策划精耕细作、图书内容精益求精，出版印制精雕细刻，市场开发精诚创意，经营管理精打细算，队伍建设精兵强将”的优良传统与作风，充分挖掘国内外优良的石油科技出版资源，重视重大出版工程建设，形成了以石油科技出版、石油教材出版、大众出版、石油行业标准出版，以及《中国石油天然气集团公司年鉴》、*China Oil & Gas*、《中国石油勘探》、《石油科技论坛》为主要出版领域的业务架构，每年出版图书近 2000 种。

“十一五”以来，石油工业出版社连续获得的重要图书奖项有中国出版政府奖（图书）提名奖，中华优秀出版物提名奖，国家新闻出版广电总局“三个一百”原创出版工程奖，中组部全国党员教育培训教材交流活动优秀教材奖，中国石油和化学工业优秀出版物一等奖，中国版协国际合作出版工作委员会全国输出版和引进版优秀图书，中石油集团公司科技进步一等奖等。《中国石油勘探开发百科全书》获中国版协“向中华人民共和国成立60周年献礼优秀科技图书奖”。

三、中国石化出版社

中国石化出版社有限公司（简称石化出版社）是中国石油化工集团公司主管和主办的中央级科技出版社。其前身是烃加工出版社，于 1984 年 12 月经文化部批准成立；1992 年 12 月经国家新闻出版署批准，更改为中国石化出版社。2010 年 12 月，按照中央文化体制改革领导小组统一部署，完成转企改制，更名为中国石化出版社有限公司。2016 年中国石化出版社有限公司与中国经济出版社整合组建中国石化出版有限公司。

石化出版社主要出版石油天然气、石油炼制、石油化工、石油产品、石油化工装备、石油石化安全生产和环境保护等方面的科技图书、手册工具书、大中专教材、职工培训教材和行业标准规范等。

石化出版社的办社宗旨是：高举中国特色社会主义伟大旗帜，以邓小平理论和“三个代表”重要思想为指导，严格遵守党和国家的出版政策和规定，坚持正确的出版方向，始终把社会效益放在首位，为石油石化工业服务，努力建设具有鲜明专业特色的科技出版社。

四、华东理工大学出版社

华东理工大学出版社是由教育部主管、华东理工大学主办的综合性大学出版社。在三十多年的发展历程中，该出版社依托母体大学的学科专业优势，始终坚持为教学科研服务、为科教兴国战略服务的方针，始终践行“学术立社，明道传薪，打造精品，惠泽学人”的出版理念，在理工、社科、外语、基础教育图书等方面形成了一定的出版规模和特色。《当代化学化工学术精品丛书》、《经典化学化工高等教育译丛》、《中国能源新战略——页岩气出版工程》（第二辑）、《化学品风险与环境健康安全（EHS）管理丛书》等入选“十三五”国家重点出版规划。

五、应急管理出版社（原煤炭工业出版社）

应急管理出版社成立于 1951 年，是由应急管理部和中国煤炭工业协会主管、应急管理部信息研究院主办的中央级出版社。出版社立足煤炭工业和安全生产领域，组织编写和出版了大量具有很高价值的科技著作，迄今已达上万种，印数达到数亿册。

20 世纪 80 年代以来，出版社出版的图书获国家图书提名奖 2 种、荣誉奖 1 种、中国图书奖 1 种，获全国优秀科技图书一等奖 1 种、二等奖 8 种、三等奖 2 种，获国家优秀教材特等奖 1 种、一等奖 3 种、二等奖 3 种、三等奖 2 种、优秀奖 1 种，获行业各种奖项 23 种，为煤炭工业的发展和科学技术的进步做出了积极贡献。

六、冶金工业出版社

冶金工业出版社是编辑出版冶金类图书的专业出版社，成立于 1953 年 1 月，其前身是重工业出版社。

出版社除完成冶金科技图书的编辑出版任务外，还承担《冶金报》《金属学报》《钢铁》《有色金属》等 20 余种期刊、报纸的出版印刷任务，每年出版图书 700 余种，有一批适应冶金工业发展需要的图书受到读者好评。其中，《合金钢手册》《砂岩铜矿地质——滇中砂岩铜矿床的实践与认识》获全国科学大会奖；《制氧工问答》获全国新长征优秀科普作品奖；《浮选药剂》《钢结硬质合金》《线材生产》等获全国优秀科技图书奖。

七、机械工业出版社

1952 年 12 月 20 日，科学技术出版社与原华东工业部所属《生产与技术》杂志社合并，改由第一机械工业部领导，并正式命名为机械工业出版社。

发展至今，机械工业出版社已逐步形成了完整的信息采集、加工、传播和服务体系，产品涵盖图书、期刊、数据产品、音像制品、电子出版物，是集纸介媒体、视听媒体、网络媒体为一体，研究、出版、培训、印刷、发行、分销纵向一体化的行业领先的多领域、多学科、多媒体的大型综合性专业出版集团。

八、中国轻工业出版社

中国轻工业出版社成立于 1954 年 10 月。该社出版的《区域经济学原理》获中宣部“五个一工程奖”，《非典型肺炎不可怕》获国家图书特别奖，《中国酿酒科技发展史》荣获第十届全国优秀科技图书奖。

九、中国石油大学出版社

中国石油大学出版社成立于 1987 年 11 月，是由教育部主管、中国石油大学主办的综合性出版单位。建社以来，随着学校更名，历经华东石油学院出版社、石油大学出版社、中国石油大学出版社三个发展阶段。2007 年 10 月，经国家新闻出版总署批准，设立中国石油大学音像电子出版社有限公司。出版社成立至今，累计出版图书近 6200 种，年出版图书 600 余种，音像电子制品 100 余种。《石油天然气工程多相流动》获得 2013 年度国家出版基金项目资助，《煤层气开发理论与工程实践》获得 2014 年度国家出版基金资助，并有多种图书获得省部级奖励。

第十三章 中华人民共和国化工情报事业

科技情报（信息）事业包括收集、整理、研究和传递科学技术信息等一系列工作，是科学技术事业的一个重要组成部分。

人类有意识的信息活动，可以追溯到古代先人们依靠信息来认识自然和社会，并用来改造自然和社会。但信息科学和信息工作作为一项国家事业或产业，大约始于 20 世纪 40 年代，特别是在第二次世界大战中，随着战争和武器发展的需要，逐步在军事情报的基础上形成了科技信息系统，并得到迅速发展。之后随着社会经济的发展，科技信息与经济信息紧密结合，逐步形成了一项新兴的事业或产业。信息也同能源和材料一样，被列为经济发展的“三大要素”，成了信息化社会的重要组成部分，并日益显示出它的重要地位和作用，受到前所未有的重视。

第一节 改革开放前的情报工作

早期的化工科技情报工作往往和传统的学会、图书馆、科技期刊编辑出版交织在一起。1922 年 4 月成立的中国化学工业最早的社团组织——中华化学工业会，于 1923 年 1 月就创办了会刊《中华化学工业会会志》，内容包括化工新闻、新书介绍等。1946 年又创办了《化学世界》，以普及化学知识、促进化工发展为主要内容。该学会创办的化工图书馆，至 1946 年，已拥有化学化工期刊五六十种，其中英、德、法、意、日文都有，全部图书共 6000 余册。1934 年，中国化学工程学会以刊登化学工程和应用化学科研论文为主要内容，创办了会刊《化学工程》。

中华人民共和国成立后，化工科技情报工作受到了党和政府特别是科研单位的重视。据说，早在 20 世纪 50 年代初我国最早组建的沈阳化工综合研究所（简称沈阳所），就设有情报机构和专职情报人员；沈阳所一分为四后，各研究院也都设有情报机构或专职情报人员。当时主要以收集、翻译、研究国外化工科技情报为主，有的情报人员精通俄、英、德、法、日等几门甚至十几门外语，受到人们尊崇。

1956 年，毛泽东主席向全国人民发出了“向科学进军”的号召。国家制订了《1956—1967 年科学技术发展远景规划》（简称“十二年科技规划”），将建立专门的科技情报事业作为发展科学技术不可缺少的重要组成部分和一项紧急措施，并列入了“十二年科技规划”。

1956 年化工部成立不久，第一任部长彭涛同志十分重视化工科技情报工作。他亲自组织编写了化工 16 个行业的基本情况及主要化工产品的生产流程、消耗定额和基建投资定额等资料手册，供中央和地方领导在研究化学工业问题时参考。1957 年 12 月，化工部在技术司内设立技术情报组，由李复生分管情报组工作，化工科技情报工作开始筹建。几个主要化工科研、设计院（所），在技术经济研究室内陆续设置了技术情报组，开展了一些文献索引和文献调查工作。

1958 年 5 月，国务院批准的《关于开展科学技术情报工作的方案》，对建立全国科技情报工作体系，发展专业和地区的科技情报事业机构等作出了明确的规定。同年 12 月 8 日，化工部颁发了《化学工业技术情报工作方案》（以下简称《工作方案》），确立了化工科技情报工作的体制。根据化工部门专业多、布局广的特点，结合当时机构的设置，决定在化工部直属的 11 个研究院（所），对口设置了 11 个专业情报中心站，为本行业开展技术情报服务；建议各省、自治区、直辖市化工厅（局）建立技术情报机构，作为化工技术情报网的地区枢纽，开展本地区的化工技术情报工作；要求各化工厂矿和研究设计单位设立技术情报组或专职情报员，承担本单位的技术情报工作。同时，将设在化工部技术司内的技术情报组扩充为情报室。现在的全国石油化工、合成树脂及塑料、农药、染料、无机盐、化肥、硫酸、涂料、化工机械及设备等信息（总）站（中心）等（名称和挂靠单位时有变化），就是在那一时期最早建立起来的。根据《工作方案》，上海市化工局组建了上海化工技术情报网，成立了上海化工技术情报中心站，具体工作指定由上海化工研究院负责进行；天津市化工科技情报总站也宣告成立，设在天津市化学工业研究所内；四川省化工技术情报中心站设在省化工厅技术处。不少化工厂（矿）和研究院（所）也都根据《工作方案》的要求，逐步建立起了技术情报组，承担起本单位的技术情报工作。这一系列的工作，为以后形成全国化工科技情报网打下了基础。

1959 年 1 月，在全国化工科技工作会议上，专题讨论了化工技术情报工作，提出化工技术情报工作面向生产、科研的方针。1959 年 5 月 11 日，在化工部技术司情报室的基础上，成立了化工部化工技术情报研究所，简称情报所，由李复生任所长，代部协调化工系统的情报工作。1960 年，化学工业出版社撤销，化工图书编辑室并入情报所。在李复生所长主持下，化工情报事业的开拓者们进行了许多创业性的工作。

1959 年到 1961 年，西方国家对我国实行经济和技术封锁，苏联中断了对我国的技术援助。化工科技情报人员发扬自力更生、奋发图强的精神，一方面迅速整理和及时报道已经搜集到的科技情报；另一方面利用各种渠道多方开辟科技情报来源。

从 1962 年起，随着我国国民经济的调整和发展，化工科技情报工作也相应发展。1962 年 8 月，在总结化工科技情报工作实践经验的基础上，化工部下达了《关于加强化工技术情报工作的十二条意见》，进一步明确化工科技情报为生产、科研和领导决策服务的方向；规定了化工科技情报中各级情报机构的性质与分工；提出了“广、快、精、准，国内外并举，当前与长远相结合，加强基础工作”的情报工作方针，以及情报工作的任务与方法等。

这一时段，在情报所所长胡安群的积极组织下，至1965年，共建成全国性专业技术情报中心站24个，地区性化工技术情报中心站27个，出版技术情报刊物20余种。以情报所为龙头，各化工企业为基础，以各专业情报站和地区情报站为经纬的化工情报组织网络基本建成，并形成了一支约700人的专业科技情报队伍。1965年7月，化工图书编辑室从情报所分出。

这一时段，化工科技情报工作的内容起初主要是情报报道。化工部技术情报室首先创办了《化工技术快报》，以后陆续出版了《化工技术资料》及一部分专业分册，以及几个主要行业的《文摘卡片》和《译丛》等。

1964年，情报所对129项化工科技情报效果进行了调查，确认情报工作发挥了三大作用。一是为生产建设服务，如大连染料厂采用1962年出版的《化工技术资料》染料专业分册中“邻苯二甲酸酐生产改进途径”一文中的部分建议，使产量提高了30%左右；二是为科学研究服务，如西南化工设计研究院在设计甲醛中间试验时，由于参考了天然气情报中心站提供的有关年产3000吨甲醛的研究资料，解决了设计反应器的关键问题；三是为编制规划服务，如情报所为配合我国《1963—1972年科学技术发展规划纲要》的编制，提供了关于《我国石油化工发展道路》等20篇资料。1965年至1966年初，为配合我国化学工业第三个五年计划的编制，全国化工系统有近200个情报单位参加，进行了第一次大规模的国内外情报调研，在一个半月的时间里，提出了化工各行业国内外情况及赶超建议资料55份，共计300多万字。这套资料对化工各主要行业乃至主要品种的国内外产量、原料构成、工艺路线、技术经济指标及其差距等，进行了详细的分析对比，并对我国化学工业的生产和科研发展的方向提出了建议。这次情报调研不仅为编制规划提供了系统的参考资料，而且检阅了化工系统的情报力量，锻炼了情报队伍。

“文化大革命”期间，刊物停办，专业信息站被取消，情报人员下放，大量资料散失，交流渠道堵塞，基础工作受到严重破坏。但就在这十分艰难的处境下，广大情报人员还是进行了顽强的抵制和奋力拼搏。情报所多次联合组织了全国性的农药、化肥等行业的实地情报调研。化肥、石油化工、塑料、橡胶等行业的情报机构，多次以情报协作组的名义，举办全国性情报交流。这些活动受到生产企业和科研、设计单位的热情欢迎和大力支持。1968年，为配合编制化学工业第四个五年计划，情报所组织了第二次大规模的化工情报调研。至1970年，陆续编写出了一套《化工产品品种基础资料》，共27个分册，约500多万字。这套资料简要地介绍了国内外几千个主要化工产品的性能、生产方法、用途等基本情况。从1972年起，为配合化肥工业、石油化工及其他化工行业的发展，又陆续编写出版了《化学工业支援农业》等一批情报调研报告；先后提出了“重点发展我国石油化工”“调整氮磷钾肥比例，发展高效复合肥料”“合成氨原料转向石油和天然气”“要重视磷矿质量”“建设大型化肥和石油化工装置”“开发金属阳极和离子隔膜烧碱技术”“研制高效低毒农药品种”等比较系统的参考资料和重要建议，充分发挥了科技情报的积极作用。

化工情报机构也几经变化。从 1966 年至 1969 年，情报所处于停顿或半停顿状态。1969 年化工部军管会撤销情报所，大部分干部下放“五七”干校。1970 年 7 月，化工部、煤炭部和石油部合并成立燃化部，同时成立燃化部科技情报研究所。1975 年 7 月，燃化部情报所撤销，成立石油化工科技情报研究所。1978 年 8 月，石油化学工业部撤销，化学工业部成立，并决定成立化学工业部科技情报研究所，仍简称情报所，直到 1992 年中国化工信息中心成立。在机构频繁变动期间，广大情报人员仍做了大量工作。1973 年，在“侧重战略，侧重国外，侧重对上服务”的思想指导下，加强了对国外化工发展动向的监测，开展了有组织的全国调查，提出了许多针对性较强的分析研究报告。1977 年，为配合全国科学大会的召开和科研规划的编制，组织编写了一套《国外化学工业生产科研水平参考资料》，共 19 份；编写《国外国防化工生产科研水平参考资料》，共 17 份；编写《国外化学工业七十年代动向》，共 18 份。

第二节　新时期情报工作的转变与拓展

党的十一届三中全会之后，我国化工生产建设和科技进步开始全面恢复和快速发展，化工情报事业也逐步由原来的计划经济模式向社会主义市场经济嬗变，其业务不断拓展与壮大。

1978 年 9 月，化工部下达了《关于建立化学工业部专业科技情报中心站的通知》，第一批恢复和组建了石油化工等 32 个专业站。各省、自治区、直辖市化工厅（局）也纷纷建立了地区情报站，化工企事业单位也都陆续设置了相应的情报机构。1978 年 11 月 27 日，在重庆召开了第一次全国化工科技情报工作会议，讨论了《1979—1985 年化工科技情报工作发展规划》。1980 年 7 月，中国科学技术情报编译出版委员会（80）科情字编第 65 号文，批准情报所从 1981 年起创办《现代化工》双月刊，邮局公开发行。1980 年 11 月 22 日，在南京召开的化工情报工作会议上，讨论修改了《关于加强国内化工情报交流的几点意见》《关于在科技情报工作中加强经济管理的几点意见》《关于科技情报工作条例（试行）》和《关于当前办好全国性化工专业科技情报刊物的几点意见》。1980 年 12 月，化工部以（80）化情字第 1497 号文下发《关于印发在化工科技情报工作会议上讨论的四个文件的通知》。

1977 年至 1983 年，情报所和各专业情报站为配合化学工业第五、第六个五年计划，不断进行国内外情报调研，先后提供了《国外化学工业七十年代发展动向》《国外化学工业生产科研水平参考资料》《国外国防化工生产科研水平参考资料》《二〇〇〇年化学工业展望》《二十一个国家和地区的化学工业》《合成树脂及塑料品种手册》《有机原料手册》《化工产品技术经济手册》《化学工业新技术革命参考资料》《化学工业规划参考资料》《世界精细化工手册》（图 13-1）等数千万字的调查研究报告及背景材料。这些调研材料，系统地反映了国内外化学工业主要行业的生产技术水平和发展趋势，为确定化工生产和科研发展方向，进一步发挥了耳目和参谋作用。1984 年 1 月，《世界化学工业年鉴》（中、英文版，后更名为《中国化学工业年鉴》）（图 13-2）出版发行。

图 13-1 《世界精细化工手册》封面

图 13-2 《世界化学工业年鉴》创刊号（1984 年）封面

进入 20 世纪 80 年代以后，计算机开始在我国逐步得到推广应用，1983 年 10 月 29 日，经国务院批准，化工部成立计算中心，欧本年任主任。计算中心（由杨友麒主导）与北京化工学院合作开发的“通用化工流程模拟系统（稳态和动态流程模拟系统）”获 1986 年度化工部科技奖励二等奖。1988 年为适应经济发展的需要，计算中心更名为化工部经济信息中心，杨伟才、蔡建新相继任中心主任。化工经济情报的收集、分析和研究成了当时化工情报界的热门话题和重点之一。

到 1988 年，全国共建立了 38 个化工部专业情报站（化工部撤销后，更名为带“全国”字头的化工专业信息站），203 个化工产品品种（工艺）协作组（网），28 个地区化工情报站，83 个地区性化工专业站，基本上形成了条块结合、功能比较齐全的全国性化工情报网络体系，可与 6000 多个化工企事业单位发生联系，覆盖面达 80% 以上，全国化工专业情报站和地区化工情报站已有专职化工情报人员 3000 余人。1989 年 11 月 23 日至 27 日，在北京东方宾馆召开了纪念我国情报事业 30 周年的全国化工情报工作会议，总结了我国化工情报事业创建 30 年的经验，并提出了《进一步加强化工情报信息工作的几点意见》，化工部还于年底作出了“关于表彰化工情报事业创建三十年来做出重要贡献的个人和优秀情报成果的决定”，对徐洪志、罗益锋等 59 名全国化工情报系统先进情报工作者、100 多项化工科技情报成果等进行了表彰，极大地鼓舞和调动了广大科技情报工作人员的积极性。

20 世纪 80 年代中期以后，化工科技情报工作的主要发展方向和取得的进展，一是逐步健全和完善情报检索系统，建立市场信息系统，发展科研信息系统、专利文献服务系统及各种情报数据库，建设系列化的情报报道体系，加快信息传递的速度，提高文献资料的利用率，扩大情报咨询范围，继续坚持科技情报为经济建设服务的方针，面向社会，创造更多更好的情报实际效果；二是完善化工战略情报系统，提高战略情报研究水平，及时掌握国内外化学工业发展动向；三是发展和健全情报信息网络；四是采用先进的情报方法和现代情报技术，逐步装备各级情报机构，实现情报手段的现代化；五是进一步扩大国际情报交流与合作，走向世界，共享情报资源，不断开辟新的情报渠道。

自 1992 年邓小平同志南方谈话提出要建立我国的社会主义市场经济后，我国基本上处于由计划经济向社会主义市场经济的转变时期。这一时期，无论国际还是国内，在信息技术与信息化方面都发生了若干重大的变化。1993 年，美国政府提出了“信息高速公路”计划，随之因特网迅速蔓延，很快便渗透到政治、经济、文化乃至人们日常生活的方方面面。从 1996 年起，美国又率先发展电子商务，使世界进入了网络经济时代。我国政府也十分重视推进国民经济信息化。20 世纪 90 年代中后期，我国政府利用第三期日元贷款，开始了大规模的国家经济信息系统建设，政府上网、行业上网、大中型企业上网，一时风靡全国。与此同时，我国企业信息化的进程也大大加快。作为全国信息产业重要组成部分的化工信息产业也有了长足的进步，主要表现在以下几个方面。

一、成立了中国化工信息中心

随着社会的发展，科技进步和经济发展的关系越来越密切。为了便于经济和科技两方面情报信息的综合分析与集中统一管理，更好地发挥情报信息的作用，1992 年底，化工系统两个最大的信息机构——化工部情报所和化工部经济信息中心，合并成立了中国化工信息中心，为实现科技情报与经济情报两大情报业务系统的有机结合奠定了组织基础。实践证明，这一重大举措是完全符合社会主义市场经济发展要求的，从此开创了我国化工信息工作的新阶段，开始迈出了化工信息产业化的坚定步伐。

2000 年，科技部联合国家经贸委、农业部、卫生部、中国科学院等部门组建了由 9 家行业情报信息机构组成的国家科技图书文献中心（简称 NSTL），中国化工信息中心成为 NSTL 成员单位和国家工程技术图书馆化工分馆。

二、加强了对化工信息工作的指导

进入 20 世纪 90 年代，化工系统各级领导越来越重视信息工作，化工部对化工信息工作不断作出新部署。1996 年底，化工部召开了全国化工信息工作会议，通过了《化学工业部关于加强化工信息工作的意见》等 5 个文件，对化工信息的有关工作作出了明确规定，有力地推动了化工信息的研究、咨询和交流、服务工作。

三、化工期刊得到进一步发展

一是从 1992 年开始，化工部进行了每隔两年一次的全国化工系统优秀信息成果评比。中宣部、科技部和新闻出版署也多次组织了优秀期刊评比活动。在 1996 年第二届全国优秀科技期刊评比中，共有 60 种科技期刊获一等奖，化工系统的《合成橡胶工业》《石油炼制与化工》《现代化工》（图 13-3）等名列其中。《中国期刊》编委会出版的《中国期刊》（甘肃人民出版社，1998 年出版）还配发了宣传照片。

图 13-3　1996 年荣获第二届全国优秀科技期刊一等奖的化工期刊

另有几十家刊物和几百项信息研究成果获得了全国或化工系统优秀信息成果奖乃至科技进步奖，展示了我国化工信息事业的累累硕果，大大激发了广大信息工作者的积极性。

二是从 1997 年开始，在化工部及后来石化局的领导下，对全国 70 多种部管化工期刊进行了认真整顿，举办了三期化工期刊编辑培训班，200 多名主编、副主编或编辑人员受到了系统的编辑业务培训，有力地促进了刊物质量的提高，大大增强了化工期刊的社会效益和经济效益。

三是自 1997 年以来，国家逐步加大对文献资源建设的投资力度。在科技部的领导下，增订了大量国内外有关期刊，与石油和化工有关的国外文献由原来的 200 多种增到 1000 多种，并开通了中国石油和化工文献资源网。2000 年在中国化工信息中心正式建立了国家工程技术图书馆石油与化工分部。

四、化工情报中介组织应运而生

为适应政府机构改革的需要，1984 年成立的中国化工统计学会于 1995 年更名为中国化工情报信息协会。

为了进一步发挥协会的作用，1999 年 11 月初，在北京召开了全国化工信息工作研讨会，决定筹备成立中国化工情报信息协会信息与刊物分会，以拓展化工信息工作的领域与渠道。2000 年 11 月底，中国化工情报信息协会信息与刊物分会在云南昆明正式成立，有几十家专业和地区信息站（中心）、百余家刊物、几十家大中型企业的信息机构作为团体会员，聚集在了“协会”这一旗帜下。这标志着我国的化工信息事业从此走上了一条由民间社团组织进行联络、协调，以求在竞争联合中共同发展提高之路。我国的化工信息工作，在由计划经济向社会主义市场经济的转变中又迈出了重大的一步。

2000 年八九月间，由中国化工情报信息协会组织，全国十几家重点化工信息机构参加，成功地对德国 FIZ 化工信息公司、法国国际化工联合会等进行了工作访问与信息交流，开创了化工信息界单独组团进行国际间信息交流的先河。

五、化工信息网站迅猛发展

20 世纪 90 年代后期，由中国化工信息中心牵头承担、以日元贷款建设的化工经济信息系统通过了中日双方的验收，为以后化工信息网的建设打下了基础。随着国内外因特网的发展，化工信息网站也如雨后春笋般不断出现。中国化工信息中心率先建立了全国性的化工综合信息网站，以后又发展了多个专业信息网站，在化工系统之外也相继开通了若干化工网。而且，还有不少民营或合资信息企业甚至个体信息工作者也异军突起，打破了过去只由国有研究设计院所或大中型企事业单位从事信息工作的局面。特别是在互联网站的建设与电子商务的发展方面，这些后来者甚至走在了传统信息机构的前列，形成了激烈竞争的格局，我国化工信息事业呈现出了前所未有的繁荣局面。

书、报、刊等传统信息媒体仍久盛不衰。据粗略估计：《中国化工报》年发行量约 10 万份；《中国化工信息》等百余种石油与化工正式期刊年发行量约 30 万份；石油与化工类专业书籍年编印量约 3 亿字。以计算机及互联网为代表的现代化信息手段和传媒更呈强劲之势。粗略统计，石油与化工系统中比较有影响的网站已不下几十家。

1999 年，根据国务院的部署，科技部对 242 家大型研究院所进行了转制。作为其中之一的中国化工信息中心由事业单位转制为科技型企业，归中国昊华化工集团总公司领导。2004 年，中国化工集团公司成立，中国化工信息中心成为集团公司下属的二级单位。2017 年底，经国资委批准，中国化工信息中心改制为中国化工信息中心有限公司。2020 年 9 月，揭玉斌被任命为公司执行董事（法人代表）、总经理。如今，该信息公司设有国家工程技术图书馆化工分馆、全国化工国际展览交流中心、中国化工电商平台、中国化工数据中心、全国化工节能（减排）中心等机构，承担着科技部、工信部等多项国家重点项目，业务涵盖化工行业咨询、HSE（健康、安全和环保）、信息技术、电子商务、竞争情报、会展与出版等多个领域。

无论是原来的化工部情报所，还是后来的中国化工信息中心和中国化工情报信息协会，都十分重视及时进行历史文献的搜集、整理和编纂工作。1988 年 11 月，编纂印发了《回顾与展望》第一集（1958—1988 年），2004 年编纂印发了《回顾与展望》第二集（1989—2004 年），2019 年又编纂印发了《汇心于信 智领未来》（纪念中国化工信息中心事业发展六十周年）（图 13-4）。他们注重历史经验的总结和历史资料的积累，这是他们不断进取的法宝之一，同时也为《中国化工通史》的编纂提供了参考资料。

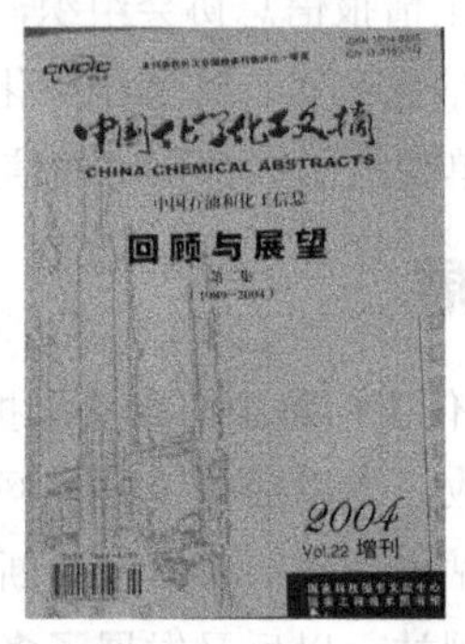

图 13-4　中国化工信息中心（原化工部情报所）编纂的历史文献

标准化工作是组织现代化生产的重要手段，是科学管理的一个重要组成部分。它把科研、设计、生产、流通和使用的各个环节有机地衔接起来，保证产品质量，以适应国民经济发展的需要。故在《当代中国的化学工业》一书中将“化工技术标准化工作”作为第三编“主要事业和化工学会”中的一章单独列出。

1978 年，经时任国务院副总理康世恩、谷牧签批，化学工业部标准化所（简称标准所）成立，主要任务是进行化工行业标准化的管理和研究，为公益型全额拨款事业单位。1995 年，标准所审定升格为副局级。1999 年，标准所也是全国首批转制 242 家院所之一。2001 年，标准所进入昊华，并更名为中化化工标准化研究所。2004 年，中国昊华与中国蓝星合并成立中国化工集团公司，标准所随之进入集团公司。2008 年，标准所并入中国化工信息中心。

〔附件〕

化学工业部关于表彰化工情报事业创建三十年来做出重要贡献的个人和优秀情报成果的决定（摘录）

化工情报事业创建三十年来，在中央及地方各级政府的领导和关怀下，化工情报战线的广大干部和职工坚持为化学工业发展和国民经济现代化服务的正确方向，脚踏实地，埋头苦干，开展全方位、多层次、形式多样的情报服务，在促进化学工业生产建设和科技进步方面发挥了重要作用。同时，不断加强自身建设，初步形成基本适合国情、功能比较齐全、脉络贯通的化工情报信息系统。为此，化学工业部决定对三十年来为化工情报事业发展做出重要贡献的个人和优秀情报成果给予表彰。

一九八九年十二月十一日

表彰情况详见表 13-1 至表 13-8。

表 13-1 全国化工情报系统先进情报工作者

序号	姓　名	单　位
1	徐洪志	化工部锦西化工研究院
2	罗益锋	北京合成纤维实验厂
3	林咏娴	化工部北京化工研究院
4	包文滁	河北工学院
5	周景文	化工部北京化工研究院环境保护研究所
6	郭保忠	化工部第一胶片厂
7	张　泰	北京化工厂
8	陈大义	吉林化学工业公司研究院
9	涂尚勤	化工部制碱工业研究所
10	蒋本文	南京化学工业公司研究院
11	于永生	南京化学工业公司研究院
12	左国庆	化工部自动化研究所
13	程远佳	大连橡胶塑料机械厂
14	孙文和	化工部第一设计院
15	梁国仑	化工部光明化工研究所
16	吴景诚	化工部成都有机硅应用研究中心
17	杨新玮	化工部沈阳化工研究院
18	易俊德	化工部西南化工研究院
19	陈瑞南	山西省化工研究所
20	谢桂荣	化工部长沙化学矿山设计研究院

续表

序号	姓　名	单　位
21	唱　愫	化工部化工机械研究院
22	司徒杰生	化工部天津化工研究院
23	乐志强	化工部天津化工研究院
24	陈恒伟	化工部上海化工研究院
25	张国信	化工部上海化工研究院
26	刘哈丽	化工部上海化工研究院
27	叶可舒	化工部北京橡胶工业研究设计院
28	王作龄	青岛橡胶工业研究所
29	龙治扬	化工部涂料工业研究所
30	李灿茂	化工部科技情报所
31	刘世平	化工部科技情报所
32	董恒潜	化工部科技情报所
33	孙伯庆	化工部科技情报所
34	顾锦江	北京市化工研究院
35	郭秋木	天津市化工局科技情报研究所
36	张宏熙	天津合成材料工业研究所
37	刘静影	河北轻化工学院
38	郑名星	抚顺市化工研究设计院
39	才景风	吉林省石油化工设计研究院
40	刘国良	黑龙江省化工厅情报信息中心
41	刘用华	上海市化工局科技情报研究所
42	沈风书	上海塑料厂
43	谢　淦	江苏省石化厅科技情报站
44	刘锡洹	无锡化工研究设计院
45	施学鹏	浙江省化工研究所
46	朱　武	福建省化工研究所
47	刘国怀	山东省化学研究所
48	富　奇	河南省化工研究所
49	周吐清	湖北省化工研究设计院
50	陈柏洲	武汉市化工研究所
51	吴岳坤	湖南省化工研究院
52	史达君	湖南省湘潭市化工局化工情报中心站
53	熊凤环	广东省石化厅科技情报中心站

续表

序号	姓　　名	单　　位
54	林卓英	广州市化工科技情报站
55	吴湘美	四川化工总厂情报所
56	恒存阳	四川省化工研究所
57	魏纯武	青海省海西州工交局
58	张　兵	宁夏化工研究所
59	郑忠茹	宁夏化工研究所

表 13-2　1988 年化工科技情报成果获奖项目

序号	项目名称	主要完成单位
	二等奖	
1	1986—1987 年国内外特种合成纤维重点情报调研报告汇集	北京合成纤维实验厂
2	国外环氧丙烷及其系列产品生产技术进展	山东省化学研究所
3	华北地区化学工业用水的节水研究	化工部北京化工研究院环保研究所
4	全国聚氨酯合成材料调查报告	山西省化工研究所
5	工业色谱仪及其应用专题情报调研	化工部自动化研究所
6	超韧尼龙	化工部成都有机硅应用研究中心
7	塑料合金及高分子材料在汽车、家用电器工业中的应用调研报告	化工部北京化工研究院
8	泸天化 30 万吨/年甲醇及部分衍生物的情报调研咨询报告	化工部西南化工研究院
9	重介质分选技术情报调研	化工部化工矿山设计研究院
10	油盐（钾）兼探情报调研	化工部化工矿山设计研究院
11	化学矿产资源形势	化工部化学矿产地质研究院
12	新工艺炭黑及其生产方法	化工部炭黑研究设计所
13	美国及其主要聚氯乙烯工业公司聚氯乙烯技术发展一览情报调研	北京化工二厂研究所
14	运城盐湖镁盐资源的利用途径	山西省应用化学研究所
15	引进氯化法钛白粉生产线的咨询意见	上海市化工局科技情报所
16	电子化工材料的国内外进展、趋势及对江苏省开发电子化工材料的建议	江苏省电子化工材料科技情报站
17	国外有机硅建筑密封胶情报调研	杭州树脂厂
18	国内外皮革化工材料的生产科研和应用现状及发展趋势	长沙市化工研究所
19	精细化工及其主要产品发展调研	广州市化工总公司

续表

序号	项目名称	主要完成单位
二等奖		
20	农林副产品的化工利用	四川省化工研究所
21	新技术革命参考资料	化工部科技情报所组织有关单位编写
22	《仪表工试题集》	化工部自动化研究所
23	《天然气化工技术资料汇编》	化工部西南化工研究院
24	《化工机械》	化工部化工机械研究院
25	《实用防腐蚀施工技术手册》（上下）	化工部化工机械研究院
26	《化肥工业》《小氮肥》	化工部上海化工研究院
27	《橡胶工业》	化工部北京橡胶工业研究设计院
28	《涂料工业》	化工部涂料工业研究所
29	《化工汉语主题词表》	化工部科技情报所组织有关单位编写
30	《全国化工产品目录》	化工部计划司、化工部科技情报所、四川省化工技术情报中心站共同编写
31	《上海化工》	上海市化工局科技情报所
32	《江苏化工》	江苏省石油化学工业厅科技情报站
33	《新农药杀虫双的生产、使用与毒理》	贵州省化工研究所
34	《情报技术服务》	化工部橡胶工业情报中心站密封制品协作组
35	涂料、颜料、钛白文献服务	化工部涂料工业研究所
36	影片《禁令》	化工部科技情报所

表 13-3　1992 年全国优秀化工信息成果

序号	获奖项目名称	主要完成单位
一等奖		
1	《橡胶工业》	化工部北京橡胶工业研究设计院
2	《现代化工》	化工部情报所
二等奖		
1	《化工机械》	化工部化机院
2	《石油化工》	化工部北京化工研究院
3	《中国化工文摘》	化工部情报所

表 13-4 1992 年化工系统优秀化工信息成果

序号	获奖项目名称	主要完成单位	主要完成人
一等奖			
1	《橡胶工业》	化工部北京橡胶工业研究设计院	
2	《化工学报》	中国化工学会	
3	全国化工系统 1950—1982 年重大伤亡事故汇编分析	化工部劳动保护研究所	李国裕 朱澄雯 孟凡一 赖金闽 蒋 健 王秀香 米红梅 王延春
4	《化工市场十日讯》	江苏省石化厅科技情报站	赵建军 谢 强 王贵才 夏裕芳 韩霞风

表 13-5 1994 年度化工系统优秀情报信息奖获奖项目

序号	获奖项目名称	主要完成单位	主要完成人
一等奖			
1	中国汽车工业用化工材料现状与发展预测	中国化工信息中心	周一兵 刘世平 胡承曦 金玉珍 高 宏 刘如华 叶可舒 吕爱华 王秋颖
2	国外化肥发展研究	中国化工信息中心	黄景梁 范可正 潘裕缦 姚凌岷 陈 丽
3	中国农药原料、中间体与生产工艺技术调查报告	中国化工信息中心	胡笑形 刘舜尧
4	《化工地质》	化工部化学矿产地质研究院	郝尔宏 毕庶礼 王庚亮 李扬鉴

表 13-6 1996 年度化工系统优秀信息成果奖获奖项目

序号	获奖项目名称	主要完成单位	主要完成人
一等奖			
1	修改专利法和实行化学物质专利保护对策研究（总课题）	中国化工信息中心	钱鸿元 孙伯庆 蔡志勇 尚尔才 王淑勤 李锦簇 刘锡洹 樊云峰 李建华
2	化工机械	化工部化工机械研究院	朱 越 王 方 张来蒙 包东生 白妮玲 陈淑英
3	化工技术经济	中化国际咨询公司	季琏元 潘光籍 赵荣忠 魏晓卉 袁 剑 王丽君

表 13-7　1998 年度化工系统优秀信息成果获奖项目

序号	获奖项目名称	主要完成单位	主要完成人
		一等奖	
1	《中国化工信息》（周刊）及《中国化工报道》（英文版）	中国化工信息中心《中国化工信息》（周刊）编辑部、《中国化工报道》（英文版）编辑部	
2	跨国化工公司 21 世纪发展战略研究	中国化工信息中心、原化工部计划司、中国化工经济技术发展中心	朱小娟 李寿生 李义杰 刘增慧 李定基 宋冠秦 唐少清 董 涛 翁心林
3	《中国化学工程学报》（英文版）	化学工业出版社	郭长生 廖叶华 陈家镛 余国琮 吴 刚 施承薇 卫 婕 钟香驹

表 13-8　1984—1997 年情报系统荣获化工部科技进步奖项目汇编

获奖年份	获奖项目名称	奖项	获奖单位	主要完成人
1984	化学化工西文文献计算机检索服务系统	二等奖	化工部情报所	
1984	为部领导提供一组有明显效果的情报调研报告	二等奖	化工部情报所	
1986	中文化学化工文献数据库和文摘刊物计算机编排及检索系统	一等奖	化工部情报所	
1986	通用化工流程模拟系统（稳态和动态流程模拟系统）	二等奖	化工部计算中心 北京化工学院	
1986	《世界化学工业年鉴》	二等奖	化工部情报所	
1987	《化工科技动态快报》	二等奖	化工部情报所	
1988	2000 年中国的农药工业研究报告	二等奖	化工部情报所	
1992	染、颜料及其中间体市场信息定向咨询服务	三等奖	化工部情报所	谢兰景 杜淑敏
1994	化工生产调度管理信息系统	三等奖	中国化工信息中心	兰晓苹 冯世良 李红军 黄家祥 张 鸣
1994	全国化工产品及生产厂家数据库	三等奖	中国化工信息中心	陈北柳 杜明洁 葛迎春 李 中 潘裕缦
1996	中国臭氧耗损物质逐步淘汰项目技术评估报告	三等奖	中国化工信息中心	蔡建新 刘承彦 孟根发 卢国楷 于旅燕

续表

获奖年份	获奖项目名称	奖项	获奖单位	主要完成人
1996	九十年代国外电子化学品技术水平及我国对策	三等奖	中国化工信息中心 无锡化工研究设计院 化工部光明化工研究所	徐京生　周国芳　黄维成 刘锡洹　梁国仑
1997	化工综合信息服务系统	二等奖	中国化工信息中心	李　中　杜明洁　陈　卓 罗立新　林　莉　汪佩瑶 王莉华　徐青平　王晓红

【辅文】

系年要录

（公元前3世纪前后—2020年）

中华人民共和国成立前

▲公元前3世纪　《考工记》记载铸造各类青铜器的不同合金成分配比——“六齐”。

▲公元前3世纪前后　《山海经》《黄帝内经》约成书于此时。

▲约公元前240年　《吕氏春秋·另类篇》记载：“金柔锡柔，合两柔则刚。”是世界上较早的有关合金强化的叙述。

▲公元前213年　秦始皇焚诗书百家，惟医药、种树之书不在禁书之列，得以幸免。

▲公元前100—公元100年　中国现存最早的药物专著《神农本草经》成书，载录了动、植、矿物药品365种。

▲公元2世纪　魏伯阳著《周易参同契》。

▲公元2—3世纪　张仲景著《伤寒杂病论》成书于此时。

▲公元3世纪中　王叔和《脉经》约成书于此时，是中国第一部切脉诊断专书。王氏还将《伤寒杂病论》整理分为专论伤寒之《伤寒论》与专论杂病之《金匮要略》二书。

▲256年　皇甫谧撰《针灸甲乙经》约成书于此时，为中国现存最早的针灸学专著。

▲公元4世纪前期　葛洪撰《肘后方》。其《抱朴子·内篇》所述之炼丹涉及几十种药物，并记述了一些化学反应的可逆性及金属的取代作用，被尊为化学药物之鼻祖。

▲479年　雷敩著《炮炙论》，总结了中药采集、加工方法，分上、中、下三卷，记载有300种药物。

▲公元6世纪早期　陶弘景编撰《本草经集注》《补阙肘后百一方》等书。葛洪《肘

后方》传入日本，中国针灸传至朝鲜。

▲533—544 年　贾思勰著《齐民要术》，在卷五中叙述了多种植物染料的生产方法，如“杀红花法”“造靛法”等。

▲652 年　孙思邈《千金要方》成书，为较早的临床综合性医著。

▲659 年　唐代颁布第一部国家药典《新修本草》，收载药物 844 种。

▲682 年　孙思邈卒。所撰《千金翼方》成书于此年。

▲808 年　清虚子著《太上圣祖金丹秘诀》中“伏火矾法”提出了黑火药三组分的原始配方。

▲10—13 世纪　张潜撰《浸铜要略》。

▲1026 年　王惟一撰《铜人腧穴针灸图经》，次年又主持铸造等身针灸铜人两具，为最早的针灸教学模型。

▲1044 年　中国《武经总要》中记载了火炮、蒺藜火球和毒药烟球用火药及其配方。

▲11 世纪末　宋代沈括《梦溪笔谈》有关于瘊子甲的记载，其中谈到冷加工过程和变形量问题；并对延长石油的产状和用途做了详细记载。

▲1406 年　《普济方》约成书于此时，为中国现存规模最大的方剂学专著。

▲1408 年　明政府编成大型类书《永乐大典》。

▲1578 年　李时珍著《本草纲目》，收载药物 1892 种，方剂 11000 余条，药物形态图 1100 余幅，1590 年刊行。

▲1601 年　杨继洲撰的《针灸大成》首次刊印。

▲1621 年　明茅元仪辑大型兵书《武备志》刊行。

▲1622 年　黄成撰成有关漆器的专著——《髹饰录》刊行。

▲1637 年　宋应星著《天工开物》刊行。

▲1643 年　兵书《广百将传》刊行，《火攻挈要》撰成。

▲1726 年　蒋廷锡等编成大型类书《古今图书集成》。

▲1742 年　清政府编辑大型丛书《四库全书》。

▲1842 年　龚振麟著《铸炮铁模图说》，为世界上最早论述金属型铸造的专著。

▲1868 年　江南制造局成立翻译馆，从 6 月开始翻译外国的科技书籍。聘英国人傅兰雅及美国人伟烈亚力、玛高温等为口译，徐寿、徐建寅等为笔译。所译多为近代科技名著，对推动科学的化学知识和化工技术系统在我国的传播，起到了开创性的作用。

▲1870 年　美国人嘉约翰与何瞭然合译的《化学初阶》在广州博济医局出版，这是我国近代最早问世的一部化学专著译本。

▲1871 年　傅兰雅与徐寿合译的《化学鉴原》，由上海江南制造局出版。这是我国第一部系统介绍近代化学的译著。主要介绍普通化学的基本原理和重要元素的性质。书中附有 64 种元素的译名表，这是我国系统化学元素命名的开始。

▲1876 年 2 月 由格致书院主办，傅兰雅为主编，徐寿主持日常编辑工作的《格致汇编》月刊在上海创刊。这是我国近代最早的学术期刊，其中化学和化学工艺的内容占较大比重。从 1976 年到 1992 年，共出版 7 卷 60 期。

▲1885 年 傅兰雅与徐寿编译的《化学材料中西名目表》在上海江南制造局出版。这是我国第一部英汉化学、化工名词汇编，对促进我国翻译西方化学、化工著作和统一制定化学、化工命名有深远影响。

▲1900 年 杜亚泉自费在上海成立亚泉学馆，并创办《亚泉杂志》半月刊。这是由中国人自办的最早以介绍化学、化工知识为主的中文自然科学期刊。该刊共出版 10 期，发表与化学、化工有关的论文 23 篇。

▲1907 年 《化学文摘》（简称 CA）在美国创刊。

▲1908 年 美国化学工程师协会创立，出版了《化学工程师协会学报》，于 1946 年改名《化学工程进展》月刊。

▲1908 年 虞和钦著《有机化学命名草案》出版，该书是我国对有机化合物进行系统命名的首创。

▲1914 年 北京大学成立教科书编委会，《应用化学》由俞同奎主编。同时设立化学实验室，这是我国高校最早设立的化学实验室。

▲1915 年 1 月 《科学》杂志出版。

▲1917 年 侯德榜论文《碳化矽之制造》在《科学》第 3 卷第 11、12 期上发表。

▲1919 年 丁绪贤等创办的《理化杂志》半月刊在北京出版，主要刊登物理、化学方面的论著。

▲1919 年 陈邦贤《中国医学史》出版。

▲1920 年 刘树杞 1919 年在美国的博士论文《从铬酸盐废液中电解再生铬酸的连续方法》发表，并申请美国专利。

▲1921 年 美国哥伦比亚大学科学哲学博士侯德榜毕业。1921 年 10 月回国参加永利制碱公司工作，任工程师。其博士论文“Tron Tannage”在 *JAICA* 上分 5 期发表，受到世界制革界欢迎。

▲1923 年 1 月 《中华化学工业会志》（1930 年更名为《化学工业》）在北京创刊，俞同奎任总编辑。这是我国最早的化学工业学术期刊。

▲1924 年 吴承洛著《应用电化学》在北京出版。这是我国第一本电化学工业方面的专著。

▲1924 年 韩祖康在上海自己家中建立了一个实验室，先后做出许多分析测试方面的成果，发表了十多篇得到国际公认的论文。

▲1924 年 英国利兹大学 F. M. 洛主编了《染料索引》第一版。

▲1926 年 赵承嘏发表有关麻黄素的研究论文。这是我国用近代科学方法研究中草药最早的论文。

▲1928 年　张克忠在美国麻省理工学院完成了有关“扩散原理”方面的博士论文，引起国际化工界的重视。

▲1928 年　范旭东成立“永久黄”企业联合办事处，发行《海王》旬刊。这是我国企业自办刊物的首创。

▲1929 年　刘树杞在美国完成《电解制造铍铝合金》的著名论文，成为当时世界化学界公认的卓越发明。

▲1930 年　中国在美国的青年学者张洪沅等于美国波士顿成立中国化学工程学会，1931 年迁回中国，1934 年出版《化学工程》刊物。

▲1932 年 8 月 4 日　中国化学会在南京成立，并决定出版《中国化学会会志》。

▲1933 年 3 月　《中国化学会会志》在北平创刊，曾昭抡任总编辑。这是中国最早的西文版化学学术刊物。

▲1933 年 6 月　由郑贞文起草的《化学命名原则》在国立编译馆出版。这是我国化学界长期遵从的重要著作。

▲1933 年 8 月　中国化学会在南京举行第一次年会，宣读论文，报告会务，研究提案，修改会章和决定出版《化学》期刊。

▲1933 年　侯德榜的 *Manufacture of Soda*（《纯碱制造》）由美国化学会用英文在纽约出版。1942 年再版，1948 年出版俄文版。

▲1934 年 1 月　《化学》杂志在南京创刊，戴安邦任总编辑。

▲1934 年 6 月　《化学工程》在天津创刊，吴承洛任主编。

▲1935 年　周瑞关于《电解法制纯铝初步试验》的论文在《黄海化学工业研究社调查报告》上发表，这是我国研制出的第一份高纯铝的试制样品，并用其铸制了飞机模型。

▲1936 年 1 月　中国化学会主办的《化学通讯》在南京创刊，吴承洛任主编。

▲1938 年　黄海化学工业研究社迁川西犍为县五通桥，正式开始研究工作。海王社迁乐山恢复出版《海王》旬刊。

▲1941 年 9 月 1 日至 4 日　中国化学会在成都举行第九届年会，宣读论文 60 篇。吴承洛在会上作了《百年来我国之化学工业》的演讲。

▲1941 年　赵博泉采用熔炼法炼出第一块金属钛，奠定了我国金属钛自给自足的基础。其论文于 1942 年在《黄海化学工业研究社调查报告》上发表。

▲1941 年　薛愚编著的《实用有机药物化学》出版。

▲1942 年　中国化学会在重庆沙坪坝举行第十届年会，吴承洛报告《应用化学方法造福国计民生》。

▲1944 年 12 月　《中国化学会十周年纪念刊》（上册，研究之部）在成都出刊。此为《化学》第 8 卷。

▲1945 年 12 月　《中国化学会十周年纪念刊》（下册，普通及工业之部）在成都出

版。此为《化学》第 9 卷。

▲1946 年 5 月　由中华化学工业会创办的《化学世界》半月刊在上海创刊，由曹梁厦任主编。

▲1948 年 8 月　中共中央决定筹建全国性的统一集中的出版领导机构，并于同年 12 月 29 日发出了《关于新区出版事业的政策指示》，对分别处理新解放区不同性质的旧出版机构的政策，作出了明确规定。

中华人民共和国成立后

▲1949 年 10 月 1 日　中华人民共和国成立。中央人民政府组建管理全国出版事业的出版总署。该署于 1949 年 11 月 1 日成立。由胡愈之任署长，叶圣陶、周建人任副署长。

▲1950 年 6 月　东北重工业部化工局创办了《化工通讯》。

▲1950 年 9 月 15 日—25 日　第一届全国出版会议在北京举行，朱德莅会讲话，胡愈之作《论人民出版事业及其发展方向》的报告。

▲1950 年　商务印书馆出版日文中译本《增订化学工业大全》（1～8 卷）。

▲1950 年　新亚书店出版李世瑨编译的《化学工业大纲》。

▲1950 年　龙门联合书店出版苏元复编译的《化工原理》。

▲1950 年　上海科技图书仪器公司出版丁绪淮等编的《化工操作原理与设备》。

▲1950 年　中华化学工业会主办的《化学工业》与中国化学工程学会主办的《化学工程》，两刊合并为《化学工业与工程》，1952 年 3 月第 3 卷第 4 期改名为《化工学报》。

▲1951 年 1 月 20 日　出版总署发出《为出版翻译书籍应刊载原本版权说明的通知》。

▲1951 年 3 月 21 日　新闻总署和出版总署联合发出《关于全国报纸期刊应建立书报评论工作的指示》。

▲1952 年　东北工业出版社翻译出版了苏联《氮素工作者手册》《染料中间体的工业分析》。

▲1953 年 1 月　重工业出版社成立，隶属重工业部。

▲1953 年 6 月　[苏]A. Г. 卡萨特金著，大连工学院化工原理组研究生译的《化工原理》（上册）出版。这是重工业出版社出版的第一种化工图书。其下册于 1953 年 12 月出版。

▲1954 年 4 月　重工业部化工局《化工技术通讯》月刊创刊。1955 年 1 月更名为《化工技术》。

▲1954 年 11 月 30 日　出版总署正式撤销，原有工作移交给文化部。1954 年 12 月 1 日，文化部设置出版事业管理局。

▲1955 年 11 月　魏德孚著的《实用化工图算法》出版，这是自编的第一种化工专业

图书。

▲1956 年 2 月 16 日　文化部出版事业管理局发出《一九五六年四月一日起出版的图书一律加印统一编号》的通知。

▲1956 年 6 月　重工业出版社分为化学工业出版社、冶金工业出版社和建筑材料出版社。化学工业出版社隶属于化学工业部，简称化工出版社，负责人为胡安群。

▲1957 年 1 月　《化学工业》创刊。该刊物为月刊，公开发行。原发行的《化工技术》于 1956 年 12 月停刊。

▲1958 年 12 月 17 日　化工部印发化工技术情报工作方案。决定将 1957 年 12 月成立的化工技术情报组改称化工技术情报室，由技术司领导，逐步发展为化工技术情报研究所，作为全国化工技术情报研究中心。并在直属研究院所建立化学肥料、硫酸、无机盐、涂料、碱、天然气、医药、橡胶、有机合成、塑料、化学纤维、合成橡胶、农药、染料、化工机械、化工设计等化工专业技术情报中心站。

▲1959 年 1 月　在全国化工科技工作会议上，专题讨论了化工技术情报工作，提出化工技术情报工作面向生产、科研的方针。

▲1959 年 5 月 11 日　化学工业部批准成立化工部化工技术情报研究所，简称情报所，李复生任所长。

▲1960 年 12 月　[苏]M. E、弗廉克尔著，西安交通大学压缩机教研组译的《活塞式压缩机原理、构造与设计基础》出版。

▲1961 年 11 月　化学工业出版社不单独建制，其编辑业务划归化工部化工技术情报研究所图书编辑室，其印刷出版发行业务划归中国工业出版社。这一建制直至 1965 年 5 月化学工业出版社恢复建制为止。

▲1962 年 8 月　化工部印发《关于加强化工技术情报工作的十二条意见》，明确化工技术情报工作为生产、科研和领导决策服务的工作方向，规定各级化工情报机构的性质和分工，提出“广、快、精、准”，国内外并举，当前和长远结合，加强基础工作的化工技术情报工作方针。

▲1962 年 8 月　情报所编辑出版《世界主要国家化学工业发展概况》。

▲1963 年 4 月　为配合我国《1963—1972 年科学技术发展规划纲要》的编制，情报所组织编写《我国石油化工发展道路》等 20 篇专题资料。

▲1963 年 10 月 15 日　化工部在北京召开全国化工科技图书出版会议，总结化工科技图书经验，讨论化工科技图书 10 年规划，成立专业编辑委员会。

▲1963 年 11 月 9 日　中共中央批转《国家科委党组和文化部党组关于进一步加强科学技术出版工作的报告》。

▲1963 年 12 月　化工部召开第一次化工标准化工作会议。在总结经验的基础上，提出贯彻“加强统一，打好基础，迎头赶上，力求实效”的方针，并制定了《化工部标准化核心机构工作简则》《化工产品技术标准管理办法》。

▲1964 年 3 月 在化工部部长高扬的倡导下，图书编辑室组织了《化学工业知识丛书》的编著工作。丛书共 14 个分册，《氮肥工业》和《纯碱及苛化烧碱工业》分别于 1964 年 3 月和 9 月出版，《化学工业概论》及其余各册分别于 1965 年、1966 年、1968 年陆续出版。这套丛书的出版，对普及化工知识起了较大作用。

▲1965 年 10 月 王乃强编的《使用化学肥料的一般知识》出版。

▲1966 年 1 月 组织第一次全国化工情报调研会战，183 个单位参加，为配合化学工业“三五”计划的编制，编印一套《化工国内外情况及赶超建议》，共 55 份，300 余万字。

▲1967 年 在多数出版社不出书的情况下，化学工业出版社副社长靳众敏毅然决定接受由冶金工业部北京有色冶金设计研究总院、化工部第一化工设计院和煤炭工业部北京煤矿设计研究院为主联合编写的《机械设计手册》的书稿出版任务。

▲1967 年 组织第二次大规模的化工情报调研，为配合编制化学工业“四五”计划，组织编写《化工产品品种基础资料及赶超参考资料》，共 27 个分册，500 余万字。

▲1968 年 1 月 [美]斯坦莱・韦拉斯著，华东化工学院化工原理教研组译的《化工反应动力学》出版。

▲1968 年 8 月 由化工出版社组织编写的《化工生产流程图解》（第一版）出版。此书对领导干部和技术人员了解化工生产流程起了一定作用。

▲1969 年 化工部军管会撤销化工部化工技术情报研究所。大部分干部下放“五七”干校。

▲1970 年 7 月 化工部、煤炭部和石油部合并成立燃化部，同时成立燃化部科技情报研究所。

▲1971 年 3 月 费有春编写的《农药问答》出版，该书共出了三版，发行 50 多万册，是农药方面有影响的书。

▲1971—1974 年 化学工业出版社组织出版了一套供新从事化工行业及非化工行业管理干部的学习用书，其中有《化肥工业知识》《无机盐工业知识》《农药工业知识》《有机原料工业知识》《合成纤维工业知识》《合成橡胶工业知识》《塑料工业知识》等。

▲1972 年 7 月 吉林化学工业学校、南京动力学校编的《化工机械制造工艺及安装修理》出版。该书出版后，受到广大读者的欢迎，第一版连印两次，1976 年 9 月又出了第二版。

▲1972 年 侯德榜在《化工学报》复刊后撰文，张洪沅写了“编者的话”。

▲1973 年 7 月 国家出版事业管理局成立，属国务院领导。

▲1973 年 10 月 在北京召开《石油化工》等 13 个专业技术情报刊物承办单位负责人座谈会。

▲1974 年 1 月 根据部领导指示，为全国化肥会议提供一套《全国化肥会议参考资

料》，共 10 份。组织全国农药调查，提出“我国稻、麦、棉病虫草害防治水平”和“我国农药生产技术水平”两篇调研报告和一套基础资料。

▲1975 年 5 月　燃料化学工业出版社撤销，成立石油化学工业出版社和煤炭工业出版社。石油化学工业出版社仍实行所社合一体制，机构设在石油化学工业部科技情报研究所内，对内称“石油化学工业部科技情报研究所出版组”，对外为“石油化学工业出版社”。

▲1975 年 7 月　燃化部科技情报研究所撤销，成立石油化工部科技情报研究所，徐晓任所长。

▲1976 年 6 月　由浙江大学化工自动化教研室等编写的《化工自动化丛书·调节器的工程整定和校验》出版。这套书共 16 册，于 1986 年出齐。

▲1977 年 3 月　孙守田编写的《化验员基本知识》出版。出版后受到广大分析工作者的欢迎，1980 年修订出第二版，该书共印 2 版 3 次。

▲1978 年 8 月　石油化学工业部撤销，化学工业部成立，决定成立化学工业部科技情报研究所，胡安群任所长。

▲1978 年 8 月　化工出版社从化工部科技情报所中分出单独建制，定为行政正局级单位，隶属化工部。

▲1978 年 11 月　化工部召开全国化工科技情报工作会议，传达贯彻《化工部关于建立化工部专业科技情报中心站的通知》。决定重新建立全国性专业情报中心站。这次会议后，建立全国性化工科技情报中心站 32 个，情报协作组（网）164 个；地区性化工情报中心站 28 个，分站 131 个。

▲1979 年 11 月　为配合化学工业制定长远规划，化工部情报所先后组织编写《2000 年化学工业展望》和《21 个国家和地区的化学工业》。

▲1979 年 11 月　中国化工学会编辑出版的《化工学报》季刊复刊。1982 年 9 月，《化工学报》英文选集创刊。

▲1979 年 12 月 20 日—21 日　中国出版工作者协会在长沙举行成立大会。

▲1980 年 4 月 8 日　化工科技情报工作会议和化工专业科技情报站站长会议在昆明召开。

▲1980 年 5 月　化工部批准化工部科技情报研究所出版综合性化工科技情报双月刊《现代化工》。该刊于 1981 年正式出版，在国内外发行。

▲1980 年 7 月 3 日　化工部发出《评选化工科技情报成果的通知》。

▲1980 年 12 月 25 日　化工部颁发《化工科技情报工作条例（试行）》和印发《关于在科技情报工作中加强经济管理的意见》《关于加强国内化工情报交流的意见》《关于办好全国性化工专业科技情报刊物的几点意见》。

▲1981 年 2 月 20 日　中共中央、国务院发出《关于处理非法刊物非法组织和有关问题的指示》，确定决不允许非法刊物非法组织以任何方式印刷出版发行、以任何方

式活动。

▲1981 年 7 月 13 日 教育部、国家出版局联合发出经国务院批准的《关于高等学校与中等专业学校教材出版发行问题的紧急通知》，要求教材必须切实做到“按时、足量”供应学校。

▲1982 年 8 月 陈敏恒、翁之垣等编著的《化学反应基本原理》出版。

▲1983 年 2 月 19 日 中共中央宣传部、中国社会科学院召开会议，座谈讨论《当代中国》丛书的编辑出版工作，进一步落实丛书的编写任务。这套丛书预定有 100 多卷，每卷约 30 万字，从 1984 年第三季度起开始出版，三至五年内基本出齐。《当代中国的化学工业》由化工部组织编写。

▲1983 年 5 月 23 日 化工部在昆明召开全国化工科技图书出版工作会议，提出努力办好化工科技图书事业，为发展化学工业做出贡献。会议讨论了化工科技图书八年选题规划，并决定建立科技图书编审委员会。

▲1983 年 9 月 10 日 化工部在天津召开标准化工作会议，讨论制定《关于加强标准化工作的若干规定》和《化工产品采用国际标准和国外先进标准规划纲要》。

▲1983 年 5 月《化工汉语主题词表》出版发行。该书共 4 册，包括：主表（字顺表，2 册）、范畴分类表、英汉对照表，共收主题词约 20000 个。

▲1983 年 9 月 24 日 化工部颁发《化工科技情报成果评选和奖励办法（试行）》。

▲1984 年 1 月 《世界化学工业年鉴》（中、英文版）创刊，国内外公开发行。1984 年 7 月，朱曾惠任情报所所长。

▲1984 年 7 月 12 日 在部长秦仲达倡导下，化工部创办《中国化工报》，决定 1984 年试刊两期，1985 年正式出版，国内发行。陈云同志题写了报头，薄一波、张劲夫同志题了词。

▲1984 年 7 月 23 日 化工部在北京召开第五次全国化工情报工作会议，传达贯彻党中央、国务院对情报信息工作的指示和全国情报工作会议精神，交流专业和地区情报工作经验，讨论和修订化工情报工作条例，颁发第二次科技情报成果奖，研究制订在新形势下加强情报工作的措施。

▲1985 年 1 月 5 日 《中国化工报》创刊。

▲1985 年 9 月 5 日 化工部在广州召开全国化工科技情报工作改革座谈会，研究如何加强化工科技情报的传递和化工科技情报部门同企业的协调，并对情报体制改革提出切实可行的方案。

▲1985 年 10 月 《世界精细化工手册》获国家科技进步三等奖。

▲1985 年 12 月 4 日 化工部发出《关于加强化工情报工作的几点意见》，要求采取措施，逐步建成以化工部科学技术情报研究所为中心，以专业情报站和地区情报站为骨干，以基层厂、矿、院、所为基础，与中国石化总公司、轻工、纺织等情报机构协调配合的中国化工情报信息系统。

▲1986 年 6 月　《当代中国的化学工业》正式出版发行。杨光启、陶涛任主编。该书比较系统地叙述了化学工业的发展概况和各个行业的前进历程，总结了正反两方面的经验，初步探索了一些规律性的问题，展望了化学工业的发展前景。

▲1986 年 7 月 26 日　化工部科学技术情报研究所研制的《中文化学化工文摘数据库和文摘刊物计算机编排及检索系统》，通过部级技术鉴定。1986 年 12 月获化工部科技进步一等奖。

▲1986 年 10 月 18 日　在纪念全国科技情报事业创建 30 周年大会上，化工系统获 5 项优秀科技情报工作成果奖，其中一等奖 1 项，二等奖 2 项，三等奖 2 项。

▲1986 年 11 月　《中国大百科全书·化工》交付排印。杨光启任编委会主任，侯祥麟、时钧、苏元复、陈冠荣任副主任。全书分综述、化学工程、无机化工、燃料化工、基本有机化工、高分子化工、精细化工七大部分，着重反映当代世界化学工业的科学技术和生产技术，化学工程学科的成就，酝酿着的化工新技术知识，同时回顾了化学工业发展的历史，共选设条目 1346 个。

▲1987 年 1 月 13 日　国务院发出《国务院关于成立新闻出版署的通知》。

▲1987 年 5 月 9 日　新闻出版署发出《新闻出版署关于报纸、期刊和出版社重新登记注册的通知》。

▲1987 年 7 月 23 日　新闻出版署发出《新闻出版署关于实施〈中国标准书号〉的补充通知》。

▲1987 年 4 月 24 日　化工部科学技术情报研究所建成与国外大型数据系统进行计算机联机的国际联机终端，使该所形成较完整的计算机情报检索系统。

▲1987 年 5 月 29 日　全国化工情报站站长座谈会在北京召开，要求化工情报工作者继续抓好情报工作，面向经济建设主战场，跟踪国际化工新动向，大力开展情报交流和咨询服务，推动化学工业的技术进步。

▲1987 年 6 月 25 日　化工部委托杭州市化工研究所成立造纸化学品科技情报中心站。

▲1988 年 1 月 5 日　化工部颁发《全国性化工科技期刊管理暂行办法》。

▲1988 年 6 月 1 日　化工部颁发《高等学校化工类及相关专业教材编审出版工作暂行办法》。

▲1988 年 10 月 16 日　国务院总理李鹏为我国化工情报工作三十年题词：化工情报事业创建三十周年。

▲1988 年 12 月　《2000 年中国农药工业》获化工部科技进步二等奖。

▲1989 年 12 月 11 日　化工部表彰化工情报事业创建 30 年来做出重要贡献的个人，受表彰的有锦西化工研究院徐洪志、北京合成纤维实验厂罗益锋等 59 名。

▲1990 年 6 月 20 日—22 日　化工部部长顾秀莲在《化工百科全书》第 4 次编委扩大会议讲话中，在谈到编好、出好这本书的重要意义时指出，《化工百科全书》，

集中了全国化工、石油化工、冶金、轻工、能源等工业系统和教育界的知名专家、教授和科技工作者编纂，它既是一部为化工科技进步有效服务的重要大型工具书，又是一项积累科学技术成果的重要工程。该书共21卷，约3000万字。

▲1990年10月13日 化学工业出版社出版的《染料的分析与剖析》《金属有机化学进展》《免疫血清学检验指导》，获1990年第五届全国优秀图书二等奖。

▲1990年12月5日 化工部颁发《化学工业部关于化工情报工作的规定》。1980年12月25日颁发的《化工科技情报工作条例（试行）》同时废止。

▲1991年7月22日 化学工业出版社出版的《化工百科全书》被《新闻出版报》列为宣传中国科技出版的十项重点工程之一，被誉为科技图书群落的“巨人”（1991年7月22日《新闻出让报》第一版）。

▲1992年1月10日 化工部颁发《化工期刊管理办法》《化工系统优秀情报信息成果奖励办法》。1987年12月31日印发的《全国性化工科技期刊管理暂行办法》同时废止。

▲1992年9月18日 中共中央总书记江泽民为《中国化学工业概览》题写书名，李鹏总理、田纪云副总理分别题了词。

▲1992年10月15日 化工部批准成立化工部施工技术情报中心站。该站设在化工部施工技术研究所。

▲1992年11月3日 化工部以化政法[1992]833号文发布，成立中国化工信息中心。11月14日，中国化工信息中心在北京成立。该中心由化工部科学技术情报研究所和化工部经济信息中心合并组成。

▲1993年8月31日—9月2日 化工科技图书编审委员会第二届二次会议在成都召开。化工部部长顾秀莲，原副部长李苏、陶涛、王珉和四川省政协副主席韩邦彦等出席会议。

▲1993年9月22日 化学工业出版社举行成立40周年庆祝大会。化工部部长顾秀莲，副部长贺国强、谭竹洲等到会祝贺。顾秀莲说，化工科技出版工作，是化工科技事业乃至整个化工行业的一个组成部分，化工科技出版工作的改革与发展，对提高化工行业劳动者的素质，推进化工科技进步，有着重要意义。

▲1993年10月29日 国务院批准，化工部成立计算中心（后定名化工部经济信息中心，今中国化工信息中心一部分）。

▲1993年5月20日 全国化工图书发行站站长经理会在北京召开，贺国强副部长出席会议并讲话。他希望化学工业出版社多出书，出好书，不断提高自身的经济实力；继续扩大发行范围，填补空白，提高发行服务质量，通过发行搞好市场调研，及时捕捉各种信息；努力办好化工书店，同时支持新华书店发挥主渠道作用。

▲1993年7月10日 国家新闻出版署批准出版《中国化工》期刊。该刊是由《化学工业通讯》《化工调研》合并的大型综合性月刊，由化工部主办。1994年2月1

日举行首发式。国务院副总理邹家华为《中国化工》题词。

▲1994 年 2 月 1 日　由化工部主办的综合性月刊《中国化工》创刊，举行首发式。中共中央政治局委员、国务院副总理邹家华为《中国化工》题词："为创建新的中国化学工业而努力奋斗。"

▲1994 年 6 月 13 日　在第八届产业报双良好新闻评选中，《中国化工报》获一等奖 1 个、二等奖 1 个、三等奖 2 个。

▲1994 年 9 月 25 日　化工部任命尚怀复为中国化工信息中心主任，毕天贺任中国化工信息中心党委书记兼副主任。

▲1994 年 11 月 17 日　北京华康达计算机公司在北京开业。该公司由中国石化工程公司、中国化工信息中心华龙化工信息产业总公司和美国 ABB 新康公司合资组建（分别占投资总额的 35%、30%、35%），为化工、石化、化纤、化肥等企业提供国际先进的模拟仿真培训系统、生产装置的优化系统、智能化的工厂信息管理和监测系统的综合性计算机应用核技术。

▲1995 年 1 月 5 日　《中国化工报》创刊十周年，举行庆祝会。化工部部长顾秀莲和副部长贺国强、成思危等出席。该报经过十年的艰苦创业，已从创刊初期的每周一期发展到每周四刊，并在全国产业报中首创英文报纸《中国化工周报》。

▲1995 年 4 月　中国化工信息中心、山东邹城市氮肥厂联合开发的"水溶液全循环法尿素工艺模拟培训系统"，通过化工部委托山东省石化厅主持的部级技术鉴定。

▲1995 年 7 月 15 日　化学工业出版社出版的《材料大辞典》、《机械设计手册》（第 3 版）和《合成橡胶手册》，获第七届全国优秀科技图书二等奖。

▲1995 年 10 月　经全国自然科学名词审定委员会批准公布的《化学工程名词》出版发行。该书由化工名词审定委员会审查，共收录化学工程基本词 2170 条。

▲1996 年 2 月 7 日，在全国科学技术普及工作会议上，国家科委、中国科协联合表彰了全国先进科普工作集体和先进工作者。化学工业出版社获"全国先进科普工作集体"称号，化学工业出版社杨立新、潘正安获"全国先进科普工作者"称号。

▲1996 年 8 月　中国化工信息中心完成了《当代中国化工》电视片的摄制任务。该片全面反映了我国化学工业 40 年来取得的辉煌成就。

▲1996 年 10 月　按化工部《化工系统优秀情报信息成果奖励办法》，对化工系统信息成果进行了评选。共评选出优秀信息成果 58 项，其中一等奖 3 项、二等奖 20 项、三等奖 35 项。

▲1996 年 11 月 6 日　经化工部批准，召开全国化工信息工作会议。

▲1997 年 1 月 1 日　经新闻出版署批准，《中国化工报》由一周四刊改为日刊。

▲1997 年 1 月　中国化工信息中心的《现代化工》刊物荣获中共中央宣传部、国家科委、国家新闻出版署联合组织的第二届全国优秀科技期刊评比一等奖。

▲1997 年 11 月 1 日　第八届国家科技图书奖颁奖大会在北京举行。化学工业出版社

的《化学工程手册》（第 2 版）获一等奖，《钴-钼耐酸变换催化剂》和《涂料工艺》（修订版）两书获二等奖。

▲1997 年 12 月　中国化工信息中心完成了化工部组织的《跨国公司 21 世纪发展战略调研》课题的总报告、两个子课题及 14 个公司的调研报告。

▲1998 年 12 月 15 日　《康世恩传》发行仪式在人民大会堂举行。中国石油化工集团公司李毅中总经理出席并讲话。

▲1998 年　中国化工信息中心综合处与有关单位合作完成《21 世纪跨国公司发展》，该课题荣获 1998 年全国化工系统信息研究成果一等奖。

▲1999 年 5 月 11 日　《化工百科全书》举行首发式。该书 1986 年开始编写，1990 年出版第一卷，1998 年底出版最后一卷。全书共 20 卷、4845 万字，是我国第一部按词条顺序编排出版的大型专业百科全书，是我国化工史上第一部、世界上第三部化工百科全书。

▲1999 年 7 月 14 日　国家石油和化学工业局决定将“化学工业部化肥工业信息总站”等 41 个化工专业信息站（中心）更名，更名后的化工专业信息站（中心）仍由中国化工信息中心代管。

▲1999 年 9 月 20 日　在第四届国家图书奖颁奖大会上，由化学工业出版社编辑出版的《化工百科全书》荣获国家图书奖荣誉奖。

▲1999 年 11 月 18 日　《中华人民共和国药典》（简称《中国药典》）（2000 年版）出版合同签字仪式在化学工业出版社举行。2000 年版《中华人民共和国药典》收载药品 2697 个，新增中西药品种标准 400 个。

▲1999 年　中国化工信息中心从事业单位转制为科技型企业。

▲2000 年 3 月 2 日　中国昊华化工（集团）总公司任命杨晋庆同志为中国化工信息中心主任（法定代表人）。

▲2000 年 4 月 12 日　国家石油和化学工业局陈耕副局长拜会国家民政部徐瑞新副部长，根据国家机构改革的需要，请求民政部批准将“中国城市化工联合会”更名为“中国石油和化学工业协会”。

▲2000 年 8 月 16 日　国家石油和化学工业局以国石化企发[2000]0301 号文件报送国家经贸委《关于中国化工报社整体进入经济日报报业集团的请示》。

▲2000 年 9 月 2 日　在北京举行的“第八届国际图书博览会”上，全国人大成思危副委员长视察化学工业出版社图书展台，并与工作人员合影。

▲2000 年 12 月　肖振华被中国出版工作者协会评为“全国百佳出版工作者”。

▲2001 年 1 月　为普及高新科技知识，化学工业出版社组织编纂了《高新技术科普丛书》。

▲2001 年　《化工经济信息系统的建设与开发》荣获第三批日元贷款项目成果一等奖。

▲2002 年　《现代化工》被评选为国家期刊奖提名奖。

▲2003 年 1 月 9 日　化学工业出版社出版的《机械设计手册》(第 4 版)、《保护母亲河行动教育丛书——沙尘暴》、《绿色地球环保系列读物——环境之星》、《五笔字型编码速查手册》(第 3 版) 四种图书被中国书刊发行协会评为 2002 年度全国优秀畅销书 (科技类)。

▲2003 年　华康达公司通过 ISO9000 (2000 版) 质量体系认证。

▲2004 年 4 月　中央国家机关工会联合会授予俸培宗同志中央国家机关五一劳动奖章荣誉称号。

▲2004 年 5 月　中国化工信息中心划归中国化工集团公司领导。

▲2005 年　中国化工信息中心经济增长实现了过亿元的突破。

▲2006 年 2 月 18 日　在北京钓鱼台国宾馆举行了《中国材料工程大典》首发式。首发式由中国机械工程学会、中国材料研究学会、《中国材料工程大典》编委会和化学工业出版社共同举办。

▲2006 年 10 月 11 日　付旭同志任中共中国化工信息中心委员会书记，兼任中国化工信息中心主任。

▲2007 年 3 月 20 日　全国人大常委会副委员长顾秀莲为中国化工信息中心工作做重要批示："祝贺中国化工信息中心在为政府服务、行业服务中取得新的成绩，希望继续努力，开拓新的局面，取得更大进步。"

▲2007 年 4 月 16 日　《信息早报》加入中国化工信息中心。

▲2007 年 12 月　《中国材料工程大典》(26 卷) 获"首届中国出版政府奖 (图书奖)"。

▲2008 年 2 月 28 日　昊华公司所属中化化工标准化研究所划入中国化工信息中心。

▲2009 年 9 月　中国化工信息中心经过 4 年多的申请过程，成功注册"中国化信"商标。

▲2010 年 11 月 1 日—3 日　由全国功能高分子行业委员会联合中国化工信息中心共同主办的"2010 年国际水溶性高分子研讨会 (中国)"在上海圆满落幕。人大常委会原副委员长、经济学家成思危会后接见了出席会议的行业巨头。

▲2010 年　"中国数字化工期刊平台"正式开通运营。该平台整合了中国化工信息中心所有的刊物，为该中心刊物数字化运营建立了良好的基础平台，提高了刊物的运行效率。

▲2011 年 7 月 14 日　在"2011 年中国石油和化工行业信息与统计工作大会"上，中国石油和化学工业联合会、中国化工情报信息协会联合发布了《关于表彰第六届全国石油和化工行业信息与统计优秀成果、先进单位、先进工作者和优秀报刊的决定》，对"十一五"期间对石油和化工行业健康发展做出重大贡献、涌现出的一大批优秀成果、先进单位和个人进行了表彰。

▲2012 年 7 月 19 日　由中国化工信息中心主办、中国化信产业经济研究院承办的“2012 年中国石化工业大会”首次登陆新加坡。这是信息中心第一次在国外举办的国际会议。

▲2013 年 4 月 19 日—20 日　由中国化工信息中心主办的“2013 年农药行业知识产权与保护高峰论坛”在上海举行。

▲2014 年 6 月 11 日—12 日　由中国化工信息中心、中国化工学会、美国蒸馏公司（FRI）以及德国德西玛化工与生物技术协会共同主办的“2014 年国际化工分离技术交流大会”在京召开。

▲2015 年 9 月 16 日—18 日　由中国石油和化学工业联合会主办，中国贸促会化工行业分会、中国化工信息中心承办的“2015 年中国国际化工展览会”在上海世博展览馆举办。

▲2016 年 6 月 8 日　由中国农药工业协会和中国化工信息中心共同主办的“第八届国际农业展览会暨东南亚植保高峰论坛（缅甸）”在缅甸会展中心隆重开幕。

▲2017 年 6 月 14 日　由中国化工信息中心与越南 VEAS 展览公司共同主办的 2017 越南国际工业展览会在越南胡志明市胜利开幕。

▲2017 年 11 月 2 日　中国化工信息中心完成公司制改制，并于北京市工商管理总局完成相关备案手续。

第四篇　化工教育

化工教育包括在校教育（或称后备教育）和在职教育。在校教育的任务是培养和输送化工高、中等专门技术人才和技术工人。在职教育的任务是提高化工系统在职人员的政治、文化、科学技术与管理水平。化工教育对提高化学工业职工队伍的素质起着决定性的作用，是发展化学工业的战备重点任务之一。

第十四章 近代化工教育

第一节 从晚清到民国的教育体制改革和化工教育

在洋务运动之初，曾国藩与李鸿章等于 1865 年（同治四年）奏设在上海成立江南制造局，从事轮船、枪炮、弹药等的制造。为培训所需人才，即附设机器学堂，教授有关制造方面的知识，化学、化学工艺为弹药制造的必修科目。故江南制造局创立之年，也可认为是我国化工教育发轫之初。

19 世纪 70 年代，由英国驻上海领事麦华陀倡议，由我国化工先驱徐寿等人在上海创办的格致书院，最早开始讲授化学、化工方面的知识。该学院兼有学校、学会、图书馆、博物馆等多种机构的性质，是我国近代科学、教育史上的一个创举，也堪称我国近代化学化工教育的先驱，但还不能视为一所正规的教学机构。

1889 年（光绪十五年），盛宣怀在天津创办中西学堂，其中头等学堂普通科设有化学学科，专门科设有与化学有密切关系的矿务学。在此基础上，1895 年（光绪二十一年），盛宣怀在天津创办北洋大学，即现在的天津大学。若不计外国教会 1894 年在上海办的圣约翰大学，其被认为是中国近代第一所由国家创建的正规大学。该大学头等学堂设法律、工程、矿冶、机械 4 门学科。其中矿冶涉及化学工艺的内容很多。这也可认为是我国正规大学化工教育之肇始。1897 年（光绪二十三年），盛宣怀在上海创办南洋公学，后改名为交通大学。

1898 年（光绪二十四年，戊戌年），维新派实行变法，史称戊戌变法。发出“除旧布新”的改革命令数十条，首要的几条就是“废八股、办学堂”，发出了教育改革的先声，并着手筹办京师大学堂，下令各省府州县一律改书院为学堂。后来戊戌变法失败了，但京师大学堂仍在，1912 年更名为北京大学。

北洋大学、南洋公学、京师大学堂是 19 世纪末，由清政府创办的 3 所高等教育机构。

1903 年（光绪二十九年，癸卯年）孙家鼐、张百熙、张之洞会同制定学堂章程，奏定颁布，此谓《奏定学堂章程》，又称“癸卯学制”。这是我国第一个付诸实施的近代学制。这一学制中第一次确立了理科与工科在高等教育中的地位，应用化学也独立成门。高等学堂的工科与医科都继续学习化学，并做实验。化学门中设无机化学、有机化学、分析化学、应用化学、理论及物理化学、化学平衡论、化学实验等。是年清政府明令奖励留学，经国家考试及格者可以公费派送留学，同时也鼓励自费留学。

1905 年（光绪三十一年），清政府正式废除了自隋唐以来实行了 1300 多年的科举制度，各地纷纷设立大学。

1912 年（民国元年），教育部颁发大学令，提出大学以“教授高深学术，养成硕学闳才，应国家需要”为宗旨。大学分文、理、法、商、医、农、工 7 科，大学毕业授予学士学位。工科分土木工学、机械工学、船用机关学、造船学、采矿学、冶金学、造兵学、电气工程、建筑学、应用化学、火药学 11 门。从清末到民国初期，化工教育先从学制上取得法定地位，说明应用化学教育在我国开始得到重视。

第一次世界大战结束后，鉴于各国学制的进步，在五四运动推动下，以蔡元培为首的教育界人士，发起教育改革的讨论。1921 年 10 月全国教育联合会在广州召开第七次会议，议决适应中国实际情况的学制系统，又称“广州学制”。该学制确定小学分初小（4 年）、高小（2 年），中学分初中（3 年）、高中（3 年），大学（4 年），研究院（不定年限）。这一学制一直延续至今。

20 世纪 20 年代，我国教育事业得到了很大发展。除边疆外，各省皆设立了大学。大学中废科设院，学院中废门设系。工学院中设应用化学系的也日渐增多。

这一时期，由于早期留学学成归国者渐多，大学教师也逐渐改由国人担任。国人自编、翻译的教科书（或讲义）也陆续出版。如韩祖康译的《工业化学实验法》，1927 年由商务印书馆出版；吴承洛在北京工业大学编著的《化学工程》讲义，对推动当时的化工教育影响很大。社会上的化工书籍，如商务印书馆发行的《化学工艺宝鉴》《工艺制造法》《工业药品大全》《最新化妆品制造法》等都流行很广。

这一时期，在国外学习工科的留学生比例也日益增多。特别是在留美学生中，除学习应用化学外，尚有多人专攻化学工程，这在当时的美国也是一门新兴学科。曹惠群、徐善祥、侯德榜、刘树杞、曾昭抡等从国外学成归来，成了引进化学工程的先驱者。

1923 年，北京工业专门学校更名为北京工业大学，吴承洛编写《化学工程》讲义，开设了化学工程一科，这可以算是我国高等学校讲授化学工程的开始。

1920 年在浙江公立工业专门学校设立应用化学科。1927 年，该校与有关学校合并改组为国立第三中山大学（后改为浙江大学），建立了化学工程系，首届系主任是李寿恒。1928 年，苏州工业专门学校归并于南京东南大学（1930 年更名为中央大学）后，将原有的工业化学科改组为化学工程系，首届系主任是曾昭抡。以上是我国最早的两个化学工程系。此后，南开大学、中山大学、广西大学、重庆大学等相继设立或将原有的工业化学、应用化学系改为化学工程系。交通大学、武汉大学、清华大学也积极筹设化学工程系。我国化工教育步入了一个新阶段。

20 世纪 30 年代以后，我国的整个国民经济得到一些发展，实业界所需人才也相应增加。1932 年教育部通过了改革教育初步方案，其主要内容为“改革大学文、法科，发展实科”。实科教育逐年有所发展。

这一时期，由于近代工业在我国有了初步发展，工业在国民经济中的地位日益重要，社会人士对工科的认识也有所提高，学生中有志于振兴实业，投考理、工、医、农科的比例逐渐增多。

1940 年，我国各大学的工学院已有土木系 29 个、化工系 16 个、电机系 15 个，是工科中建系最多的 3 个专业。到中华人民共和国成立前夕，全国已有 30 所左右的大学有化学工程系。重要的有浙江大学、南开大学、北京大学、清华大学、北洋大学、河北工学院、中央大学、燕京大学、交通大学、哈尔滨工业大学、大连大学、重庆大学、四川大学、兰州大学、中山大学、大同大学、沪江大学、东吴大学、震旦大学、江南大学、金陵大学、英士大学、广东省立工业专科学校等。

1940 年，中共中央为培养抗日战争的自然科学和建设人才，在延安创办了自然科学院。先后由李富春、徐特立和李强任院长，化学家陈康白、恽子强曾任副院长。设物理、化学、地矿和生物 4 个系。李苏任化学系主任。4 个系中以化学系师资力量最强。其中陈康白、刘咸一、屈伯川都是德国留学归来的，林华、李苏、李立文、华寿俊、王士珍等都是国内大学毕业生。系内设有较好的实验室，实习厂的设备全是自己加工制造的。为了装运针药的需要，在林华的主持下，自力更生办起了年产 14 万支针管、4 万支疫苗管及各种玻璃器皿的玻璃厂。1942 年根据战争的需要，化学系改成化工系，仍由李苏任系主任。

1945 年，该院迁离延安，到张家口与当地一个工业学校合并为晋察冀工业学校。1948 年底，该校又迁到河北井径与晋冀鲁豫解放区创办的北方工业大学工学院合并，改名为华北大学工学院。1949 年迁入北京。1950 年冬，前中法大学的数理化三个系和校部并入华北工业大学工学院。1952 年 1 月 1 日更名为北京工业学院，1988 年更名为北京理工大学。

第二节 杏坛师表

从清末到中华人民共和国成立，我国近代化工教育从无到有乃至初具规模，走过了半个多世纪历程，涌现出了一批教育精英、杏坛师表。他们在教育救国的道路上顽强拼搏，倾注了一生心血；他们用一砖一石砌起了一座座化工教育大厦，用科学知识、科学思想和科学精神启迪、培育了一代代莘莘学子。本节所介绍的几位，就是众多精英中的杰出代表。

一、俞同奎（1876—1962年）

俞同奎，字星枢，1876年生于福建省福州市。1902年考取京师大学堂师范馆头班生。1904年出国，在英国利物浦大学攻读化学，是我国近代出国留学生中第一个获得化学硕士学位之人。后又到德国、法国、意大利、瑞士等国深造，1907年12月24日和李景镐、吴匡时、陈传瑚等留学生在巴黎共同发起成立了“中国化学会欧洲支会”，俞为临时书记。

1910年，俞同奎回国到京师大学堂任理科教授兼化学门研究所主任多年，主要讲授无机化学和物理化学，是我国大学中最早由本国人讲授化学课程的教授之一。

1912年，京师大学堂改称北京大学。1914年学校成立教科书编委会，俞同奎任化学方面主编。他亲自编写和组织编写的教科书有《无机化学》《有机化学》《物理化学》《分析化学》和《应用化学》等，这是我国最早的一批大学化学教材。其中《应用化学》一书是我国自编化学工业教材的第一本，弥足珍贵。1919年，废“门”为“系”，各系成立教授会。俞同奎被聘为化学系首任系主任和教授会主任，为北京大学化学系早期的创建和教学做了大量奠基性工作。此外还担任过北京大学教务长，负责领导全校各科的教学工作。

1920年，俞同奎调往北京工业专门学校（后改名为北京工业大学）任校长，兼有机化学教授，同时兼任北京大学教授，讲授定量分析等课程。俞十分热心学术团体工作，1922年与陈世璋发起成立了我国第一个化工学术团体“中华化学工业会”，任该会总编纂，创办和主编过《中华化学工业会会志》。

俞同奎多年致力于高等教育和学术团体工作，后患严重胃病和神经衰弱，有一次竟晕倒在讲堂上。他离开教学第一线后，先到南京在教育部任大学就业委员会主任。“七七事变”后，离开南京到昆明任液体燃料管理委员会办事处主任，负责后方液体燃料的技术研究和质量管理工作。抗日战争胜利后回到北平，依然是两袖清风，生活俭朴，这在当时是极为罕见的。

中华人民共和国成立后，俞同奎于1956年担任文化部古代建筑修整所所长，对保护我国的文物古迹，做出了重要贡献。

1962年2月28日，俞同奎病逝于北京，享年86岁。文化部文物和古代建筑修整所为他举行了追悼会，称他“早年为教育界耆宿，晚年领导古代建筑修整事业，年高德劭，在治学、为人和处事态度上，诚令人引为楷模”。

二、徐名材（1889—1951年）

徐名材，中国化工教育家，字伯隽，1889年5月11日生于浙江宁波。1909年在美国麻省理工学院攻读化学工程，获硕士学位。1917年回国，在汉冶萍煤矿公司任化验室主任，1922年任上海交通大学化学教授。1931年任上海交通大学科学学院化学系主任。1933 年他创立交大涂料研究所，并从事软水剂的研究。1934 年建立化工馆，除供学生研究实习外，还将研究成果转让工厂。

1937 年赴欧洲考察燃料工业，准备筹建以煤为原料生产汽油的装置，因抗日战争爆发而停顿。次年回国参加资源委员会工作。1941 年接办重庆动力油料厂，用植物油裂解炼成燃料油与润滑油，并进行燃料与合成树脂、酚醛塑料的研究，曾先后获经济部专利 10 余项。抗战胜利后，曾参加中国驻日代表团，向日本交涉索回战争期间被日本军国主义者从中国拆走的化工设备（如永利铔厂稀硝酸设备等）。回国后，在上海筹建中央化工厂，任筹备处主任，把上海已接管的日商糖厂改建为化工厂（现上海化工厂前身），组织生产硫化元（硫化黑）、硫化草绿、直接蓝、橡胶制品、黄蜡布、酚醛塑料及软水剂等，为上海化工厂发展塑料加工奠定了基础。同时，又在南京燕子矶筹建南京化工厂，在重庆筹建重庆化工厂。

1949 年后，徐名材任华东工业部化工处处长，兼任中央轻工业部上海化工研究所所长，对恢复华东生产及后来进行的调整、基建改造等均有所贡献。1951 年 11 月 8 日逝于上海。

三、李寿恒（1898—1995 年）

李寿恒，中国化学工程教育家，字乔年，1898 年 2 月 1 日生于江苏省宜兴县。1920 年留学于美国伊利诺伊大学化学工程系，并取得博士学位。曾发表有关《中国煤分类》《硫铁矿氧化对煤自燃的影响》等论文。获得中国工程师学会荣誉奖。1925 年回国任东南大学教授，1927 年任浙江省立工业专门学校（同年改为国立第三中山大学，次年改为浙江大学）教授。他于 1927 年秋首建化学工程科系，1940 年在中国开始招收化学工程研究生，1941 年建立浙江大学化工研究所。他担任浙江大学化工系主任达 25 年，讲授过有机化学、分析化学、工业化学、燃料化学、化工原理等课程。1952 年后历任浙江大学教务长、副校长，浙江化工研究所所长，浙江化工学院副院长、院长。1985 年又受聘为浙江大学名誉教授。多年来，李寿恒孜孜不倦地为中国的化学工程教育事业做出了卓越贡献。

四、张洪沅（1902—1992 年）

张洪沅，中国化学工程教育家。1902 年 5 月 15 日出生于四川省华阳县（今成都市）。1916 年以优异的成绩考入北京清华学校留美预备班，1924 年毕业。赴美留学期间，先后在加利福尼亚州理工学院和麻省理工学院攻读化学工程，1928 年 7 月任麻省理工学院化学工程系助理研究员，从事接触法硫酸反应速率的研究，1930 年夏获得博士学位，晋升为副研究员。1931 年秋回国，先后任中央大学、南开大学教授及南开大学应用化学研究所副所长。1937 年秋后被四川大学聘为中英庚款董事会讲座教授，先后兼任化学系主任和理学院院长。1941 年调任重庆大学校长。1949 年后，任重庆大学校务委员兼化学工程系主任。1952 年调任四川化学工业学院教授。1956 年四川化学工业学院并入成都工学院，1980 年成都工学院改称成都科技大学，他仍任化工系教授，并担任过教研室主任和系主任。

张洪沅为中国化学工程学会创始人之一，长期担任过该会会长，且负责该会学术刊物《化学工程》的编辑出版工作。《化学工程》1934 年问世，从 1935 年起论文全用外文发表并在国外发行。他还是 1932 年成立的中国化学学会发起人之一，并于 1944 年担任过该会理事长。在南开大学任教期间，曾与谢明山合编出版《化学工程机械》一书。1955 年与丁绪淮、顾毓珍合编《化学工业过程及设备》，为中国自编的第一套全国高等院校通用的化工原理教材。

五、丁绪淮（1907—1990 年）

丁绪淮，字导之，安徽省阜阳县人。1920—1927 年就读于北京清华学校（留美预备班）。毕业后留学美国密歇根大学学习化学工程，1929—1933 年先后获该校工程学士、工程硕士和科学博士学位。

他早在 20 世纪 30 年代就开始研究硫酸镁（$MgSO_4\cdot7H_2O$）溶液加晶种进行搅拌使溶液冷却结晶，并观察溶液过饱和度和晶体形成的过程，以令人信服的结果修正了迈尔斯（Miers）等人的有关论点。他的一系列科研成果使他被公认为是最早开展工业结晶研究的科学家和该领域的奠基人之一。

20 世纪 50 年代中期，他同张洪沅、顾毓珍共同编写，并由他最终校定的《化学工业过程及设备》，是我国第一本关于化工原理过程的全国统编教材，为我国化工院校普遍采用。

丁绪淮多次谈过："我的一生，主要贡献在教学。"他历任北洋工学院、重庆大学、浙江大学、南开大学和天津大学化工系教授，并兼任天津大学化工原理教研室主任，一直从事化工原理及化学工程的教学和科研工作。

丁绪淮从小亲见政治腐败、军阀混战、列强入侵等情景，培养了炽热的爱国之心，奠定了教育救国、科学救国之志。在 1926 年"三一八惨案"中，段祺瑞命令卫队向学生们扫射，丁绪淮曾身负重伤。中华人民共和国成立后，他曾任天津市民盟顾问，第三届全国人民代表大会代表。1987 年 5 月，他将几十年勤俭积蓄下来的 1.6 万元捐赠给学校，设立"丁绪淮化学工程奖学金"。临终时，他还嘱咐女儿将陪伴着自己度过一生的图书、杂志和资料全部捐献给天津大学图书馆。

丁绪淮把自己的一生心血都献给了中国的化工教育事业。

第十五章 中华人民共和国化工高等教育

第一节 高等学校院系调整与建设

《人民日报》1952 年 9 月 24 日报道，全国高等学校大规模的院系调整工作最近已经基本完成，这项工作是改革旧的高等教育制度和教学组织的一个重大措施，也是中华人民共和国教育史上的一件大事。

中华人民共和国成立之前的高等学校只有院系不设专业。从 1952 年开始，教育部根据“以培养工业建设人才和师资为重点，发展专门学院，整顿和加强综合性大学 ”的方针，参照苏联高等学校制度，全面进行院系调整，先取消高校中院的一级，调整出工、农、医、师范、财经、政法等系科。例如：天津北洋大学与河北工学院等合并成天津大学，成为专门培养燃料工业、重工业、轻工业、纺织工业及水利工程方面人才的多科性工科大学；北京大学工学院和燕京大学工科并入清华大学，清华大学改为多科性的工业高等院校；清华大学的文、理、法三院并入北京大学，北京大学成为综合性大学；撤销燕京大学校名，辅仁大学并入北京师范大学，同时将私立大学全部改为公办。

1952 年，根据政务院颁布的《全国工学院院系调整方案》，对原来的 30 所院校的化工系及一部分化工专科学校进行了调整，集中合并成 2 个化工学院和 7 所工科大学的化工系。详见表 15-1。

表 15-1 1952 年化工院（校）系调整一览表

调整后的院（校）系	调出化工系或化工专业的学校
华东化工学院	交通大学、东吴大学、江南大学、大同大学、震旦大学
四川化工学院	重庆大学、四川大学、川北大学、华西大学、四川教育学院、西南工业专科学校、乐山技艺专科学校、川南工业专科学校、西昌技艺专科学校
天津大学化工系	北洋大学、南开大学、河北工学院、唐山铁道学院、燕京大学、清华大学、北京大学
大连工学院化工系	大连工学院、东北工学院、哈尔滨工业大学

续表

调整后的院（校）系	调出化工系或化工专业的学校
浙江大学化工系	浙江大学
南京工学院化工系（1958 年独立成立南京化工学院）	中央大学、金陵大学
华南工学院化工系	中山大学、岭南大学、湖南大学、广西大学、南昌大学
北京工业学院化工系	华北大学
太原工学院化工系	山西大学

1958 年到 1960 年，各地又兴办了 16 所化工学院和 20 所化工专科学校，并在 13 所高等院校增设了化工系。1961 年进行了调整。到 1965 年，全国共有 6 所化工学院，有 20 所高等院校设了化工系，还有 1 所化工专科学校。

1966 年以后，化工院系又有增加。1984 年的化工院校、系及设有与化工相关专业的学校共 40 所，化工专科学校有 5 所。以上这些院校，有的直属教育部，有的直属化工部，多数隶属省、自治区、直辖市。其中，全国大部分省、自治区、直辖市都至少有了一所化工学院或一个化工系。

20 世纪 80 年代，面对中国经济体制改革全面提升和世界范围内新技术革命的兴起，对高等院校中不合理的专业设置结构有计划、有步骤地进行了系科、专业的调整和改革。到 20 世纪 80 年代末，全国 1075 所高等院校设置专业种类 870 个，专业点数 13358 个，已经形成了多种层次、多种规格、学科门类基本齐全的高等教育体系。

第二节　重点化工高等院校

一、北京化工学院

1956 年化工部成立后不久就着手筹建化工专业独立学院。最初选中天津大学化工系，准备拉出来成立天津化工学院。但在 1958 年 4 月教育部报请国务院审批时被否决。不久，在一次中央会议上，中宣部部长陆定一同志在讲话中提到："现在只有两个部没有自己的大学，一个是化工部，一个是轻工部，应尽快地办起来。"时任化工部部长的彭涛同志回来后，及时传达积极落实，经部党组研究决定成立北京化工学院，于 1958 年 9 月份开学。6 月 9 日，化工部党组给毛主席并中央的《关于筹建北京化工学院的报告》中指出，成立该院的目的是："培养尖端科学发展所需的高级化工人才，同时还根据北京市化学工业发展的需要培养一部分高级化工技术人才。"设置无机物、有机合成、化工机械 3 个专业，学制为五年，预计发展规模

2500～3000 名学生。并指定李苏、赵君陶、马恩沛、胡静波、康宁、林华、王林、陈冠荣、黄鸿宁、陈鉴远、蔡耀宗等 11 位同志组成筹备委员会（简称筹委会），李苏为主任委员。即日开始筹备工作，院筹备处印章 1958 年 7 月 10 日开始启用。

1958 年 7 月 14 日，中共中央以中发（58）574 号复文（邓小平签发），同意化工部在北京筹建北京化工学院，并对师资、招生和校舍等问题的请示做了答复。

在筹委会的直接领导下，各路人马以战斗冲锋的姿态和必保如期开学的决心夜以继日地工作着。首先多渠道招收合格学员 587 名，其次于 1958 年 8 月底千方百计组建起 131 人的教师队伍，同时还从北京师范大学、清华大学、农机学院等老校借聘一至两年的兼职教师十余人，保质保量开出第一学期全部课程。第三，经彭涛部长力排众议，把预计 8 月底建成投入使用的化工部大楼，全部借给化工学院使用。终于在 1958 年 9 月 12 日～13 日新生报到。9 月 15 日在和平里劳动部礼堂举行由 700 名师生员工参加的开学典礼。部党组决定由李苏同志兼任院长，1959 年 1 月 22 日国务院第 84 次全体会议通过。在李苏院长领导下，1960 年 10 月 22 日，《中共中央关于增加全国重点高等学校的决定》中指出，将北京化工学院增列为全国 64 所重点院校之一。

1994 年 2 月 25 日，国家教委批准北京化工学院（图 15-1）更名为北京化工大学。

图 15-1　北京化工学院诞生地——南大楼

1994 年 10 月 18 日，为明确化工高等学校学科的覆盖面，化工部公布首批化工部高等学校重点学科：北京化工大学的化学工程、化工过程机械、精细化工、工业自动化和自动化仪表及装置、腐蚀与防护；郑州工学院的结构工程、有机化工、铸造、橡塑成型工艺及模具技术；青岛化工学院的高分子材料；沈阳化工学院的精细化工；武汉化工学院的矿物加工工程。

1996 年 3 月 21 日，北京化工大学通过由化工部组织的“211”部门预审。专案组认为，该校已形成具有化工特色的主干学科并在国内化工院校中处于先进地位，拥有层次配套的完整教育体系和一支素质较高、结构日趋合理、学风严谨的教学科研队伍，教育质量较高，在化工领域具有较强的科研实力和学术优势，已具备“211工程”重点建立立项的基础和条件。

二、沈阳化工学院

沈阳化工学院始建于1952年7月15日，建校时校名为沈阳化学工业技术学校，隶属东北人民政府工业部，校址原选定沈阳市铁西区尚武街3号（现爱工南街11号），当年设化工、机械、电机3个专业科。

1953年10月，学校隶属中央重工业部，更名为重工业部沈阳化学工业学校；1953—1958年，沈阳机械工业学校化工科、吉林工业学校染料专业和分析专业、大连工业学校电机科、沈阳市化工学校等相继并入学校；1956年国家组建化学工业部，学校由隶属重工业部转为隶属化学工业部。

1958年8月10日学校升格为本科正式建立沈阳化工学院，隶属辽宁省人民政府，中国科学院原院长郭沫若为学校题写了校名；1960年6月，经辽宁省委批准，学院更名为辽宁科学技术大学，抚顺工学院有机合成专业并入该校，学校业务领导隶属中国科学院辽宁分院；1962年4月，学校重新隶属化学工业部，校名改回沈阳化工学院，大连工业专科学校并入该校；1970年12月至1978年6月，学校迁至抚顺市办学，原抚顺工学院、抚顺石油学校并入该校，更名为抚顺化工学院；1978年7月，该校迁回沈阳恢复原校名沈阳化工学院，重新隶属化学工业部。

1998年8月，国家调整高等学校管理体制，该校管理体制变为“中央与地方共建，以地方管理为主”。2001年11月迁入新校区办学。

2010年1月21日，沈阳化工学院由于通过教育部评定，正式更名为沈阳化工大学。

三、郑州工学院

郑州工学院成立于1963年，是原化工部直属的重点院校。1996年4月更名为郑州工业大学。合校前已成为以工为主，文、理、经多学科协调发展的高等工科学校。2000年7月，原郑州大学、郑州工业大学和河南医科大学三校合并组建新郑州大学。

四、武汉化工学院

武汉化工学院始于1972年6月，湖北化工石油学院建立，隶属湖北省。1974年，校址迁移至伏虎山麓、南湖北畔之现址。1977年招收首批四年制本科生。1980年3月，经教育部批准，更名为武汉化工学院，改由化工部主管。1998年1月，学院被国务院学位委员会增列为硕士学位授予权单位，化学工艺学科获硕士学位授予权。同年7月3日根据国务院办公厅，国发办[1998]103号文件精神，学院由原化工部主管改为中央与湖北省共建，以湖北省管理为主。

2006年2月，学校正式更名为武汉工程大学。

五、南京化工学院

2001年5月，南京化工大学和南京建筑工程学院合并组建而成南京工业大学。

图15-2　两江师范学堂门额旧迹

南京化工学院的前身可追溯到1902年建立的三江师范学堂，三江师范学堂历经两江师范学堂（图15-2）、南京高等师范学校、国立东南大学、国立第四中山大学、国立江苏大学、国立中央大学等历史时期，于1949年更名国立南京大学，翌年定名南京大学。1952年，全国高校院系调整，南京大学工学院分出，成立南京工学院。

1958年，南京工学院化工系从南京工学院分出建立南京化工学院，与北京化工大学同隶属化工部。1981年，被国务院批准为首批具有博士、硕士学位授予权单位。

1995年4月，更名为南京化工大学。1998年7月，由化学工业部管理划转归江苏省人民政府管理。

六、青岛化工学院

青岛化工学院，前身系1876年2月外国人在沈阳设立的第一所教会学校——文会书院。1958年经山东省人民政府批准组建为山东化工学院；1984年经教育部批准更名为青岛化工学院；1998年学校由化学工业部划转到山东省，实行中央与地方共建；2001年青岛工艺美术学校并入，2002年经教育部批准更名为青岛科技大学。

【历史沿革】

东北解放后东北人民政府工业部轻工业管理局正式接办辽宁私立沈阳文会高级中学，改名为轻工业管理局工科高级职业学校（简称沈阳轻工业高级职业学校）。

1952年4月5日，东北人民政府工业部（52）工教中字第27号命令，将轻工业管理局工科高级职业学校改名为沈阳轻工业技术学校。同年8月根据中央人民政府轻工部（52）人字第8375号令，沈阳轻工业技术学校改名为沈阳轻工业学校（黄炎培题），隶属中央人民政府轻工业部。

1954年6月24日，更名为沈阳橡胶工业学校。1955年9月，轻工业部上海制药工业学校并入沈阳橡胶工业学校。1956 年上半年，沈阳橡胶工业学校由轻工业部部属调整为化学工业部部属。

1956 年制药专业调整成立化学工业部沈阳制药工业学校，后并入沈阳药学院（现沈阳药科大学）。

1956 年 7 月，沈阳橡胶工业学校迁至青岛，改名为化工部青岛橡胶工业学校。1958 年 8 月 8 日，青岛第二橡胶厂创办了橡胶工业学院（又称青岛橡胶学院）和橡胶工业学校（又称中等技术学校），两个学校一套班子。当年，学院招收学员一期两个班（橡胶工艺和橡胶机械）共 60 人；工业学校招收三期学员，第一期 200 人，分四个班（橡胶机械一个、橡胶工艺三个），第二、三学期各招收两个班，全部是橡胶工艺专业。

1958 年 9 月 2 日在化工部青岛橡胶工业学校的基础上，成立山东化工学院（郭沫若题），直接招收本科生。开设橡胶工艺、基本有机合成、合成橡胶、化工机械、化学工程 5 个本科专业，首批招收学员 167 名，另设橡胶工学、无机物工艺两个专科专业。

1962 年秋，化工部南京化学工业公司化工学院并入山东化工学院。1968 年 3 月 17 日，青岛橡胶工业学校并入山东化工学院。1979 年 5 月，山东化工学院改隶属化学工业部。1981 年 11 月，山东省第二轻工业厅与山东化工学院联合创办塑料成型加工工艺专业。

1984 年 9 月，山东化工学院更名为青岛化工学院（赵朴初题）。1998 年，由国家化学工业部划转山东省领导。2001 年，青岛工艺美术学校并入青岛化工学院。2002 年 3 月，经教育部批准更名为青岛科技大学（邵华泽题）。2003 年，青岛化工学院正式更名为青岛科技大学。

2016 年，山东省化工研究院并入青岛科技大学。

第三节　代表性高等院校的化工院系

国内不少高校都设有与化工有关的专业、系或学院，现简要介绍几所有代表性的院校情况。

一、华东理工大学

华东理工大学原名华东化工学院，办学历史可追溯到 100 多年前的南洋公学和震旦学院。1952 年 10 月，经中央人民政府批准，由交通大学、震旦大学、大同大学、东吴大学、江南大学五所高校的化工系合并，创建了中国第一所单科性化工院校——华东化工学院（图 15-3）。学校设在上海市江湾政法路 195 号原同济大学理学院。由中国著名教育家、化学家张江树教授出任院长。

图 15-3　华东化工学院

1953 年 3 月，学校开始新建梅陇校区，占地 610.2 亩。

1953 年 9 月，山东工学院化工系调整并入该校。

1954 年 7 月，迁址梅陇，当年投入使用各类建筑约 3.85 万米 ^{2}。

1954 年 9 月，华南工学院无机物工学专业调整并入该校。至此，学校历经七校学科整合。

1956 年 7 月，学校创办夜大学，设无机物工学和化学制药两个专业。

1956 年 11 月，学校获准首次招收研究生（副博士）。同月，学校首次招收外国留学生。

1958 年 9 月，根据国家建设需要，学校首次招收工农预科。

1960 年 10 月，学校被中共中央确定为全国重点大学，直属高等教育部。

1965 年 1 月，党中央、国务院决定在内地三线建设华东化工学院、北京大学（“653”工程）、清华大学（“651”工程）、南京大学（“654”工程）4 所重要大学分校。1979 年，根据国务院决定，停办四川分院。该校在四川自贡建设西南分院（现四川理工学院），简称“652”工程。

1969 年 10 月，经国务院同意，学校划归上海市领导。

1972 年 4 月，学校开始招收工农兵学员。

1972 年 8 月，中共上海市委决定，学校更名为上海化工学院，西南分院同时更名为上海化工学院四川分院。

1973 年 1 月，上海科技大学生物催化专业和上海财经学院部分教师调入该校。

1977 年 12 月，国家恢复统一考试招生制度，学校又开始招本科生和研究生。

1978 年 11 月，为了加快培养人才步伐，经国务院同意、上海市委批准，学校与上海市化工局、卢湾区政府合办上海化工学院分院。

1979 年 7 月，经国务院批准，停办上海化工学院四川分院，原校址改办四川化工学院（现四川理工学院）。

1980 年 8 月，教育部批准学校恢复华东化工学院原名。

1981 年 11 月，经国务院批准，学校首次招收博士研究生，设化学工程等 5 个博士学位授予点。

1985 年 11 月，经国务院批准，学校首次建立化学工程和工业化学博士后流动站。

1990 年 2 月，学校开设第二专业，培养复合型人才。

1993 年 2 月，经国家教育委员会批准，学校更名为华东理工大学。

二、清华大学化学工程系

清华大学化学工程系始建于 1946 年，当年秋季招收第一届本科生，学制四年。1950 年开始招收研究生，同年设置了石油炼制专业。至 1952 年，化学工程系设有化学工程和石油炼制两个专业。1952 年 8 月，清华大学停办化学工程系，同时成立石油工程系。1953 年 2 月，以清华大学石油工程系为基础，国家建立了北京石油学院，同年石油工程系迁出清华大学。

1958 年 7 月，清华大学建立工程化学系，设塑料专业，同年开始招本科生。1960 年学校决定将工程物理系的有关原子能化工的专业调整到工程化学系。全系设置三个专业：放射性物质工艺学专业（含天然放射性物质工艺学和人工放射性物质工艺学两个方向）、轻同位素分离与应用专业和高分子化合物专业，学制均为六年。

1960 年后，在汪家鼎、滕藤教授等的组织指导下，结合辐射核燃料后处理，开展了铀钚及裂变产物化学性质和萃取工艺、萃取设备方面的系统研究工作。1968 年，以工程化学系技术为基础设计的核燃料后处理中间试验厂建成，使我国的后处理工艺在 20 世纪 60 年代赶上了国际先进水平，为我国核工业的发展做出了重大贡献。

1970 年后，学校重新组建化学工程系，设高分子化工、非金属材料、化工设备（后改为化学工程）和基本有机合成四个专业，学制为三年半。

1978 年，重新恢复工程化学系的名称，设有高分子化工、非金属材料、化工系统工程、应用化学、物理化学、有机化学、分析化学、无机化学和普通化学等 10 个教研组和仪器分析中心。设置了高分子化工、化学工程、应用化学（1987 年改称工业化学）、无机非金属材料和物理化学及仪器分析 5 个专业，1977 年开始招生，学制均为五年。

1980 年 2 月，工程化学系改名为化学与化学工程系。1985 年 10 月，分为化学系和化学工程系两个系。1987 年又将非金属材料教研组及所属专业调出到新成立的材料工程与科学系。1989 年化学工程系把高分子化工、化学工程和工业化学三个专业调整成高分子材料及化工和化学工程与工艺两个专业。1995 年本科学制改为四年。

1995 年以来，化学工程系先后制订了“九五”规划、“十五”规划、“211”工程重点建设项目规划、“985”工程重点建设项目规划。1998 年获得了“化学工程与技术”一级学科博士点授予权，高分子材料与工程按照“材料科学与工程”一级学科授予博士学位。

2004 年把本科“化学工程与工艺”专业调整为“化学工程与工业生物工程”专业。2007 年“化学工程与技术”和“材料科学与工程”率先入选国家重点一级学科。

三、天津大学化学工程系

天津大学化学工程系（简称化工系）在 1952 年院系调整时由北洋大学、南开大学、辅仁大学、河北工学院、唐山铁道学院和燕京大学的化工系合并而成，清华大学和北京大学的化工系师生也有一部分人并入。所以天津大学化工系的历史就应追溯到有关院校化工系的历史。

1. 院校调整前的历史

（1）南开大学化工系　南开大学化工系成立于 1932 年夏。当时由张克忠任系主任，教授有张克忠、张洪沅、高少白。除化工系外，另设有应用化学研究所，由张克忠兼任所长，化工系教授同时均担任该所的研究工作。抗日战争爆发后，南开大学化工系先迁重庆沙坪坝南渝中学，并作为长沙临时大学的一部分，学生在重庆大学借读。应用化学研究所则设在南渝中学内。一年后，化工系迁至昆明，成为西南联合大学化工系。担任西南联合大学化工系主任的先后有张克忠、苏国桢和谢明山。教学和科研人员有潘尚贞、陈国符、胡志彬、赵镛声、俞其型、汪德熙、孟广俊、张建侯、汪家鼎、黄乙武、张远谋、张怀祖等。1947 年南开大学化工系迁返天津，1952 年院系调整时，并入天津大学。

（2）北洋大学化工系　北洋大学在 1937 年迁到陕西，与北平大学、北平师范大学联合成立西安临时大学。1938 年改名为西北联合大学。1938 年 7 月西北联合大学与东北大学工学院以及私立焦作工学院等合并为西北工学院，设有土木、水利、矿冶、机械、航空、电机、化工、纺织等八个系。1943 年在当时浙江英士大学工学院的基础上，设土木、机电、应化三系。应化系主任为许植方。1946 年春，北洋大学在天津复校，设理、工两院，工学院设有化工系。1946 年夏以后，原在浙江的北洋工学院学生都复员来天津北洋大学。在浙江工学院就读的应化系毕业生，1943 年 5 人，1944 年 2 人，1945 年 1 人，1946 年 4 人，均为北洋大学的毕业生。1946 年至 1951 年任北洋大学化工系主任的前后有方子勤、肖莲波。 1946 年北洋大学在天津复校时，原北平大学工学院并入北洋大学，成为北洋大学北平部，其中有化工系。1947 年北洋大学化工系毕业生，天津 9 人，北平部 25 人。1948 年北平部撤销，大部分学生转来天津，部分学生转到北大和清华。1948 年北洋大学化工系毕业生 5 人，

1949 年毕业生 13 人，1950 年毕业生 19 人，1951 年毕业生 40 余人，1952 年毕业生（已与河北工学院合并）19 人。自 1943 年在浙江的北洋工学院算起，到 1952 年共毕业 140 余人。1951 年北洋大学与河北工学院合并成立天津大学。1952 年院系调整，原两校化工系又与其他校化工系合并于七里台新校址。

（3）河北工学院化工系 河北工学院前身高等工业学堂创建于 1908 年（光绪三十四年）。民国初改名为直隶高等工业学校，1926 年改为河北工业学院。早在建校初期，即设立应用化学科，以后逐渐扩充。应用化学科设有制革、油脂（包括肥皂）、造纸、窑业和分析等课程。1937 年全校内迁，后在西安与其他院校联合成立西北工学院。日本投降后于 1946 年复校。设有化工、机械、电机、水利、纺织五个系，每系招生 80 人。并成立附设专科学校，设相应的五个科。1951 年北洋大学与河北工学院合并成立天津大学。1952 年院系调整，原两校化工系又与其他校化工系合并于七里台新校址。

（4）唐山铁道学院化工系 唐山铁道学院化工系筹建于 1949 年，筹备组成员 9 人，金允文为组长。1950 年至 1952 年由余国琮任系主任。1949 年入学约 20 人，1950 年入学 30 人，1951 年入学 30 人。

（5）燕京大学化工系 燕京大学在 1930 年成立了制革实验室，1933 年又成立了陶瓷研究室。当时，这两个研究室属于化学系，供高年级学生选读或快做毕业论文时进行实验。1945 年日本投降后，这两个实验室首先恢复。从 1948 年开始招收学习化工的学生，1950 年则正式成立化工系，由化学系主任兼任化工系主任。1948 年入学的学生有 10 人，1949 年有 26 人，1950 年和 1951 入学的学生各为 20 人。1952 年院系调整时，一部分学生转入清华大学石油系，一部分转入天津大学。1950 年还开办一期陶瓷专修科，学制为两年，主要学习耐火材料。

2. 院系调整时期（1952—1966 年）

1952 年天津大学化工系经院系调整成立后，随着我国国民经济的不断发展，也有了不断发展。1952 年根据当时情况，开始在系内设立专业，设立的五个专业是：无机物工学专业，硅酸盐工学专业，燃料化学工学专业，燃料和中间体专业，造纸专业。1956 年又增设基本有机合成专业，1957 年增设电化学专业，1958 年增设高分子化学专业、化学工程专业（后一度停办，1965 年恢复），1959 年设立金属物化专业。1957 年成都工学院原泸州分院的造纸专业并入天津大学化工系的造纸专业。1960 年造纸专业分出一部分到天津轻工学院（留下一部分，在 1973 年也并入天津轻工学院）。1952 年至 1958 年化工系主任是汪德熙。1959 年化工系分为有机化工系（系主任汪德熙）和无机化工系（系主任潘正涛）。1960 年又合并为一个化工系，由潘正涛任系主任。化工机械专业也是 1952 年院系调整后早期设立的专业之一，但从 1952 年到 1959 年一直设在机械系内。1959 年则由机械系调至当时的无机化工系。1960 年随着无机化工系和有机化工系的合并，化工机械专业也列入化工系的编制。

综上所述，该时期，化工系共有专业 11 个，即：无机物工学专业、硅酸盐工学专业、燃料化学工学专业、染料和中间体专业、造纸专业、化工机械专业、基本有机合成专业、电化学专业、高分子化学专业、化学工程专业、金属物化专业，是当时全国各高校化工系和化工学院中，专业设置十分齐全的院系之一。当时学校的建制是系内设有各个教研室。化工系设立的教研室，除上述十一个专业教研室外，还设有无机化学教研室（一度称为普通化学教研室）、分析化学教研室、有机化学教研室、物理化学教研室、化工原理教研室等基础课教研室五个。全系共有教师约 400 人，并有在各实验室工作的工程技术人员约 70 人。

1952 年院系调整前，各校原应在 1953 年毕业的学生提前一年和 1952 年的应届毕业生同时毕业。各校于调整时转来天津大学化工系的学生，有应在 1954 年毕业和应在 1955 年毕业的两届。前者提前于 1953 年毕业（约 170 人），后者 1955 年按期毕业（约 170 人），共计 340 余人。1954 年无本科毕业生。院系调整后的化工系从 1952 年到 1954 年每年招收四年制本科生以及两年制耐火材料专修科学生。这些学生在 1954 年到 1958 年间陆续毕业，共计 800 余人。从 1955 年起，化工系各专业均改为五年制，两年制专修科停办。由于 1955 年进校的同学均应在 1960 年毕业，所以 1959 年无毕业学生。1960 年至 1965 年化工系本科毕业人数共计 3101 人。1961 年到 1965 年入学的本科同学，共计 2034 人。综上，化工系院系调整时期共毕业学生约 6300 人。1952 年院系调整时，还转来南开大学化工系 1951 年入学的两年制研究生 6 名，他们均在 1953 年毕业。自 1953 年至 1956 年先后招收两年制研究生共 34 人。自 1957 年到 1965 年招三年制研究生（一度曾称之为副博士研究生）共 87 人。从院系调整到“文革”，化工系毕业研究生 127 人。

从 1956 年到 1958 年，化工系还招收了三个干部班，即①老干部特别班。1956 年招生，1961 年毕业，共招收 19 人。学员大多数都是处长以上老干部。这些同志通过老干部特别班的学习，毕业后都成为科研单位、工厂等的主要负责人，对社会主义建设，发展我国科学事业做出了重要的贡献。②老干部班。1956 年招生，1961 年毕业，共招 20 多人。这个班均为本科生，修业五年，他们大多数都是科级以上干部。这些同志经过大学本科的学习不但学习了化工基础知识，也提高了管理水平，成为各方面的骨干力量。③工农干部班。1958 年招生，1963 年毕业，共招收 31 人。这个班为本科生，修业五年。这些同志大多数在入学前就参加工作，经过工农速中培训后考入天津大学化工系。毕业后分配到工厂、设计单位工作，为社会主义建设做出了重要贡献。化工系各教研室根据教学需要在这段时间内编写了大量教材及教学参考书，除由本校自行印刷外，由该校编写或主编并由出版社正式出版的达三十多种，在国内各院校被广泛采用，有较高的声誉。

3. 1966—1982 年

化工系从 1971 年开始招收工农兵学员，学制为三年，至 1976 年为止，总共招收 2055 人。1970 年招收化工类中等技术工人班共 120 人，学制为二年，于 1972 年毕业，这些学生大部分留校分配到校办工厂或实验室工作。1971 年化工系筹建海洋化工专业，为此成立了海洋化工研究室，1973 年被撤销。

1977 年恢复高校统一招生考试制度，由国家统一考试，择优录取，学制为四年，教育质量开始有所好转。1978 年化工系开始恢复招收研究生，学制为两年半至三年，招收研究生的专业及学生数逐年有所增加。到 1995 年共招收硕士生 690 名，博士生 120 名。1981 年开始实行学位制，对 1978 年入学并毕业的研究生和 1977 年入学并毕业的本科生授予了硕士学位和学士学位。同年，开始招收博士学位研究生。经国家教委批准天津大学第一批博士生导师有 8 位，其中有化工系张建侯教授和余国琮教授。全校第一批录取 6 名博士生，化工系占两名。

4. 1983 年以后

由于国内高等教育形势的影响，1983 年学校将化工系分成化学工程系（简称化工系）、应用化学系、化学系、化工研究所。原化工系的化工腐蚀与防护、无机非金属材料（即技术陶瓷）、高分子材料与机械系的金相专业组合成立材料化学与工程系。分系后的化工系本科专业设置有化学工程、有机化工、核化工、工业催化、化工设备与机械等五个专业。其中化学工程、有机化工为两个重点学科。1989 年核化工专业改为工业化学专业，1993 年按照教委专业调整的要求，工业化学专业并入化学工程专业，作为化学工程专业的一个专业方向。1993 年又建立了生物化工专业。截至 1995 年，化工系本科生专业仍然是 5 个；有硕士学位授予权的专业有 8 个，即：化学工程、有机化工、生物化工、核化学化工、生物医学工程、工业催化、化工过程机械及无机化工；有博士学位授予权的专业 3 个，即化学工程、有机化工和工业催化。教研室的设置共 8 个，以及 1 个研究室，除了 5 个专业教研室即化学工程教研室，有机化工教研室，工业催化教研室，生物化工教研室，化工设备与机械教研室外，还设有化工原理教研室，化工开发实验教研室，工业化学教研室，化工系统工程研究室。陈洪钫教授担任分系后的第一任主任，并连任两届，直至 1992 年。

2009 年，韩金玉教授任化工学院院长。同年，学院将精细化工和应用化工两个专业方向从化学工程与工艺专业中独立出来成立应用化学（工）本科专业。2010 年，原农业科学与生物工程学院食品科学与工程专业并入化工学院。2011 年，王志教授任化工学院党委书记。

四、浙江大学化学工程系

浙江大学化学工程与生物工程学系（简称化工系）的前身是浙江大学化学工程系，是1927年由中国化工教育先驱李寿恒教授创立的中国第一个化工系，一直以来都是中国最著名的化工系之一。

1927年4月，浙江大学化工系成立，成为中国第一个化工系，李寿恒先生担任第一任系主任。

1928年，浙江大学第一届化工科学生毕业，是中国第一批毕业的化学工程毕业生。

1937年9月，受抗日战争影响，浙江大学开始长达8年的“文军长征”，历经浙江建德、江西泰和、广西宜山、贵州遵义，最终到达贵州湄潭，历时两年半，化工系也随学校同行，在十分困难的时期，化工系得到逐步的壮大。

1941年，经当时民国政府教育部批准，浙江大学化工系成立了化工研究所，成为中国第一个高校中的化工研究所，正式招收研究生。这批学生是中国招收的第一批化工学科研究生，李寿恒成为中国化学工程第一个指导研究生的导师。

1952年，全国院系调整，浙江大学保留四个工科系，化工系变化不大。同年成立了燃料化学工程专业。

1953年，化工机械专业成立。

1956年，化工自动化专业成立。

1958年，塑料工学专业成立。成立新的化学系，原化工系中的应用化学专业和化学类的教研组相应归入化学系。同年，成立硅酸盐专业。

1962年，无机物工学改建为化学工程专业。

1970年，低温专业成立，1974年招生，1978年与机械系内燃专业、电机系热能专业一起成立了能源系。

1977年，“文化大革命”结束后恢复高考后的第一届学生（77级）进校，当时化工系设有化学工程、石油化工、高分子化工、硅酸盐、化工机械、化工自动化6个专业。8月份，硅酸盐专业从化工系划出。同年恢复招收化工、化机、化自等学科的硕士研究生，成为中国第一批具有化工学科硕士授予权的系。

1980年，化学工程、化工自动化、化工机械学科被教育部批准为中国第一批具有博士授予权的单位。

1986年，成立了环境化工专业和生物化工专业。

1987年，化学工程、化工自动化学科成为中国第一批国家重点学科。国家成立化学工程联合国家重点实验室，聚合反应工程实验室为四个分室之一，实验室于1991年通过国家验收，并正式对外开放。批准成立浙江大学工业自动化国家重点实验室。

1988年，中国石化总公司投资1399万元，用于建造石化大楼。由国内8所化工院系联合主办的《高校化学工程学报》正式创刊，编辑部设在浙江大学化工系内。

1990年，国家计委批准化工系成立二次资源化工国家专业实验室。

1992年3月，浙江大学组建高分子科学与工程学系，化工系中的高分子化工教研室成为当时组建的三个教研室之一。同时，化工系化工自动化教研室改建为工业控制研究所，研究生和本科教学仍归口在化工系。

1993年，生物化工学科被批准为具有博士授予权的单位，成为中国生物化工学科第二个有博士授予权的单位。

1995年，孙优贤当选中国工程院院士。

1996年，“化学工程学科群”被列为浙江大学“211工程”重点学科建设项目。

1997年，侯虞钧当选为中国科学院院士。浙江大学化工系进行重大结构调整，成立化工学院，下设化学工程学系、生物化工系、环境科学与工程系、化工机械系。

1998年5月，原浙江大学、杭州大学、浙江医科大学、浙江农业大学合并为新的浙江大学。同年国家教育部颁布了新的本科生专业调整方案，化工系相应进行了调整，设置了化学工程与工艺、生物工程、制药工程、过程装备与控制等4个本科专业。

1999年，浙江大学进行院系调整，原化工学院、材料系、高分子系合并为浙江大学材料与化学工程学院，撤销了化工学院的所有建制，将原来的化学工程系、生物化工系、化工机械系重新组建为化学工程与生物工程学系，原化工学院的环境科学与工程系与其他院系组建成新的环境与资源学院。

2009年，浙江大学进行院（系）结构调整，撤销了材料与化学工程学院的所有建制，化学工程与生物工程学系升格为化学工程与生物工程学院并开始实运转。

五、大连理工大学化工学院

大连理工大学化工学院办学历史悠久，底蕴雄厚。化工学院的前身化学工程系是大连理工大学1949年建校时创办的，是学校办学实力最强的学院之一，创始人为张大煜、彭少逸等著名化学家。1952年全国部分高等学校院系调整时，哈尔滨工业大学、东北工学院（现东北大学）等院校的化工学科并入该校，聂恒锐、侯毓芬、林纪方等一批著名化学和化工专家汇集大工，奠定了学科发展基业。

改革开放后，化工各学科发展很快，师资队伍和招生规模不断扩大。学院设有化学、化学工程、材料化工、化学工艺、工业催化、精细化工、高分子材料和化工机械等8个系18个教研室和1个工科基础化学实验中心。

1982年，“化学工程”和“应用化学”学科被国务院学位委员会批准为首批博士点。

1985年，学校依托化工学院与中国石油化工总公司联合创办石油化工学院。

1998 年，经国务院学位委员会审议通过，“化学工程与技术”免评被列为国家首批一级学科博士学位授权学科，并设有博士后科研流动站。

2001 年，“应用化学”被评为国家二级学科重点学科，是学校“211 工程”“985 工程”重点建设学科。

2006 年，教育部全国学科评估结果，“化学工程与技术”一级学科名列全国第三，获国家首批“国家级化学基础实验教学示范中心”；获“化学”一级学科博士学位授权学科。

2007 年，“化学工程与技术”成为国家首批一级学科重点学科，涵盖下设的 5 个国家二级学科重点学科。

六、四川大学化学工程学院

四川大学化学工程学院办学历史悠久、办学底蕴深厚，前身为我国化工高等教育先驱张洪沅先生等一批著名学者于1952年汇聚国内十所高等院校化工系科组建的四川化学工业学院。

1. 四川化学工业学院时期（1952—1954 年）

1952 年，四川大学、重庆大学、华西大学、川南工专、重华学院、西南农学院、乐山技专、川北大学、西南工专、西昌技专等十所高校的化工系科组建成立四川化学工业学院（图 15-4）。

图 15-4　四川化学工业学院校门

1954 年，全院共设立 17 个教研组，化工教研组的组长为张洪沅先生，塑料工学教研组长为徐僖先生，无机物工学教研组长为曾宏先生，皮革毛皮及鞣皮剂工学教研组长为张铨先生。

1953 年到 1955 年暑假，四川化工学院共毕业三届学生 696 人。这其中不乏祖国建设的精英骨干。

2. 成都工学院时期（1955—1978 年）

1954 年 12 月 31 日，国务院批准四川化工学院于 1955 年迁至成都与成都工学院合并。糖品物工学调整至华南工学院，植物纤维造纸工学并入天津大学，其余专业全部迁至成都。两校合并后学校名称仍为成都工学院。1955 年 8 月 27 日举行了隆重的合校典礼。合校后的成都工学院有机械、电机、土木、水利、化工 5 个系。

1956 年暑假，泸州分校全部搬到成都。1957 年学校开始全面招收研究生。化学工程张洪沅教授、土力学地基及基础丘勤宝教授、皮革化学张铨教授、塑料工学徐僖教授招收了四年制研究生共 5 名。

1959 年，化工系进一步调整为化机系、无机化工系和有机化工系。1961 年 6 月，成都工学院进行专业调整，原有的化机系和无机化工系合并为基本化工系，有机化工系的基本有机合成专业也并入基本化工系。

1978 年的全国科学大会上，学校有 13 项成果获奖，其中基本化工系有 3 项获奖。

3. 成都科学技术大学时期（1978—1994 年）

1978 年 10 月 27 日，经国务院批准，成都工学院改为成都科学技术大学。随即，学校开始进行系别调整，撤销基本化工系，建立近代化学系和化学工程系。原有的化工系所属普通化学、无机化学、分析化学、物理化学四个教研室划归近代化学系，其余教研室划归化学工程系。原高分子化工系的有机化学和高分子化学及物理学两个教研室划归近代化学系领导。

1984 年，成都科技大学再次进行院系调整，近代化学系更名为应用化学系。1986 年化学工程系成立食品工程专业并在同年招收第一批学生。1986 年 12 月，国家轻工业部与成都科技大学决定共同联办成都科技大学轻工学院，化学工程系的食品工程专业并入轻工学院。

1990 年，国家编制《八五国家科技攻关计划》，成都科技大学牵头承担国家八五重大科技攻关项目中的 5 个二级课题。其中，“6 万吨/年料浆法制磷铵国产化装置”直接参与课题攻关的有 150 余人，学校有王建华、钟本和、张允湘、陈文梅、罗澄源、张义方、刘振铎、应建康等 30 人参加。

1993 年年底，成都科技大学已有 5 个学院、22 个系、49 个科研所室、120 个教研室和 116 个实验室。此时的化学工程系仍以“系”的形式存在，但筹建学院工作已于 1993 年启动。

4. 四川联合大学时期（1994—1998 年）

1994 年 4 月，经国家教委和四川省批准，四川大学和成都科技大学正式合并，命名为四川联合大学。原成都科技大学应用化学系、化学工程系和化机系合并成为化学科学与工程学院，下设化学工程系、化机系、应用化学系和粉体所 4 个实体单位。

5. 四川大学时期（1998 年至今）

1998 年四川联合大学更名为四川大学，四川大学化学工程学院这一名称也最终确立。2000 年，四川大学与原华西医科大学合并，组建了新的四川大学。四川大学在工程技术领域的材料、化工、水电、机械、轻纺等方面有明显优势。

七、华南理工大学化学与化工学院

华南理工大学化学与化工学院的基础和前身是 1952 年全国院系调整时，由中南地区 4 所大学的化工系合并组建的华南工学院化工系。1960 年创办化学系，20 世纪 80 年代初，化学系更名为应用化学系。1994 年由化学工程研究所、化工系、应用化学系、环境研究所合并成立化工学院。2002 年，化学系并入理学院，2004 年独立建制为化学科学学院。2004 年化工学院调整学科规划和布局，扩展为化工与能源学院。2008 年学校学科调整，将化工与能源学院和化学科学学院合并，更名为化学与化工学院。

第四节　与化工专业有关的国家重点学科

据《改革开放中腾飞的高校科技》（高等教育出版社，2009 年）一书介绍，与化工有关的国家重点学科（工科）名单（表 15-2）如下：

表 15-2　国家重点学科化工一级学科名单

类别	学科名称	学校名称
一级学科	化学工程与技术	清华大学，北京协和医学院-清华大学医学部
		北京化工大学
		天津大学
		大连理工大学
		华东理工大学
		南京工业大学

续表

类别	学科名称	学校名称
二级学科	流体力学	天津大学
		上海大学
	化工过程机械	北京化工大学
		华东理工大学
	化学工程	浙江大学
		华南理工大学
		四川大学
	化学工艺	太原理工大学
		中国石油大学
	应用化学	北京理工大学
		南京理工大学

第五节 教育精英

一、时钧

化学工程学家。1912 年 12 月 13 日生于江苏常熟。1934 年毕业于清华大学化学系。1936 年获美国缅因大学硕士学位。1980 年当选为中国科学院学部委员。曾任南京化工学院、南京工业大学教授，南京大学化工系主任。长期从事化学工程学教学与科研工作。20 世纪 50 年代创建我国高等学校硅酸盐（水泥）专业，从事过低温煅烧矾土水泥研究。20 世纪 60 年代致力于湍流塔、填料塔及填料特性和干燥技术研究。20 世纪 80 年代后，以化工热力学及无机膜技术为主要研究领域。在“强电解质混合溶剂体系的热力学研究”“高压流体相平衡及状态方程的研究与应用”“α-Al_2O_3 管式陶瓷微滤膜制备技术”等方面成果卓著。主编了《传质》《膜技术》等多种书刊。1992 年获化工部全国化工有重大贡献的优秀专家称号，1999 年由时钧等主编的《化工百科全书》获国家石油和化工局科技进步奖一等奖，2002 年荣获刘永龄科技奖。2005 年 9 月 1 日逝世。

二、汪家鼎

化学工程专家。1919 年 10 月 18 日生于重庆市。1941 年毕业于西南联合大学化学工程系。1945 年获美国麻省理工学院硕士学位。1980 年当选为中国科学院学部委员。曾任清华大学教授，该校化工系主任。长期从事化学工程和核化工方面的教学和研究。“萃取法核燃料后处理工艺与设备”的研究成果为工业部门采用。20 世纪 80 年代以来继续致力于液液萃取过程及设备的应用基础研究，在柱式萃取设备的两相流动特性、传质机理、强化设备性能和放大规律等方面获得比较系统的成果。与时钧等合编了《化学工程手册》（第 2 版），与陈家镛等合编了《溶剂萃取手册》。

三、余国琮

中国化学工程学家、教育家。1991 年当选为中国科学院学部委员。1943 年毕业于西南联合大学化工系。1945 年获美国密歇根大学硕士学位，1947 年获匹兹堡大学博士学位。1950 年回国后先后在北方交通大学唐山工学院、天津大学任教，历任教研室主任、副系主任、系主任、研究所所长。他早年提出的汽液平衡组成与温度关系已长期为一些国内外专著、手册所采用；他发展了大型蒸馏设备的模拟放大理论；提出过程与设备合一的模拟方法；在不稳态蒸馏方面，提出较完整的过程理论和分批蒸馏新策略；在蒸馏传质动力学方面也做出了贡献。他一直主持国家自然科学基金重大项目中的“蒸馏过程与设备的基础研究”。他是欧洲化工学会蒸馏、吸收与萃取专业委员会特邀委员。

四、唐明述

无机非金属材料专家，四川省安岳县人。1956 年南京工学院化工系研究生毕业，曾任南京工业大学教授。长期从事混凝土工程寿命的研究。对影响混凝土工程寿命的重要课题碱−集料反应进行了系统的研究；创建的快速法已定为法国和我国标准，先后为众多大型混凝土工程鉴定集料碱活性，提出可靠的施工方案；研制的快速测定仪已获应用；近年来在京津等地发现大型混凝土工程碱集料反应而破坏的实例，已引起有关部门的关注；所提碱碳酸盐反应的膨胀机理、碱集料反应分类等理论得到国际专家的重视；对用水泥处理核废渣、大坝用氧化镁膨胀水泥、钢渣微观结构的研究等在理论、生产、使用中均获成果。多次获得国家及省部级奖励，“碱集料反应”获 1987 年国家自然科学奖二等奖。

1995 年当选为中国工程院院士。

五、陈丙珍

陈丙珍，女，1936 年 5 月 5 日出生于江苏省无锡市，化工系统工程专家，清华大学化学工程系教授、博士生导师。2005 年当选为中国工程院院士。1959 年，毕业于莫斯科门捷列夫化工学院。1962 年，获得莫斯科门捷列夫化工学院技术科学副博士学位。

20 世纪 70 年代后期即致力于化工系统工程新学科的建设和工业应用，创建了教学科研基地。代表性的成果有：解决了大型石化装置在线优化的关键问题，实现了从离线优化到在线优化的技术跨越；开发出具有自主知识产权的乙烯工业裂解炉模拟优化工程化软件；为复杂工程系统的故障诊断等发展了具有逻辑推理、定性决策和定量计算功能的化工智能系统；提出了考虑灵敏度要求的换热网络优化综合方法以及全厂能量系统集成的数学模型和求解策略，在炼油厂节能改造中效益明显；提出了基于过程稳定性和可控性分析的全参数可行域的操作子区域的划分策略，使得所设计的过程在本质上具有维持稳定运行的系统特性，从源头上降低不稳定生产的概率或避免事故的发生。曾获全国科技大会重大科技成果奖 1 项，国家科技进步三等奖 1 项，省部级奖 13 项。兼任国际学术期刊 *Computers & Chemical Engineering* 编委，《中国化学工程学报（英文）》副主编等职。曾担任第 8 届过程系统工程会议（2003）国际组委会主席。

六、钱旭红

钱旭红，教授，有机化工专家，生于江苏省宝应县。1982 年毕业于华东化工学院（现华东理工大学），1988 年于该校获工学博士学位。2004 年担任华东理工大学校长，2018 年任华东师范大学校长，以及国家“973 计划”项目首席科学家、中国化工学会副理事长、国家自然科学基金会咨询委员会委员（化学部）、亚洲及太平洋化工联盟主席、德国洪堡基金会学术大使、英国皇家化学会会士等。2011 年当选为中国工程院院士。

长期从事有机化工领域的应用基础与工程技术研究和开发工作。以氟化和芳杂化为主线，深入开展了含特殊官能团、活性功能团有机化学品的分子设计、合成制备、结构功能及产业化应用。开发出多氟芳酸等制备的绿色高效关键技术；创制新机制、性能独特的顺硝烯杂环类和含氟类绿色化学农药；创制分子识别传感和检测分离一体化的萘酰亚胺等芳杂环类荧光功能染料。若干技术实现产业化或工业化实施，取得显著的社会经济效益。研究成果（第一完成人）获得国家科技进步二等奖 1 项、上海市自然科学一等奖 1 项、教育部科技进步一等奖 3 项。

七、谭天伟

谭天伟，男，汉族，1964 年 2 月出生，湖南湘潭人，1993 年 5 月参加工作，研究生学历、博士学位，教授，中国工程院院士。2012 年起任北京化工大学校长、党委副书记。

主要从事生物化工研究，在脂肪酶及酶催化合成化学品上进行了大量研究，实现了有机合成用脂肪酶的生产和酶工业催化的应用；建立了基于标志代谢物控制的发酵放大新方法，并用于酵母发酵产品的工业生产；开发了发酵废菌丝体综合利用工业化应用新工艺。获 2 项国家技术发明二等奖和 5 项省部级科技进步一等奖（第一完成人）。获得何梁何利科学与技术创新奖、谈家桢生命科学奖、亚洲青年生物技术杰出贡献奖（YABEC award）等。2011 年当选为中国工程院院士。

第十六章 中华人民共和国化工中专与技工教育

第一节 化工中等专业教育

化工中等专业教育担负着培养中级技术人才的任务，在化工教育中占有重要的地位。

1951 年，教育部召开了第一次全国中等专业教育会议，提出了发展中等专业教育的迫切任务。到 1953 年，中央和地方先后创建了北京化工学校、大连化工学校、沈阳化工学校（1958 年改为沈阳化工学院）、杭州化工学校、泸州化工学校、吉林化工学校、齐齐哈尔化工学校等 7 所中等专业学校，在校学生 8000 多人。其中北京化工学校是在 1952 年重工业部中央化工局成立后着手筹建的，1953 年又将西南技术学校、天津海洋化工学校并入。李静同志担任了第一任校长。1955 年到 1957 年，为了配合吉林、兰州、太原三大化工基地的建设，以及发展橡胶、制药工业和化学矿业的需要，先后又增加了南京动力学校（1978 年改为南京动力专科学校）、沈阳橡胶工业学校（后改为青岛橡胶学校，1958 年改为山东化工学院，后改名为青岛化工学院，现名为青岛科技大学）、兰州化工学校、连云港矿业学校等。以后又发展到 12 所，其中化工部主管的有北京化工学校等 8 所。12 所中等专业学校总计在校学生 14089 人，当年毕业 2865 人。

1958 年开始，在短时间内，化工中等专业学校（简称化工中专）猛增到 49 所。1962 年调整后，保留了 22 所，分布在全国 14 个省、市。

1964 年，在“两种教育制度、两种劳动制度”的试点中，兰州化工学校与兰州化学工业公司合办半工半读学校，探索办学经验。北京化工厂、南京化学工业公司、上海化工研究院等企事业单位也试办了半工半读学校。

1966 年到 1970 年，化工中专停止招生 5 年。1971 年恢复招生后，陆续增加了 7 所学校。

1978 年和 1980 年，化工部再次召开全国化工中等专业教育工作会议，讨论了教育部《关于办好中等专业学校的几点意见》，制订了《化工中等专业学校一九八五年前发展规划》。1984 年，化工中等专业学校发展到 40 所，分布在 26 个省、自治区、直辖市。还有十多所工业学校设有化工专业。许多学校新建了图书馆，购置了电子计算机等新设备，为教学创造了较好的条件。在校学生约 15000 人，当年招生 6000 人。

化工中等专业学校，培养了一大批人才，对我国化学工业的发展做出了贡献。但也存在一些问题，主要是变动大、不稳定，多数学校曾数次改变隶属关系与校名，并随之调整专业；学校内部的建制在中专、专科、本科的层次上跳动；学习年限、培养要求、招生对象也多次变化。凡此种种，均不利于化工中等专业教育的发展，应当从中吸取教训。

第二节 化工技工教育

化工技工教育担负着大量培养合格的技术工人的任务，也是化工教育事业的重要组成部分。

20 世纪 50 年代初期，在少数较大的化工企业中陆续开办了一些全日制化工技工学校。到 1960 年，化工部直属的已有 19 所。工种有工艺、机械、仪表。1962 年经过调整，化工系统保留了 15 所技工学校。其中化工部直属的有吉林化学工业公司和南京化学工业公司 2 所。“文化大革命”期间，技工学校也一度停办。1971 年后逐步恢复。到 1977 年，化工技工学校共有 47 所。1983 年，发展到 118 所，共有教职工 4500 多人，在校学生 16000 多人，工种增加了化工分析。

1965 年以前，化工部曾组织编写过化工技工学校的教材。1979 年又制订了无机工艺、有机工艺、化工分析、化工机械、化工仪表 5 个工种的教学大纲，在各化工技工学校试行。1982 年，化工部召开了第一次全国化工技工学校校长会议，修订了教学计划和教学大纲，成立了 5 个教材编审委员会，着手编审教材。截止到 1984 年，化工技工学校已培养出 20 多万名技术工人。他们分配到生产第一线工作后，很快成为化工生产中的骨干力量，在工作中发挥了很大的作用。

第十七章 中华人民共和国化工职工教育

第一节 职工文化与技术教育

中华人民共和国成立初期，化工厂的职工队伍中，文盲和半文盲约占一半。1950年6月，中央人民政府发出《关于开展职工业余教育的指示》，各化工企业大力开展了以文化教育为主要内容的职工教育，进行了声势浩大的各种形式的扫盲活动，收效显著。

在扫除文盲的同时，从1950年起，一些大中型化工企业先后成立了职工业余学校，办了高小班、初中班和高中班，以提高职工的文化水平。桦林橡胶厂是当时化工企业文化水平低的工厂之一，1951年全厂工人中80%以上是文盲和半文盲，经过扫盲和业余文化学习，到1963年，文盲和半文盲人数比例降至21.5%。

在技术教育方面，第一个五年计划期间，重点是为吉林、兰州、太原三大化工基地培训成套技术工人，由大连化工厂、南京永利宁厂（即现在的南京化学工业公司）、锦西化工厂和沈阳化工厂等老企业承担培训任务。采取成批培养、配套输送的办法。大连化工厂培养输送了7698名干部和工人。新厂也设法自己培养。如吉林化工区自己培养了8000名技术干部和技术工人。大连、锦西、南京等企业，还为朝鲜、阿尔巴尼亚培训了391名工人。1958年，大连化工公司又为越南的北江氮肥厂等8个厂培训了500多名实习生。

1958年至1960年，职工教育出现了高潮，但也有一些片面追求数量、忽视教学规律的偏向。根据1963年全国职工业余教育工作会议的精神，化工部及时向全国化工单位发出了《加强职工教育工作的指示》，针对存在的问题，提出了进一步发展职工教育的方针。化工部部长高扬组织编写出版了一套《化学工业基础知识丛书》，供干部和工人自学。职工业余学校加强了管理和教学研究，认真贯彻了“结合生产统一安排，因材施教，灵活多样”的原则，提高了教学质量。

“文化大革命”期间，化工职工教育陷于停顿。1978年以后逐步得到恢复和发展。各地及许多企事业单位重新建立职工教育机构，安排培训基地，制订计划，开展了各种形式的职工教育。不少大型化工企业先后成立了职工学校，加强了对青壮年职工的初中文化补课。1981 年，贯彻中共中央和国务院的《关于加强职工教育工作的决定》（简称《决定》），化工系统的职工教育以青壮年职工的文化、技术补课（简称“双补”）和干部轮训为重点，开展了全员培训。

职工的“双补”采取了业余学习、半脱产学习和全脱产学习三种形式。到 1984 年上半年，北京、天津、上海等十大城市的化工系统和吉林化学工业公司、南京化学工业公司等十大化工企业的“双补”对象共有 24 万多人，累计补课合格率过 60% 以上；杭州化工厂、天津自行车胎厂、沈阳橡胶制品四厂、大连涂料厂等单位职工“双补”合格率超过 80%，提前完成了《决定》提出的指标。

第二节　管理干部教育

20 世纪 50 年代初期，化工战线的部分领导干部文化水平比较低，对化工生产和管理不熟悉，与化工事业的发展不相适应。为了培养提高这些干部，一方面有计划地选送到工农干部文化补习学校、干部学校和党校学习；另一方面，举办干部文化班、生产技术和经营管理学习班以及工长、值班长训练班，帮助他们提高政治、文化、业务与技术水平。

1956 年，中共中央工业交通工作部发出了《关于抽调干部入大学特别班的通知》。化工部在 1956 年至 1960 年的 5 年间，先后在天津大学、华东化工学院、成都科技大学及北京化工学院举办了 7 期老干部班，在全国 20 多个省、市化工企事业单位中，选送了 300 名干部入学。他们经过 5 年学习，达到了本科水平。毕业后，分配在 20 多个省、市的化工局及化工企业，大部分担任了领导职务。

1956 年，化工部在天津建立了干部学校，1957 年招收了第一批学员。1963 年 5 月，化工部为了培养提高全国化工系统中层领导干部，又在吉林筹办了化学工业部干部学校，并在北京开设培训班。1964 年 11 月，因开展“四清”运动而停办。

1979 年恢复了干部教育。化工部先后在上海化工研究院、连云港化工矿山设计研究院、石家庄第十二化工建设公司、青岛劳动保护研究所以及太康、烟台等地，建立了科研、矿山、基建、劳保、地质勘探、基建技术 6 个干部培训中心，培养了一至四期院所长、厂长、经理、总工程师等专业干部和管理干部共 1000 多人。

1983 年，化工部在北京建立了化工管理干部学院，专门培养经营管理干部、技术干部及党政干部，并设有外语培训部。许多省、市化工厅（局）和大型化工企业也兴办了干部学校、党校或干部培训班，还有一批学校设立了专修科。这些培训形式为正规培训化工系统的各类管理干部创造了良好的条件。

第三节 技术人员知识更新教育

自 20 世纪 50 年代以来，为适应大规模建设的需要，各机关和化工企事业单位为组织技术人员学习，举办了许多业务学习班、俄文学习班、专业讲座、学术报告会及选派技术人员出国进修、实习等，这对完成化学工业头两个五年计划的任务起了重要作用。

1978 年以来，恢复和加强了技术人员的知识更新教育。各单位和群众团体，组织各种短训班和学术报告会，其中还包括化工应用数学、反应工程、生物化学技术、热力学、控制原理、微机应用等新领域及财经、企业管理等方面的新知识。1978 年至 1983 年，仅化工部和化工学会举办的全国性短训班就有 300 多期，培训学员 2 万多人。1978 年至 1983 年，22 所化工院校（系）还举办了 245 期短训班，培训了 13716 人次。郑州工学院与南京化工学院先后成立了外语培训部，对化工部直属企事业单位的技术人员进行短期培训。这些学习，促进了业务技术干部的知识更新。

第四节 职工高、中等教育

1956 年，太原化学工业集团有限公司、兰州化学工业公司、吉林化学工业公司和大连化学工业公司这四个化工企业，先后创办了太原业余化工学院、兰州业余化工学院、吉林业余化工学院、大连业余化工学院（前三所经教育部批准备案），设有化学工程、化工机械、合成橡胶等专业。20 世纪 60 年代初期，北京化工学院与沈阳化工学院分别办了夜大学，招收本市化工系统在职职工。这 6 所大学都培养本科生。为了保证教学质量，1964 年化工部组织制订了业余大学无机化工和化工机械两个专业的教学计划。1966 年，这 6 所业余大学培养了近 500 名毕业生。随后，在“文化大革命”期间停办。

1978 年以后，职工高等学校稳步发展。化工系统共有 32 所职工大学，北京化工学院和沈阳化工学院的两所夜大学也得到恢复。

1981 年，青岛化工学院兴办了函授部，设有橡胶制品和橡胶机械两个专业，并在北京、天津、河南等省、市设立了 7 个函授站。此外，全国化工系统各单位还办了几百个电视大学教学班。

1983 年，各类职工高等学校在校人数为 48000 多人，毕业 9000 多人。在校人数已略超过普通化工高等学校的规模，是化工系统技术干部的一个重要来源。

职工中等专业学校，自 1978 年以来发展也很快。到 1983 年，部分中心城市和大型化工企业共办了 28 所化工职工中等专业学校，设有 17 个专业，在校生 2253 人。

职工高、中等学校的管理体制进行了改革试点。一些大中型化工企业和中心城市化工局建立了一些培训中心，将各种业余的、半脱产的、脱产的文化、技术、业务等教学班及职工大学、职工中等专业学校逐步纳入培训中心统一管理。

经过几十年努力，化工职工教育已日趋完善，从初等、中等到高等教育，从学文化到学技术与管理，初步形成了完整的体系。

今后化工教育事业，要按照“面向现代化，面向世界，面向未来”的要求，继续采取普及与提高并重、在职提高和后备教育并重的方针。把近期需要和长远发展结合起来，积极为建设化工强国培养和输送高等和中等专门人才。

【辅文】

系年要录

（1862—1998 年）

中华人民共和国成立前

▲1862 年（同治元年） 由总理衙门奏请在北京设立京师同文馆。其主要任务是培养外语人才。自 1865 年后，陆续添设了一些自然科学的课程，有算学、数理、化学、医学、生理等。这是我国内地最早开设的化学课程。早期在该馆讲授化学课程的有法国人毕利干，其译著有《化学指南》《高等化学》《化学初阶》等。

▲1863 年（同治二年） 李鸿章奏设上海学习外国语言文字同文馆，4 年后更名为上海广方言馆。以学习外语为主，兼学其他西学。1870 年 2 月，移入江南制造局。

▲1868 年（同治七年）5 月 曾国藩采纳容闳建议，在江南制造局设立兵工学校，招收学生学习有关机器工程的理论和实践。这里已开始有化学课程（制备火药之用）。

▲1868 年（同治七年）6 月 江南制造局成立翻译馆，开始翻译外国的科技书籍。

▲1871 年（同治十年） 容闳奉旨在上海设立留美学生预备学校。

▲1872 年（同治十一年）8 月 11 日 中国首批官费留美学生蔡绍基、詹天佑等 30 人由上海登轮赴美。

▲1874 年（同治十三年） 由英国驻沪理事麦华陀倡导，傅兰雅、徐寿等 8 人为董事，在上海创办格致书院。由中外学者讲授化学、矿务等近代科学知识，并演习化学实验。这是我国近代最早的一所科学教学机构。1976 年 6 月 22 日正式成立。

▲1879 年（光绪五年）9 月 1 日 上海美国圣公会施约瑟主教创办圣约翰学院，1894 年更名为圣约翰大学。

▲1889 年（光绪十五年） 盛宣怀在天津创办中西学堂，亦称天津西学学堂。其中头等学堂普通科设有化学学科，专门科设有与化学有密切关系的矿务学。

▲1895 年（光绪二十一年） 北洋大学创立，成为中国创建的第一所大学。

▲1897 年（光绪二十三年）4 月 8 日 盛宣怀在上海创办南洋公学，后更名为交通大学。设有化学系（以学习化学工艺为主）。这是中国创建的第二所大学。

▲1898 年（光绪二十四年） 京师大学堂成立，1912 年更名为北京大学。格致科改为理科，理科下设化学门。这是我国清末创立的第三所大学。

▲1898 年（光绪二十四年） 江南制造局设立工艺学堂，内设机械、化学两馆。徐华封讲授化学课程。

▲1900 年（光绪二十六年） 杜亚泉在上海自办亚泉学馆，普及理化知识。

▲1902 年（光绪二十八年）4 月 27 日 蔡元培在上海成立中国教育会。

▲1903 年（光绪二十九年） 清政府颁布奏定学堂章程，又称癸卯学制。是年清政府明令奖励留学，经国家考试及格者可以公费派送留学，同时也鼓励自费留学。

▲1904 年（光绪三十年） 京师大学堂派出第一批留学生。俞同奎等 16 人赴西欧各国，张耀曾等 30 人赴日本。

▲1905 年（光绪三十一年） 清政府正式废除了自隋唐以来实行了 1300 多年的科举制度，各地纷纷设立大学。

▲1913 年（民国二年） 清华留美预备学校侯德榜等 16 人赴美留学。

▲1917 年（民国六年） 国内培养的第一位化学硕士陈调甫从苏州东吴大学毕业。

▲1919 年（民国八年） 五四运动爆发。

▲1919 年（民国八年） 北京大学废门改系。俞同奎为首任化学系主任。这是我国最早成立的化学系。

▲1921 年（民国十年）10 月 全国教育联合会在广州召开第七次会议，议决适应中国实际情况的学制系统，又称“广州学制”。该学制确定小学分初小（4 年）、高小（2 年），中学分初中（3 年）、高中（3 年），大学（4 年），研究院（不定年限）。这一学制一直延续至今。

▲1921 年（民国十年） 美国哥伦比亚大学化学工程博士（1919 年毕业）刘树杞回国，任厦门大学化学系主任。

▲1927 年（民国十六年） 浙江大学化工系成立，首任系主任李寿恒。这是我国高等学校中成立的第一个化工系。

▲1927 年（民国十六年） 陈裕光任金陵大学校长。他是我国教会大学中第一个由中国人担任的校长，也是我国私立大学中第一位由化学家担任校长。

▲1933 年（民国二十二年） 著名化学家、教育家王星拱任武汉大学校长。这是我国国立大学第一位担任校长的化学家。

▲1934 年（民国二十三年） 徐名材在上海交通大学建立化工馆，除供学生研究实习外，还将研究成果转让给工厂应用。

▲1935 年（民国二十四年）9 月 12 日 北京大学理学院院长，著名化学家、化工专家刘树杞逝世。10 月 6 日，为纪念刘树杞在化学、化工方面的卓越贡献，中国化

学工程学会通过决议，设立“楚青纪念奖金”。

▲1938 年（民国二十七年）春　北京大学、清华大学和南开大学在昆明组成西南联合大学。原三校化学系合并组成西南联大化学系，杨石先任系主任。

▲1939 年（民国二十八年）7 月 2 日　化工专家、抗日英雄杨十三逝世。杨十三（1889—1939 年），河北迁安人。1920 年赴美攻读造纸学，1923 年回国，任直隶省工业试验所化学工业课课长，河北工学院化学制造系主任。“七七事变”后，奋起组织华北人民抗日协会，创立华北人民抗日联军，任冀东抗日联军政治部主任，不到一月就收复失地 15 个县。因劳累过度，心脏病突发，不幸在晋东南逝世。

▲1940 年（民国二十九年）　延安自然科学院成立，内设化学（化工）系。

中华人民共和国成立后

▲1949 年 12 月 23 日至 31 日　全国教育会议在北京召开，这是中华人民共和国成立后第一次召开的全国教育会议。会议确定了中华人民共和国教育工作的总方针，明确了改革旧教育制度的方针、步骤和发展新教育的方向。

▲1950 年 7 月 28 日　政务院通过《关于实施高等学校课程改革的决定》。

▲1950 年 10 月 12 日　教育部根据政务院的指示，收回接受美国津贴的辅仁大学自办，揭开接收外资津贴学校的序幕。

▲1951 年 4 月 12 日　福建省接管接受美国津贴的协和大学及华南女子文理学院，将两校合并为福州大学。

▲1951 年 10 月 1 日　中央人民政府政务院公布并实施《关于改革学制的决定》（简称《决定》）。新学制规定小学实行 5 年一贯制；普通中学学制 6 年；高等教育学制为 3 年至 5 年。进入 20 世纪 80 年代后，中国施行的学制沿袭了这个《决定》中规定的学制分段办法，但根据国家建设需要加以修订和完善，将小学和普通初中教育列为义务教育，颁布了《中华人民共和国义务教育法》以保证施行。高等教育发展了硕士、博士研究生的培养教育。1985 年 5 月 27 日，中共中央作出《关于教育体制改革的决定》，它成为指导中国社会主义建设新时期教育体制改革的重要文件。到 20 世纪 80 年代末，全国已有小学 82 万多所，普通中学 10.73 万所，普通高等院校 1075 所，在校学生 270.1 万人。此外，职业技术教育、成人教育、幼儿教育和特殊教育也有很大发展，已经形成了中国完整的教育体系。

▲1952 年 9 月 24 日　《人民日报》报道，全国高等学校大规模的院系调整工作最近已经基本完成，这项工作是改革旧的高等教育制度和教学组织的一个重大措施，也是中华人民共和国教育史上的一件大事。旧中国的高等学校只有院系不设专业。从 1952 年开始，教育部取消高校中院的一级，调整出工、农、医、师范、财经、政法等系科。例如：天津北洋大学与河北工学院等合并成天津大学。北京大学工学院和燕京大学工科并入清华大学，清华大学改为多科性的工业高等院校。清华

大学的文、理、法三院并入北京大学，北京大学成为综合性大学。调整前，全国有210所高等学校，不分专业。到1952年，全国有高校229所，设置专业323种，分为工、理、农、林、医、文、师范、财经、政法、体育、艺术11大类。20世纪80年代，面对中国经济体制改革全面提升和世界范围内新技术革命的兴起，对高等院校中不合理的专业设置结构有计划、有步骤地进行了系科、专业的调整和改革。到20世纪80年代末，全国1075所高等院校设置专业种类870个，专业点数13358个，已经形成了多种层次、多种规格、学科门类基本齐全的高等教育体系。

▲1953年9月3日 重工业部批准将天津海洋化学工业学校并入北京化学工业学校(今北京化工大学)。

▲1953年9月 重庆高等工业学校、成都高等工业学校、内江化工学校、五通桥化工学校合并，组成泸州化工学校。

▲1953年10月 中国第一所石油高等学校——北京石油学院成立。

▲1954年 招收“化学工艺学类”专业的高等学校有：西北工学院、北京石油学院、天津大学、大连工学院、浙江大学、华东化工学院、太原工学院、四川化工学院、华南工学院、南京工学院。

▲1955年 中国科学院学部成立。自然科学方面聘为学部委员的共190位(包括1957年增聘的18位)，其中高等学校教授61位。化学化工方面的学部委员有：纪育沣、庄长恭、曾昭抡、赵承嘏、黄子卿、黄鸣龙、杨石先、傅鹰、李方训、袁翰青、张青莲、恽子强、吴学周、张大煜、汪猷、柳大纲、侯祥麟、钱志道、卢嘉锡、梁树权、虞宏正、赵宗燠、蔡馏生、唐敖庆。

▲1956年8月15日 化工部将所属中等专业学校分别命名为大连、沈阳、北京、杭州、兰州化学工业学校和沈阳医药工业学校、青岛橡胶工业学校。

▲1956年10月8日 高等教育部批准，沈阳化工联合夜大学改为沈阳化工学院；吉林江北区联合夜大学改为吉林业余化工学院（今吉林化工学院），由化工部直接领导。

▲1956年10月16日 化工部、冶金部、建材部共同商定，南京动力学校（今南京师范大学紫金校区）由化工部领导。

▲1956年11月26日 国务院批准将天津大学化工系分出，成立天津化工学院，划归化工部领导。后因独立建院困难很大，经高教部、化工部协商，天津大学化工系仍留天津大学建制。

▲1957年4月24日 化工部颁布《化学工业部有关高等学校和中等专业学校生产实习管理工作暂行办法》及《化学工业部关于国内职工实习参观管理工作暂行办法》。

▲1958年5月27日 中国第一所厂办半工半读学校——天津市国棉一厂半工半读学校开学。

▲1958年5月30日 中共中央政治局召开扩大会议，刘少奇在会议上提出中国应该

有两种主要的教育制度和劳动制度同时并行。

▲1958 年 7 月 14 日　经中央批准，化工部筹建北京化工学院。当年招生 600 人。

▲1958 年 8 月 18 日　以南京工学院化工系为基础，成立南京化工学院。

▲1958 年 9 月 13 日　刘少奇委员长视察华北制药厂，指示要提高工人的文化水平，要为全国培训抗生素专业人才。

▲1958 年 9 月 19 日　中共中央、国务院发布《关于教育工作的指示》，提出“党的教育工作方针是教育为无产阶级的政治服务，教育与生产劳动结合”。

▲1959 年 9 月 24 日　化工部批准吉林化工学院按 4 年学制安排学生学习。

▲1960 年 10 月 22 日　中共中央发出《关于增加全国重点高等学校的决定》，北京化工学院列为全国 64 所重点院校之一。

▲1961 年 8 月 23 日至 9 月 16 日　中共中央在庐山举行工作会议，作出了《关于当前工业问题的指示》，讨论通过了《国营工业企业工作条例（草案）》（即“工业七十条”），拟定了《教育部直属高等学校暂行工作条例（草案）》（即“高教六十条”）。

▲1962 年 8 月 10 日　经教育部批准，化工部保留上海化工学校、吉林化工学校、锦屏矿业学校、南京动力学校、兰州化工学校、山东化工学院中专部、北京化工学校。

▲1962 年 10 月 8 日　经劳动部批准，化工部保留大连、吉林、南京化学工业公司所属的技术学校。其余的技术学校撤销。

▲1962 年 10 月 10 日　经国务院批准，化工部保留北京化工学院、沈阳化工学院、山东化工学院；停办吉林化工学院本科和五年一贯制、南京化学工业公司化工学院。

▲1962 年 12 月 11 日　化工部决定，在吉林化学工业公司干部学校基础上，成立化学工业部干部学校。1963 年 4 月 26 日，中共中央批准该校成立。

▲1963 年 6 月 25 日　国务院批准，将南京化工学院移交化工部直接管理。

▲1963 年 8 月 3 日　国务院批准，将郑州大学的工科分出来，成立郑州工学院，由化工部管理。

▲1963 年 10 月 24 日　国务院批准，恢复四川泸州化工专科学校。

▲1963 年 10 月 25 日　国务院批准将浙江化工学院改由化工部直接管理。

▲1966 年 1 月 8 日　国务院批准将该院浙江化工学院移交浙江省直接管理。

▲1964 年 5 月 7 日　化工部颁发《化学工业部关于高等学校和中等专业学校学生生产实习管理工作暂行办法（草案）》。

▲1965 年 4 月 8 日　根据化工部关于部属全日制高、中等院校试办半工半读的意见，经院党委研究决定并经教育司同意，首先在有机系塑料工艺学专业 64 级学生中抽出两个班共 60 人，于 1964—1965 年度第二学期开始试点。

▲1966 年 2 月 1 日—15 日　化工部召开化工半工半读教育工作会议，传达中央有关半工半读的指示，研究化工半工半读的教育任务，讨论《关于化工试办半工半读中等技术学校若干问题的暂行规定（草案)》。

▲1967 年 5 月　由各群众组织发起，在北京化工学院教学楼前建造毛泽东主席塑像。从 1967 年 5 月开始筹备到 1967 年 8 月中旬落成。

▲1968 年 3 月 6 日　化工部军管会批准，将山东化工学院、青岛橡胶工业学校合并，定名山东化工学院（今青岛科技大学)。

▲1968 年 7 月 21 日　毛泽东在《从上海机床厂看培养工程技术人员的道路》的调查报告上批示，要求走从工人、农民中选拔大学生的道路。此后，各地开始兴办“七二一大学”。

▲1970 年 6 月 27 日　中共中央批准北京大学、清华大学恢复招生，采取废除考试制度、通过推荐从工农兵中招收学员的办法。

▲1971 年 4 月 15 日—7 月 31 日　全国教育工作会议召开，张春桥、姚文远、迟群等人在会议纪要中提出否定中华人民共和国成立 17 年来教育战线成就的“两个估计”。

▲1972 年 6 月　湖北省革委会决定，在湖北省工业技术学校基础上，组建湖北化工石油学院（今武汉工程大学)。

▲1973 年 10 月 20 日　燃化部同意北京石油化工总厂在原总厂技工学校基础上，成立“七二一”工人技术学校，负责轮训和培养本厂职工。

▲1974 年 11 月 28 日　燃化部同意第一胶片厂成立技术学校。

▲1975 年 7 月 7 日　石化部决定，恢复锦屏矿业学校，定名化学矿山工人大学（后改为化工矿山专科学校)，设地质、采矿、选矿、机电 4 个专业。

▲1977 年 8 月 1 日　石化部批准，在吉林化学工业公司化工学校基础上，成立吉林化工学院，毕业生分配面向吉林全省。

▲1977 年 8 月 4 日—8 日　中共中央召开科学和教育座谈会。邓小平在会上指出，建国后的 17 年，科研战线、教育战线的主导方面是红线。我国知识分子的绝大多数是为社会主义服务的劳动者。

▲1977 年 8 月 13 日—9 月 25 日　全国高等学校招生工作会议在北京举行。会议决定恢复高校招生考试制度。1977 年，全国约有 570 万青年参加高等学校招生考试，录取新生 27.3 万名。

▲1978 年 4 月 22 日—5 月 16 日　全国教育工作会议在北京举行。会议讨论了《1978—1985 年全国教育事业规划纲要（草案)》等文件。

▲1978 年 12 月 29 日　经化工部、北京市革委会协商决定，将北京化工学校交由化工部直接管理。

▲1978 年 12 月 30 日　化工部批准建立化工部淮南动力技工学校；在第四化工建设

公司技工学校基础上，建立化工部岳阳设备安装技工学校。

▲1979 年 3 月 10 日 国务院批准，恢复化工部干部训练班，定名化工部干部学校（今北京化工大学）。

▲1980 年 3 月 5 日 化工部决定，在山东淄博建立化工部起重运输技工学校，由第十化工建设公司代管。

▲1980 年 3 月 31 日 经教育部批准，沈阳化工学院、湖北化工石油学院（今武汉工程大学），隶属化工部。

▲1980 年 5 月 5 日 化工部决定，以南京动力学校为基础，建立南京化工动力专科学校；以矿山工人大学为基础，建立连云港化学矿业专科学校。

▲1980 年 10 月 7 日 国务院批转教育部、国家劳动总局《关于中等教育结构改革的报告》。

▲1980 年 11 月 17 日 化工部同意第二胶片厂办技工学校。

▲1981 年 5 月 7 日 化工部发出《关于贯彻中共中央、国务院<关于加强职工教育工作的决定>的意见》，强调要贯彻全员培训的方针，积极开展全员培训；建立职工学校，严格管理制度；建立健全管理机构，充实办学、教学人员；恢复和建立教学基地；化工院校要承担培训任务。

▲1981 年 6 月 8 日 化工部颁发《化学工业部高校、中专学生生产实习暂行管理办法》。

▲1981 年 7 月 26 日—8 月 2 日 国务院学位委员会学科评议组第一次会议在北京举行。会议的主要任务是审核中国首批有权授予博士学位的高校、科研机构及其学科、专业名单。

▲1982 年 1 月 28 日 化工部批准，北京化工学院、南京化工学院成立学位评定委员会，负责应届毕业研究生硕士学位的授予工作。

▲1982 年 3 月 13 日 化工部批准，郑州工学院、青岛化工学院、沈阳化工学院、武汉化工学院、上海化工研究院、北京化工研究院成立学位评定委员会。院校评定委员会负责学士学位的授予工作，科研单位负责研究生硕士学位的授予工作。

▲1982 年 4 月 6 日 化工部在郑州召开部直属高、中等院校会议，重点研究进一步贯彻调整方针，搞好院校整顿，提高教育质量问题。

▲1983 年 1 月 13 日 国务院批准北京化工学院化学工程专业、南京化工学院化学工程专业博士学位授予权，北京化工学院、南京化工学院、郑州工学院的 5 个学科硕士研究生授予权。

▲1983 年 4 月 20 日 化工部在成都召开全国化工职工教育工作会议，要求在 1983 年结合化工企业全面整顿，搞好全员培训，提高化工职工队伍素质。

▲1983 年 8 月 26 日 化工部决定，在北京干部进修学院基础上，成立北京化工管理干部学院。

▲1983 年 12 月 9 日　化工部召开部直属单位高等教育工作会议，提出要广开学路，采取多种形式发展职工高等教育。

▲1984 年 4 月 7 日　经教育部批准，山东化工学院改名为青岛化工学院。

▲1985 年 10 月 15 日　化工部提出化工教育改革和加强发展教育事业的措施。其内容是：加强领导，增加教育投资，编好规划，试行院长负责制，健全教育研究组织，调整中等教育结构，设置继续工程教育，搞好职工教育。

▲1985 年 11 月 20 日　化工部决定，成立化工部石家庄管理干部学院。

▲1986 年 8 月 8 日　化工部决定，成立化学工程、化工机械、化工原理课题三个教学指导委员会，指导本专业（或课程）教学改革，组织教材建设和课程评估工作。

▲1987 年 1 月 27 日　国家教委批准，成立化工部石家庄职工大学。该校由第四、第八化工设计院职工大学和化工部石家庄管理学院建筑系 3 个单位合并而成。

▲1987 年 3 月 2 日　化工部批准，撤销连云港化学矿山学校。同时在连云港化学矿业专科学校设中专部。

▲1988 年 9 月　北京化工学院高分子材料专业，经国家教委审核批准被列为全国高等学校重点学科。

▲1989 年 9 月 28 日　北京化工学院加拿大客座教授魏永康博士夫妇向学院图书馆赠送《加拿大百科全书》。

▲1990 年 9 月　北京高校管理研究会在北京化工学院召开第二届换届选举会议，北京化工学院院长庞瑶琳当选为理事长。

▲1991 年 10 月 25 日—11 月 7 日　由戈涅罗夫院长率领的莫斯科化工机械学院代表团一行 5 人应邀访问北京化工学院。

▲1992 年 3 月 3 日　美国杜邦公司向北京化工学院提供“优秀学生奖学金”颁奖大会在科学会堂举行。

▲1993 年 5 月 7 日　化工部批准北京化工学院、南京化工学院综合改革方案。

▲1993 年 9 月 18 日　北京化工学院举行建院 35 周年庆祝会。化工部部长顾秀莲、副部长贺国强、李士忠，原副部长张珍、李苏等参加会议。该院成立于 1958 年，经过艰苦创业，现已发展成为拥有 11 个系部、19 个本科专业、10 个专科专业、9 个硕士学科专业、3 个博士学科专业、1 个博士后科研流动站的以工科为主、工理管结合的综合性全国重点大学，在校生 3500 人。35 年来共培养各类毕业生 14000 多人。

▲1993 年 9 月 26 日　郑州工学院庆祝建校 30 周年。化工部副部长李士忠、河南省委副书记宋照肃、省政协主席林英海、副省长俞家骅等到会祝贺。该校现有 13 个系部，19 个本科专业，16 个专科专业，12 个硕士学位授权点和化工部外语培训中心。该校是以工为主、多科性的化工部直属重点学校，在校生 7000 人。30 年来已培养毕业生 17000 多人。

▲1994 年 2 月 25 日　国家教委批准北京化工学院更名为北京化工大学。9 月 20 日，北京化工大学正式挂牌。中共中央总书记、国家主席江泽民为该校题写了校名。

▲1994 年 9 月 3 日　全国技工学校表彰大会在北京召开。化工系统有 5 所技工学校被命名为国家级技工学校，2 名优秀教师、4 名优秀教育工作者受表彰。

▲1994 年 10 月 18 日　为明确化工高等学校学科的覆盖面，化工部公布首批化工部高等学校重点学科：北京化工大学的化学工程、化工过程机械、精细化工、工业自动化和自动化仪表及装置、腐蚀与防护；郑州工学院的结构工程、有机化工、铸造、橡塑成型工艺及模具技术；青岛化工学院的高分子材料；沈阳化工学院的精细化工；武汉化工学院的矿物加工工程。

▲1995 年 4 月 5 日　国家教委批准南京化工学院更名南京化工大学。

▲1995 年 6 月 5 日　化工部批准，在淮南动力技工学校基础上设置普通中等专业学校，定名淮南动力工程学校，隶属中国化学工程总公司。

▲1995 年 6 月 15 日　化工部批准，在湖南化工机械技工学校基础上设置普通中等专业学校，定名为湖南化工机械学校，隶属中国化工装备总公司。

▲1996 年 3 月 21 日　北京化工大学通过由化工部组织的“211”部门预审。专案组认为，该校已形成具有化工特色的主干学科并在国内化工院校中处于先进地位，拥有层次配套的完整教育体系和一支素质较高、结构日趋合理、学风严谨的教学科研队伍，教育质量较高，在化工领域具有较强的科研实力和学术优势，已具备“211 工程”重点建立立项的基础和条件。

▲1996 年 4 月 9 日　化工部决定北京化工大学与北京化工管理干部学院合并，合并后的校名为北京化工大学。

▲1996 年 4 月 16 日　化工部通知，国家教委批准郑州工学院更名为郑州工业大学。

▲1997 年 4 月 25 日　“程源奖励基金”捐赠仪式在北京化工大学举行。北京化工大学博士生导师程源教授成功地主持开发了国家火炬项目“尼龙橡胶复合平型传送带鼓式硫化机组”，他将全部个人所得连同以前的收入共万元，捐献给北京化工大学，设立农村特困生奖励基金。

▲1997 年 12 月 30 日　青岛化工学院承担的国家重点科技攻关项目“聚氨酯弹性体反应注射成型技术及浇注轮胎的研究与开发项目”的 3 个子项目，完成国家重点科技计划，通过专家鉴定验收。

▲1998 年 6 月 10 日—15 日　国家石油和化学工业局召开原化学工业部直属高等学校党委书记、院校长会议。

▲1998 年 7 月 1 日　国务院发出《国务院关于调整撤并部门所属学校管理体制的决定》。这次由国务院领导、教育部组织实施的对部分高校管理体制的调整中，共有原化工部等 9 个部委所属的 211 所学校划转到教育部或地方，其中高校 93 所，成人高校 72 所，中专和技校 46 所。其中原由化工部管理的高校 9 所，它们是：北

京化工大学、南京化工大学、郑州工业大学、青岛化工学院、沈阳化工学院、武汉化工学院（以上6所为大学本科），南京动力高等专科学校、连云港化工高等专科学校（以上2所为专科），化工部石家庄管理干部学院（成人高校）。北京化工大学划归教育部直属，其余由中央和地方共建，以地方为主进行管理。

▲1998年11月1日　南京化工大学召开建校40周年大会，全国政协副主席朱光亚等领导同志题词，全国人大常务委员会副委员长成思危等发来贺信。该校经过40年的发展，现有教职工1175人，专职教师439人，其中中国科学院院士和工程院院士各1人，国家有突出贡献的中青年专家4人，博士生导师21人，硕士生导师85人，教授研究员57人，副教授、高级工程师、副研究员246人。现设5院15系，博士点3个，硕士点10个，在校全日制普通班学生4307人。40年来，为国家输送了2万多名高级专门人才。

第五篇 化工社团

社团，是社会团体的简称。它是由一群具有某种共同特征或共同利益的个人或法人组成的社会组织。古今中外，社团组织由来已久。社团具有非营利性、民间性、实体性和多样性等特征。在中华人民共和国，社团的主要功能是作为政府部门与有关个人或企业之间联系的桥梁，组织学术交流活动。由于社团不是政府机构，也不同于以营利为目的的企业，有点像事业单位，故我们将“化工社团”这一篇放在了《中国化工通史——事业卷》之中。

第十八章 中华人民共和国成立前的化工社团

学会，最早于 17 世纪 40 年代以“无形学院”的形式出现在英国。当时伦敦有不少学者对培根的学说和实验哲学很感兴趣。他们一有机会就聚会，就共同感兴趣的事务交换意见。他们活动的主旨在于通过学术研究，提倡热心公益事业，传播实用知识，统一科学语言，寻求真理，实现人类的理想与和平。英国著名化学家波义耳在 1644 年就参加了这些活动。与此同时，1645 年在格雷沙姆学院还有一个科学家俱乐部，每周讨论自然科学问题。1650 年该俱乐部又在牛津成立分部，1653 年波义耳在牛津也参加了该俱乐部。当时参加这些活动的科学家，将这种非正式的学术团体，称之为“无形学院”。

1660 年 11 月 28 日，波义耳、布隆克尔、布鲁斯、鲁克、莫里等 12 位科学家在格雷沙姆学院讨论，提出建立一个促进“物理、数学实验研究学会”的设想，选举了威尔金斯为主席、鲍尔为司库、克鲁恩为登记员。1662 年 7 月 15 日，英王查理二世赐给该学会皇家特许状，于是学会定名为“皇家学会”。此后，法、德、意等各国纷纷效仿，类似的学会组织在欧洲大陆如雨后春笋般发展起来。

第一节　晚清时期成立的社团

英国“皇家学会”成立之时，我国正处于康熙王朝初期，无论是工业发展，还是自然科学研究，都还没有跟上欧洲大陆的步伐。19 世纪六七十年代洋务运动的兴办时期，我国开始出现类似的科学技术学会组织。

一、格致书院

1874 年 3 月 5 日（同治十三年正月十七日），英国驻上海领事麦华陀（Sir Walter Henry Medhurst）提倡创立格致书院，由我国著名的化学、化工专家徐寿和英国人傅兰雅（John Fryer）主持，由麦化陀、傅兰雅、伟烈亚力（Alexander Wylie）、福弼士（F. B. Forbes）、徐寿、徐建寅、唐坚枢、王荣和等 8 人为创始董事。订有《章程》六条，规定每月拟定日期，轮流演讲天文、算法、制造、化学、地质等。格致书院于 1876 年 6 月 22 日正式成立。书院还出版了国内第一份专事传播科技知识的杂志

《格致汇编》。格致书院兼有学校、学会、图书馆、博物馆等多种机构的性质，是我国近代科学、教育、社团发展史上的一个创举。其从成立到停办前后达 40 年，为在我国传播和普及近代科学知识、进行学术交流、培养科技人才、促进科技发展起到了重要作用。

二、亚泉学馆

杜亚泉，原名炜孙，字秋凡。1873 年出生于浙江绍兴一个知书懂文的生意人家，自幼天资聪颖，勤奋好学，16 岁即考中秀才。1898 年爆发了“戊戌变法”，他认识到旧八股文无裨实用，于是坚持自学，“由中法而西法”，走上了科学救国之路。1898 年应蔡元培之邀，担任了绍兴中西堂算术教员。此后，他“兼习理化，兼习东文”“不久能自译东文而无阻”。

1900 年秋，年仅 27 岁的杜亚泉到了上海，独立创办了亚泉学馆，招收学生来普及理化博物知识。这个学馆一方面从事教学，一方面编辑出版以化学为主的自然科学刊物《亚泉杂志》半月刊，这是中国人创办的最早的科学期刊。

虽然学馆和期刊的寿命都不长，但凭一己之力，融教学与科学传播于一体，这种带有学术团体雏形性质的行为和善举，在晚清末年那种冷淡的学术氛围中，还是留下了浓墨重彩的一笔。

三、中国化学会欧洲支会

1907 年夏，留学法国的李景镐首先发起组织化学团体的倡议。留学比利时的陈传瑚考虑到若在国内成立总会需要较长时间，建议可先设立欧洲支会。于是由俞同奎、利寅（留英），李景镐、吴匡时（留法），陆安、荣光、陈传瑚（留比利时）共 7 人发起，于 1907 年 12 月 25 日在法国巴黎成立了“中华化学会欧洲支会”。该会于 1908 年 8 月 10 日—19 日在英国伦敦召开了第一届年会。该会书记俞同奎报告了学会成立以来的工作：一是组织会员调查了欧洲的电化学、煤制油工业、钢铁、印染、玻璃、造纸、炼铝、肥皂等情况，寄回了国内；二是组织会员厘定化学名词和度量衡译名等共 2400 页，为统一化学名词、促进近代化学在中国的传播做出了贡献。

两三年后，由于留欧学生陆续回国，该会也随之停止活动。其存续时间虽不长，但却是晚清末年我国最早成立的化学学术团体，其历史地位不容小觑。

四、中国药学会

光绪三十三年，即公历 1907 年，留日学生王焕文、伍晟、曾贞、胡晴崖、鲍荣、赵燏黄、蔡钟杰等发起成立了这一学术团体。旨在“团结药学界的科技工作者共求学术上的进步，推动中国药学事业的发展”。

第一届年会于 1909 年在东京神田区水道桥明乐园召开。选举王焕文为会长，伍晟为总干事，赵熵黄为书记。第二届年会于 1912 年 6 月在北京先哲祠召开，改选伍晟为会长，并修改章程，向民国政府立案，会名定为“中华民国药学会”，简称“中华药学会”。第三届年会于 1917 年在日本东京举行，公推於达望为会长。从 1920 年到 1936 年，第四届到第八届年会，分别在北京、上海、南京等地召开。

抗日战争爆发后，学会未及时内迁。在重庆的药学会理事、监事以“中国药学会”的名义重新立案。1942 年借重庆广播大厦召开了中国药学会成立大会及第一次年会。选举陈璞为理事长。1943 年在重庆召开的第二次年会和 1947 年在上海召开的第三次年会，陈璞都获得连任。

1948 年在南京召开的第四次年会（依序应为第十二届年会），孟目的被选为理事长。

该学会于 1936 年在上海创办《中华药学杂志》，曾广方任总编辑；抗战期间，更名为《中国药学杂志》，汤腾汉作主编。该会曾向国民政府及其有关部门提出了若干很好的建议，可惜鲜被采纳。

1949 年中华人民共和国成立，1958 年建立了中国科学技术协会（简称中国科协）。中国药学会是中国科协的下属团体会员，在“文化大革命”中停止活动。1978 年召开全国科学大会后，又成为恢复活动最早的学术团体之一。该会多年来，几乎每年都召开一些全国性专业会议，对中西药结合、中成药分析、新抗生素临床及生产工艺等进行学术讨论，并取得了一批重要的研究成果。忠实地践行了“团结药学界的科技工作者共求学术上的进步，推动中国药学事业的发展”的宗旨和初心。

第二节　中华民国时期成立的社团

中华民国成立后，特别是经过五四运动，科学与民主[所谓“赛先生”（science）与“德先生”（democracy）]的理念在国民的心目中日益深化，以范旭东和吴蕴初（号称“北范南吴”）为代表的我国民族化学工业也得到了一定程度的发展，这些都为化工社团的创立、生存和发展创造了必要的环境和条件。中华民国成立前后，一批从国外学成回国又急于谋求祖国科技发展的工程技术人员，他们熟知国外学术团体对推动科技进步的积极作用，逐渐成了国内社团创立与发展的推手和中坚，其中不乏像吴承洛等热心社团工作的先贤。这些社团，有的是属于化学、化工本专业的，也有的是夹混于其他社团之中。在政治黑暗、民生凋敝、外患入侵、战争频仍的民国时期，这些社团中的绝大多数都坚持存活了下来甚至能持续发展，彰显了社团这种组织顽强的生命力。

一、由中华工程师学会和中国工程学会合并而成的中国工程师学会

1912年，国内一下子出现了广东中华工程师会、中华工学会和路工同人共济会3个性质相近的工程社团，他们很快就联合成立了“中华工程师学会”。从1913年到1918年召开的6届年会，除1916年第四届年会（沈祺任会长）外，都是由著名的中国铁路工程专家詹天佑任会长。该会包括土木建筑、机械、电气机械、电化学、矿冶、应用化学、造船、兵工、航空等各个工程专业，会员达数百人。该学会体现了詹天佑所提倡的学会精神及多学科的组织形式。但自1919年詹天佑逝世后，学会工作没有多大进展。全国工程界的领导地位逐渐移到后来兴起的中国工程学会。

1917年12月25日，20多名中国留美的工程界大学生，聚会于纽约，纵谈团结人才、组织新的工程团体的重要性，并立即开始筹办学会。1918年3月，已征得84人同意为发起会员，其中土木32人，化工12人，电机12人，机械11人，采冶17人，决定成立中国工程学会。选举陈体诚为会长，张贻志为副会长，罗英为书记，刘树杞为会计，侯德榜、李鉴、孙洪芬、程学刚、任鸿隽、凌鸿勋为董事。积极参加工作的还有茅以升、吴承洛、胡博渊、李熙谋、支秉渊等。

中华工程师学会与中国工程学会于1931年8月在南京举行联合年会，宣布合并为中国工程师学会，会长韦以黻。合并后会员达2169人，以“联络工程界同志、协力发展中国工程事业，并研究促进各项工程学术”为宗旨。议决1912年1月1日为中国工程师学会成立之日，并称此日为“创造节”。

从1932年到1948年，该会几乎每年都举行年会。如1940年12月在成都举行的年会上，规定6月6日为大禹诞辰，定为“工程师节”。学会几乎每年都改选会长，一直由科学家、工程师或知名人士担任，颜德庆、萨福均、徐佩璜、曾养甫、陈立夫、凌鸿勋、翁文灏、茅以升等都先后担任过会长。

1949年初，解放战争正在向长江推进。董事会在上海开会，推出侯德榜、赵祖康、茅以升、恽震、顾毓瑔5人为代表，写成一信，于3月25日去南京见李宗仁，要求通令国民党军队不得破坏工矿交通等设施。又另作一信，由侯德榜托邵力子带往北平转呈毛主席。南京解放后，学会档案由张延祥移交给中国科协的前身。1950年8月以后，该会停止活动。

中国工程师学会是当时中国最大的学术团体。各地的分会到1947年达52个，专门分会有15个，其中与化工有关的有中华化学工业会、中国矿冶工程学会、中国化学工程学会等。据1949年统计，会员已过16717人。

学会不但出版各种书刊，还采用了多种奖励办法，其中最有名的是颁发工程荣誉金奖。获此殊荣的有：侯德榜（1936年）；茅以升（1941年）；孙越崎（1942年）；支秉渊（1943年）；曾养甫（1944年）；李承干（1946年）；朱光彩（1947年）。

中国工程师学会作为当时国内最大的社团，在团结工程技术人才，开展工程技术教育，推进工程建设等方面都做出了不朽的贡献。

二、中国科学社

中国科学社是民国时期建立最早、影响最大的科学团体之一。1914 年夏，一群在美国康奈尔大学留学的中国青年组织科学社，于 1915 年正式出版发行《科学》月刊，以期向患贫患弱的祖国介绍科学知识。杂志发行不久，社中同人深感要谋求中国科学的发达与进步，仅发行一种杂志是远远不够的。1915 年春，请胡明复、任鸿隽、邹秉文草拟社章，10 月 25 日社章在全体社员大会上通过，正式成立中国科学社。其宗旨是“联络同志，研究学术，以共图中国科学之发达”。大会选出任鸿隽为会长，赵元任为书记，胡明复为会计，秉志、周仁为第一届董事会董事，杨铨为编辑部部长。

1918 年中国科学社自国外移归国内。1922 年在南通召开的第七次年会上修改社章，将原来的董事会改为理事会，另设一董事会主持政策方针并进行募集与保管基金工作。该年会举张謇、马相伯、蔡元培、汪兆铭、熊希龄、梁启超、严修、范源濂、胡敦复共 9 人为董事，举竺可桢、胡明复、王琎、任鸿隽、丁文江、秦汾、杨铨、赵元任、孙洪芬、秉志、胡刚复共 11 人为理事。中国科学社社章还规定要成立分社与社友会。凡一地社员在 40 人以上的得设立分社，20 人以上的得设社友会。为了便利许多学习专门学术的社员讨论学术，社章还规定了分股的办法，即每一社员均属于一个专门学股。据 1919 年第四次年会报告所载，当时分股及人数如下：农林 44 人，生物 17 人，化学 36 人，化工 37 人，土木工程 65 人，机械工程 69 人，电工 60 人，矿冶 79 人，医药 32 人，理算 42 人，生计 48 人，不分股的 75 人。共计 12 股，股员 604 人。

中国科学社在 1914—1950 年的 30 多年中，为发展我国的科学事业和培养科学人才做出了不可磨灭的贡献，主要表现在：①从 1915 年到 1949 年，刊行《科学》月刊 32 卷；虽历经艰难的抗日战争岁月，但仍继续出版。1932 年创办《科学画报》，销量曾达 2 万份，这在当时是很难得的。编辑《论文专集》9 卷，由个人或集体撰写《科学丛书》11 集，翻译出版国外科学名著 10 余本。②创办明复图书馆。③1922 年在南京成立生物研究所。④1916—1948 年共举办 26 次年会。第 20～26 次年会，都是与国内有影响的学术团体，包括中华化学工业会、中国化学工程学会、中国化学会等，协同举办的联合年会，影响很大。⑤中国科学社还举办展览、设立科学奖金，成立科学图书仪器公司以及组织演讲，参加国际学术交流等活动。

三、中华化学会

1923 年在美国留学的庄长恭、李玉庆等 33 人曾发起成立中华化学会，并计划出版《中华化学会杂志》，刊载研究论文，但未能实现。只出版过几期反映化学界活动消息的刊物，名为《化学梦》。后因无人负责会务，发起人不久学成也都先后回国，该学会也由停顿而无形消失了。

该学会与前面提到的一批留欧生于1907年在法国巴黎成立的“中华化学会欧洲支会”毫无瓜葛。相同之处是两会皆由留学生创立，在国内未曾扎根，皆以短命而告终。

四、中华化学工业会

第一次世界大战后，国外化学工业迅猛发展，肥田粉、洋碱、洋油、洋灰、西药等化工产品大量涌进我国市场，对我国刚刚兴起的近代民族化学工业造成了很大的冲击，不少爱国的化工科技工作者希望为我国的化学工业发展做出贡献。在中国科学社的影响下，北京大学陈聘丞（世璋）、北京工业专门学校校长俞同奎（星枢）两位留学归来的教授联名率先提出成立中华化学工业社的倡议，得到京、津、沪十几位化学、化工专家的响应。1922 年 4 月 23 日在京召开了中华化学工业会成立大会。其目的是“以学以致用为宗旨，志在促进化学界与化工界的联络，以振兴我国的化学工业”。会议选举农商部技监张新吾为会长，陈聘丞为副会长，吴匡时为总书记，并决定出版《中华化学工业会会志》，俞同奎为总编纂。我国第一个化工专业的学会就这样诞生了。

1923 年 1 月，《中华化学工业会会志》第 1 卷第 1 号出版；4 月在北京召开第一届年会（图 18-1）；9 月成立上海分会，选曹惠群为分会主任。1924 年 4 月在北京召开第二届年会，陈聘丞、曹梁厦和著名的爱国实业家范旭东被选为副会长。1929 年元旦在上海召开第四届年会，会址由北平迁到上海，曹梁厦当选为会长，著名爱国实业家吴蕴初当选为副会长，《中华化学工业会会志》更名为《化学工业》。1936 年 5 月，在杭州与中国化学工程学会、中国化学会等 6 个团体举行联合年会，是为中华化学工业会第十一届年会。会上还讨论了中华化学工业会与中国化学工程学会两家合并问题。1937 年吴蕴初捐赠上海环龙路的产业为中华化学工业会会所。原定在会所举行的第十二届年会，因抗日战争爆发而中止。1941 年留在上海的执行、评议两部召开联席会议，陈聘丞报告会务，并以其所主持的温溪造纸公司结束后余款的捐赠作为学会基金。

图 18-1　庆祝中华化学工业会成立一周年暨召开第一届年会北京会员合影（1923 年 4 月）

1942 年 1 月由吴蕴初发起，依社会部规定，重组中华化学工业总会，推吴蕴初为会长。1945 年抗战胜利，11 月在上海召开临时会员大会，决定在会所筹办一个图书馆，号召会员有钱出钱，有书出书。由美国分会与槐爱德（Alfred H. White）教授和怀立特（H. H. Willard）教授商量，共捐赠他们的藏书 51 箱，有美国《化学文摘》《美国化学会会志》《工业与工程化学》原版全套。侯德榜捐赠新书 148 册。吴蕴初陆续捐赠期刊 25 种，计装订 407 册，未装订本 2556 册。至此，化学化工期刊达五六十种，其中英、德、法、意、日文都有。1955 年学会理事会将全部图书 10000 余册捐献给了上海市人民委员会。

中华化学工业会，从 1922 年成立到 1949 年中华人民共和国成立，共召开了 15 次年会，刊行《化学工业》杂志 21 卷，《化学世界》杂志 7 卷，建立化工图书馆一座，团结了很多化工界同仁，广泛进行了学术交流，为促进我国化工学术和化工建设做出了积极贡献。其中经验之一，学会的成功发展与范旭东、吴蕴初这样的爱国实业家的大力支持和侯德榜等这样的知名科学家的积极参与是分不开的。

五、中国化学工程学会

20 世纪 20 年代末，一批在美国麻省理工学院学习化工的留学生酝酿成立一个学会，创办一个有质量的化工期刊。1929 年 5 月 10 日，顾毓珍、杜长明、张洪沅、区嘉伟、吴鲁强、陈梓庆、庄前鼎、杨伟、陆贯一等 9 人为此发出了倡议，得到我国化工界老前辈刘树杞、侯德榜、孙学悟等的积极支持。

1930 年 2 月，中国化学工程学会在美国波士顿正式成立。其目的是“研究化工学术，提倡化工事业，以求我国在化工生产方面能于最短时间达到自给自足程度”。成立会上选出第一届理事：会长程耀椿、书记顾毓珍、会计杜长明、干事何玉昆、会刊委员会主任张洪沅。决定出版会刊《化学工程》。同年成立化工名词（译名）审定会，由张洪沅任主席，至 1934 年已整理出燃烧、干燥、液体流动、传热等 16 种专业的 5000 条专用名词，为以后我国化工名词的审定工作奠定了基础。

1930 年 9 月 7 日，学会在麻省理工学院举行第一次年会，选举张洪沅为会长，杜长明、顾毓珍为书记，还有吴鲁强、丁绪淮，共 5 位理事，并讨论了学会迁回祖国的有关问题。

学会的主要活动是举办年会。但由于该会会员较少，又散居在全国各地，且历年战乱不休，会员经济拮据，学会又没有固定会所和专职人员，故举行的年会次数较少，对于会务的讨论多以通信方式进行，或借其他学会年会之便，召开小型讨论会。但学会一直坚持办刊，共出版《化学工程》16 卷，为推动当时的化工发展、研究起到了一定作用。

六、中国化学会

1932 年 8 月 1 日，国民政府教育部在南京召开化学讨论会，讨论化学译名、国防化学及课程标准。来自各地曾留学欧、美、日的化学工作者丁嗣贤、王箴、王琎、吴承洛、张洪沅、郑贞文、戴安邦等 45 人参加了讨论会。大家一致认为："九一八""一·二八"事变后，国家和民族已处于危险关头，爱国的化学工作者应立即组织起来，共同为发展我国的化学科学和教育事业贡献力量，因此发起成立中国化学会。

1932 年 8 月 4 日晚，国立编译馆在南京中央饭店宴请参加讨论会的代表，学会发起人全部参加，宣布中国化学会成立，公推王琎为临时主席，李运华为临时书记。1932 年 8 月 5 日又投票选出陈可忠、陈裕光、丁嗣贤、曾昭抡、王琎、姚万年、郑贞文、吴承洛、李运华共 9 人为理事，黄新彦、戈福祥为候补理事。第一次理事会推陈裕光、吴承洛、王琎为常务理事，常务理事会选举陈裕光为会长，吴承洛为书记，王琎为会计，决定设立基金委员会、国防化学委员会和征求会员委员会。

学会的主要学术活动是举办年会和创办刊物。

中国化学会坚持召开年会，可谓是一大特色。年会论文，还强调要与中国化工发展的实际相结合。从 1933 年在南京举行第一届年会到 1948 年，共召开年会 15 届，除 1947 年外，一年不缺。特别是在抗日战争期间，学会负责人和不少会员颠沛流离，生活清贫，但他们仍爱会如家。如 1937 年在青岛召开的第五届年会，正值卢沟桥事变发生，华北多处国土沦陷，但仍有 80 多名会员报名参加，因交通中断，仅有 8 名会员抵达青岛开会，但许多未到会的会员仍提交了论文报告。1938 年武汉三镇沦陷，几乎所有社团都停止了年会活动，但中国化学会在广大会员的积极支持和负责人吴承洛等的奔走努力下，仍在重庆召开了第六届年会，到会代表 57 人，宣读学术论文 14 篇。在第十一届年会上，"侯氏制碱法"与学术界见面。大会主席张洪沅亲自带领全体代表到永利川厂参观"侯氏制碱法"的操作运行，化学界对此作出了高度评价。这届年会还专门致函侯德榜先生，对他所取得的卓越成就表示祝贺，并号召会员要学习侯德榜不畏艰难、顽强奋斗的实干精神。

中国化学会十分重视学术期刊工作。1932 年 8 月 5 日，第一次理事会就决议创办《中国化学会会志》（简称《会志》），这是中国第一个外文版化学期刊，专载中国化学研究成果，用英、法、德文发表。1933 年 3 月在北平出版，曾昭抡为总编辑，郑文贞为经理编辑。在抗日战争和解放战争期间，曾昭抡经常拿出自己的钱办刊。《会志》自 1933—1951 年，共出 18 卷。1952 年 6 月从第 19 卷第 1 期开始更名为《化学学报》，由张青莲、梁树权、汪猷先后任主编。但在台湾地区的中国化学会，仍以《会志》的刊名继续发行。中国化学会创办的第二份期刊是《化学》，创刊号于 1934 年 1 月在南京出版。这是一份综合性中文期刊，其宗旨是传播化学知识，推广化学应用，提倡化学研究。主要内容包括化学进展、化学教育、化学新闻、化学提要、化学工业概况、化学出版介绍以及会务记载等。

七、热心学会工作的爱国科学家吴承洛先贤

吴承洛，1892 年 2 月 29 日生于福建浦城，1955 年 2 月 21 日病逝于北京，享年 63 岁。

吴承洛 1915 年毕业于北京清华留美预备学校，后赴美留学，先后在理海大学、哥伦比亚大学攻读化学工程，兼学理论化学、机械工程及工业管理。1920 年回国，在北京工业大学、北京师范大学、北京大学（理科）等校任教，1927 年以后历任国民政府大学院秘书、中央工业试验所所长、实业部度量衡局局长、经济部工业司司长和商标局局长等职。中华人民共和国成立后，任国家财经委员会技术管理局度量衡处处长、全国科普工业建设宣传科计划委员会副主任和中国化学会秘书长。

纵观吴承洛的一生，可以用“他是一个热心学会工作的爱国科学家”来概括。用他自己的话说：“我的空余时间都花在学术团体工作上，没有时间顾及其他。”有时全家都在义务帮他做学会工作。

早在 1919 年，留学美国的吴承洛即担任了中国工程学会的副会长。1920 年在回国前，曾与在美国的陈裕光、侯德榜、任鸿隽等几位同学创议组织中国化学会，只是限于当时条件，暂时未能成立。1922 年，年仅 30 岁的吴承洛担任了中国工程学会的会长，与当时我国工程界的前辈詹天佑、陈体诚、胡庶华、凌鸿勋、翁文灏、茅以升、顾毓琇、恽震、沈怡、罗英等齐名。由他参与发起成立的学会有中华化学工业会、中国化学会、中国制革工程学会、中国度量衡学会等，他参加的学术团体达 15 个之多。

1932 年中国化学会成立后，他就把主要的业余时间投入到中国化学会的建设和发展上。1932 年中国化学会在南京成立时，他被选为第一任书记。1937 年中国化学会决定在青岛开会，因“七七事变”，许多会员不能到会，他作为总干事，专门为年会写了详细的书面报告《中国化学会第五届年会报告书》，在“文书整理”一节，列出了经他整理保存的中国化学会分类档案十大类共 72 种之多。1940 年元旦，吴承洛写了《大时代的中国化学会》元旦献词，提出“平时要有战时的精神，战时要有平时的修养”。1942 年，在第十届年会上，吴承洛做了《应用化学方法，造福国计民生》的开幕词。他说：“化学是重要的科学，我们负有使其在中国发展的责任；化学是重要的学术，我们负有使其应用于本国物产的义务；化学是重要的文化，我们负有使其为固有文化发扬光大的使命。”

吴承洛是一位爱国学者和学术团体的社会活动家。

1932 年，日军在上海发动“一·二八事变”，吴承洛与钟林研制防毒面具，支援抗日活动。

1932 年，在国难中诞生的中国化学会，一开始就重视国防化学的宣传和普及工作，建社初期就设有国防化学委员会，吴承洛任委员长。

1938 年，日军侵略军大举入侵，武汉三镇沦陷，几乎所有社团都停止了活动，唯有中国化学会经吴承洛等人的奔走努力，在重庆召开了第六届年会。会议除宣读论文和进行学术交流外，还讨论了“关于声讨日本侵略者施放毒气的决议”，并致电国际反侵略总会，呼吁各国化学家共同声讨，体现了吴承洛和广大中国化学会会员的爱国热忱。

1949 年，旧政权面临全面崩溃，时任商标局局长的吴承洛，为了避免他主管的重要资料流失，便携带商标专利和重要图表 6 万余册前往香港。1950 年初，吴承洛由香港回到北京，使全部资料得以完好保存。

抗日战争期间，吴承洛在重庆任经济部工业司司长时，兼任中国工程师学会总干事和总编辑，为了纪念中国工程师学会成立 30 周年，他主编了《三十年来之中国工程》这一巨著。

自中华民国以来，中国化工社团之所以能不断创立并在异常艰难困苦的环境条件下存活下来甚至有所发展，这与吴承洛这样的无私奉献的爱国科学家、热心学会工作的先贤们是分不开的，我们应该永远记住他们。

第十九章 中华人民共和国成立后的化工社团

第一节 改革开放前的学会活动

中华人民共和国成立后，1950 年 9 月，中华人民共和国政务院就根据《中国人民政治协商会议共同纲领》第 5 条及第 7 条的规定，制定了《社会团体登记暂行办法》(简称《办法》)，1951 年 3 月，内务部依据《办法》第 16 条的规定，制定了《社会团体登记暂行办法施行细则》(简称《细则》)。其后，一批符合社会需要的人民群众团体、社会公益团体、学术研究团体、文艺工作团体和宗教团体等进行了依法登记。在科学和工业领域，经政府有关部门的组织，以前比较散乱的社团合并成少数几个组织健全的全国性经济团体。在化工方面开展活动比较多的是中国化工学会。

一、由全国科联、全国科普协会到中国科协

中华人民共和国成立后，国民经济的恢复和发展迫切需要科学技术水平的提高和科学技术水平的普及。中华人民共和国的科学技术团体也就应运而生了。

1949 年 4 月，中国科学工作者协会香港分会倡议召开全国性科学会议，并建立全国科学工作者的组织，得到了全国广大科学工作者的赞同和中国共产党的支持。1949 年 6 月到 7 月，中华全国自然科学工作者代表会议筹备委员会（简称筹委会）在北平召开。朱德、周恩来等中共中央领导人出席了会议。会议选出了筹委会常务委员会，通过了中华全国第一次自然科学工作者代表大会代表产生条例，并选出 15 人代表自然科学界参加中国人民政治协商会议。1950 年 8 月 15 日至 24 日，中华全国自然科学工作者代表大会在清华大学召开。筹委会主任吴玉章在开幕词中指出，科学团体的主要任务在于配合国家的经济和文化建设工作，其组织形式及与各方面的关系应该由这个任务来决定。会议决定成立中华全国自然科学专门学会联合会（简称全国科联）和中华全国科学技术普及协会（简称全国科普协会）两个团体，并推举吴玉章为两团体的名誉主席。

全国科联是党和政府领导下的自然科学各专门学会的联合组织。1950 年全国科联一届一次会议推选出 25 人组成常务委员会，李四光为主席，侯德榜等 4 人为

副主席，严济慈为秘书长，下设秘书处、宣传、组织、国际联络等部。到 1957 年，全国科联已有 42 个专门学会、35 个地方分会，各专门学会分会 758 个，会员达 92500 人。

全国科普协会是“群众性的普及科学技术知识的组织”，它“以普及自然科学知识，提高人民科学技术水平为宗旨”。1956 年，进一步明确为：“协会的宗旨是向人民普及科学技术知识，为国家的社会主义建设服务。”截止到 1958 年 9 月，全国科普协会共开展科普讲演 7200 多万次，举办了大小型科普展览 17 万次，放映电影、幻灯 13 万次，出版了全国性的通俗科学期刊 6 种，地方性通俗科学报刊 32 种，共出版文字资料 29 万余种，并开展了国际性科普组织的联络工作。

1958 年 9 月，全国科联与全国科普协会联合召开全国代表大会，合并组成中国科学技术协会，简称中国科协。中国科协成立后，积极开展技术革命的群众运动，在为工农业生产服务方面做了大量工作。自 1960 年以后，又开始建立了一些新的自然科学方面的学术团体。如 1962 年，开始筹建中国煤炭学会，1962 年 7 月中国植物保护学会成立。1964 年，先后建立了中国造纸学会、中国航空学会。中国科协及其所属组织还积极参加和举办国际学术交流活动。如 1964 年 8 月，世界科协北京中心召开了北京科学讨论会，来自亚洲、非洲、拉丁美洲、大洋洲 44 个国家和地区的科学家 367 人参加了大会。会议交流了科学研究的成果和经验，探讨了争取和维护民族独立、发展民族经济、文化和科学事业，促进各国间科技合作等共同关心的问题。

到 1990 年，中国科协所属的全国性学会已迅速发展到 155 个。各省、自治区、直辖市都建立了科协组织。

自中华人民共和国成立以来，中国化工学会都是全国科联和中国科协的下属学术团体之一，自始至终在其领导下开展活动，为中国科协事业的发展贡献了一定力量。

二、几经合并拆分的中国化工学会

中华人民共和国成立后，成立于 20 世纪二三十年代的中华化学工业会、中国化学工程学会和中国化学会，并没有中断活动。

1950 年，由中华化学工业会、中国化学工程学会上海分会、中国化学会上海分会在上海举行联合年会，决定将《化学工业》与《化学工程》合并，改名为《化学工业与工程》继续出版，由张克忠任总编辑。

1956 年夏，中华全国自然科学专门学会联合会在北京召集中华化学工业会的代表陈世璋、王箴和中国化学工程学会的代表张洪沅、顾毓珍讨论商定，两个学会合并成立中国化工学会筹备委员会，推出 41 名委员，侯德榜为主任委员，张珍、曾昭抡、陈世璋为副主任委员，并确定化学工业部为挂靠部门。

1959 年 6 月，中国化工学会筹备委员会与中国化学会在上海召开大会，决定合并成立中国化学化工学会，推选侯德榜为理事长，杨石先、恽子强、李苏为副理事长，挂靠部门是化学工业部。

1963 年，中国化学化工学会又分成中国化学会和中国化工学会两个学会。中国化工学会在哈尔滨举行年会，选出理事 50 人，侯德榜为理事长，张珍为副理事长。

到 1966 年，中国化工学会的会员已超过 1 万多人，遍及全国化工及相关的轻工、冶金、核能、医药、纺织等工业部门和高等院校与科研机构；各省、自治区、直辖市的地方化工学会也普遍建立。

1978 年 3 月，全国科学大会召开，迎来了我国科学发展史上的春天。按照中国科协关于全国学会恢复活动的要求，化工部立即着手成立学会临时领导小组。由冯伯华副部长任组长兼学会代理事长，科技局局长陈自新为小组成员兼秘书长。1978 年 11 月 15 日到 22 日，在湖南长沙召开了代表大会。来自全国各地的 350 名代表出席了会议，冯伯华同志作了学会工作报告和 1979 年活动计划，确定了学会的英文名称为 Chemical Industry and Engineering Society of China，缩写为 CIESC，译成中文全称是中国化学工业与工程学会。会议选举陶涛为理事长，冯伯华、李苏、侯祥麟、姜圣阶、林华、陈自新、徐僖、葛春霖、苏元复、汪家鼎、郭慕孙、顾敬心为副理事长，陈自新兼秘书长，张西蕾、陈冠荣、张彭林为副秘书长。会议决定成立《化工学报》编委会筹备小组，商请苏元复、陈冠荣、卢焕章为召集人；请王箴、孙侃、凌士奇为科普委员会筹备小组负责人。

1990 年，中国化工学会有了属于自己产权的固定办公场所。除了传统的学术交流、化工科普、创办刊物等活动外，还拓展了与国际交流的空间。

中国化工学会的宗旨是：认真履行为科学技术工作者服务、为创新驱动发展服务、为提高全民科学素质服务、为党和政府科学决策服务的职责定位；促进化工科学技术的繁荣和发展，促进化工科学技术的普及和推广，促进化工科学技术人才的成长和提高，促进化工科技与经济建设的结合，维护广大化工科技工作者的合法权益；建设开放型、枢纽型、平台型学会组织，把广大化工科学技术工作者更加紧密地团结凝聚在党的周围，为实现中华民族伟大复兴的中国梦而努力奋斗。中国化工学会是党和政府联系化工科技工作者的桥梁和纽带，是推动我国化工科技事业发展的重要力量。

至 2019 年，中国化工学会下设学术、科普继续教育、组织、编辑、国际合作、工程伦理教育等 6 个工作委员会，以及化学工程、石油化工、煤化工、精细化工、化肥、农药、染料、涂料涂装、橡胶、无机酸碱盐、生物化工、化工新材料、化工环保、工业水处理、化工机械、化工安全等 35 个专业委员会。学会业务指导 27 个省、自治区、直辖市化工学会。

学会主办《化工学报》《化工进展》《中国化学工程学报（英）》和《储能科学与技术》4 份学术期刊。学会所属分支机构主办《石油化工》《精细化工》《化工环保》

《无机盐工业》《染料与染色》《化工机械》《农药》《粉末涂料与涂装》《涂层与防护》等 11 份学术期刊。

中国化工学会与国际学术组织有着广泛的联系，并与美国化学工程师学会、日本化学工学会、德国化工技术与生物工程协会、英国化学工程师学会、韩国化学工程师学会等十多个学术团体建立了双边、多边交流和合作关系，是世界化学工程联合会（WCEC）执委会 9 个成员之一，是亚太化工联盟（APCChE）理事会 13 个成员之一。2017 年中国化工学会成功获得 2025 年第 12 届世界化学工程大会（WCCE 12）暨第 21 届亚太化工联盟大会（APCChE 2025）在中国首次的主办权。

第二节　改革开放后崛起的行业协会

1980 年以前，我国的经济团体为数不多。原因是当时实行高度集权的计划经济体制。国家通过政府的专业经济部门，直接管理厂矿和企业，依靠行政手段和指令性计划，将企业的各种生产要素和各个再生产环节全部置于国家的直接管理之下，使企业很大程度上丧失了生产和经营的主动性、积极性和创造性。在这种情况下，政府不需要，企业无要求，自然也就不存在以行业协会为代表的各种经济团体产生的环境和条件。

1978 年 12 月召开的党的十一届三中全会，是建国以来党的历史上具有深远意义的伟大转折。党的十一届三中全会确立了解放思想，实事求是，改革开放和集中精力搞经济建设的思想路线和政治路线。党的十一届三中全会以后，随着经济体制改革的深入和政府职能转变的提速，我国各种经济社团，特别是行业协会逐步而迅速地发展起来。大体经历了 1978 年至 1983 年的起步阶段、1984 年至 1988 年的蓬勃发展阶段和 1990 年后的充实、提高阶段。

改革开放以后，公民的结社活动发生了很大变化，20 世纪 50 年代制定的社团登记办法与细则，显然已不能适应这种新形势。1987 年，国务院将结社立法的工作委托给了民政部。1989 年 10 月，国务院正式发布了《社会团体登记管理条例》（简称《条例》）。《条例》施行后，社团的发展再度呈上升趋势。从 1993 年到 1996 年，全国性社团由 1992 年的 1200 多个发展到 1876 个。地方性社团，由 1992 年的近 15 万个增加到近 18 万个。经过近十年的实践，国务院对《条例》进行了修改和完善，特别是进一步明确了由社团管理机关和业务主管单位进行双重管理的体制。新《条例》于 1998 年 10 月，由国务院颁布施行。

自 1981 年我国氯碱工业协会成立以来，截止到 2012 年底，不包括早在 1922 年就已成立的中国化工学会，本系统已先后成立了 46 个化工社团。其中绝大多数是行业或专业协会，也有少量文化体育社团。下面分别予以介绍，并简述社团宗旨和组织人事沿革。须加以说明的是，所谓“成立”日期，有若干不确定因素。有的是指发起成立日期，有的是业务主管单位批准日期，有的是社团管理机关登记日期，还有的未加详细说明。本节主要以《中国化学工业大事记》《中国石油和化学工业大事记》等官方文献为依据，并做了一些灵活处理。

一、中国石油和化学工业联合会

中国石油和化学工业联合会（简称联合会），英文名称为 China Petroleum and Chemical Industry Federation，缩写为 CPCIF，2001 年 4 月 28 日在北京成立，是由石油和化工行业的企业、事业单位、专业协会、地方协会等自愿组成的自律性、非营利性社会团体，是具有服务职能和一定管理职能的全国性、综合性行业组织。联合会现有会员单位 400 多家，包括 50 多家专业协会、20 多家地方行业协会，众多大型骨干企业、科研机构和专业院校，行业覆盖面 70% 以上，代表了我国石油和化学工业的各个领域。

联合会下设若干分支机构，有化工园区工作委员会、中小企业工作委员会、责任关怀工作委员会、政策法制工作委员会、科技奖励专项基金管理委员会、建设项目管理专业委员会、煤化工专业委员会、醇醚燃料及醇醚清洁汽车专业委员会、润滑脂专业委员会等。

联合会历任会长为原化工部副部长谭竹洲，原化工部副部长、国家石化局局长李勇武；中石油集团、中石化集团、中海油总公司、神华集团、中国中化集团、中国化工集团、中国化学工程集团、陕西延长石油集团的主要领导出任高级副会长；历任秘书长为潘德润、周竹叶、赵俊贵。2010 年 5 月第三次会员大会选举产生第三届理事会，李勇武任会长，李寿生任常务副会长，李润生、赵俊贵、周竹叶为专职副会长，赵俊贵兼任秘书长；2015 年 10 月，李寿生担任新一届中国石油和化学工业联合会会长。

联合会是我国改革开放不断深化的产物，并随着社会主义市场经济的发展而不断发展壮大。成立 10 年来，联合会在上级机关的关怀和支持下，锐意进取、攻坚克难，经历了三个发展时期，走过了一段不平凡的道路。

在 2001 年至 2005 年的起步创业期，面对缺乏工作经验、经济基础薄弱、行业情况复杂的状况，联合会职工边学习边实践，努力转变思想观念，不断改进工作机制，大胆探索开拓，克服了许多困难，初步实现了从政府机关到社团组织的转变，构建了基本工作体系，形成了一支骨干队伍，在行业中确立了自己的地位，开辟了联合会工作的新天地、新业务，在国际国内有了一定的影响，得到了广大企业的信任和拥护。在 2005 年至 2010 年的改革发展期，联合会针对阻碍发展的多种旧模式、新问题，明确提出了“把协会当做事业来干”的指导思想，在全体职工中开展了“能干什么，该干什么，该怎么干”的大讨论，并深入进行了以“剥离创收，强化服务；调整职能，突出主业；理顺关系，加强互动；精简人员，提高效率；创新机制，规范运作”为目标的内部改革。通过改革，联合会的运行机制更加规范，履职能力更加提高，职工的精神面貌焕然一新，各方面业务也有了长足发展。以 2010 年 5 月第三次会员大会为标志，联合会进入了规范成熟期。在多年的经验积累、素质磨炼、机制创新基础上，联合会规范化水平和服务能力、服务水平得到提高，在行业发展的主要领域、重要任务、重大关头，联合会都经受住了考验，发挥了重要作用，较好地履行了石油和化学工业唯一综合性行业组织的职责。

一是受政府部门委托，主持或参与了结构调整、市场准入、节能环保、外商投资、区域振兴等方面产业政策的制修订；组织编制了行业《结构调整指导意见》《技术支撑指导意见》《“十二五”发展指南》及 23 个“十二五”专项规划；总结推广了企业调结构、转方式的先进经验，为行业应对国际金融危机影响、保持平稳健康发展发挥了重要作用。

二是不断完善行业运行监测体系，实时监测、定期发布行业信息，深入研究热点、难点问题，及时向政府部门反映行业情况和企业诉求，为政府和企业提供决策依据。每年承担政府课题 20 多项、上报行业动态 300 多份，其中 60%以上被政府部门采纳。例如，针对国际金融危机提出的多项政策建议，直接推动了化肥、成品油等价格改革，恢复和提高了 1150 多种石化产品的出口退税率，为行业降低成本达 200 亿元。

三是为促进科技创新，编制并实施了行业《“十二五”科技发展指南》，提出了关键共性、节能减排、抢占科技制高点等技术的攻关计划；组织申报实施多种国家科技支撑计划项目，突破了一批制约行业发展的关键共性技术；每年组织重大科技成果鉴定百余项，评选行业科技奖 300 多项，推荐并获得国家级科技奖几十项；倡导并组建多个技术创新战略联盟，培育认定了一批技术创新示范企业，组织了多种成果推广、技术交流活动。

四是为加强行业质量、环保与标准化工作，不断强化质检、标准、计量等专业机构的建设与管理；组织农药、危化品、橡胶制品等生产许可证审查；广泛开展企业质管小组活动、质检中心资质自查活动、质量信誉承诺活动等；培育行业知名品牌产品，评审并授予 200 多家企业的 50 类产品进入中国名牌行列；做好标准制修订及复审，每年组织审查报批标准 300 多项；受委托编制多种行业的清洁生产方案、环境准入条件、污染物排放标准、污染防治技术政策、环境应急处置指南等政策规范；筛选推荐清洁生产技术和示范项目，实施了农化环保产品认证制度。

五是推进企业自律与责任关怀。率先引进并推行责任关怀的理念与实践，先后举行了 4 届责任关怀促进大会以及多种宣传清洁生产、绿色化工、循环经济的活动；编制了《责任关怀实施准则》和培训教材；组织广大企业、化工园区实施责任关怀。在塑化剂、大连 PX 等安全环保事件中，主动为公众解疑释惑，向政府部门提出政策建议，向有关企业提出改进意见，在缓解舆论压力、正确引导公众、促进企业改进生产等方面发挥了积极作用。

六是努力推进国际交流与合作。举办国际石化大会、亚洲石化科技大会、“国际化学年在中国”系列活动等，组织中外业界研讨发展战略、交流先进技术、促进务实合作；执行中英、中美等政府间合作项目；与国际化工协会联合会、国际化学品制造商协会，日本、韩国、欧盟、东盟、海湾等国家和地区行业组织迅速密切沟通与合作；定期举行在华外企座谈会，研讨热点问题，听取并向政府部门反映诉求与建议，为在华外企提供良好服务。

中国石油和化学工业联合会（以下简称中国石化联合会）主管报刊名录及主管全国石油和化工专业信息机构名录见表 19-1 和表 19-2。

表 19-1　中国石油和化学工业联合会主管报刊名录

序号	报刊名称	主办单位
1	中国化工报	中国石化联合会主办，中国化工报社出版
2	农资导报	中国化工报社主管、主办
3	中国石油和化工	中国石化联合会主办，中国石油和化工杂志社出版
4	化学工业	中化国际咨询公司（石油和化学工业规划院）
5	生物产业技术	化学工业出版社、中国生物工程学会
6	中国石油和化工经济分析（后更名为《中国石油和化工产业观察》）	中国化工经济技术发展中心、中国化工信息中心
7	石油和化工设备	中国化工机械动力协会
8	化工管理	中国化工企业管理协会
9	中国涂料	中国涂料工业协会
10	全面腐蚀控制	中国工业防腐蚀技术协会
11	党支部工作指导	党建教学与研究分会
12	中国化工装备	中国化工装备协会
13	中国橡胶	中国橡胶工业协会
14	腐植酸	中国腐植酸工业协会
15	国企	中国化工情报信息协会、中国化工经济技术发展中心
16	化学试剂	中国分析测试协会、国药集团化学试剂有限公司、北京国化精试咨询有限公司
17	石油石化物资采购	吉林省石油化工设计研究院、中国质量协会化工分会
18	石油化工建设	全国石油和化工建设信息总站
19	中国化工信息	中国化工信息中心
20	中国化工贸易	中国化工信息中心
21	化工安全与环境	中国化工信息中心

续表

序号	报刊名称	主办单位
22	现代化工	中国化工信息中心
23	化工新型材料	中国化工信息中心
24	精细与专用化学品	中国化工信息中心
25	中国化肥信息	中国化工信息中心
26	清洗世界	中国化工信息中心
27	中国化学工业年鉴	中国化工信息中心
28	多晶硅	中国化工信息中心
29	中国化工报导	中国化工信息中心、中国贸促会化工行业分会
30	中国石油和化工标准与质量	中化化工标准化研究所、危险化学品标准化研究所
31	轮胎工业	北京橡胶工业研究设计院
32	橡胶工业	北京橡胶工业研究设计院
33	橡胶科技市场	北京橡胶工业研究设计院、全国橡胶工业信息总站
34	橡塑技术与装备	全国橡胶塑料设计技术中心、北京橡胶工业研究设计院、昊华工程有限公司

表 19-2 中国石油和化学工业联合会主管全国石油和化工专业信息机构名录

序号	机构名称	依托单位
1	全国石油化工信息总站	中国石化股份公司北京化工研究院
2	全国天然气化工信息站	西南化工研究设计院
3	全国煤化工信息站	化学工业第二设计院
4	全国化肥工业信息总站	上海化工研究院
5	全国磷肥与复肥信息站	郑州大学
6	全国农药信息总站	沈阳化工研究院
7	全国氯碱工业信息中心	锦西化工研究院
8	全国纯碱工业信息站	大连化工研究设计院
9	全国硫酸工业信息站	南化集团研究院
10	全国无机盐信息总站	天津化工研究设计院
11	全国聚氯乙烯信息站	锦西化工研究院
12	全国橡胶工业信息总站	北京橡胶工业研究设计院
13	全国合成橡胶信息总站	中国石油吉林石化分公司研究院
14	全国特种橡胶制品信息站	西北橡胶塑料研究设计院
15	全国胶带信息站	
16	全国合成树脂及塑料工业信息总站	中蓝晨光化工研究院

续表

序号	机构名称	依托单位
17	全国热固性树脂信息站	天津市合成材料工业研究所
18	全国涂料工业信息中心	中化建常州涂料化工研究院
19	全国染料工业信息中心	沈阳化工研究院
20	全国无机颜料信息站	中国化建总公司常州涂料化工研究院
21	全国精细化工原料及中间体信息站	江苏索普（集团）有限公司
22	全国电子化工材料信息站	
23	全国磁性记录材料信息站	中国乐凯胶片集团公司
24	全国感光材料信息站	中国乐凯胶片集团公司
25	全国医用高分子信息站	西北化工研究院
26	全国造纸化学品信息站	杭州市化工研究院有限公司
27	全国特种气体信息站	光明化工研究设计院
28	全国特种合成纤维信息中心	北京华腾东光科技发展有限公司
29	全国压敏粘胶带与不干胶材料信息站	北京百门胶粘产品制造有限公司
30	全国粘合剂信息站	
31	全国化学助剂信息总站	山西省化工研究院
32	全国化学试剂信息站	国药集团化学试剂有限公司
33	全国工业表面活性剂信息中心	亿海集团辽宁化工有限公司
34	全国化学推进剂信息站	
35	全国饲料添加剂信息站	化学工业饲料添加剂工程技术中心、山东省化工研究院
36	全国化工矿山信息站	中蓝连海设计研究院
37	全国化工机械及设备信息站	天华化工机械及自动化研究设计院
38	全国橡塑机械信息中心	昊华工程有限公司
39	全国化工院校信息站	北京化工大学图书馆
40	全国石油和化工建设信息总站	中国化学工程第十二建设公司
41	全国化工设计情报中心站	中国天辰化学工程公司
42	全国化工自动化及仪表信息站	天华化工机械及自动化研究设计院
43	全国清洗行业信息中心	中国蓝星（集团）总公司
44	全国化工环境保护信息总站	中国石油化工股份有限公司
45	全国化工安全卫生信息站	中国化工信息中心
46	全国化工防腐蚀信息站	天华化工机械及自动化研究设计院
47	全国气体净化信息站	南化集团研究院
48	全国工业水处理信息站	天津化工研究设计院

续表

序号	机构名称	依托单位
49	全国工业催化信息站	西北化工研究院
50	全国天然植物分离信息站	中蓝晨光化工研究院
51	全国涂装信息站	北方涂料工业研究设计院

二、中国氯碱工业协会

中国氯碱工业协会，英文名称为 China Chlor-alkali Industry Association，缩写为 CCAIA。1981 年 12 月 19 日，国家经委批准成立，是改革开放后我国最早成立的全国性工业协会之一。协会登记管理机关为民政部，业务主管单位为国务院国资委，业务指导单位为中国石化联合会。协会历届理事长为王宗杰、阎家铭、黄招有、徐荣一、孙绍刚、李军，历任秘书长为管永年、陆惠珍、张国民、张文雷。协会会员单位以氯碱企业为主，包括相关科研、设计、机械制造和省级协会等。会员企业生产的无机化工产品包括烧碱、盐酸、液氯、氯化钡、三氯化铁、漂白消毒系列产品，有机化工产品包括聚氯乙烯及其共聚物、环氧丙烷、环氧氯丙烷系列、氯溶剂、直链烃、芳烃氯化物、氯化石蜡等，主要氯碱产品近百种，广泛应用于轻工、化工、纺织、农业、建材、电力、国防军工等国民经济各个领域，与人民生活密切相关。

协会自成立之初就确立了为政府服务、为行业服务、为企业服务的宗旨，充分发挥协作、协商、协调的功能，为氯碱行业、企业提供服务与支持，为政府职能部门了解行业状况、制定行业政策与发展规划提供依据。在我国氯碱行业不同时期的发展中，充分发挥了行业协会的桥梁和纽带作用，为氯碱行业健康、稳定、持续发展做出了不懈努力。

1981—1990 年，主要业务是为行业搭建平等互利的交流平台，推动行业技术进步。协会 1981 年 10 月创刊出版《中国氯碱通讯》会刊，1989 年更名为《中国氯碱》；组织编写了《氯碱工艺学》《聚氯乙烯工艺学》等书籍，为企业培训技术人员提供专业书籍，对提高行业生产技术和生产岗位操作水平起到了指导作用，至今这些书籍仍然被氯碱企业技术人员广泛使用。

1991—2000 年，随着经济体制改革的不断深入，我国氯碱工业得到了长足发展，协会在为企业服务的同时加强了行业政策研究，在降低电价、放开氯碱工业用盐、降低烧碱产品税率等方面反映行业情况，为企业争取外部宽松条件，得到了政府部门的理解与支持。1995 年国家计委、经贸委联合发文，出台改革工业盐供销体制的管理办法；2000 年政府有关部门联合发文，对氯碱工业生产用电实行优惠价，使行业生产成本大大降低。

2001—2010 年，进入 21 世纪，我国氯碱工业高速发展引起全球业界关注。协会围绕引导行业健康有序发展，配合政府有关部门制定行业准入条件和标准，监测企业生产运行，研究行业发展热点、难点问题开展工作，取得了卓有成效的业绩。

三、中国农药工业协会

中国农药工业协会，英文名称为China Crop Protection Industry Association，缩写为CCPIA。1982年2月26日，国家经委批准成立。是中国化工行业最早成立的行业协会之一，是跨地区、跨部门、跨行业的具有独立法人资格的全国非营利性社团组织。

协会下设标准化委员会、CIPAC/FAO/WHO、药肥专业委员会、安全科学使用农药委员会、国际贸易委员会、农药助剂专业委员会、农药包装专业委员会、农药制剂加工设备专业委员会、农药工程技术中心、责任关怀联盟、采购和供应链管理工作委员会等11个专业委员会，以及阿维菌素产品协作组、百草枯产品协作组等17个协作组。

协会历届理事长包括崔子英、王志廉、王律先、罗海章，历届秘书长包括李荣、沈克敏、林岩、孙叔宝。2012年10月，中国农药工业协会召开第九届一次会员代表大会，成立了以孙叔宝为会长、李钟华为秘书长的第九届理事会。

协会的宗旨是：团结全体会员，遵守国家法律、法规和政策，遵守社会道德风尚，坚持为行业、为企业服务，发挥政府与企业、企业与企业之间的桥梁和纽带作用，贯彻国家发展农药工业的方针政策，促进农药行业持续、健康、和谐发展。

协会的职责与职能包括：宣传贯彻国家有关法律、法规、条例，协调企业依法经营；向政府有关部门反映行业情况及企业经营中的问题和要求，提出相关政策建议；推进知识产权保护工作，维护会员的合法权益；组织行业信息交流，分析行业经济运行情况，了解行业发展中的热点和问题，向政府和企业提出相应的政策建议和具体措施；组织调查研究，了解、掌握全球农药工业技术发展动向及市场状况，为会员提供技术和信息服务；组织会员之间的技术交流和协作、技术改造协同攻关，推进国际经济技术交流及合作；促进行业自律，规范行业行为，推动诚信经营，协调市场争端，维护公平竞争；组织人才、技术、管理、法规与职业培训；出版专业刊物《中国农药》《中国农药工业年鉴》和 *China Agrochemicals*，建立专业网站（www.ccpia.com.cn），开展咨询服务；举办全国性交流会及各类专业交流会、展览会（www.agrochemex.net）；参与制定农药产业政策、发展规划、行业规范和技术标准的研究、制定工作以及建设项目的论证和环境影响评价；受国家相关管理部门委托，承担农药生产批准证书发放的前期工作，参与有关调查研究、政策拟定、现场考核工作；承担有关农药检测单位的管理工作；协助国家相关管理部门的农药生产企业核准及延续核准工作，配合建立现场考核专家库、规范考核程序、统一工作流程和操作细节；大力推行以安全、健康、环境为中心的责任关怀（EHS）准则，树立良好的行业形象；鼓励企业采用绿色工艺，减少三废排放，保护环境；起草制定行业GMP标准，提高行业整体水平；参与制定国家相关职业标准，组建国家化工行业特有工种职业技能鉴定站，开展化工行业特有工种职业技能鉴定工作；组建有利于环境保护和资源循环利用的中国农药工业产业园，促进农药工业集约化生产；设立“振兴中国农药工业”奖学金，奖励农药专业博士、硕士和本科学生。

四、中国化工职工思想政治工作研究会

中国化工职工思想政治工作研究会，简称中化政研会；在对外交往中称中国化工企业文化建设协会；英文名称为Chinese Association for Chemical Enterprise Cultures Construction，缩写为CACECC。中化政研会成立于1984年6月21日。中化政研会在民政部社团管理部门监督管理下、在中国思想政治工作研究会业务指导下、在中国石化联合会管理下开展工作。主要任务是积极开展思想政治工作研究、精神文明建设和企业文化建设，为提高化工职工队伍素质服务，为维护改革发展和稳定大局服务，为促进化学工业和谐持续科学发展服务。

第一届理事会（1984年6月至1989年1月）。第二届理事会（1989年1月至1994年4月），秦仲达任会长，郑兴国任秘书长；其间，1992年8月至1994年4月，由顾秀莲任会长，赵长安任秘书长。第三届理事会（1994年4月至1999年11月），顾秀莲任会长，李世华任秘书长。第四届理事会（1999年11月至2005年6月），谢钟毓任会长，李世华任秘书长；其间，2001年4月至2005年6月由谭竹洲任会长，温洪任秘书长。第五届理事会（2005年6月至2011年7月），谭竹洲任会长，温洪任秘书长。第六届理事会（2011年7月之后），李勇武任会长，崔建华任秘书长。

中化政研会现有会员单位680余家，以国有控股和国有参股大中型企业以及其他所有制形式企业为主体，另外还包括部分高等院校、技工学校、科研机构、地方行业协会（或行业办公室）及其他事业单位。自第五届理事会以来，会员单位不断向石油、石化、煤炭、矿山等领域拓展，突破了原有化学工业企业范畴。中化政研会现有涂料染料、化工高校、化学矿山等3个分会；分设华东东北、中南西南、华北西北、大型企业、原化工部直属企业等5个工作网络。

五、中国石油企业协会

中国石油企业协会，英文名称为China Petroleum Enterprise Association，缩写CPEA；1984年8月16日成立，是经民政部注册登记、非营利性的全国性社会团体。该协会的业务主管单位是国务院国有资产监督管理委员会，并接受代管单位和社团登记管理机关的业务领导和管理监督。该协会下设海洋石油、公路运输、法律工作3个分会。

协会的宗旨是：高举中国特色社会主义伟大旗帜，以邓小平理论和“三个代表”重要思想为指导，深入贯彻落实科学发展观，以为石油和石化企业、企业家服务为宗旨，遵循党的基本路线和各项方针、政策，遵守宪法、法律、法规和国家政策，维护石油和石化企业、企业家的合法权益，促进企业、企业家守法、自律，协调会员企业与多方面的关系，发挥桥梁纽带作用，使本会成为能够适应社会主义市场经

济发展需要和能为石油和石化企业、企业家提供优质服务的行业协会。

六、中国化工情报信息协会

中国化工情报信息协会，英文名称为 China Chemical Industry Information Association，缩写为CCIIA。1984年8月21日在化学工业部指导下成立，原名中国化工统计学会，1994年5月改名为中国化工情报信息协会。协会是由石油和化工行业的各专业、各地方信息研究机构、专业报刊媒体、企事业单位统计与信息部门等自愿联合组成的具有服务职能和一定管理职能的全国性、专业性行业组织。协会现由国务院国资委主管，中国石油和化学工业联合会代管。时任化工部计划司副司长王同本、王心芳、赵永武，化工部副部长潘连生，中国化工信息中心主任杨晋庆、揭玉斌先后任历届会长、理事长；王有成、张丽珍、何立名、汪佩瑶、徐宇先后任历届秘书长。

协会下设信息与刊物分会、统计分会两个分支机构；现有会员单位300多家，包括：50多家专业信息机构，20多家地方信息机构，近百家专业报刊媒体，众多大型骨干企业、科研机构、高等院校的统计或信息研究部门，代表了我国石油和化工信息系统的各个方面。

协会的宗旨是：广泛联系化工及相关行业的企业、事业单位和同业组织，开展科技与经济信息采集、处理、分析以及咨询、协调、服务工作，推动行业信息交流，建设并优化行业信息产业，发展开拓信息市场，为会员和广大企业服务，在政府和企业之间发挥桥梁和纽带作用，促进行业信息事业健康发展。

在1984—1995年的化工统计学会时期，主要业务方向是推进统计科学的研究与行业统计工作的发展。在第一、二、三届理事会任职的11年间，学会在化工部的指导下，建立了浙江、江苏、湖南和基建等10多个省市、系统分会，举办了各级各类大量的统计科学研讨、交流、培训活动，完成了化工部委托的多项统计方法研究与制修订任务，编写了《化学工业统计学》等多种专著，在改革完善行业统计方法制度、健全行业统计指标体系、规范行业统计基础工作、加强统计分析预测、推广现代计算和信息传递技术等方面做出了重要贡献。

在1995—2005年化工情报信息协会第一、二届理事会任职的10年间，协会业务范围扩展到行业信息系统的全领域。在化工部、国家石化局、石化联合会的指导下，协会组织了优秀信息成果评选、专业信息机构考评、统计科学讨论会、专业期刊评比、中国化工500强发布与研究等定期举行的活动；承担了政府部门委托的修改《钾肥产量计算方法》、编写《工业行业与产品划分工作手册（化工产品）》、编制《全国工业普查有关化工产品目录》等任务；组织会员单位开展了行业经济与科技发展调研、行业数据统计分析、国内外经济技术交流与合作、为企业提供信息咨询服务、信息产品市场建设、信息统计人才培训等方面的业务，为推进行业信息事业发展发挥了重大作用。

在2005—2010年化工情报信息协会第三届理事会任职的5年间，协会紧紧围绕行业发展的中心任务，全面履行自身职责，成绩更为突出、作用更为显著、影响更加广泛。5年来，协会在广大会员的积极支持和参与下，开展了大量工作。一是组织会员单位强化信息研究、提高服务水平，形成大量有较高水平的研究成果，结集出版了《中国石油和化工行业发展研究报告》《全国石油化工统计科学讨论会论文集》等多种信息专著。二是组织了多期统计方法、期刊编辑等专题的培训活动，有效推进了会员单位业务工作的科学化、规范化。三是授权进行中国石化联合会主管的50余家专业信息机构、30余家专业报刊的日常管理，通过信息机构定期考评、报刊专项教育治理等方式，推进各单位业务发展、水平提高。四是与中国化工企业管理协会等兄弟单位合作，逐年定期开展中国化工500强、中国化肥100强、中国农药100强系列排行榜发布及企业发展研讨交流活动，并逐步形成行业品牌活动。与此相关的企业竞争力测评研究工作也有了新的发展。五是积极应对信息数字化、网络化潮流，推进信息机构、报刊媒体、企业等会员单位的网站建设，并建立运行了为会员和企业提供信息服务的信息协会网。六是受权编辑出版《中国化学工业年鉴》，经过20 多年的发展与完善，《中国化学工业年鉴》已成为全面反映我国石化行业发展状况、系统研究我国石化市场和国外行业动态、指导石化行业发展的文献性、编年史性的权威工具书，受到业界的高度重视和广泛好评。

2010年8月30日，协会在贵州遵义举行第四次会员代表大会，选举产生了第四届理事会以及由揭玉斌为理事长、徐宇为秘书长的新一届领导机构。

七、中国石油工程建设协会

中国石油工程建设协会，英文名称为China Association of Petroleum Engineering Construction，缩写为CAPEC，是石油天然气工程建设系统从事工程建设、勘察、设计、施工、科研及生产制造等企事业单位自愿参加，并经国家正式批准、具有独立法人地位的非营利、全国性专业社会团体。

协会由中国石油天然气总公司批准于1984年成立，1991年在民政部注册；接受业务主管单位国务院国资委的指导；接受登记管理机关民政部的监督管理。协会下设勘察设计、焊接技术、防腐保温等专业委员会。

协会的宗旨是：坚持党的基本路线和改革开放方针，贯彻执行国家的法律、法规，推进会员单位改革与技术进步，在政府和会员单位之间发挥桥梁纽带作用，协助政府搞好行业管理，努力为会员单位服务，维护会员单位的合法权益，推动石油工程建设事业的发展。

协会的业务范围包括：①配合业务主管部门制定石油工程建设的行规行约，建立行业自律性机制，促进企业平等竞争，提高企业整体素质，保护企业整体利益；②对石油工程建设新办企业的申报进行前期咨询调研，由协会签署论证意见，作为工商管理部门企业审批的依据；③组织优质工程等各类创优活动的评审，参与石油重大工程设计、施工质量和工程竣工验收情况的检查和调研，总结企业项目管理经验，提高石油职工质量意识；④组织人才培训，提高企业人员素质；⑤做好信息服务，办好协会会刊，及时向企业提供国内外技术情报和市场信息；⑥开展工程建设专业技术交流和技术咨询，为会员单位解决技术难题；⑦承担中国石油天然气集团公司和股份公司委托交办的专业管理工作及会员单位要求办理的各项业务活动。

八、中国石油和石化工程研究会

中国石油和石化工程研究会，英文名称为 China Petroleum and Petrochemical Engineering Institute，缩写为 CPPEI，是在国家有关部门和企业、事业单位的支持下，由有志于推动我国石油和石化工程（包括生产工艺、技术装备、工程建设等）技术进步、经济发展的高级科技和管理人员自愿组成的跨部门、跨行业、跨地区、跨学科的全国性技术与经济研究的非营利性社团组织。研究会创建于 1984 年，原名中国石油和石化设备研究会，1990 年 7 月经民政部批准改名为中国石油和石化工程研究会。研究会现由国务院国资委主管，同时接受民政部的监督管理；是中国石油和化学工业联合会团体会员并由其代管，也是中国工业经济联合会团体会员。

研究会下设天然气、石油化工技术装备、炼油化工、海洋石油和石化工程、海外工程等 5 个专业委员会。第十一届即现任理事长为曹耀峰，秘书长为徐正宁。

研究会的宗旨是：严格遵守宪法、法律、法规和国家政策；从事各种科学技术和管理的调查、咨询、交流和服务活动，遵守社会道德风尚，不得损害国家和社会公共利益。

研究会的业务范围包括：进行我国石油和石油化工工程所需的技术和经济发展的战略性宏观研究，提出建议，供有关部门制定规划、技术政策和技术引进、技术改造、技术出口、技术攻关等工作参考；接受政府部门和企事业单位委托，进行专题研究、技术咨询和其他工作，协助企业改善生产和经营；同国外相关组织建立广泛联系，积极开展活动，促进技术合作和技术交流；同国内有关组织、技术人员和经济管理人员建立广泛联系，共同推进我国石油和石油化工工程的技术进步；支持兴办科技实体，推进科技与经济相结合；利用多种方式进行信息交流，促进新技术的推广应用。

九、中国化工施工企业协会

中国化工施工企业协会，英文名称为 China National Association of Chemical Construction Enterprises，缩写为 CNACCE；1985 年 1 月 29 日经化学工业部批准成立，是以全国化工施工企业为主体，吸收相关企业自愿组成的全国行业性社团组织。协会现由国务院国有资产监督管理委员会主管，中国石油和化学工业联合会代管。时任化工部副部长王珉、化工部基建局局长黄兴盛、化工部基建司司长史学斌、化工部建设协调司副司长尹伊、中油吉林化建工程股份有限公司董事长杜钟灵、中国化学工程股份有限公司副总经理余津勃先后任历届理事长，史学斌、蔡文光、包秀成、张培根、潘宗高先后任历届秘书长。

协会宗旨是：会员至上，服务第一，诚信为本。理念是：会员的满意是我们永远的追求，会员的兴旺是我们最大的愿望。协会认真履行“提供服务，反映诉求，规范行为”的职能，努力将协会办成政府信得过、企业靠得住、行业有影响的协会。

协会的常设办事机构为秘书处。协会下设 8 个专业工作委员会，即企业管理工作委员会、技术工作委员会、培训教育工作委员会、机具管理工作委员会、安全工作委员会、质量工作委员会、信息化工作委员会、国际化工作委员会，分别设在有关企业。

十、中国涂料工业协会

中国涂料工业协会，英文名称为 China National Coatings Industry Association，缩写为 CNCIA。1985 年 1 月经国家经委批准成立，是由全国涂料、颜料企业及相关企事业单位，按自愿平等的原则组成的跨行业、跨部门、具有社团法人资格的社团组织，是中国涂料行业的权威机构，亚洲涂料工业理事会（APIC）和国际涂料与油墨理事会（IPPIC）的成员，是政府与企业之间的桥梁，承担着中国涂料行业发展规划、引导行业自律、制定行业标准、培训行业人才等多方面的重要工作。协会的主管单位是国务院国有资产监督管理委员会，社团登记管理机关是民政部。协会现有团体会员单位 628 家。

协会的宗旨是：热心为会员服务、维护公平竞争的市场秩序，贯彻国家发展涂料、颜料工业的方针，推动涂料、颜料工业技术和管理的现代化，促进社会经济的健康发展。

协会下设建筑涂料、立德粉、钛白粉、铅铬颜料、氧化铁、氧化锌、涂料装备、涂料树脂、防腐涂料等 9 个分会组织；所属 21 家职业技能鉴定实训基地，执有国家人力资源和社会保障部智能建设司颁发的涂料行业唯一的职业技能鉴定许可证。

十一、中国染料工业协会

中国染料工业协会，英文名称为 China Dyestuff Industry Association，缩写为 CDIA。是跨地区、跨部门、不受所有制限制的全国性、行业性的社团组织，是由从事染料、有机颜料、纺织印染助剂、染颜料中间体和色母粒的生产、科研及相关仪器设备等企事业单位，本着平等互利的原则自愿结成的非营利性的社团组织。协会现有会员单位 217 家；下设协会专家委员会和有机颜料、色母粒、纺织印染助剂 3 个专业委员会。1984 年 7 月 5 日，国家经委批准成立。历经 8 届理事会。历届理事长为季连元、金国珍、刘振东、王擢、史献平；历届秘书长为齐同元、郑茂增、刘洪山、田利明、康宝祥；现任理事长为史献平，秘书长为康宝祥。

协会的宗旨是：团结全体会员，遵守法律法规和国家政策，遵守社会道德风尚，贯彻执行国家发展染料行业的方针政策，维护会员的合法权益，竭诚为会员服务，不断推进染料行业的技术进步和管理现代化。

十二、中国石油和化工勘察设计协会

中国石油和化工勘察设计协会，英文名称为 China Petroleum & Chemical Engineering Survey And Design Association，缩写为 CPCESDA。原名中国化工勘察设计协会，1985 年 7 月 6 日，国家经委批准成立；是由全国从事石油和化工工程咨询、工程勘察、工程设计、项目管理、工程总承包等工程服务企业、科研院所以及为勘察设计行业服务的相关技术机构和有关人士自愿结成的全国性、行业性、非营利性的社会组织，具有社团法人资格。

协会现有会员 291 个，其中团体会员 251 个，主要包括化工、石化、石油、医药、轻工、航空航天、军队装备、机械、电子、核工业、建筑等行业的企业及相关专业组织；有个人会员 40 名。协会下设矿山设计、勘察与岩土分会、工艺配管设计、建筑设计、电气设计、化学工程设计、计算机应用、设备设计、设计现代化管理、工程建设标准编辑、工业炉设计、给排水设计、热工设计、自动控制设计、工程造价管理、环境保护设计、煤化工设计、合成氨与硝酸设计、橡胶塑料设计、总图运输设计、粉体工程设计、硫酸和磷肥设计等 22 个专业委员会，并在上海设有联络处（代表机构）。

协会的宗旨是：以习近平新时代中国特色社会主义思想为指导，全面贯彻新发展理念；坚持社会化、市场化改革方向和依法设立、自主办会、服务为本、治理规范的原则；履行提供服务、反应诉求、规范行为的职责，维护行业合法权益，加强行业自律，在企业和政府间发挥桥梁和纽带作用；汇聚国内石油和化工以及相关行业勘察设计咨询服务力量，提供优质高效服务，引导行业勘察设计咨询服务健康有序发展。

图 19-1 《中国化工勘察设计五十年》封面

协会现由国务院国资委主管，中国石化联合会代管，并接受民政部的业务指导和监督管理。时任化工部副部长王珉、李子彬，化工部副总工程师王文善、化工部建设协调司副司长袁纽、协会原秘书长荣世立先后任历届理事长；唐礼民、王文善、袁纽、齐福海、荣世立、唐文勇先后任历届秘书长。

协会擅长收集、整理历史文献，2005 年编印了《中国化工勘察设计五十年》（1953—2003）（图 19-1）大型资料汇编，对研究中国化工史颇有参考价值。

协会主管设计技术中心站名录见表 19-3。

表 19-3 协会主管设计技术中心站名录

序号	名称	成立日期/年	挂靠单位
1	全国化工设备设计技术中心站	1960	中国石化集团上海工程有限公司
2	全国化工总图运输设计技术中心站	1960	北京橡胶兴业化工工程有限公司
3	全国化工自动控制设计技术中心站	1961	中国石化集团宁波工程有限公司
4	全国化工电气设计技术中心站	1962	无挂靠单位
5	全国化工建筑设计技术中心站	1962	中国寰球工程公司
6	全国化工给排水设计技术中心站	1962	东华工程科技股份有限公司
7	全国化工热工设计技术中心站	1963	无挂靠单位
8	全国化工工艺配管设计技术中心站	1964	中国寰球工程公司
9	全国化工模型设计技术中心站	1964	中国石化集团上海工程有限公司
10	全国化工粉体工程设计技术中心站	1966	中国石化集团南京设计院
11	全国化工化学工程设计技术中心站	1972	华陆工程科技有限责任公司
12	全国化工计算机应用技术中心	1976	中国成达工程公司
13	全国化工合成氨设计技术中心站	1978	山东省化工规划设计院
14	全国橡胶塑料设计技术中心	1978	北京橡胶兴业化工工程有限公司
15	全国化工工业炉设计技术中心站	1979	中国天辰化学工程公司
16	全国化工环境保护设计技术中心站	1979	中国天辰化学工程公司
17	全国化工工程建设标准编辑中心	1980	中国寰球工程公司
18	全国化工硫酸和磷肥设计技术中心	1985	中国石化集团南京设计院
19	全国化工设计情报中心站	1985	中国天辰化学工程公司
20	全国化工工艺系统设计技术中心站	1989	中国寰球工程公司
21	全国煤化工设计技术中心	1989	化学工业第二设计院
22	全国化工设计现代化管理中心站	1990	中国成达工程公司
23	全国化工矿山设计技术中心站	1991	化工部连云港设计研究院
24	化工暖通设计技术委员会	1996	广东省石油化工设计院

十三、中国橡胶工业协会

中国橡胶工业协会，英文名称为China Rubber Industry Association，缩写为CRIA。1984 年 7 月 31 日，国家经委批准成立；是由全国橡胶行业的企业、事业单位和社会团体自愿组成的全国性行业组织，是具有法人资格的非营利性社会经济团体。协会由国务院国有资产监督管理委员会主管，中国石油和化学工业联合会代管。原化工部黎扬善、鞠洪振、范仁德先后任历届理事长（会长）；曲春茂、陈国英、范仁德、邓雅俐先后任历届秘书长。

协会设有15个分支机构，包括轮胎、力车胎、胶管胶带、胶鞋、橡胶制品、乳胶、炭黑、废橡胶综合利用、橡胶助剂、骨架材料、橡胶机械模具、橡胶材料、营销工作、杜仲产业、橡胶测试等分会（专业委员会），代表了我国橡胶工业的各个方面；现有会员单位1100多家，生产厂点遍布全国各地。

协会办会宗旨是：反映会员的愿望和诉求，维护会员的合法权益；为政府决策服务，在政府和企业之间起桥梁和纽带作用；坚持自主、自立、自律、自强原则，实行企业家办会，并努力建设一支精干的本团体专业队伍；遵守宪法、法律、法规和国家政策，遵守社会道德风尚。

十四、中国工业防腐蚀技术协会

中国工业防腐蚀技术协会，英文名称为China Industry Anticorrosion Technology Association，缩写为CIATA。原名中国化工防腐蚀技术协会，1985年7月25日，国家经委批准成立。是具有法人资格的跨部门、跨地区的全国性社会团体，2004年经国务院领导同意，正式更名为中国工业防腐蚀技术协会，是国家民政部AAAA级中国社会组织。中国工业防腐蚀技术协会是面向国内外的应用性、技术性、专业性和行业性的国家级社会团体，履行国家赋予的“行业管理、技术交流、书刊编辑、业务培训、专业展览、咨询服务”等六项基本职能。刘作藩、井振元、化工部副部长潘连生、中国化工集团党委书记王印海、任振铎先后任历届会长、理事长；宋德芳、任振铎、李济克先后任历届秘书长。2010年5月协会第六次会员代表大会选举第六届理事会，任振铎、李济克分别任理事长、秘书长。

协会下设专家委员会、标准化技术委员会；秘书处设办公室、综合部、信息部、人力资源部、财务部、发行部、压力容器压力管道部等。该协会宗旨是：为保护人类、资源、环境和安全免受或减少腐蚀带来的危害而殚精竭虑、竭尽全力，全员、全面、全过程、全方位地积极推行全面腐蚀控制。

十五、中国化工企业管理协会

中国化工企业管理协会，英文名称为China Chemical Enterprise Management Association，缩写为CCEMA。成立于1986年12月，是由化工企业、事业单位和个人按照平等、自愿的原则组成的具有法人资格的全国性社会团体。协会现有200多家会员单位,大都是化工行业的骨干企业，涵盖了全国化工生产、科研、流通等各领域，形成了规模大、地域广、专业门类齐全的组织网络。协会的主管部门为国务院国有资产监督管理委员会。

协会的宗旨是：为企业服务，为企业家服务，发挥政府和企业的桥梁纽带作用。主要任务是：以服务化工企业与企业家、推动化工企业改革发展为目标，密切政府与企业间联系，研究、落实国家相关方针政策及法律法规，总结和推广企业管理创新经验，反映企业的愿望与要求，维护会员的合法权益，实现企业管理的最佳实践，促进企业做大做强做久。

协会领导机构为会员代表大会及其选举产生的理事会和常务理事会，2009 年以来为第五届。原化工部副部长谭竹洲曾任协会第一至三届会长、第四届名誉会长和第五届总顾问，原化工部副部长李士忠为协会总顾问。协会第五届理事会理事 139 人，常务理事 43 人；会长为教授级高级工程师、中国石油和化学工业联合会副会长、中国化工集团公司首席顾问王印海；名誉会长为中国化工集团公司总经理任建新、陕西延长石油公司董事长沈浩；另外有副会长 19 人，聘请管理顾问 14 人，秘书长为王述刚。

协会下设信息化建设工作委员会、管理咨询工作委员会、培训工作委员会和《化工管理》杂志有限公司等机构。协会日常办事机构包括办公室、人力资源部（会员部）、综合业务部、国际合作部、资本市场部、经济发展部。此外，中国石化联合会农化服务办公室亦靠挂在协会，协会负责其日常管理工作。

十六、中国硫酸工业协会

中国硫酸工业协会，英文名称为 China Sulphuric Acid Industry Association，缩写为 CSAIA，于 1992 年成立。中国硫酸工业协会是由硫酸生产经营企业，石油、天然气硫回收企业，区域性行业协会，研究、设计单位，大专院校，设备制造、物流及上下游相关企业等单位自愿组成的跨地区、跨部门、跨所有制的硫酸行业非营利性组织。协会现由国务院国资委主管，中国石油和化学工业联合会代管。王家敏、林乐、吕庆胜、齐焉先后任历届理事长，张履中、林乐、齐焉、武雪梅先后任历届秘书长。

协会现有会员单位 440 多家，包括：硫酸企业 350 多家，科研机构、设计单位、大专院校 40 多家，设备制造厂 40 多家，众多报刊媒体，以及其他相关单位，囊括了我国硫酸行业的各个方面。

协会的宗旨是：竭诚为行业服务，为会员服务，为政府服务，维护会员的合法权益，反映会员的愿望和诉求，贯彻执行国家的政策和意图，在政府和会员之间起桥梁和纽带作用，推动全国硫酸工业的发展。

十七、中国磁记录材料工业协会

中国磁记录材料工业协会，英文名称为 China National Magnetic Recording Materials Industrial Association，缩写为 CMRMA。协会成立于 1986 年，是全国性社团组织，由磁带、磁盘、磁卡及其他相关化学品生产、配套企业及相关单位联合组成，吸收对本行业发展有贡献的专家和知名人士参加。协会现任理事长为徐京燕，秘书长为张作泉。

协会的宗旨是：遵守宪法和国家有关法律、法规和政策，遵守社会道德风尚。

在中国特色社会主义理论的指导下，适应社会主义市场经济体制建设，推进企业技术进步，协调企业之间生产、经营、价格等关系，保护企业合法权益，改进和加强宏观经济管理服务，促进我国磁记录材料的经济技术进步和发展。

协会主要职能是：对重大经济技术政策问题进行调查研究，向政府提出建议，协助政府搞好各项规划；向政府反映会员的愿望和要求，协助政府推进产业政策；鼓励企业推行经济技术进步，开展合法市场竞争，推动企业间的横向经济联系，促进行业合作与进步；开展咨询服务，提供国内外技术情报和市场信息；组织产品展览、技术推广和交流；协助政府草拟和修订行业标准，并配合进行市场产品抽检及发放生产许可证的产品检测工作；采取多种形式为企业培训人才，帮助企业改善经营管理，提高企业素质和管理水平；与国外相关行业组织进行联系，发展国际间经济技术和管理方面的合作与交流活动；调解会员单位间的经济纠纷，协调行业产业间的关系；承办政府机关和社会团体委托的事项。

十八、中国化工机械动力技术协会

中国化工机械动力技术协会，英文名称为 China Chemical Industrial Mechanism Power Technology Association，缩写为 CCIMPTA；是由化工生产、动力企业以及为化工生产提供机械动力技术、设备、材料和服务的企业、事业单位、社会团体或个人自愿结成的专业性、非营利性社会团体，是跨地区、跨部门、跨所有制的全国性行业组织、社会团体法人。协会接受社会团体登记机关民政部和业务主管单位国务院国资委的业务指导和监督管理。协会成立于 1992 年，目前共有会员单位 230 多个，其中理事单位 88 个，常务理事单位 33 个。

协会下设设备工程、密封技术、化工动力技术、压力容器与压力管道 4 个专业委员会，以及化工防腐蚀施工及应用技术联络网。现任理事长为程治方，秘书长为石俊中。

协会的宗旨是：面向基层，为会员服务，反映会员的正当要求，维护会员的合法权益，实现会员的共同意愿；认真贯彻执行国家有关方针、政策、法规，推动我国化工机械动力技术进步，促进我国化学工业持续、快速、健康发展。遵守宪法、法律、法规和国家政策，维护宪法确定的基本原则，维护国家的统一、安全和民族的团结，不损害国家利益、社会公共利益以及其他组织和公民的合法权益，遵守社会道德风尚。

十九、中国腐植酸工业协会

中国腐植酸工业协会，英文名称为 China Humic Acid Industry Association，缩称为 CHAIA。于 1987 年 6 月 27 日经国家经委批准成立，是由我国从事腐植酸生产经营的企业和有关科研院所、大专院校、医院等单位，以及煤炭、石油、化工、农业、医药、卫生、轻工、环保等国家有关部门自愿组成的，不以营利为目的的全国性行业协会，具有法人资格，是跨地区、跨部门、跨所有制的腐植酸行业组织。协会接受业务主管单位国务院国资委和社团登记管理机关民政部的业务指导和监督管理，接受农业部、卫生部、环保局等国家有关部门的业务指导。协会下设专家委员会、医药专业委员会、标准化技术委员会等 3 个分支机构。协会现任会长为韩立新。

协会的宗旨是：竭诚为会员服务，为行业服务，维护会员的合法权益，反映会员意愿和要求。认真贯彻国家的方针政策，在政府与会员之间起桥梁和纽带作用，促进我国腐植酸行业的健康发展。遵守宪法、法律、法规和国家政策，遵守社会道德风尚。

协会的业务范围包括：①积极向国家有关部门反映行业的情况和问题，提出行业发展的规划和行业政策的建议；②协调解决会员单位之间在生产、经营、技术合作中的问题，促进行业的技术进步和经营管理水平的提高；③组织学术、技术和经验交流，向政府部门和会员提供国内外技术情报和经济信息；④开展技术咨询服务，组织新技术、新装备、新产品的开发、研制和推广应用；⑤组织举办各种形式的专业人员培训班，提高行业队伍的素质；⑥协助国家有关部门制订国家行业标准；⑦开办经济实体；⑧积极发展与国外有关团体和对口组织的联系，组织会员单位举办国际、国内展览，开展技术经济方面的交流活动，促进中外技术经济合作；⑨维护会员权益，开展各种公益事业活动，组织会员协商订立行规行约，并监督遵守；⑩承办国家有关部门及其他团体委托的事项。

二十、中国化学试剂工业协会

中国化学试剂工业协会，英文名称为 Chemical Reagent Industry Association of China，缩写为 CRIAC。协会成立于 1987 年 7 月，是由化学试剂企事业单位和相关行业有关人员自愿组成的行业性、全国性、非营利性的社会组织。协会的宗旨是：团结全体会员，遵守宪法、法律、法规和国家政策，遵守社会道德风尚。为行业服务，贯彻国家发展工业的方针政策，参与行业管理，开展行业自律，维护行业合法权益，促进化学试剂及相关化学品工业的发展。

协会第一至三届理事长为侯国柱，第四、第五届理事长为于希椿，第六届理事长为刘亚章、南山；历届秘书长为杨开武、顾星田、鹿长荣、任富聪。协会常设办事机构包括：秘书处，信息、统计综合部，质量、安全、环保部，科技项目创新发展部。

二十一、中国纯碱工业协会

中国纯碱工业协会，英文名称为 China Soda Industry Association，缩写为 CSIA。1987 年 8 月在大连成立；它是以我国纯碱企业为主体，包括相关的科研、设计、机械制造等单位联合组成的行业组织。该协会隶属于国务院国有资产监督管理委员会，由中国石油和化学工业联合会代管。历届理事长（会长）为王家敏、傅孟嘉、底同立、王锡岭，历届秘书长为底同立、王锡岭、程霖。协会现有会员单位77家，包括几乎全部已投产的纯碱生产企业、5家重点设计院及33家优秀设备服务商。协会会员单位入会需经理事会讨论通过，对设备服务商的要求更为严格，须具有优良业绩方可入会。

协会的宗旨是：遵守宪法、法律、法规和国家政策，遵守社会道德风尚，促进纯碱工业的技术、生产发展，提高行业经济效益，为企业管理现代化服务，积极向政府反映行业的意愿和要求，传达贯彻政府的方针政策，做政府部门和行业间的纽带和桥梁。

二十二、中国胶粘剂和胶粘带工业协会

中国胶粘剂和胶粘带工业协会，英文名称为 China National Adhesives Industry Association，缩写为CNAIA。1987年9月在北京成立，原名为中国胶粘剂工业协会，2012年3月更名为中国胶粘剂和胶粘带工业协会；是中国胶黏剂、密封剂和胶黏带行业的企业、事业单位自愿联合组成的全国性、专业性的行业组织，是经国家民政部登记的社会团体法人。该协会历任理事长为戚彪、金国珍、申过秋、费广泰、杨启炜。现任理事长为杨启炜，秘书长为杨栩。

该协会的宗旨是：以新时代中国特色社会主义思想为指导，扎实推进行业创新发展；按照市场化原则，围绕促进我国胶黏剂、密封剂和胶黏带产业的发展和进步，开展各项活动；为胶黏剂、密封剂和胶黏带行业及企业事业单位服务，反映他们的诉求；积极促进国内外胶黏剂、密封剂和胶黏带企业及同业组织的交流与合作；贯彻国家产业政策，参与行业管理，在政府和企业之间发挥桥梁纽带作用。

二十三、中国工业气体工业协会

中国工业气体工业协会成立于1987年，是经国家批准，在国家民政部社团管理机关核准登记的具有法人地位的全国性社会团体，是中国工业气体的行业组织。

协会已经形成包括专业气体厂、非专业气体厂、气体科研单位、气体检测中心、大专院校、气体设备、低温容器、仪器仪表、零配件等制造厂家及汽车加气站在内的以工业气体为主，以相关行业为辅的社会团体。它已横跨化工、冶金、石油、石化、机械、交通、建材、轻工、纺织、矿山、制药、航空航天等多种行业，还有13个省、市级工业气体协会的团体会员，会员分布在全国20多个省、自治区、直辖市。协会拥有1000多家会员单位，并吸收外国同行业公司为荣誉会员。协会下设液化天然气、二氧化碳、氢气、焊割气、气体压力设备、气体分析技术与仪器设备、交通能源、医用气体及工程、消防气体及工程 9 个专业委员会及气体产品质量监督检验

中心、协会培训中心（职业技能鉴定站）、专家委员会，并有由200余名全国工业气体行业著名科技人员组成的专家网。协会现任理事长为马银川，秘书长为刘佳。

协会遵守“深化改革，搞活开放，不断提高工业气体行业水平，全面提高企业素质，增进企业之间的了解、联系和协作”的宗旨，在“开拓、进步、团结、交流、服务”的协会精神指引下，团结广大会员，努力协助政府进行行业管理，参与各种国家标准的制修订，积极开展行业发展研究、技术交流、组织培训、咨询服务、书刊编辑、举办会展、出国考察及中外商贸、技术交流等活动，为繁荣振兴中国工业气体行业做出了重要贡献。

二十四、中国氟硅有机材料工业协会

中国氟硅有机材料工业协会，英文名称为 China Association of Fluorine and Silicone Industry，缩写为CAFSI。1988年1月11日，国家经委批准成立。是由氟化工、有机硅材料行业的生产企业、相关科研院所等事业单位及社会团体自愿组成的全国性、行业性、非营利性的社会组织；由原全国有机氟行业联合会和全国有机硅行业联合会合并成立，是具有法人地位的国家一级工业协会。协会接受业务主管单位国务院国资委和社团管理机关民政部的业务指导和监督管理。协会现任理事长为曹先军，秘书长为张建军。

协会的宗旨是：以中国特色社会主义理论为指导，全面贯彻科学发展观，遵守宪法、法律、法规和国家方针、政策，遵守社会道德风尚；按照市场化原则规范和发展，履行为氟化工、有机硅会员和企业提供服务、反映诉求、规范行为的职责；广泛联系相关行业的企业、事业单位和同业组织为会员、行业、政府提供服务，贯彻国家产业政策，参与行业自律，维护行业合法权益，发挥桥梁纽带作用，引导行业健康发展。

二十五、中国石油化工劳动学会

中国石油化工劳动学会成立于1992年，是由国务院国资委主管、中国石化联合会代管，由中国石化集团公司主办的社团组织，自成立后一直是中国劳动学会的会员单位，现有会员单位98家，主要分布于中国石化集团公司、股份公司所属各企业。学会现任理事长为李春光，秘书长为傅兴顺。

学会坚持“立足石化、服务石化”的办会宗旨，紧紧围绕中国石化改革、发展、稳定、管理、创新的中心工作，积极开展各项活动，在促进企业完成各项改革创新任务的同时，加强了学会工作的发展。

二十六、中国化工装备协会

中国化工装备协会，1988年1月11日，国家经委批准成立。是经国家政府部门注册登记的具有法人资格的独立的社会团体，是由从事化工机械设备制造及相关的科研、设计、检验、教学等单位组成的跨地区、跨部门的全国性行业组织，是政府部门授权的国家特种设备行政许可鉴定评审机构。

协会的宗旨是：严格遵守国家宪法、法律、法规和相关产业政策，贯彻政府意图，反映会员的愿望和要求，在企业和政府之间发挥桥梁和纽带作用；做好行业协调、服务、指导工作，维护全体会员的共同利益及合法权益；开展国内外科技、经济交流活动，促进中国化工装备制造业的进步，为化学工业和相关工业的发展服务。

协会下设化工设备、搪玻璃设备、橡胶机械、封头、气门嘴芯等 5 个专业委员会；现有会员单位 400 余家，涉及化工、石化、石油、机械、轻工、医药、铁道、冶金、有色、船舶、航空、航天、电力、兵器、核工业、农业、教育等 17 个领域，遍及 27 个省、自治区、直辖市。成员单位中有化工机械设备制造业的大型骨干制造厂、工程公司、设计院、研究院所、高等院校，同时也吸纳了众多新兴的中外合资、外商独资、民营及乡镇集体企业，具有广泛的行业代表性。

二十七、中国磷复肥工业协会

中国磷复肥工业协会，英文名称为 China Phosphate and Compound Fertilizer Industry Association，缩写为 CPFIA，于 1990 年 6 月成立。中国磷复肥工业协会是由磷肥、复混肥料（复合肥料）、掺混肥料，各种作物专用肥、配方肥，缓控释肥、水溶性肥、叶面肥等新型、功能性肥料等肥料的生产经营企业、科研、设计、大专院校、设备制造和区域性行业协会等单位和个人自愿组成的，跨地区、跨部门、跨所有制的全国性磷肥工业行业组织。协会现由国务院国资委主管，中国石油和化学工业联合会代管。时任化工部化肥司副司长傅孟嘉、林乐、化工部化肥司磷肥处副处长武希彦先后任历届会长、理事长，武希彦、张永志、修学峰先后任历届秘书长。中国磷复肥工业协会现有会员单位 500 多家，包括：400 多家磷复肥生产企业，40 多家设备生产企业，30 多家贸易企业，20 多家区域性协会，以及众多专业报刊媒体、科研机构和高等院校，覆盖了我国磷肥行业的各个方面。

协会的宗旨是：竭诚为行业服务，为会员服务，为政府服务，维护会员的合法权益，反映行业的愿望和要求，传达贯彻政府的意图，在政府部门和行业之间起桥梁和纽带作用。该协会严格遵守国家的法律法规和方针政策。

二十八、中国合成橡胶工业协会

中国合成橡胶工业协会，英文名称为 China Synthetic Rubber Industry Association，缩写为 CSRIA。1990 年 7 月 10 日，经民政部批准在北京成立。是跨地区、跨部门的全国行业性民间社团，具有全国性社会团体法人资格。其前身是 1978 年成立的全国合成橡胶行业组织。协会现有 60 多家会员单位，包括合成橡胶、丁二烯、相关助剂生产企业，以及相关科研、设计、信息、咨询、教育等单位。协会现任会长为梁爱民，秘书长为李迎。《合成橡胶工业》是协会和中国石油兰州石化分公司合办的双高期刊。

协会的宗旨是：服务全体会员，反映会员诉求，维护会员合法权益；为政府决策服务，推动我国合成橡胶（含热塑性弹性体）及相关产业的健康、持续发展。协会的任务是：认真贯彻执行国家经济建设的方针政策，充分发挥协会作为会员单位与政府主管部门之间、会员单位之间的桥梁纽带作用；紧密结合行业特点，组织技术、经济、市场信息交流；开展咨询服务；推广先进经验和科技成果，组织行业技术协作和攻关；加强与相关行业和社会团体的联系和合作；组织和参加有关国际科技经济交往活动；组织会员单位对我国合成橡胶的产业政策、发展规划以及市场预测和实施措施等方面，向有关部门提出建议。

二十九、中国化工体育协会

中国化工体育协会（简称体协），英文名称为 China Chemical Industry Sports Association，缩写为 CCISA。在化学工业部指导下，1990 年 12 月 9 日在天津成立；是由化工行业的企业、事业单位、专业院校等自愿组成的全国性、群众性体育组织，是首批在国家民政部注册的全国行业性体育协会。体协现由国家体育总局主管，中国石油和化学工业联合会为业务指导单位。体协现有会员单位 100 多家，包括众多大型骨干企业、科研机构、专业院校的群体机构、工会组织。时任化工部副部长、中国石化联合会会长谭竹洲任第一、第二、第三届体协主席；原化工部财务司司长、中国石化联合会副会长朱静华，原化工部直属机关工会主席、国资委石化机关服务局副局长曹其效先后任第四、第五届体协主席；李春鲜、徐宇、张伟华先后任秘书长。

三十、中国石油化工信息学会

中国石油化工信息学会，英文名称为 China Society for Petrochemical Information，缩写为 CSPCI。是 1991 年 4 月经国家民政部批准注册登记，具有社会团体独立法人资格的全国性社会团体组织。学会于 1993 年 9 月正式成立；现有团体会员单位 100 多个，主要是国内几大石油、石化单位，还有部分高等院校学者和地方组织。学会常设办事机构为秘书处和咨询服务部；下设石油炼制分会、合成塑料与树脂分会、合成橡胶分会、合成纤维分会、精细化工分会、大氮肥分会等 6 个分会；设有现代化专业委员会、培训专业委员会、图书馆专业委员会、科普工作委员会等 4 个专业委员会。现任理事长为中国石化股份有限公司原总裁王基铭，副理事长兼法人代表为中国石化集团经济技术研究院党委书记朱煜，秘书长为刘钧安。

三十一、中国化学矿业协会

中国化学矿业协会，英文名称为 China Chemical Mining Association，缩写为 CCMA。1991 年 6 月 7 日由民政部批准成立；是由全国与化工矿业有关的生产、勘察、科研、设计、管理、教学等企事业单位、社团组织，自愿结成的全国性、行业性、非营利性的社会组织。该协会接受国务院国有资产监督管理委员会指导和监督，由中国石油和化学工业联合会代管。原化学工业部矿山局局长或副局长李义杰、郑若灿、唐万里、徐康平、李海廷先后任历届理事长；孙品华、王君、袁俊宏先后任历届秘书长。

协会下设硫铁矿专业委员会、磷矿专业委员会，现有会员 200 家。其中，磷矿 69 家、硫铁矿 17 家、钾盐矿 3 家，科研、设计院所和专业院校 6 家，化工勘察单位 23 家等，基本代表我国化工地质勘察和开发行业的各个方面。

协会的宗旨是：以中国特色社会主义理论为指导，全面贯彻科学发展观，凝聚全行业力量，为实现中国梦而努力。履行提供服务、反映诉求、规范行为的职责；广泛联系国内外化工矿业及相关行业的企业、事业单位和同业组织，为会员、行业、政府服务，贯彻国家产业政策，参与行业管理，开展行业自律，维护行业合法权益，发挥桥梁纽带作用，引导行业健康发展。

三十二、中国氮肥工业协会

中国氮肥工业协会，英文名称为 China Nitrogen Fertilizer Industry Association，缩写为 CNFA。1992 年 6 月 17 日，民政部批准登记注册。有会员 760 个，是以中国氮肥、化肥催化剂生产企业为主体，包括有关研究、设计、设备制造、大专院校、区域性协会等单位自愿组成的非营利性的社会团体，是跨地区、跨部门、跨所有制的全国性氮肥行业组织。协会接受中国石油和化学工业联合会和国家民政部的业务指导和监督管理。

现任理事长为中国石油和化学工业联合会常务副会长顾宗勤，高级副理事长为山西晋城无烟煤矿业集团有限责任公司副总经理赵学斌、中海石油化学股份有限公司党委书记兼董事长王维民、鲁西集团有限公司党委书记兼董事长张金成、河南心连心化学工业集团股份有限公司党委书记兼董事长刘兴旭，秘书长为王立庆。

协会常设机构包括：综合办公室、信息和市场部、产业发展部、总工办、财务部。分支机构包括：甲醇分会、硝酸硝铵分会、水溶肥分会、三聚氰胺分会、商品氨分会、硝基钙镁肥分会。

协会的宗旨是：以习近平新时代中国特色社会主义思想为指导；坚持社会化、市场化改革方向，贯彻依法设立、自主办会、服务为本、治理规范等原则，提升专业化水平和能力；履行服务、引领、规范的职责，汇聚国内外氮肥、甲醇及相关行业力量，提供优质高效服务，维护行业合法权益，开展行业自律，引导行业健康有序高质量发展。

三十三、中国电石工业协会

中国电石工业协会，英文名称为 China Carbide Industry Association，缩写为CCIA。是由从事电石、溶解乙炔（含特殊乙炔化学制品）、石灰氮及下游产品生产企业和相关单位及个人自愿结成的全国性、行业性、非营利性社会组织。

协会于 1992 年经民政部核准成立，其宗旨是：严格遵守国家宪法、法律、法规和国家政策，遵守社会道德风尚；积极为行业服务，当好政府与企业间的桥梁与纽带，及时反映会员的正当要求，维护会员的合法权益和行业整体利益，推动电石工业的技术进步，提高行业的经济效益和社会利益。协会接受业务主管单位国务院国有资产监督管理委员会、社团登记管理机关民政部的业务指导和监督管理。该协会下设工艺设备、电气智能化、安全环保等 3 个专家技术委员会；目前有会员单位 200 多家。

三十四、中国化学品安全协会

中国化学品安全协会，英文名称为：China Chemical Safety Association，缩写为CCSA。是由相关化学品从业单位自愿组成，具有社团法人资格的专业性、全国性、非营利性的社会团体；接受登记管理机关国家民政部和业务主管单位国家安全生产监督管理总局的业务指导和监督管理。

前身为中国化工安全卫生技术协会，2005 年经民政部批准改为中国化学品安全协会。该协会现任理事长为凌逸群，秘书长为路念明。

协会下设大化肥、氯碱、硫磷矿山、中小氮肥、气雾剂、化工机械、石油化工、橡胶炭黑、溶解乙炔、纯碱、农药、染料涂料、制药等 13 个分会；工业卫生及医疗管理、特大型企业科学管理、安全信息宣传教育、防火防爆检测、个体防护等 5 个专业委员会。

协会的宗旨是：以习近平新时代中国特色社会主义思想为指导，增强“四个意识”，坚定“四个自信”，做到“两个维护”；坚持以人为本，坚持安全发展，践行服务国家、服务社会、服务群众、服务行业的宗旨；不断强化与政府化工（危险化学品）安全生产工作的紧密度，提高参与安全生产立法的自觉性和主动性；发挥政府与企业间桥梁和纽带作用，积极向政府反映企业、行业诉求，求真务实议政建言。突出党建引领作用，加强自身建设，强化服务意识，完善法人治理结构，健全内部管理制度，提高诚信自律水平，提升专业服务能力；积极推动化工（危险化学品）行业企业严格执行安全生产政策法规和标准规范，推动行业领域安全生产科技进步，帮助企业提高安全生产技术和管理水平，预防事故发生，促进我国化工（危险化学品）行业领域安全生产形势稳定好转，为建成富强民主文明和谐的社会主义现代化国家创造优良的安全环境。

三十五、中国化工节能技术协会

中国化工节能技术协会，英文名称为 China Chemical Energy Conservation Technology Association，缩写为 CCECTA。1994 年 9 月在化学工业部指导下，经国家民政部批准成立；是跨地区、跨部门、跨所有制的全国性行业组织，是非营利性的社团组织、独立的法人单位。该协会现由国务院国资委主管，中国石油和化学工业联合会代管。时任化学工业部生产协调司副司长高岁、国家发展和改革委员会能源研究所副所长戴彦德先后任理事长；徐飞、王文堂、方晓骅先后任秘书长。

协会下设绝热工程、节水、培训教育等专业委员会；现有会员单位 190 多家，包括化工、石化、石油生产企业以及有关节能技术、工艺、设备、材料的生产、研发、大专院校等单位。

协会的宗旨是：面向基层，为会员服务，反映会员的正当要求，维护会员的合法权益，实现会员的共同意愿；认真贯彻执行国家有关方针、政策、法规，推动我国化工、石化、石油行业的节能技术进步，促进我国石油和化学工业持续、快速、健康发展。

三十六、中国聚氨酯工业协会

中国聚氨酯工业协会，英文名称为 China Polyurethane Industry Association，缩写为 CPUIA。是由全国从事聚氨酯行业的企业、科研院所、大专院校等单位自愿组成的社会团体，是跨地区、跨部门、跨行业的全国性行业组织。1994 年 12 月 31 日经国家民政部登记注册成立；接受社团登记管理机关民政部和业务主管部门国务院国有资产监督管理委员会业务指导和监督管理，接受中国石油和化学工业联合会代管。时任黎明化工研究院副院长张荣炳、徐归德、郑怀民，院长李志强先后任协会历届理事长；中国工程院院士李俊贤、黎明化工研究院副总工翁汉元、张杰、朱长春先后任历届秘书长。

协会下设异氰酸酯、多元醇、泡沫塑料、弹性体、水性材料、鞋底原液、聚氨酯助剂、聚氨酯泡沫填缝剂、革用树脂、防水和铺装材料、聚氨酯设备等 11 个专业委员会，该协会的会刊为《聚氨酯工业》（双月刊），网站为 www.pu.org.cn。协会现有会员单位 300 多家，分布于全国各地，其中江浙沪一带最为集中。

协会的宗旨是：遵守宪法、法律、法规和国家的政策，遵守社会道德风尚，在建设有中国特色社会主义理论指导下，按照市场化原则规范发展，围绕建立社会主义市场经济体制和推进聚氨酯及相关工业现代化建设开展各项活动；协助政府进行行业管理；为企业服务，加速技术开发，促进技术进步，提高经济效益，维护会员的合法权益；加强行业的交流与协作，提高行业整体创新能力，推动行业发展；在政府与企业之间发挥桥梁和纽带作用。

三十七、中国造纸化学品工业协会

中国造纸化学品工业协会，英文名称为 China Paper Chemicals Industry Association，缩写为 CPCIA。是由全国从事造纸化学品生产、销售、研究、开发、应用、咨询、教育等方面的企事业单位和相关单位自愿组成的自律性的行业组织，是不受地区、部门、所有制限制，具有法人地位的非营利性的全国性社会团体。协会成立于 1995 年 3 月，接受社团登记管理机关国家民政部和业务主管单位国务院国资委的业务指导和监督管理。协会现有会员单位 286 家；现任名誉理事长为侯国柱，理事长为姚献平，秘书长为陆伟。协会出版物为《造纸化学品》。

协会的宗旨是：遵守中华人民共和国宪法及有关法律、法规和国家政策，遵守社会道德风尚，维护会员的合法权益，维护公平竞争；团结广大会员，为会员服务，为行业服务，促进全行业的技术进步和经济发展；在政府与企业之间发挥桥梁和纽带作用，以适应社会主义市场经济和国民经济发展的需要。

三十八、中国化工教育协会

中国化工教育协会，英文名称为 China Education Association of Chemical Industry，缩写为 CEACI。是经国家教育部批准，民政部登记注册的一级社会组织。

协会下设高校工作委员会、职业技术教育工作委员会、职工教育工作委员会、教材建设工作委员会 4 个分支机构；现有会员单位 305 家，包括 70 多个高等教育的化工院校（系），近 150 所化工中专、技校，30 余个化工企业集团及有关管理机构。该协会成立于 1995 年 12 月 6 日。

该协会的宗旨是：以马克思列宁主义、毛泽东思想、邓小平理论、“三个代表”重要思想、科学发展观、习近平新时代中国特色社会主义思想为指导，贯彻科教兴国、人才强国战略。根据党和国家的教育方针，组织引领本行业、本团体会员单位进行教育改革与创新的研究与实践，提高教育服务国家经济建设和化工行业现代化发展的能力，发挥协会在院校与企业、政府教育部门之间的桥梁和纽带作用，促进化工教育事业的健康发展。

三十九、中国化工环保协会

中国化工环保协会，英文名称为 China Chemical Industry Environmental Protection Association，缩写为 CCIEPA，是经国家民政部批准注册，以石油化工生产企业为主体，科研设计院所、大专院校、环保设备制造企业参加、自愿组成的具有法人资格的跨部门、跨地区、跨行业的社团组织；业务上接受国务院国资委、国家民政部的指导与管理。

协会于1995年成立，原名中国化工防治污染技术协会，2007年改为中国化工环保协会。协会现有会员单位373家。该协会历任理事长为林殷才、范小森；历任秘书长为沈渭、马维宏、周献慧。

协会的业务范围包括：①根据《中华人民共和国环境保护法》等法律、法规，开展有利于提高我国化工环保技术和业务水平、有利于节约资源和环境保护的活动。②开展调查研究，提出行业环境保护发展和立法等方面的意见和建议，参与相关法律法规、宏观调控和产业政策、行业环保发展规划、污染物排放标准、清洁生产标准及审核指南、环保准入条件等方面的研究制定并贯彻实施。③协助政府有关部门开展行业清洁生产工作，经授权组织专家对清洁生产示范项目申报材料进行审查、推荐、上报。④组织化工环保新技术、新工艺、新设备、新材料的研制、开发和推广应用工作，总结、交流经验，经政府有关部门批准，开展表彰、奖励和成果鉴定工作。⑤收集国内外化工环保信息，开展化工污染防治、综合利用技术、清洁生产、循环经济、环境保护等方面的咨询服务，组织相关技术交流、信息发布和技贸洽谈等活动，受政府委托承办或根据市场和行业发展需要举办产品展示。⑥组织国内外化工环保技术的培训教育，提高工程技术及管理人员的素质。⑦联系相关国际组织和政府机构，开展国内外化工环保技术交流与合作，为会员企业的对外交往活动提供服务。⑧开展石油和化工行业的污染物总量控制、产排污系数等方面的工作，收集石油和化学工业环保“三废”排放及综合利用、治理情况。⑨依照有关规定，创办会刊、网站等行业环保媒体，编辑、出版、发行团体会刊及团体内部交流刊物。⑩接受国务院国有资产管理委员会、国家发展和改革委员会、生态环境部、工业和信息化部、中国石油和化学工业联合会等国家有关部门或团体委托的任务。

四十、中国膜工业协会

中国膜工业协会，英文名称为Membrane Industry Association of China，简称为MIAC，由原化学工业部、中国科学院和国家海洋局三部委共同发起，1995年在民政部正式登记注册，是具有法人资格的社会团体。协会由全国膜行业的企事业单位自愿组成，是跨地区、跨部门、不以营利为目的的全国性行业组织；业务主管机关是国务院国有资产管理委员会。协会秘书处挂靠在中国蓝星（集团）总公司。中国膜工业协会目前有会员单位400多家，包括膜行业从事科研、设计、生产、工程及贸易的企事业单位。协会的分支机构包括：膜行业标准化组织——膜工业标准化委员会、膜行业学术组织——膜工业专家委员会、膜行业期刊——《膜科学与技术》杂志、膜行业会员信息服务组织——膜工业信息中心及其《中国膜工业信息》编辑部。现任协会理事长为郑根江，秘书长为王继文。

协会的宗旨是：全心全意地为会员提供全方位的服务，构建一个高尚的、先进的、诚信的行业联盟；全力维护会员的合法权益；指导会员贯彻执行国家的政策、法令；加强行业内的交流与协作，提高会员为客户服务的高水准、专业化能力，促进工程技术研究和应用开发；以行业经济效益为中心，提升行业的低消耗、高环保、可持续发展的机制和水平。

四十一、中国监控化学品协会

中国监控化学品协会，英文名称为 China Controlled Chemicals Association，缩写为 CCCA。1996 年 4 月 7 日经化工部、民政部批准正式成立。协会由全国从事监控化学品生产、科研、设计、经营、使用、管理的单位及其相关社会团体自愿联合组成，是全国行业性社会团体。协会现由国务院国资委主管，中国石油和化学工业联合会代管，业务上接受国家禁止化学武器办公室（简称国家禁化武办）的指导。协会分别于 1996 年 4 月、2001 年 6 月、2007 年 7 月成立第一、第二、第三届理事会，国家禁化武办原副主任孙象尹、顾觉生，原化工部标准计量处处长吴锦容先后任理事长；刘胜杰、吴锦容、郑亚丽先后任秘书长。该协会下设技术服务部、光气协作组、三氯化磷协作组和二乙氨基乙硫醇协作组等二级机构。

协会现有会员单位 230 多家，包括 50 余家地方各级禁化武办、3 家地方监控化学品协会、180 余家监控化学品生产及经营企业，代表了我国监控化学品行业的各个方面。协会的宗旨是：以习近平新时代中国特色社会主义思想为指导；坚持社会化、市场化改革方向，按照服务为本原则，开展各项活动，提升专业化水平和能力；贯彻执行国家有关监控化学品的方针政策，协助政府做好禁化武履约相关工作；履行服务、引领、规范的职责，汇聚国内外监控化学品及相关行业力量，提供优质高效服务，维护行业合法权益，参与行业管理，引导行业健康有序发展。

四十二、中国化工文学艺术联合会

中国化工文学艺术联合会，简称化工文联，英文名称为 China Chemical Literature and Art Association，缩写为 CCLAA。它是全国石油和化学工业文学艺术家、文艺工作者以及企事业单位文联组成的全国性社会团体，是中国石油和化学工业联合会、中国文联联系石油和化学工业文学艺术团体和文艺工作者的桥梁和纽带，是繁荣发展社会主义文学艺术事业、建设行业先进文化的重要力量。化工文联在中国石化联合会领导下和中国文联指导下开展工作。主要任务是组织行业文学艺术爱好者、工作者积极开展以反映石油和化学工业生活为主题的文学艺术活动，以社会主义核心价值体系为根本，践行社会主义核心价值观，“爱国为民，崇德尚艺”，发展繁荣行业文化，为促进我国石油和化学工业科学发展、建成石油和化学工业强国提供精神文化力量。

化工文联会址设在北京，下设四个专业协会：中国化工作家协会、中国化工书画家协会、中国化工摄影家协会、中国化工舞台表演艺术协会。其中书画家协会秘书处先后挂靠四川川化公司和浙江巨化集团公司，摄影家协会秘书处先后挂靠中国化工报社和陕西渭化集团，舞台表演艺术协会挂靠四川化工控股集团公司泸天化公司。

化工文联成立于 1997 年 8 月 25 日，经历三届理事会。第一届理事会（1997 年 8 月至 2001 年 11 月）、第二届理事会（2001 年 11 月至 2007 年 6 月），由原化学工业部副部长李士忠任主席，温洪任秘书长。第三届理事会（2007 年 6 月以后），由中国化工报社原社长曹恒武任主席，李传珠任秘书长。

四十三、中国石油和化工自动化应用协会

中国石油和化工自动化应用协会成立于 2001 年，是经原国家石油和化学工业局、国家经济贸易委员会和国家民政部等政府有关部门审核通过报国务院批准，在国家民政部登记注册的国家一级协会，现由国务院国有资产监督管理委员会主管。该协会现有会员单位 400 多个，分布在石油、石化、化工、海洋石油、医药及相关行业，主要是大型骨干企业、设计院所、大专院校、科研院所和有影响力的供应商。

该协会下设电气技术、仪表技术、信息技术、行业专家等 4 个专业委员会，以及行业职业技能鉴定站。现任理事长为陈明海，秘书长为邱华云。

该协会的宗旨是：为会员、为政府、为行业服务；协调本协会业务领域相关产业的发展；提高石油和化工行业科研、设计、生产、建设、经营管理、科学决策、安全、节能、环保、教学等各领域、各方面的技术装备水平和应用管理水平；推动石油和化学工业的科技进步，促进石油和化学工业持续、快速、健康发展。

该协会业务涉及的主要科技领域包括：为石油和化学工业科研、教学、勘探/勘察、设计、建设、生产、储运、流通、工程服务、管理、安全、环保、节能减排等各领域、各方面服务所涉及的软硬件技术。

四十四、中国无机盐工业协会

中国无机盐工业协会，英文名称为 China Inorganic Salts Industry Association，缩写为 CISIA。成立于 2002 年 11 月，是经国务院审查通过、在国家民政部登记注册的全国性社团组织，现由国务院国资委主管，中国石油和化学工业联合会代管；是以无机盐产品生产企业为主体，包括有关设备、仪表生产企业、科研院所等相关配套单位等自愿参加的全国性行业组织，是中国无机盐行业的全国性权威机构，是连接政府与无机盐企业的中介组织。原化工部副部长李士忠任协会名誉会长，原化工部干部叶海廷任第一、第二届会长，原化工部干部吴明钰任第三届会长，张晓钟、王孝峰先后任秘书长。目前协会有会员单位 700 多个，下设 22 个分会：碳酸钙分会、钡锶盐分会、氯酸盐分会、芒硝硫化碱分会、铬盐分会、无机硅化物分会、磷化工

分会、过氧化物分会、锰盐分会、钾盐（肥）分会、氰化物分会、二硫化碳分会、氟化工分会、硼化工分会、镁化合物分会、锂盐分会、中微量元素肥行业分会、溴碘及其化合物分会、熔盐专业委员会、保险粉行业分会、安全环保节能专业委员会、功能材料专业委员会。

协会的宗旨是：双向服务，充分发挥桥梁和纽带作用，为会员、行业、政府部门服务，贯彻国家产业政策，进行行业管理，加强企业安全生产，开展行业自律，维护行业合法权益，引导行业健康发展。开展调查研究，提出行业发展战略建议，及时反映行业和会员企业存在的问题和诉求，协助政府部门搞好宏观调控、产业政策和产品结构调整，积极为企业创造良好的发展条件。制定行规、行约，规范会员行为，维护行业公平竞争，坚持开展技术交流、技术咨询活动，努力推动行业技术进步、提高企业管理水平。协会对外代表中国无机盐行业与国外同行进行交流与合作。

四十五、中国工业清洗协会

中国工业清洗协会，英文名称为 The Industry Cleaning Association of China，缩写为 ICAC。是我国唯一代表中国清洗行业行使行业管理与服务职能的国家级行业协会，是由国内工业清洗行业相关的企事业单位、社会团体、清洗业专家学者自愿组成的全国性、行业性、非营利性社会组织，具备社会团体法人资格。协会接受社团登记管理机关民政部和业务主管单位国务院国资委的业务指导和监督管理。

协会于 2011 年 12 月 21 日在北京成立，目前下设信息标准化部、会员注册部、科技安质部、教育培训部、会议展览部、行业合作部 6 个内设部门，安全委员会、专家委员会清洗工程专业委员会、清洗装备专业委员会、清洗药剂专业委员会、标准化技术委员会 6 个分支机构。现任理事长为王建军，秘书长为赵智科。协会的宗旨是：团结全体会员，贯彻执行国家有关方针政策和法令，为政府加强宏观调控提供服务，协调并促进行业发展；反映会员建议和要求，为维护行业利益和会员合法权益提供服务。

四十六、中国合成树脂协会

中国合成树脂协会，是国家“十二五”期间推动战略性新兴产业快速发展而新批准设立的石化行业第一个专业协会组织。协会原名是中国化工供销协会，2010 年 6 月经民政部批准，与正在筹备的中国工程塑料工业协会合并重组并更名，并于 2012 年 6 月 28 日召开了中国合成树脂供销协会成立大会。2020 年 7 月，正式更名为中国合成树脂协会。协会服务领域涉及聚烯烃、热固性塑料、工程塑料、功能性树脂等合成树脂主要领域。协会下设聚烯烃、环氧树脂、酚醛树脂、不饱和树脂、聚酰胺、ABS、加工与应用、聚碳酸酯、塑料循环利用、热成型等分会。协会现任理事长是郑垲，秘书长为王晓雪。

（本篇经中国化工学会副秘书长宫艳玲审阅）

【辅文】

系年要录

（1876—2018年）

中华人民共和国成立前

▲1876年（光绪二年）6月22日 由英国驻沪领事麦华陀倡导，傅兰雅、徐寿等8人为董事，在上海正式成立格致书院。

▲1900年（光绪二十六年） 杜亚泉自费在上海成立亚泉学馆，普及理化知识，并创办《亚泉杂志》半月刊。

▲1907年（光绪三十三年） 中国化学会欧洲支会在法国巴黎成立；中华药学会在日本东京成立。

▲1913年（民国二年） 北京中医学会成立。

▲1922年（民国十一年）4月23日 由陈世璋、俞同奎在北京发起成立中华化学工业会。选张新吾为会长，陈世璋为副会长，俞同奎为总编纂。这是我国最早成立的化学工业学术团体。

▲1924年（民国十三年） 中华化学工业会在北京召开年会，曹惠群当选为会长，吴承洛任总书记。

▲1930年（民国十九年） 吴蕴初捐资5万元，设立"清寒教育基金会"，资助清寒子弟攻读化学、化工专业，为国家培养专业人才作贡献。

▲1930年（民国十九年） 由顾毓珍、张洪沅、杜长明、吴鲁强等9人在美国麻省理工学院发起成立中国化学工程学会。首任会长程耀椿、书记顾毓珍。

▲1931年（民国二十年） 中国化学工程学会在美国举行年会，张洪沅当选为会长，顾毓珍任书记。

▲1931年（民国二十年） 中国针灸学研究社成立。

▲1932年（民国二十一年）1月 中华化学工业会在苏州召开年会，设天厨奖金征文委员会，制定论文奖励办法，促进化学工业方面的研究；是年8月4日，中国化学会在南京成立。8月5日选出首届理事，理事长陈裕光，书记吴承洛，会计王琎，决定出版《中国化学会会志》。

▲1935年（民国二十四年）9月12日 北京大学理学院院长，著名化学家、化工专家刘树杞逝世。10月6日，为纪念刘树杞在化学、化工方面的卓越贡献，中国化学工程学会通过决议，设立"楚青纪念奖金"。

▲1936 年（民国二十五年）5 月 中华化学工业会与中国化学工程学会等 5 个学术团体在杭州召开联合年会，在会上交流论文，并讨论了中华化学工业会与中国化学工程学会的合并问题。是年 4 月，在美国安阜成立分会，举曹友德为分会会长。

▲1937 年（民国二十六年） 吴蕴初捐赠上海环龙路的一所房产作为中华化学工业会会所；中国化学会总部由南京迁至重庆，由总干事吴承洛主持日常工作多年。

▲1938 年（民国二十七年）9 月 17 日—21 日 中国化学工业会在重庆召开第 6 届年会，得知日军使用毒气的暴行后，大会致电日内瓦反侵略总会，强烈声讨日军罪行。

▲1941 年（民国三十年）8 月 中国化学会理事会决定出版化学会成立十周年纪念刊，推举吴承洛（主编）、曾昭抡、戴安邦、高济宁等负责筹备和编辑；1941 年 9 月 1 日至 4 日，中国化学会在成都举行第 9 届年会，吴承洛作了《百年来我国之化学工业》的演讲。曾昭抡当选为会长。

▲1942 年（民国三十一年）9 月 中国化学会在重庆沙坪坝举行第 10 届年会，吴承洛报告《应用化学方法造福国计民生》。

▲1943 年（民国三十二年） 中国化学会在四川五通桥举行第 11 届年会，“侯氏制碱法”在会上与学术界见面。代表们到试验现场参观。会议致函在美国的侯德榜先生，对其所取得的成就表示祝贺。

▲1944 年（民国三十三年） 中国化学工程学会、中国化学工业会和中国化学会在兰州举行联合年会，进行学术交流，宣读论文。

▲1945 年（民国三十四年）9 月 中国化学会在昆明举行第 13 届年会，范旭东当选为会长。

▲1946 年（民国三十五年） 中国化学会总部由重庆迁回南京，设在国立中央大学化学系，由总干事高济宇主持日常工作。

▲1947 年（民国三十六年） 英国化学会补行成立一百周年庆祝大会及学术演讲活动。中国化学会派李方训、朱汝华前往参加，并同时参加了国际纯粹与应用化学联合会的学术会议；中华化学工业会在上海举行第 14 届年会。

▲1948 年（民国三十七年）9 月 中华化学工业会在上海举行第 15 届年会，吴蕴初当选为理事长，陈聘丞为总干事，曹梁厦为总编纂。

中华人民共和国成立后

▲1950 年 9 月 中央人民政府政务院颁布《社会团体登记暂行办法》。

▲1950 年 中华化学工业会主办的《化学工业》与中国化学工程学会主办的《化学工程》合并为《化学工业与工程》，张克忠任总编辑。

▲1951 年 3 月 内务部制定《社会团体登记暂行办法施行细则》。

▲1952 年 3 月 《化学工业与工程》从第 3 卷第 4 期更名为《化工学报》。

▲1951—1953 年　《中央政法公报》公布的《中央人民政府内务部批准成立登记的全国性社会团体》名单，1950 年批准成立并予以登记的有：中华全国科学专门学会联合会、中华全国科学技术普及协会等 4 个学术性团体；1951 年批准成立并予以登记的有：中华护士学会、中华社会科学各研究会联合办事处等 25 个学术性和人民群众团体等社会团体；1952 年到 1953 年有：中国机械工程学会、中国佛教协会、中国回民文化协进会、中国盲人福利会等 8 个学术性、宗教性、群众性等社会团体。从内务部档案看，1951 年为社团登记的高峰，共有 50 多个全国性社会团体申请登记，其中以自然科学方面的团体占绝大多数。

▲1954 年 9 月 29 日　《中华人民共和国宪法》规定："中华人民共和国公民有言论、出版、集会、结社、游行、示威的自由。"以后历次公布和修改的宪法都有类似的规定。这就从法律上对社会团体的地位给予了保障。

▲1955 年　中华化学工业会理事会决定将化工图书馆全部图书 1 万多册捐献给上海市人民委员会，并与中国科学社明复图书馆合并成立上海市科学技术图书馆。移交手续于 1956 年 2 月中旬办理完毕。

▲1956 年夏　中华化学工业会和中国化学工程学会合并成立中国化工学会筹备委员会。侯德榜任主任委员，张珍、曾昭抡、陈世璋为副主任委员，并确定化学工业部为挂靠部门。

▲1958 年 9 月　全国科联与全国科普协会联合召开全国代表大会，合并组成中国科学技术协会，简称中国科协。

▲1959 年 6 月　中国化工学会筹委会与中国化学会，在上海召开大会，决定合并成立中国化学化工学会，推选侯德榜为理事长，杨石先、恽子强、李苏为副理事长，挂靠部门是化学工业部。

▲1959 年　中国硅酸盐学会成立。

▲1960 年　中国摄影学会成立。

▲1961 年 4 月 10 日—23 日　中国科协在北京召开了全国工作会议。全国性自然科学专门学会的代表，各省、自治区、直辖市科协，8 大城市科协，以及部分专区、市、县科协和工厂、农村基层科协的代表出席了会议。

▲1962 年 7 月　中国植物保护学会成立。

▲1962 年　中国煤炭学会开始筹建。

▲1963 年　中国日本友好协会成立。

▲1963 年　中国化学化工学会又分成中国化学会和中国化工学会两个学会。中国化工学会在哈尔滨举行年会，选出理事 50 人，侯德榜为理事长，张珍为副理事长。

▲1964 年　中国造纸学会、中国航空学会、考古学会筹备会成立。

▲1960—1965 年　1960 年以后，一些新的社会团体开始建立，特别是自然科学方面的学术团体有较多的增加。全国性自然科学学会到 1963 年，由 41 个增加到 46 个，

并建立了150多个专业委员会。各省、自治区、直辖市（除西藏、台湾外）的省一级学会组织增加到708个。

▲1966年　中国化工学会理事长侯德榜为《化工学报》封面题字，沿用至今。

▲1972年　侯德榜在《化工学报》复刊后撰文，张洪沅写了“编者的话”。

▲1967—1977年　包括中国化工学会在内的全国科技社团，基本上都停止了活动。

▲1978年3月　全国科学大会召开，迎来了我国科学发展史上的春天。按照中国科协关于全国学会恢复活动的要求，化工部于1978年6月份成立学会临时领导小组，由冯伯华副部长任组长兼学会代理事长，科技局局长陈自新为小组成员兼秘书长。1978年11月15日至22日，在湖南长沙召开了代表大会。会议选举陶涛为理事长，冯伯华等12人为副理事长，陈自新兼秘书长。张西蕾、陈冠荣、张彭林为副秘书长。

▲1979年5月　中华中医药学会成立。

▲1979年12月20日—21日　中国出版工作者协会在长沙举行成立大会。

▲1979年　恢复出版《化工学报》，苏元复为编委会主任委员，朱亚杰、卢焕章、陈冠荣为副主任委员；是年6月，中国化工学会派人员参加第19届“西德化工设备展览会（简称ACHEMA展）”，双方达成每三年合办一次亚洲ACHEMA展览会的协议。

▲1980年11月　中国食品科学技术学会成立。

▲1980年11月　中国化工学会在南宁召开第32届会员代表大会，陶涛当选理事长，陈自新兼任秘书长。

▲1981年11月　中国中西医结合研究会成立。

▲1981年12月19日　国家经委批准成立中国氯碱工业协会；1982年2月26日，国家经委批准成立中国农药工业协会。它们是我国改革开放后化工系统成立较早的行业协会。

▲1982年　中国化工学会创办《化工进展》期刊。与美国化学工程师学会、日本化学工学会和日本农药学会建立关系，举办首届中美化学工程学术会议和中日农药技术交流会等。

▲1982年4月21日—25日　中国化工学会召开庆祝中国化工学会成立60周年纪念大会。

▲1983年11月　中国化工学会在福州召开第33届会员代表大会，杨光启当选为理事长，印德林兼任秘书长。

▲1984年7月5日　国家经委批准，成立中国染料工业协会、中国涂料工业协会。

▲1984年7月31日　国家经委批准，成立中国橡胶工业协会。

▲1984年8月21日　中国化工统计学会成立。

▲1985年1月　国家经委批准成立中国涂料工业协会。

▲1985 年 1 月 29 日　中国化工施工企业协会成立。

▲1985 年 7 月 6 日　国家计委批准成立中国化工勘察设计协会，后更名为中国石油和化工勘察设计协会。

▲1985 年 7 月 25 日　国家经委批准成立中国工业防腐蚀技术协会。

▲1986 年　国家经委批准，成立中国磁记录材料工业协会。

▲1986 年 2 月 5 日　新华通讯社批准，成立中国化工新闻工作者协会。

▲1987 年 4 月 9 日　中国化工统计学会组织开发的工业项目评估、统计预测及化工企业数据库等计算机软件，通过专家鉴定。

▲1987 年 5 月 12 日　中国化工劳动学会成立。

▲1987 年 6 月 27 日　国家经委批准成立中国腐植酸工业协会。

▲1987 年 12 月　中国化工学会在成都召开第 34 届会员代表大会，潘连生当选为理事长。

▲1987 年　世界针灸学会联合会正式成立，总部设于中国北京。

▲1988 年 1 月 11 日　国家经委批准，成立中国化工装备协会、中国氟硅有机材料工业协会。

▲1989 年 10 月　国务院正式发布《社会团体登记管理条例》(简称《条例》)；1998 年 10 月，对《条例》进行了修订。

▲1990 年 7 月 10 日　经民政部注册登记成立中国合成橡胶工业协会。

▲1990 年 8 月 9 日　召开侯德榜诞辰 100 周年纪念大会，化工部部长顾秀莲致开幕词，朱光亚作报告，宋健讲话。

▲1991 年 4 月　经民政部注册登记成立中国石油化工信息学会。

▲1991 年 6 月 7 日　经民政部注册登记成立中国化学矿业协会。

▲1991 年 6 月 11 日—27 日　中国化工学会理事长潘连生率团参加在德国法兰克福举行的第 23 届国际化工展览及技术交流会、欧洲第 4 届化工学术讨论会。访德结束后，潘连生还访问了英国，考察新型合成氨生产技术和老厂节能型技术改造工艺。

▲1992 年　国家经委批准，成立中国硫酸工业协会。

▲1992 年 6 月 17 日　经民政部注册登记成立中国氮肥工业协会。

▲1993 年 6 月 23 日—25 日　中国化工学会召开第 35 届会员代表大会，潘连生当选理事长，朱永铭任秘书长。《化工学报》(英文版)改名为《中国化学工程学报》(英文版，季刊)。

▲1994 年 12 月 31 日　经民政部注册登记成立中国聚氨酯工业协会。

▲1995 年 5 月 20 日　中国化工防治污染技术协会在北京成立。

▲1995 年 12 月 6 日　中国化工教育协会成立。

▲1995 年　中国膜工业协会成立。

▲1997 年 4 月 23 日　中国化工学会举行庆祝成立 75 周年暨第 36 届理事会扩大会议，选举王心芳为理事长，1999 年因其工作调动，改选阎三忠为理事长。

▲1997 年 8 月 25 日　中国化工文学艺术联合会成立。

▲1998 年 1 月 24 日　化工部同意成立中国工程塑料工业协会。

▲1998 年 2 月 16 日　化工部决定将现有的各化工部化工设计中心站分别更名为：全国化工工艺配管设计技术中心站、全国化工建筑设计技术中心站、全国工业炉设计技术中心站、全国给排水设计技术中心站、全国化工热工设计技术中心站、全国化学工程设计技术中心站、全国化工电子计算机应用技术中心站、全国化工总图运输设计技术中心站、全国化工粉体工程设计技术中心站、全国环境保护设计技术中心站、全国化工自动控制设计技术中心站、全国化工电气设计技术中心站、全国化工设备设计技术中心站、全国化工模型设计工具技术中心站、全国橡胶加工设计技术中心站、全国化工小合成氨设计技术中心站、全国化工工艺系统设计技术中心站、全国化工设计现代化管理中心站、全国化工设计情报中心站、全国化工硫酸和磷肥设计技术中心、全国化工氮肥设计技术中心、全国化工矿山设计技术中心站、全国化工工程建设标准编辑中心；撤销化工部设计概算技术中心站、煤化工设计技术中心、天然气化工设计技术中心、纯碱和氯碱设计技术中心。

▲1998 年 2 月 28 日　化工部颁发《化学工业社会团体管理办法（试行）》。

▲1999 年 5 月 27 日　在近日发布的《中华人民共和国民政部社会团体核准登记公告（第二批）》中，15 个化工有关协会通过审核，符合《社会团体登记管理条例》规定，被批准保留。这 15 个协会是：中国合成橡胶工业协会、中国化工安全卫生技术协会、中国纯碱工业协会、中国硫酸工业协会、中国磷肥工业协会、中国化工施工企业协会、中国化学试剂工业协会、中国膜工业协会、中国化工勘察设计协会、中国橡胶工业协会、中国农药工业协会、中国化工装备协会、中国染料工业协会、中国氮肥工业协会、中国监控化学品协会。

▲2000 年 8 月 14 日　国家石油和化学工业局以国石化政发[2000]0298 号文件报送民政部《关于申请成立中国工业清洗协会的函》。

▲2001 年 4 月 28 日　中国石油和化学工业协会在北京成立，会长谭竹洲。2010 年 5 月，更名为中国石油和化学工业联合会，李勇武任会长。

▲2002 年 4 月 25 日　中国化工学会在北京召开第 37 届理事会，选举曹湘洪为理事长，任传俊、欧阳平凯、顾宗勤、龚七一、冯孝庭、沈寅初为副理事长，龚七一兼任秘书长。根据秘书长提名，聘任钱鸿元、洪定一为副秘书长。

▲2002 年 11 月　经民政部注册登记成立中国无机盐工业协会。

▲2003 年 7 月 28 日—8 月 8 日　以中国化工学会秘书长龚七一为团长的一行 15 人，参加了在德国举行的第 27 届国际化学工程、环境保护、生物技术展览暨会议。

▲2004 年 5 月 11 日—15 日　中国化工学会、德国化工技术与生物工程协会在北京

共同举办了阿赫玛亚洲展2004（第六届国际化学工程和生物技术展览会议）。

▲2005年7月9日—21日　以中国化工学会秘书长龚七一为团长的一行19人，出席了在英国格拉斯哥举行的第七届世界化学工程大会。

▲2005年10月11日—13日　中国化工学会、美国化学工程师学会、日本化学工学会在北京共同举办了中美日化工学术会议。

▲2006年8月28日—31日　中国化工学会派出了由任传俊、欧阳平凯、龚七一3位副理事长率领的22人代表团，参加第11届亚太化工联盟（APCChE）大会。

▲2007年4月23日—24日　中国化工学会在北京举行第38届会员代表大会暨学会成立85周年庆祝大会。曹湘洪当选为理事长，龚七一当选为专职副理事长，洪定一当选为秘书长。

▲2008年10月15日—18日　由中国化工学会承办第12届亚太化工联盟大会。会议主题为：化工可持续发展。会议规模1200人。

▲2009年6月29日—7月2日　中国化工学会派代表团赴德国参加IRC2009并成功申办2014年国际橡胶会议。中国化工学会橡胶专业委员会主任何晓玫担任执委委员（2009—2014年）。

▲2010年6月1日—4日　中国化工学会、德国化工技术与生物工程协会在北京共同举办了阿赫玛亚洲展2010（第八届国际化学工程和生物技术展览会议）。

▲2011年7月14日　在“2011年中国石油和化工行业信息与统计工作大会”上，中国石油和化学工业联合会、中国化工情报信息协会联合发布了《关于表彰第六届全国石油和化工行业信息与统计优秀成果、先进单位、先进工作者和优秀报刊的决定》，对“十一五”期间对石油和化工行业健康发展做出重大贡献、涌现出的一大批优秀成果、先进单位和个人进行了表彰。

▲2012年　中国化工学会召开第39届理事会，李勇武当选为理事长，杨元一兼任秘书长。

▲2013年6月中旬　在北京召开中国化工学会橡胶专业委员会会员大会，进行换届选举。会议重点研究了筹划IRC2014（2014年国际橡胶会议）的问题。

▲2014年6月11日—12日　由中国化工信息中心、中国化工学会、美国蒸馏公司（FRI）以及德国德西玛-化工与生物技术协会共同主办的“2014年国际化工分离技术交流大会”在京召开。

▲2015年9月16日—18日　由中国石油和化学工业联合会主办，中国贸促会化工行业分会、中国化工信息中心承办的“2015年中国国际化工展览会”在上海世博展览馆举办。

▲2016年6月8日　由中国农药工业协会和中国化工信息中心共同主办的“第八届国际农业展览会暨东南亚植保高峰论坛（缅甸）”在缅甸会展中心隆重开幕。

▲2017 年 10 月　中国化工学会召开第 40 届理事会，戴厚良当选为理事长，华炜为秘书长。

▲2018 年 5 月 21 日　由中国化工信息中心主办，中国生态环境部、中国石油和化学工业联合会及中国化工环保协会指导的“中国环保新常态下化工行业的转型与挑战”研讨会在京举行。

附录

中国化工系统部级科技奖励项目名录

（1984—2004年）

中国科学技术奖励制度，早在中华人民共和国成立初的20世纪50年代即已产生。1950年8月11日政务院颁发了《保障发明权与专利权暂行条例》，1954年5月6日政务院第215次会议通过了《有关生产的发明、技术改进及合理化建议的奖励暂行条例》。1963年国务院全体会议第136次会议通过了《中华人民共和国发明奖励条例》和《技术改进奖励条例》。1978年12月28日，党的十一届三中全会刚刚闭幕，国务院就发布了经过修订的《中华人民共和国发明奖励条例》（简称《发明奖励条例》)。《发明奖励条例》规定，发明是一种重大的科学技术新成就，它必须同时具有三个条件：前人所没有的；先进的；经过实践证明可以应用的。《发明奖励条例》的奖励对象，主要是国际上首创的应用技术成果。1979年11月国务院批发了《中华人民共和国自然科学奖励条例》，奖励对象是阐明自然的现象、特性或规律，并在科学技术的发展中有重大意义的科学理论成果。1984年9月12日国务院发布《中华人民共和国科学技术进步奖励条例》，奖励对象是应用于社会主义现代化建设的新科技成果，推广、采用已有的先进科技成果，科技管理以及标准、计量、科技情报等成果。这三大国家级科学技术奖励，再加上1982年3月国务院发布的《合理化建议和技术改进奖励条例》等，使中国的科学技术奖励制度趋于完善。

化学工业部十分重视科学技术奖励工作，每年对化工部系统内外申报的化工科研成果组织专家评审。本卷根据国家石油和化学工业局化工科学技术奖励评审委员会编著的《化工科技成果获奖项目汇编》和《中国化工科技奖励——辉煌二十年》（姜砚茹等编）两份材料，将1984—2004年度化工部科技奖励获奖项目及其单位进行编排作为本卷的附录资料。在编排过程中，以时间为序，制成附表。编者对科技进步奖（代号：JB)，只取二等奖（含二等）以上奖项；对自然科学奖（代号：ZR）和技术发明奖（代号：JS)，则取全部奖项。本资料仅作为参考用，特此说明。

附表 1　1984 年度化工部科技奖励获奖项目

序号	项目名称	主要完成单位
科技进步奖（一等奖）		
JB-001	轮胎动性能试验机	化工部北京橡胶工业研究设计院
JB-002	千吨/年氟硅橡胶中试	上海市有机氟材料研究所 上海橡胶制品研究所
JB-003	5 年期效防污涂料	原 418 北海协作组 化工部海洋涂料研究所 海军后勤技术装备研究所 北海舰队后勤部 大连涂料厂 山东海洋学院
科技进步奖（二等奖）		
JB-001	还原直接黑 RB 试制	化工部沈阳化工研究院 上海染化十厂
JB-002	千吨级氯化聚乙烯工业化试验	安徽省化工研究所 化工部星火化工厂 化工部第六设计院
JB-003	B107 型一氧化碳中温变换催化剂	化工部化肥工业研究所 化工部上海化工研究院
JB-004	华北地区用 BH-Ⅱ型塑料窗的研制	化工部北京化工研究院 中国建筑材料科学研究院建筑物理研究所 杭州市化工建筑安装公司
JB-005	谷氨酸一次高糖发酵新工艺	重庆天原化工厂
JB-006	引进综采设备橡胶密封件	化工部北京橡胶工业研究设计院
JB-007	JL-1 号两级发动机用 D202 人工自动脱粘材料	化工部西北橡胶工业制品研究所
JB-008	巨浪一号导弹橡胶密封制品	化工部西北橡胶工业制品研究所 航天工业部四院四十一所
JB-009	飞机座舱口用针织密封胶带	西北橡胶厂 航天工业部 132 厂
JB-010	高压胶管脉冲试验台	化工部沈阳橡胶制品工业研究所
JB-011	冷胀成型不锈钢三通	化工部第十二化建公司
JB-012	提高活塞式压缩机气阀使用寿命的研究	化工部化工机械研究院
JB-013	双螺杆反应器新技术及其推广应用	化工部晨光化工研究院

续表

序号	项目名称	主要完成单位
科技进步奖（二等奖）		
JB-014	聚合物多元醇	化工部黎明化工研究院 大连有机合成厂
JB-015	有机硅新产品试制（喷射印染用 GXP-109 有机硅消泡剂、GP-082 室温熟化泡沫硅橡胶、GTS-103 硅树脂及有机玻璃耐磨涂层的研究、无溶剂硅树脂 GWS-1 和 GWS-2）	化工部晨光化工研究院一分院
JB-016	冲击法分散油溶性成色剂	化工部第一胶片厂
JB-017	5322 型分色涤纶浮雕片	化工部第一胶片厂 北京电影洗印厂 北京墨水厂
JB-018	第一涂布车间技术改造工程	化工部第一胶片厂
JB-019	沸腾床合成甲基氯硅烷降低催化剂试验	化工部晨光化工研究院 济南石油化工四厂 化工部星火化工厂
JB-020	KY-1 型潜孔钻孔	昆阳磷矿矿务局 昆阳磷矿矿务局设计研究院
JB-021	向山硫铁矿选矿车间磨矿回路自动控制工业试验	化工部化工矿山设计研究院 马鞍山向山硫铁矿
JB-022	PP-R-1 型超细纤维滤布	北京合成纤维实验厂
JB-023	辐射接技改进聚四氟乙烯的粘结性及其在机床导轨方面的应用	化工部晨光化工研究院一分院
JB-024	CGF-亲水型有机硅织物整理剂	化工部晨光化工研究院一分院
JB-025	ϕ200 流化床直接合成苯基氯硅烷中试	化工部晨光化工研究院一分院 化工部第六设计院
JB-026	甲基硅油合成新工艺及其催化剂、LDX-604 大孔强酸性阳离子交换树脂的研究	化工部晨光化工研究院一分院
JB-027	工业冷却水质分析方法	南京化工学院 化工部天津化工研究院 安庆石化总厂研究院 贵州赤水天然气化肥厂 广州石油化工厂 南京大学

续表

序号	项目名称	主要完成单位
	科技进步奖（二等奖）	
JB-027	工业冷却水质分析方法	湖北化肥厂 沧州化肥厂 天津碱厂 洞庭氮肥厂
JB-028	乐果原油	化工部沈阳化工研究院 上海农药厂
JB-029	家用碳酸氢铵	化工部上海化工研究院
JB-030	化学化工西文文献计算机检索服务系统	化工部情报所
JB-031	为部领导提供一组有明显效果的情报调研报告	化工部情报所
JB-032	建议采用后补配套战略建设我国有机化工的现代化产业结构，并在为杀虫灵攻关作情报服务中实施见效	化工部沈阳化工研究院
JB-033	国内外特种合成纤维重要情报调研报告（1978—1984年）	合成纤维实验工厂 特种合成纤维情报中心站

附表2　1986年度化工部科技奖励获奖项目

序号	项目名称	主要完成单位
	科技进步奖（一等奖）	
JB-001	齿轮式高压密封油泵	北京化工机械厂 泸州天然气化工厂
JB-002	JY型机械密封的研究	化工部化工机械研究院
JB-003	油—油路线新工艺炭黑（N339）生产技术开发研究	化工部炭黑工业研究所
JB-004	中文化学化工文献数据库和文摘刊物计算机编排及检索系统	化工部情报所
JB-005	大型合成氨装置计算机分级控制	四川化工总厂 化工部上海化工研究院 南京化学工业公司研究院
JB-006	TS-系列冷却水处理药剂的研究和应用	化工部天津化工研究院
JB-007	子午线无内胎轿车轮胎消化吸收提高	上海正泰橡胶厂
JB-008	特种高压橡胶软管研究	化工部沈阳橡胶制品研究所
JB-009	特种橡胶密封件的研究	化工部西北橡胶制品研究所
JB-010	含氢系统高压低温气液平衡工程模拟	北京化工学院

续表

序号	项目名称	主要完成单位
科技进步奖（一等奖）		
JB-011	2-氰基-4-硝基苯胺合成工艺的改进	湘潭市染料化工厂 湘潭市化工研究设计院 武汉大学 湘潭市环保研究所
JB-012	B301 型宽温变换催化剂	化工部上海化工研究院
JB-013	二水法磷酸中和料浆浓缩法制磷铵中间试验	银山磷肥厂 成都科技大学 四川省化工设计院
JB-014	孔板波纹填料的性能研究及工业应用	化工部上海化工研究院
JB-015	滇池地区磷资源的开发研究	化工部化工矿山设计研究院等
JB-016	乐凯 100 日光型彩色卷（Ⅱ）、华光 CN-Ⅱ 100 日光型彩色胶卷	化工部沈阳化工研究院 化工部第一胶片厂 化工部第二胶片厂
JB-017	黑白高速全色负片（HD-6）	化工部第一胶片厂
JB-018	温室固化耐高温高强韧性环氧结构胶粘剂 DG-2，DG-3	化工部晨光化工研究院一分院
JB-019	农药通用名称	化工部沈阳化工研究院
科技进步奖（二等奖）		
JB-001	气氮法三级回收硫酸尾气固体亚硫铵工业试验	四川化工总厂
JB-002	S109-2 型宽温区硫酸生产用钒催化剂	南京化学工业公司研究院
JB-003	S109-1 型硫酸生产用钒催化剂	广西化工研究院
JB-004	C207 型联醇催化剂	南京化学工业公司研究院
JB-005	芦台农场科学施肥试验研究	河北省芦台农场 中国农科院原子能利用研究所 山西化肥农药研究所
JB-006	高速分离机强度试验台	南京化工学院
JB-007	高速挠性搅拌轴磁流体密封	北京化工学院
JB-008	通用化工流程模拟系统（稳态和动态流程模拟系统）	化工部计算中心 北京化工学院
JB-009	化工物性数据库	北京化工学院 南化公司研究院 大连工学院 天津大学

续表

序号	项目名称	主要完成单位
科技进步奖（二等奖）		
JB-010	芳樟醇乙炔法合成异植物醇的技术开发	化工部西南化工研究院
JB-011	新产品聚氯乙烯 XS-7 型树脂的研究	天津化工厂
JB-012	卤水管道内壁防腐涂层技术	化工部涂料工业研究所 石油部四川石油勘探设计研究院
JB-013	涂料印花助剂 106 网印粘合剂、103 网印粘合剂 M6202 涂料色浆、大红 FFC 涂料白色浆 7802 的研制	天津染化八厂 化工部沈阳化工研究院
JB-014	红黄有机颜料的研制——艳红 6BA、永固黄 2G、永固桔黄颜料黄 HRN、1218 永固艳红 2BS	天津染化六厂
JB-015	500 吨/年丁草胺中间试验	化工部沈阳化工研究院 江苏南通化工厂
JB-016	提高丁苯橡胶转化率	北京化工学院 吉林化学公司有机合成厂 北京橡胶工业研究设计院
JB-017	110 千伏级以上大型电力变压器橡胶隔膜	化工部沈阳橡胶制品研究所 沈阳变压器研究所
JB-018	1180X165、350X380 内支探撑物安全火炮轮胎	化工部曙光橡胶制品研究所 河南轮胎厂 52952 部队 81313 部队 陆军 19469 师
JB-019	D 301 氯丙胶柔性耐烧蚀材料	化工部西北橡胶制品工业研究所
JB-020	模拟人头振动仪用人工头皮	天津橡胶研究所
JB-021	YJ-8 主发动机装药用包复材料	化工部西北橡胶制品工业研究所
JB-022	水声声呐材料研究	天津市橡胶研究所
JB-023	石灰在黄铁矿浮选中的行为和机理研究报告	化工部化学矿产地质研究院
JB-024	立筒预热器工作原理	南京化工学院
JB-025	喷雾干燥机理及数学模型	北京化工学院
JB-026	歼七飞机（Ⅰ，Ⅱ）改质软油箱研制	西北橡胶厂 国营峨眉机械厂 解放军驻厂代表

续表

序号	项目名称	主要完成单位
科技进步奖（二等奖）		
JB-027	航空用三元氯醇橡胶薄膜的研究	西北橡胶厂 武汉有机合成材料厂 航空 621 所 航空部 113 厂 航空部 143 厂
JB-028	S101-2H、S107-1H 型硫酸生产用环形钒催化剂	南京化学工业公司催化剂厂
JB-029	宜兴科学施肥	江苏宜兴县政府 化工部上海化工研究院
JB-030	改进碱吸收法处理硝酸尾气环保技术	化工部上海化工研究院
JB-031	制二氧化碳车	化工部上海化工研究院
JB-032	云浮硫铁矿泥石流治理	化工部化工矿山设计研究院 云浮硫铁矿建设指挥部
JB-033	"洪峰"式采矿法	贵州开阳磷矿矿物局 中南矿冶学院
JB-034	刘冲磷矿 1 号矿体地压控制技术的研究	湖北荆襄磷矿矿务局 长沙矿山研究院
JB-035	医用级加成型（LS-4100）硅橡胶的研究及临床应用	上海橡胶制品研究所 上海第二军医大学
JB-036	马里制药厂工程设计	天津市化工设计院
JB-037	船用 QJF-20 型气胀式救生筏	西北橡胶厂
JB-038	年产 5 吨一步法合成聚对羟基苯甲酸酯及二苯基甲苯中试	化工部晨光化工研究院一分院
JB-039	细颗粒高氯酸铵（细 AP）防结块技术研究	化工部黎明化工研究院 航天部 806 所
JB-040	425 胶及其在飞机Ⅰ类承力构件上的应用	上海合成树脂研究所 国营 320 厂 国营 122 厂 航空 621 所
JB-041	轮胎定型硫化机产品标准及其系列与基本参数标准	桂林橡胶机械厂 大连橡胶塑料机械厂 化工部北京橡胶研究设计院

续表

序号	项目名称	主要完成单位
科技进步奖（二等奖）		
JB-042	溶液法合成橡胶多釜凝聚技术开发及推广应用	吉林化学工业公司研究院 北京燕山胜利化工厂
JB-043	聚氯乙烯改性用的 FVA 开发研究	化工部上海化工研究院 中国寰球化学工程公司 上海石化总厂塑料厂
JB-044	氟化磷酸三钠（SF 清洗灵）的研制及应用	四川省川西化工厂 成都科技大学 成都市卫生防疫站 天津东方红化工厂
JB-045	丁苯胶乳用高分子凝聚剂的研制与应用	化工部天津化工研究院 化工部北京橡胶工业研究设计院
JB-046	1,1′-二甲基 5,5′-偶氮四唑的研究	化工部黎明化工研究院 兵器部 204 所
JB-047	新催化体系及直接法常压沸腾床合成甲基氯硅烷中试研究	化工部晨光化工研究院一分院 中国西安化工设计公司 星火化工厂
JB-048	医用有机硅系列新产品：CY-131 医用级硅橡胶扩试、涂硅导尿管、GP-084 医用泡沫硅橡胶义眼台、GB-31 光学透明硅脂的研制	化工部晨光化工研究院一分院 四川省工业卫生研究所 天水市环城卫生院 中国科学院生物医学工程所 化工部晨光化工研究院职工医院 华西医大附属一院 航天部第二总体设计院
JB-049	年产 30 吨氯醇橡胶	武汉市有机合成材料研究所 上海橡胶制品研究所 化工部西北橡胶工业制品研究所
JB-050	100ASA 高温快速彩色电影底片（5212 型彩色电影底片）	化工部第一胶片厂 中国科学院感光化学所
JB-051	坚模剂 H-9	化工部沈阳化工研究院
JB-052	抑制型青 320 成色剂	化工部沈阳化工研究院
JB-053	油溶性成色剂品 264 及品 M264	化工部沈阳化工研究院
JB-054	油溶性成色剂黄 118	化工部沈阳化工研究院

续表

序号	项目名称	主要完成单位
科技进步奖（二等奖）		
JB-055	ISO200 日光型彩色胶卷（Ⅱ）研制	化工部沈阳化工研究院 化工部第二胶片厂 化工部第一胶片厂
JB-056	高纯氯化氢研制	化工部光明化工研究所
JB-057	1986 年国内外特种合成纤维情报调研报告汇集	特种合成纤维情报中心站
JB-058	湖南省化工产品生产及需求情况调查报告	湖南省化工研究所 湖南省厅化工情报中心站
JB-059	内蒙古自治区化工资源利用分析和全区化工产品供需情况调查表	内蒙古石油化工技术情报站
JB-060	《世界化学工业年鉴》	化工部情报所
JB-061	磷矿石系列标准物质	化工部化学矿产地质研究院 化工部矿山设计研究院
JB-062	化工产品试验方法精密度室间试验重复性与再现性的确定	化工部标准化研究所
JB-063	化工产品密度、相对密度测定通则	化工部标准化研究所
JB-064	乙炔炭黑标准	化工部炭黑工业研究所

附表 3　1987 年度化工部科技奖励获奖项目

序号	项目名称	主要完成单位
科技进步奖（一等奖）		
JB-001	旱作碳酸氢铵深施机具及提高肥效技术措施的研究	中国农业科学院土壤肥料研究所 北京农业工程大学
JB-002	硝基苯氢还原制苯胺技术改进	化学工业部南京化工厂
JB-003	Z110Y 型天然气一段蒸汽转化催化剂	化工部西南化工研究院
JB-004	C_3 馏分液相加氢新催化剂和新工艺技术开发	化工部北京化工研究院 上海石油化工总厂 中国石油化工总公司
JB-005	甲基叔丁基醚（MTBE）法分离 C_4 馏分的技术开发	吉化公司研究院 吉化公司设计院
JB-006	《桥上桥》的设计和应用	中国化学工程总公司北京重型机械厂 铁道部工程指挥部科研所
JB-007	全国统一安装工程预算定额应用软件	中国化学工程总公司

续表

序号	项目名称	主要完成单位
科技进步奖（一等奖）		
JB-008	ECSS 工程化学模拟系统	青岛化工学院
JB-009	染料染色标准深度色卡	上海市染料研究所
JB-010	压力容器缺陷评定规范成果推广	化工部化工机械研究院 机械委通用机械研究所
科技进步奖（二等奖）		
JB-001	中性棕 RL 的研制	化学工业部沈阳化工研究院 青岛染料厂
JB-002	搪瓷修补剂及修补技术的推广应用	吉林化学工业公司研究院
JB-003	8612 带温带压堵漏密封剂	化工部沈阳橡胶工业制品研究所 河北省沧州化肥厂
JB-004	乙烯裂解炉和节能型氢转化炉 HP 系列合金离心铸管及管件的研制	四川化工机械厂
JB-005	尼龙平胶带（尼龙片基型平型传动胶带）中试	无锡市橡胶厂
JB-006	彩电配套橡胶制品的研究	化工部西北橡胶工业制品研究所
JB-007	耐 420℃硅橡胶板及硅橡胶型材	化工部西北橡胶工业制品研究所
JB-008	双涂布法聚氯乙烯防粘釜技术研究	化工部锦西化工研究院
JB-009	XM-140/20 型密炼机上辅机	宜昌中南橡胶厂
JB-010	橡胶配方计算机优化设计软件包	化工部北京橡胶工业研究设计院
JB-011	GMT-421 浸涂防粘隔离剂	化工部晨光化工研究院一分院
JB-012	枪用改性玻纤增强尼龙塑料的研究	化工部晨光化工研究院一分院
JB-013	YB-2 航空有机玻璃专用标准	化工部锦西化工研究院
JB-014	舰用耐高温涂料及应用技术研究	化工部涂料工业研究所 中国船舶总公司第 701 研究所
JB-015	高转速压缩机基础的测振与分析	中国武汉化工工程公司 冶金工业部建筑研究总院
JB-016	丙烯酸树脂的开发和工业化	中国天津化学工程公司 浙江大学 北京涂料厂 化工部涂料工业研究所
JB-017	《化工设计手册》	中国成都化工工程公司
JB-018	化工设备，管道防腐蚀工程施工及验收规范 HGJ229-83	中国化学工程总公司第二建设公司

续表

序号	项目名称	主要完成单位
科技进步奖（二等奖）		
JB-019	《滑、提、倒模法》在山西化肥厂复肥主厂房的研试和应用	中国化学工程总公司第二建设公司
JB-020	化工重型塔器设备的桅杆板起吊装工艺	中国化学工程总公司第四建设公司
JB-021	我国棉花蚜虫对拟除虫菊酯类杀虫剂呋喃丹抗药性调查与研究	山东农业大学
JB-022	《化工科技动态快报》	化工部情报所
JB-023	56%磷化铝片剂国家标准	沈阳农药厂 化工部沈阳化工研究院

附表 4　1988 年度化工部科技奖励获奖项目

序号	项目名称	主要完成单位
科技进步奖（一等奖）		
JB-001	年产 52 万吨尿素装置机械设备	南京化学工业公司化工机械厂 金州重型机械厂 常州化工机械厂 沈阳鼓风机厂 杭州汽轮机厂
JB-002	四川省新都县氮肥厂年产 4 万吨联碱工程设计	中国成都化工工程总公司 新都县氮肥厂
JB-003	孟加拉吉大港尿素化肥厂工程施工优化工作法	中国化学工程总公司 中国化学工程总公司第七建设公司
JB-004	萘氧化剂苯酐液态催化反应器和催化剂及其系统新技术开发和应用	化工部沈阳化工研究院 徐州化工厂 大连染料厂 南京化学工业公司催化剂厂
科技进步奖（二等奖）		
JB-001	南京扬子乙烯芳烃工程超大型塔器优化施工法	中国化学工程总公司第三建设公司
JB-002	LD1201 型电除尘器及料面控制密封排灰装置	南京化学工业公司研究院 南京化学工业公司磷肥厂
JB-003	新型耐高温高强度无机胶粘剂	湖北省襄樊市胶粘技术研究所
JB-004	染料产品命名原则和命名标准色卡（纺织品用染料）标准 GB 3899.2—86	上海市染料研究所
JB-005	自然循环新型碳化塔	自贡市鸿鹤化工总厂 中国成都化工工程公司

续表

序号	项目名称	主要完成单位
科技进步奖（二等奖）		
JB-006	内蒙古炭窑口硫铁矿第一步工程设计	化工部化工矿山设计研究院
JB-007	年产1000吨（一氧化碳法）氯化法钛白中试	化工部染料工业研究所 福建省厦门电化厂 化工部第三设计院
JB-008	《2000年中国的农药工业》研究报告	化工部情报所
JB-009	离心铸造碳化塔铸铁冷却管	四川化工机械厂
JB-010	年产50吨敌虫菊酯中间试验和年产300吨基础设计	上海市农药研究所 上海农药厂 安徽省化工研究所 江苏省农药研究所 上海医药工业设计院
JB-011	PGL-5217、BGL-1156等彩电用行输出变压器阻燃灌封胶	天津市合成材料工业研究所
JB-012	果树腐植酸颗粒肥料的农艺性状及其增产效应的研究	辽宁省果树科学研究所 辽宁省铁岭农业专科学校 辽宁省化肥工业公司 锦州市锦县果树局 辽宁省清原县多种经营局
JB-013	年产150吨甲霜灵原药中间试验	化工部沈阳化工研究院 江苏省南通染料化工厂
JB-014	充气轮胎丁基胶内胎标准	化工部北京橡胶工业研究设计院 东风轮胎厂 国营桦林橡胶厂 青岛第二橡胶厂 上海大中华橡胶厂
JB-015	丙酮氢氨化合成异丙胺	化工部北京化工研究院 山东省德州石油化工厂
JB-016	纯碱埋刮板输送机系列	化工部起重运输设计技术中心站 江苏运输机械厂 大连化工公司
JB-017	X（S）M10新型转子三速密炼机	北京化工学院 天津电工机械厂

续表

序号	项目名称	主要完成单位
科技进步奖（二等奖）		
JB-018	大庆 30 万吨乙烯裂解炉等安装工程	中国化学工程总公司第十一建设公司
JB-019	1124 型黑白全色遥感胶片（又称 160 乙改进片，160 乙Ⅱ型片）	化工部第一胶片厂
JB-020	新产品染料——弱散棕 RL 的研制	镇江染料厂
JB-021	年产 30 吨聚氟乙烯中间试验	浙江省化学工业研究所
JB-022	酯基锡稳定剂	山西省化工研究所
JB-023	溶解乙炔标准 GB 6819—86	上海吴淞化工厂 化工部北京化工研究院
JB-024	大连染料厂计算机管理决策支持系统	大连理工大学 大连染料厂
JB-025	年产 4 万吨（水溶液全循环法）尿素装置设计	中国武汉化工工程公司 辉县化肥厂 邹县化肥厂
JB-026	华光 SL-488 型氩离子激光电子分色片	化工部第二胶片厂
JB-027	重氮遥感复制片（红、绿、蓝、黑）	北京化工学院 化工部第二胶片厂 化工部感光材料技术开发中心
JB-028	江西氨厂碳酸丙烯酯脱二氧化碳装置和改进型水溶液全循环法尿素装置设计	中国武汉化工工程公司 江西氨厂
JB-029	涤粘中长混纺织物高温高压一浴一步法染色工艺研究	上海市染料研究所
JB-030	86 型驱鲨剂	天津市化学试剂四厂 空军驻天津地区军事代表室

附表 5　1989 年度化工部科技奖励获奖项目

序号	项目名称	主要完成单位
科技进步奖（一等奖）		
JB-001	开阳磷矿锚杆护顶分段空场采矿方法工业性试验研究	化工部化学矿山设计研究院 贵州开阳磷矿矿务局 化工部黎明化工研究院
JB-002	昆明磷矿露天长壁式采矿方法工业性试验研究	云南省昆阳磷矿矿务局

续表

序号	项目名称	主要完成单位
科技进步奖（一等奖）		
JB-003	等离子体化学气相沉积 TIN 及膜的研究	青岛化工学院
JB-004	乐凯 YZ-21 型、华光 CP-Ⅱ型彩色相纸	化工部第一胶片厂 化工部第二胶片厂 化工部感光材料技术开发中心
科技进步奖（二等奖）		
JB-001	BF-Ⅰ型复极式离子膜电解槽制造技术	北京化工机械厂
JB-002	直接混纺黄 D-3RNL、蓝 D-3GL 和藏青 D-R 等染料	上海染料化工九厂
JB-003	秦皇岛三期煤码头 CQM 型 $\phi2800\times H2100$ 橡胶护舷研制	沈阳胶管厂
JB-004	对流萃取法处理含苯酚废水技术	沈阳化工综合利用研究所 重庆有机化工厂
JB-005	高浓度复混肥应用及二次加工技术研究	化工部上海化工研究院 化工部化肥研究所
JB-006	淀粉直接合成甲基葡萄糖甙聚醚多元醇	沈阳市石油化工设计研究院
JB-007	尼龙轮胎优质轻量新技术	化工部北京橡胶工业研究设计院 上海大中华橡胶厂 上海正泰橡胶厂
JB-008	QS 系列水平圆盘气流粉碎机	上海化工机械三厂
JB-009	云南省海口磷矿Ⅰ、Ⅱ采区硅钙磷块岩矿石选矿试验	化工部化工矿山设计研究院 昆明磷矿矿务局海口磷矿 昆明磷矿矿务局
JB-010	还原黄 G 染料新工艺	化工部沈阳化工研究院 山西省太原染料厂
JB-011	草甘膦化肥新工艺（固体草甘膦）	化工部沈阳化工研究院 建德农药厂
JB-012	关于我国聚氯乙烯结构-亚微群态-加工流变-开发应用基础研究	北京化工学院
JB-013	二烯烃阴离子聚合理论和理想网络结构研究	北京化工学院
JB-014	特种橡胶制品寿命预测技术的研究	化工部沈阳橡胶工业制品研究所
JB-015	石油化工特种气体研制（18 种高纯气体和 2-14 组分标准混合气）	化工部光明化工研究所
JB-016	年产 100 万米电冰箱磁门条成套生产技术	北京化工学院

续表

序号	项目名称	主要完成单位
科技进步奖（二等奖）		
JB-017	工业黄磷 GB 7816—87	化工部天津化工研究院 南京化学工业公司磷肥厂
JB-018	普通用途织物芯输送带 GB 7984—87	青岛第六橡胶厂
JB-019	强化凝华传热传质过程及新型热熔冷凝箱的工业应用	化工部第六设计院 华南理工大学
JB-020	倾斜单施杆偏心提吊法及 250 吨双排轮滑车的设计与应用	中国化学工程总公司十一建设公司

附表 6　1990 年度化工部科技奖励获奖项目

序号	项目名称	主要完成单位
科技进步奖（一等奖）		
（空缺）		
科技进步奖（二等奖）		
JB-001	河南省吴城天然碱矿钻井溶液法开采工业试验	化工部长沙化学矿山设计研究院 河南南阳吴城盐碱厂
JB-002	大型合成氨生产过程计算机控制系统二期工程	华东化工学院 四川化工总厂 化工部上海化工研究院
JB-003	民用航空轮胎 910X250、900X300 翻新胎研制及技术	银川橡胶厂
JB-004	外循环式复极（单极）氯酸盐电解槽	化工部天津化工研究院 广西贺县光明化工厂
JB-005	小合成氨生产蒸汽自给节能技术	山东省寿光县化肥厂 化工部小合成氨设计技术中心站
JB-006	低压铑法羰基合成丁辛醇原料净化用 T306、T309、T402、T403、851 五项催化剂研制	化工部化肥工业研究所 化工部化肥工业研究所昆山联营厂
JB-007	B113 型中温变换催化剂	河南省化工研究所 辽河化肥厂
JB-008	超快干氨基烘漆系列产品	河北张家口市油菜漆厂
JB-009	杀菌剂代森锰锌	化工部沈阳化工研究院 江苏省南通化工三厂
JB-010	橡胶硫化剂不溶性硫黄 IS 系列的研制	化工部北京橡胶工业研究设计院 上海京海化工厂 上海市南汇县瓦屑化工厂

续表

序号	项目名称	主要完成单位
科技进步奖（二等奖）		
JB-011	新工艺软质炭黑生产技术及产品（N539、N630、N642、N774）	化工部炭黑工业研究设计所
JB-012	武兹法生产三苯基氯化锡	化工部海洋涂料研究所 山东省招远化工总厂
JB-013	尿素合成塔技术条件 GB 9842—88	南化公司化工机械厂
JB-014	化学试剂基础标准系列 GB 601～611、613～619、9721～9742—88	北京化学试剂研究所 北京化学试剂总厂 天津化学试剂一厂 上海化学试剂研究所
JB-015	化工自控计算机辅助设计软件包	化工部第四设计院 化工部第三设计院 化工部第六设计院 化工部第八设计院 化工部寰球化工设计院 化工部第九设计院 化工部第一设计院 化工部自控设计技术中心站

附表7　1991年度化工部科技奖励获奖项目

序号	项目名称	主要完成单位
科技进步奖（一等奖）		
JB-001	粉锈宁新技术开发	上海市农药研究所 南开大学元素有机化学研究所 江苏省化工设计院 江苏省建湖农药厂
JB-002	水煤浆加压气化制合成气开发研究	化工部化肥工业研究所 化工部第一设计院
JB-003	全国磷资源开发系统研究	化工部科学技术研究总院 化工部长沙化学矿山设计研究院 化工部上海化工研究院 化工部化学矿山规划设计院 化工部化工矿山设计研究院 南京化学工业公司设计院 化工部化肥技术开发中心 云南省环境科学研究所 成都磷化盐技术开发中心

续表

序号	项目名称	主要完成单位
科技进步奖（二等奖）		
JB-001	油田井下作业用高压水龙带	化工部沈阳橡胶工业制品研究所 新疆石油管理局油田工艺研究所
JB-002	残杀威	湖南化工研究院 广州市化工研究所 湖南省化学工业设计院
JB-003	常用合成材料大气腐蚀（老化）数据积累及老化与防老化研究	化工部合成材料老化研究所
JB-004	耐燃低密度聚氨酯硬质泡沫塑料	江苏省化工研究所
JB-005	坦克负重轮铸压新工艺生产线及产品应用	济南橡胶制品厂 河南轮胎厂
JB-006	C302 型（CNJ202 型）低压甲醇催化剂	化工部西南化工研究院
JB-007	丙烯脱氧催化剂	化工部北京化工研究院 大庆石油化工总厂第二化工厂
JB-008	广东云浮硫铁矿浮选高品位硫精矿选矿研究	化工部化工矿山设计研究院 广东省云浮硫铁矿企业集团公司
JB-009	化工旋转机械整机全速动平衡原理和方法的研究	浙江大学 华北制药厂 杭州化工机械厂
JB-010	B116 型一氧化碳中温变换催化剂	福州大学 福州化工原料厂 化工部科学技术研究总院
JB-011	大型有限元结构分析软件的二次开发及应用	化工部化工机械研究院
JB-012	CK-270 N 密炼机	湖南益阳橡胶机械厂
JB-013	SW 型网孔波纹填料开发及应用	化工部上海化工研究院
JB-014	热水循环温控装置及应用开发	青岛化工学院
JB-015	水煤浆的研究	化工部化肥工业研究所
JB-016	高台式纤维帘布裁断机	化工部北京橡胶工业研究设计院 桂林橡胶机械厂 辽宁轮胎厂 银川橡胶厂

续表

序号	项目名称	主要完成单位
科技进步奖（二等奖）		
JB-017	大型制碱碳化过程计算机控制系统	天津碱厂 天津大学
JB-018	昆阳磷矿采空区复土植被试验	云南省昆阳磷矿矿务局 云南省环境科学研究所
JB-019	国产 SRICI 计算机测色配色系统的研制	化工部沈阳化工研究院
JB-020	年产 30 万吨氨合成塔出口气锅炉给水预热器	南化公司化工机械厂
JB-021	XJD-90X12 销钉机筒冷喂料橡胶挤出机	化工部桂林橡胶工业设计研究院
JB-022	夜视仪配套用室温硫化硅橡胶	化工部成都有机硅研究中心
JB-023	乐凯 BR 100 日光型采色胶卷	化工部第一胶片厂
JB-024	紫外光刻胶（BP-213、BN-303、BN-308）	北京化学试剂研究所
JB-025	超净高纯试剂（BV-Ⅱ）	北京化学试剂研究所
JB-026	高纯三甲基铟、三甲基锑、二乙基锌的研制	化工部光明化工研究所
JB-027	“MON-1”推进剂研制	化工部光明化工研究所
JB-028	国家标准液氢	化工部光明化工研究所 兴平化肥厂 吉化公司试剂厂
JB-029	化工装置工艺系统、管道等工程设计 CAD 软件包	化工部第八设计院
JB-030	IBM-PC 机钢制压力容器设计计算软件包	化工部设备设计技术中心站 华东化工学院化工机械研究所 化工部寰球化学工程公司 化工部第四设计院 天津市化工设计院 化工部第一设计院
JB-031	房屋维修微机辅助管理系统	化工部行政服务管理局房产处
JB-032	输油用橡胶软管综合标准 GB 9568～9569—89、GB 10540～10543—89、GB 9571～9577—88	化工部沈阳橡胶工业制品研究所 上海橡胶厂 青岛第六橡胶厂 广州胶管厂
JB-033	杀虫双水剂 GB 8200—87	贵州省化工研究院 中国农科院植保所 化工部沈阳化工研究院

续表

序号	项目名称	主要完成单位
科技进步奖（二等奖）		
JB-034	感光材料均方根颗粒度和光谱灵敏度的测定方法 GB 10557—89、GB 10558—89	化工部第一胶片厂
JB-035	电子化工材料“八五”规划调研报告	无锡化工研究设计院 化工部电子化工材料情报中心站
JB-036	化学工业若干发展的战略问题研究	化工部科技情报所

附表 8　1992 年度化工部科技奖励获奖项目

序号	项目名称	主要完成单位	主要完成人
科技进步奖（特等奖）			
JB-001	四川化工总厂年产 20 万吨合成氨国产化装置	四川化工总厂 化工部第八设计院 锦西化工机械厂 南化（集团）公司化工机械厂 沈阳鼓风机厂 杭州汽轮机厂 四川省化工设备机械厂 东方锅炉厂 第二重型机械厂 化工部化工机械研究院 中国化工装备总公司 四川省石油通用机械公司 机电部中国通用机械公司	张文，杨怀银，张柄鑫，刘立行，李景之，江季麟，刘德莹，洪学力，牟家珑，俞松樵，谢木喜，徐培勇，林运绰，赵明智，李克伦，丁世奇，徐炎朋，储荣保，赵沛华，罗思训，邓忠，苏允正，谢乾能，何华堂，胡元刚，陈锦良，刘光铸
科技进步奖（一等奖）			
JB-001	年产 5000 吨邻二甲苯法制苯酐 60 克生产装置	天津溶剂厂 化工部第六设计院 化工部北京化工研究院 华南理工大学	张铁城，钟道迪，梁育德，杨晓西，裴德余，吴保军，张宗麟，王慧，杨国梅，肖文勃，李国生，陈春生，袁立，毛丽，徐美玲
JB-002	扑虱灵杀虫剂	江苏省淮阴电化厂 江苏省农药研究所 江苏省化工设计院	林树，蒋亦清，王云生，汪达兴，徐志荣

续表

序号	项目名称	主要完成单位	主要完成人
科技进步奖（一等奖）			
JB-003	千吨级四氟乙烯生产技术	上海市有机氟材料研究所 化工部第六设计院 山东济南化工厂	腾名广，严建中，朱顺根，陈爱群，潘行高，孙文旗，单杰，施怀康，张东发，李大志，张美珠，李莲娜，王黎明，王鸿，金建山
科技进步奖（二等奖）			
JB-001	氨基甲酸酯类杀虫剂——抗蚜威	化工部沈阳化工研究院 江苏无锡惠山农药厂	诸锡云，邵方午，李丹，顾杏方，金宽洪，杨振南，郭武棣，刘锗，廖雪
JB-002	预硫化橡胶防腐衬里	北京市橡胶制品设计研究院	赵纪湘，李嘉耀，张玉兰，刘亚男，周宝昆
JB-003	新型 D、E 级超长钻探胶管	莱州市橡塑厂 山东省橡胶工业公司	张芳浩，杨绍君，张德传，黄永彬，刘孝宝
JB-004	微悬浮糊树脂聚合工艺技术开发	化工部锦西化工研究院 浙江大学 江苏省无锡市电化厂	陈武扬，黄志明，陈广云，马芝英，翁志学，张美瑞，张正山，王志平
JB-005	BC-2-008 合成气脱氧催化剂	化工部北京化工研究院 齐鲁石化公司第二化肥厂	符传桂，吕顺丰，吴秀香，席文洪，戴丽君，郭凤琴，杨旭清
JB-006	低氟发泡聚醚多元醇的开发及其在电冰箱上的应用技术	化工部科学技术研究总院 青岛崂山合成树脂厂 青岛电冰箱总厂 沈阳市东华化工研究所	吴国和，吴英魁，戴学良，曲广明，周永杰
JB-007	涂料专用搅拌釜优化研究、开发和系列产品设计	化工部第三设计院 浙江大学 北京化工学院 北京红狮涂料公司 上海涂料公司	朱九龄，王凯，王英琛，朱桂尧，徐一人，程大壮，孔繁臣，夏守瑜，吴德钧
JB-008	重整溶剂油及苯酚丙酮分离系统的计算机模拟及优化	上海软件开发中心 化工部上海化工研究院	刘光龙，倪正初，庄关弟，周伯敏，吴剑麟，韩伟，盛全福

续表

序号	项目名称	主要完成单位	主要完成人
科技进步奖（二等奖）			
JB-009	新型纯碱蒸汽煅烧炉及其系统设备	江苏省化工机械研究所 杭州龙山化工厂 山东临沂化工机械厂	何大刚，王金尧，刘方春，胡国桢，刘宜健
JB-010	掺合肥料施肥技术	中国农科院土肥所 化工部上海化工研究院 陕西省农科院土肥所 湖北省农科院土肥所 广东省农科院土肥所 西南农业大学 北京农业大学	李家康，吕殿青，喻永喜，毛炳衡，王成富，郭鹏程，温贤芳，谭允阳，陈伦寿
JB-011	广东省云浮硫铁矿大倾角下运钢绳芯胶带输送系统	化工部化工矿山设计研究院 云浮硫铁矿企业集团公司	杨勤盛，许重和，范玉升，秦冬秀，康刚华，郭秀芝，李仲坦，张福忠，朱志礼
JB-012	军用尼龙被复线用聚酰胺护套料及聚乙烯绝缘料	化工部晨光化工研究院	龚家圭，喻进，马保德，郑光鼎，梁恕湘
JB-013	年产 30 吨 BRFL-1 不燃性耐高温快干电阻器包封料	浙江省化工研究院	吴幼鑫，何孝锭，纪湘林，毛海加，王祝仙
JB-014	GMT-457 有机硅液体脱模剂	化工部成都有机硅研究中心	姜承永，王耀林，冯芸珍，唐厚元，郭励，温艳
JB-015	WP-01 水性氯磺化聚乙烯涂料研究与中试	化工部海洋涂料研究所 龙口防腐蚀公司化工厂	张畅和，于良民，张善贵，张世考，姜忠志
JB-016	管道轴侧图自动生成软件	化工部第六设计院	蔡玉泉，蒲海龙，胡德明
JB-017	国外安装工程投标价软件	中国化学工程总公司 中化工程总公司第二建设公司 中化工程总公司第三建设公司 中化工程总公司第四建设公司 中化工程总公司第十二建设公司	房志光，王翔，徐正中，梁克章，郭精华，赵广涛，王家博，张立，袁建华
JB-018	高纯氩及其检测方法 GB 10624—89、GB 10625—89	化工部西南化工研究院	颜伯举，吴家兴
JB-019	薄层光电晶体材料的有机金属化学气相生长技术及其光电化学性质的研究	青岛化工学院	罗文秀，谭忠恪

续表

序号	项目名称	主要完成单位	主要完成人
科技进步奖（二等奖）			
JB-020	低温甲醇净化相平衡研究	化工部上海化工研究院	翁孟炎，陈清辉，廖汉良，陈国平，万小萍，忻敏章

附表 9　1993 年度化工部科技奖励获奖项目

序号	项目名称	主要完成单位	主要完成人
科技进步奖（一等奖）			
JB-001	三项加压连续氧化制锰酸钾新技术	重庆嘉陵化工厂	李守昌，陈维举，何天民，傅尤谋，邹果，饶晓东，秦宗德，万荣辉，李正国，严明，涂赶生，邹先福，孙元波，周承烈
JB-002	水解明胶制备新技术及其制品的开发应用与推广	北京化工学院 上海医科大学皮肤病学研究所 烟台日用化工厂 苏州制胶公司日用化工厂 上海日化四厂第一分厂	黄明智，李文渊，李树莱，缪进康，袁秀芝
JB-003	A301 型低温低压氨合成催化剂	浙江工学院 上虞化工厂	刘化章，胡樟能，李小年，李岩英，蒋祖荣，徐如玉，夏青，朱关寿，俞程，舒柏，王素珍，孙世金，董坤年，吴永根，章鸿胜
JB-004	蒽醌法钯触媒固定床制过氧化氢工艺技术开发	化工部黎明化工研究院	胡长城，孙连生，何静媛，邢国桢，赵岩，朱祥卢，苏广文，郑怀民，乔玉奇，蔡荣欣，陶思聪，徐归德，周霄玉，姚冬龄，陈东顺
JB-005	植物生长调节剂多效唑	江苏省建湖农药厂 江苏省农药研究所 化工部科学技术研究总院	刘秀娣，李生俊，朱晓达，洪露，曹志国，陈荷花，黄华强，孙宏彬，刘宽胜，纪国仪，蒋国清，董万森，李明，邱鸿贤，李绍华

续表

序号	项目名称	主要完成单位	主要完成人
科技进步奖（一等奖）			
JB-006	3K、6K、12K 高强碳化纤维用多孔数聚丙烯腈原丝	吉林化学工业公司研究院 吉林化学工业公司试剂厂	陈光大，刘明旭，王春荣，任育坤，李振嵋，龚顺德，曹德柱，王国信，王光军
JB-007	晶体激光器件的研制	青岛化工学院	谭忠恪，任鹏程，罗文秀，谭成姣
科技进步奖（二等奖）			
JB-001	无外返料喷浆造粒技术	成都科技大学 鲁北化工总厂 遵化市化肥厂 北京市水泥机械厂	村燕，刘希岗，雷明光，冯怡生，苗振茂，田文峰，曹晓军，陈文梅，冯怡元
JB-002	均温型甲醇合成塔内件	浙江省衢州前程实业公司压力容器厂 浙江工学院	楼寿林，卢慕书，徐安开，舒季钊，于承阳，曾建洪，徐荣良，沈建冲
JB-003	Z111 型低水碳比转化催化剂	化工部西南化工研究院	吴且毅，李培琛，朱铭，张蜀华，朱昌厚，黄贵平，刘德金，杨龙贵，陈会伦
JB-004	钢筋混凝土短梁抗剪性能的试验研究	郑州工学院	丁自强，赵广田，李平先，张煜钦，张启明
JB-005	旋流喷动干燥机	化工部沈阳化工研究院	刘桂华，王玉清，张志勋，李忠民，周敏
JB-006	RHS-2 系列高活性聚醚多元醇	江苏省化工研究院 金陵石化公司化工三厂	张茂华，吴美玉，沈浩明，黄荔玲，史军，刘惠明
JB-007	草除净新技术开发	上海市农药研究所 上海联合化工厂 上海化工设计院	秦裕基，严正，邹林立，丁玉东，李松乔，周晓胡，张小鹰，支家龙，俞尔敏
JB-008	聚氯乙烯球形树脂研制	化工部锦西化工研究院 北京化工学院 张家口市树脂厂	傅培升，金日光，张振英，常广华，武德珍，孙玉腾，艾素卿，佟以光
JB-009	年产 50 吨聚乙烯基吡咯烷酮（PVP）中试	江苏省化工研究院 河南博爱开源精细化工厂	吴家祥，徐德林，汪立德，黄槟，刘尚新，马勇强，王颖，邵军，何永钜

续表

序号	项目名称	主要完成单位	主要完成人
科技进步奖（二等奖）			
JB-010	香云多糖等 7 种高聚物分子表征和溶液性质的研究	南京化工学院	郑昌仁，钱晓茵，张军，王建明，朱志敏
JB-011	甲醇二甲胺二步法制二甲基甲酰胺新工艺	化工部西南化工研究院	江一蛟，刘景林，黄先秋，梁恩元，刘蜀华，袁小金，周钢骨，周宾坤，刘学渊
JB-012	宜昌磷矿山体稳定化研究	冶金部长沙矿冶研究院 化工部化学矿山规化设计院 冶金部安全环保研究院 化工部化学矿产地质研究院 化工部化学矿山设计院 宜昌磷化学工业公司	马光，李文秀，刘鹏令，李文东，方理刚，朱文彬，黎本文，李典文，张星亮
JB-013	研磨定向四号航空有机玻璃	化工部锦西化工研究院	辛永久，姚志亮，谭荧炎，刘淑芬，徐国荣，任换钰，何静，毕铁优，孙玉珍
JB-014	WZ 型无重力粒子混合器	浙江省化工研究院	马宇，杨宏普，王兆雄，唐锁云，王勇
JB-015	导电炭黑系列品种开发研究	化工部炭黑工业研究设计所	姜振东，余兰，胡小强，周光义，喻霞
JB-016	稳健性设计技术在彩纸感光乳剂生产中的应用研究	南京化学工业（集团）公司研究院 中国乐凯胶片公司第一胶片厂	黄自兴，任守用，韩寿祖，吕志杰，邵丹雄，何景旺，张宝珍，高瑞梅，许明忠
JB-017	化工单元操作设计手册	化工部化学工程技术设计中心站 化工部第六设计院 中国成都化工工程公司 国家医药管理局上海医药设计院 天津化学工程公司 中国五环化学工程公司 中国石油化工总公司北京石油化工工程公司	肖成基，王抚华，费濂，钟桂文，王学涛，于鸿寿，施立才，陆恩锡，马继舜

续表

序号	项目名称	主要完成单位	主要完成人
科技进步奖（二等奖）			
JB-018	田菁胶湿法工艺的开发和应用	北京矿冶研究总院 中国科学院植物研究所	潘英民，黄启华，单齐梅，白金成，唐燕祥，穆振家，卢亚军，王小宝，敦维平
JB-019	气液两相流特征参数的电子测量技术研究	北京化工学院 浙江大学	吕见山，张进明，谭天恩，高正明，张晏春，陈建孟，王英珲，张清宇，施力田

附表 10　1994 年度化工部科技奖励获奖项目

序号	项目名称	主要完成单位	主要完成人
科技进步奖（一等奖）			
JB-001	永新-沈阳化工股份有限公司万吨级 PVC 糊树脂国产化装置	永新-沈阳化工股份有限公司 中国成达化学工程公司 锦西化工机械厂 中国化工装备总公司 上海化工机械三厂 重庆化工机械厂 沈阳化工机械厂 江苏省化工机械研究所 北京化工机械厂 溧阳市化工机械厂 杭州化工机械厂	谢德睦，赵宜新，孟仲林，周晓东，徐忠信，刘若莲，刘永安，杨语诗，解奎文，高平，张广琨，计卓然，邓正国，祝奎年，王俊涛
JB-002	山东鲁南化肥厂德士古水煤浆加压气化及气体净化制合成氨新工艺	山东鲁南化肥厂 化工部第一设计院 南京化工工业（集团）公司研究院 化工部西北化工研究院 杭州市化工研究所 湖北省化学研究所 金州重型机器厂 中国化学工程总公司第四建设公司 中国航天工业总公司第十一研究所 化工部上海化工研究院	彭湃，曾庆纯，章荣林，朱世勇，蒋威德，佟沛然，方德巍，张东亮，王奎才，吴国慧

续表

序号	项目名称	主要完成单位	主要完成人
科技进步奖（一等奖）			
JB-003	年产 24 万吨磷铵国产化装置	南京化学工业（集团）公司设计院 江西贵溪化肥厂 江苏省化工设备制造安装公司 三门峡化工机械厂 北京市橡胶制品设计研究院 中国航天工业总公司第十一研究所 天津橡胶制品一厂 化工部化工机械研究院 江苏淮阴化工机械厂 鞍山矿山机械厂 江苏靖江化工机泵阀门厂 武汉青山除尘设备厂 中国寰球化学工程公司 中国化工装备总公司 南京化学工业公司磷肥厂 大连化学工业公司磷肥厂 化工部第四设计院	韩云阁，葛祖元，宋文练，金明友，郭洁，林振澄，于铁成，魏国贤，谢珍，徐彬，吕宝柱，张选刚，肖欣民，薛天祥，张振，葛孝禄，孙宝仓，李晓明，杨锐义，肖忠武，赵继湘，付宗泉，贾昌国，龚立浩
JB-004	蓝星系列清洗技术和清洗剂（LX9-001 等 7 种）的开发研究及推广应用	中国蓝星化学清洗总公司	任建新，魏振祖，陆韶华，刘宪秋，雷志宏，闫志礼，陈虹，刘洁，赵振亚，郑毅刚，王冬英，郑东晟，马建国，柯宜，曹新功
JB-005	36.00-51-58PR 巨型无内胎工程机械轮胎研制	桂林轮胎厂	张家库，林琛，廖泳莲，黄成瑗，秦中光，卢庆树，陆慕贽，邓文东，孙永德，朱健英，许健华
JB-006	年产 3000 吨无水氟化氢工艺技术	化工部第六设计院 武汉市长江化工厂	李大志，施士焱，严建中，曾庆全，刘绍娟，李训生，潘行高，余福元，王金林，沈志明，刘毓荃，张明豪，李万善，杨德亮，毛红旗

续表

序号	项目名称	主要完成单位	主要完成人
科技进步奖（一等奖）			
JB-007	796 燃料	化工部黎明化工研究院	黄文源，米镇涛，关汇川，李俊贤，张春芳，冉茂书，唐经学，贾彦斌，晁国胜，王三友，张勤耕，王少勤，刘福兰，贾乱秋，冯德厚
科技进步奖（二等奖）			
JB-001	汽车用高分子合成材料的对策研究	化工部科学技术研究总院 中国汽车零部件工业联营公司 化工部北京橡胶工业研究设计院 化工部黎明化工研究院 化工部涂料工业研究所常州技术服务中心 化工部北京化工研究院 中国汽车工业经济技术信息研究所	申同贺，赵忠华，成思危，孙绮梅，翁汉元，龙治扬，栾瑛洁
JB-002	年产 1000 吨 40%乙草胺-莠去津悬浮乳剂工业性试验	安徽省化工研究院 河北省宣化农药厂	凌世海，温家钧，牛贵滨，戴权，李正先，胡敏芝，张文姝
JB-003	多胺法脱除合成氨原料气中 CO_2 及硫化物	南京化学工业（集团）公司研究院	张学模，过赞扶，江雪慧，吴兆立，贾有才，陶万美
JB-004	我国染料及有机颜料 90 年代科技开发项目软件的情报研究	化工部沈阳化工研究院	杨成，刘洪山
JB-005	ZKH-3 防爆型火焰自动监测、点火装置	河南省濮阳市传感器厂 河南省中原化肥厂	崔纪哲，张伟，孙永超，赵景为，尚俊修，秦志敏
JB-006	五水偏硅酸钠（导向剂法）	郑州市泡化碱厂	辛建光，李爱云，张新群，林忠录，张浩勤
JB-007	冷固化高回弹泡沫	化工部黎明化工研究院 轻工部北京泡沫塑料厂	屈立年，刘鸿慈，胡忠伟，庞世伟，徐归德，罗运策，王万江，曹光宇，唐建荣
JB-008	塑料的非弹性体增韧——高性能聚氯乙烯工程塑料研究	青岛化工学院 齐鲁石化公司树脂加工研究所	吴其晔，世文君，裘怿明，王淑英，周丽玲，叶林忠

续表

序号	项目名称	主要完成单位	主要完成人
科技进步奖（二等奖）			
JB-009	国产航空有机玻璃 10 年老化试验研究	化工部合成材料研究院 北京航空材料研究所 化工部锦西化工研究院 中国人民解放军空军第一研究所 化工部成都有机硅应用研究中心 上海珊瑚化工厂	叶庆如，黄正云，何静，胡兴连，马占镖，史伟琪，李绪发，赵育，杜端钟
JB-010	薄膜点滴填料混装的横流冷却塔	化工部第一勘探设计院	毕文尧，甄彦，赵润鹏，杨勤祥，侯万祥，李建国，岳三货，冯玉文
JB-011	改性 MDI	化工部黎明化工研究院 轻工部烟台合成革总厂	屈立年，程淑雅，曹光宇，李成章，杨西鸿，李全福，侯瑞宏，丁建生，沙瀚臣
JB-012	宜昌磷矿重介质选矿联合流程试验研究	地矿部矿产综合利用研究所 化工部化学矿产地质研究院 化工部化学矿山规化设计院	唐德身，王竹生，段录楚，樊旭东，洪秉信，骆意棠，邓锦棠，曹继福，覃世金
JB-013	国产聚酯帘线轻型载重子午线轮胎系列产品制造技术	山东省荣成市橡胶厂 化工部北京橡胶工业研究设计院	孙永贵，楚阿丽，孙勇，于喜涛，李大为，陈敏玲，梅周蟒
JB-014	热固化特种压敏胶带	浙江省化工研究院 国营湖州压敏胶带厂	许妍，仰建新，崔海峰，郑孝烈，沈慧珊，李国雄，徐松无，陈开来，吴伟成
JB-015	高等级钢丝绳芯输送带	青岛第六橡胶厂	孙连生，刘玉栋，逢健，刘桂起，孙成才
JB-016	抗撕钢丝绳芯输送带	沈阳胶带总厂	高洪，丁尚文，王宗崇，邹淑敏，宋岩
JB-017	5000立方米球罐双喷嘴燃油法整体热处理	中国化学工程第九建设公司	张大祥，李学忠，姚荣，王茂顺，毛玉沛
JB-018	什邡式磷矿特殊形态矿体采矿方法的研究与应用	德阳市磷矿总公司 四川金河磷矿	杨祖荫，王荣藩，吴荣辉，吴毅，潘耀先，张德忠，胡玉林，陈家涛

续表

序号	项目名称	主要完成单位	主要完成人
科技进步奖（二等奖）			
JB-019	高温浓硫酸泵用合金及高温浓硫酸泵的研制	中国科学院金属研究所 四川化工机械厂 南京化学工业（集团）公司磷肥厂	肖耀天，王业功，姜晓霞，廖俊芳，计水茂，谢大宏，缪汝洪，刘汉明，葛孝禄
JB-020	萤光红 GG 和萤光红 5B 染料合成工艺研究和试制	上海市染料研究所 江苏国营昆山有机化工厂	许彩琴，金嘉龙，徐斌，王胜利，卢芷康，杨明发，邹雪良，毛天锡
JB-021	聚氨酯橡胶张力辊研制	南京橡胶厂	缪锋，陈永义，李逵文佐，王长龄，郭雪良
JB-022	钛制硫酸铝蒸发器的腐蚀及阳极保护	北京化工大学 山东淄博制酸厂	刘小光，张树霞，宋汝启，邵景华，曲国强，万平玉，王继长，张传志，何源勇
JB-023	炼油、化工用离心式压缩机技术条件 HG/T 2266—92	四川化工机械厂 中国化工装备总公司	王子东，朱有庭，丁世奇，王业功，赵伯林，李明荣，周长和
JB-024	线绳 V 带成型机组	青岛化工学院 沈阳长桥胶带有限公司	张瑞厚，王继昌，曾宪奎，贾军，李志华
JB-025	硅线石选矿的开发研究	化工部化学矿产地质研究院 河南省硅线石厂 冶金部建筑研究总院	孙宏英，李宗凯，黄文竟，王旭明，陈泽，马书文，李毕，王竹生，陈龙玉
JB-026	5454 铝镁合金管在小氮肥厂碳化塔水箱上的开发应用	南京化工学院	方耀华，蒋晓兰，罗棕，罗尚德，张明杰
JB-027	一种新的硼酸盐矿物——袁复礼石的发现及研究	化工部化学矿山地质研究院	张作良，王濮
JB-028	YP-Ⅱ型阳图 PS 版	中国乐凯胶片公司第二胶片厂	高文成，孙桂枝，孙猛，门红伟，马驰，王宇，关淑俐
JB-029	PF-8 胶磷矿浮选机	化工部化工矿山设计研究院 荆襄磷化学工业公司王集磷矿	赵正刚，杨庆成，戴从洲，刘作政，郑居然，陈一中，于开兴，马树江，黄卫国

续表

序号	项目名称	主要完成单位	主要完成人
科技进步奖（二等奖）			
JB-030	色素炭黑系列品种研究	化工部炭黑工业研究设计所	聂绪建，胡丽玲，范汝新，陈正方，李继英
JB-031	活性化学物质禁配体系和规则的研究	化工部化工劳动保护研究所	李雪华，吴京峰，赵文芳
JB-032	天然气制合成氨转化气、变换气废热锅炉	化工部化工机械研究院 西安交通大学 四川化工总厂 金州重型机器厂 中国成达化学工程公司	王普勋，徐静安，朱琳，张杰，曹子栋，邱峰，苏允正，张合生，徐通模
JB-033	8 号工程配套用有机硅粘接密封剂	化工部成都有机硅应用研究中心	张殿松，曾昭全，王亚兰，于辉
JB-034	化工标准体系研究及化工标准体系表编制	化工部标准化研究所	杜宝祥，吴珠云，梁林青，吴锦容，刘廼兰
JB-035	GLR-Ⅱ型明室印刷片	中国乐凯胶片公司第二胶片厂	夏云勇，杨青海，孙玉梅
JB-036	QON75、QON100 型内分级循环管式气流粉碎机	上海化工机械三厂	计卓然，石学礼，严方，吕美卿，陈元可，杨承业，龚孝义，朱大敏
JB-037	年产 2000 吨杀虫单原粉（万吨杀虫双）生产工艺计算机控制	清华大学 郴县农药化工厂 湘潭机电专科学校 核工业部第二研究设计院 长沙曙光电子管厂	何克忠，杨辛芽，郭木河，刘国繁，袁世颐，高俊发，邓运明，丁冬花，李昔卫
JB-038	大型立式拱顶贮罐液压提升倒装工艺	中国化学工程第三建设公司	杨守全，胡根本，胡彭章，黄健，陈杰，赵永玉
JB-039	云浮磷铁矿计算机地质储量计算管理、辅助编制采剥计划系统	广东工学院 广东省云浮磷铁矿企业集团公司	汪银标，林思能，彭尔进，朱保佑，王豪，缪世辉，梅锦方，李红莲，程银兰
JB-040	强电解质混合溶剂体系的热力学研究	南京化工学院	陆小华，王延儒，时钧，张雅明，张吕正
JB-041	硬质聚氨酯泡沫塑料 HE-0402	化工部北京化工研究院 西安国营东方机械厂	李力庆，巩凡，王桂荣，刘军，凌明达，史一之，赵敏，陈苏平

续表

序号	项目名称	主要完成单位	主要完成人
科技进步奖（二等奖）			
JB-042	14.00 R20 和 12.00 R20 防弹安全轮胎	沈阳第三橡胶厂 化工部曙光橡胶研究所	赵国钧，葛传发，张庆增，单瑞琴，郭永怡，廖多耿，黄世权，杜玉岱，朱宜，李承殿
JB-043	TS-809 粘泥防止剂的研制及工业应用	化工部天津化工研究院 上海宝山钢铁总厂	齐登谷，严霜，洪勇宾，糜建青，丁忆，沈建华，马淑贤，毕永发，丁毅
JB-044	光固阻焊印料（单组分）	北京化工大学	庞正智，葛滋邦，金养智，应茂喜，余尚先，王铮，张升敏，陈少华，燕果
JB-045	LTX-1 型轮胎 X 射线检测设备	沈阳医疗器械厂 辽宁长征轮胎有限公司	朱文选，王珂，徐海波，郝为臣，张佩权，金铖发，秦永贵，王贵奖，侯树凯

附表 11　1995 年度化工部科技奖励获奖项目

序号	项目名称	主要完成单位	主要完成人
科技进步奖（一等奖）			
JB-001	铜陵磷铵厂年产 20 万吨硫酸大型国产化装置	化工部第三设计院 铜陵化学工业集团公司磷胺厂 上海冶金矿山机械厂 杭州锅炉厂	陈德华，江兴海，古成龙，吴大农，孙远鹏，李元和，张南虎，蒋进，陈甫松，王建鼎，冯嘉惠，潘云云，刘金龙，俞一大，张元庆
JB-002	偏氯乙烯共聚树脂及模加工技术	浙江省化工研究院 巨化集团公司 浙江大学 北京化工大学	李国英，钟慎运，翁志学，张丽叶，张成德，李寿祺，黄志明，刘长维，符晓钟，胡子丁，刘龙学，潘碧莲，戚光德，屠永华，马高其
JB-003	年产 2 万吨复极式离子膜法烧碱国产化装置	沧州市化工厂 北京化工机械厂 大沽化工厂 铁岭橡胶研究设计院 中国化工装备总公司 化工部自动化研究所	周振德，甘锁才，黄文正，邢家梧，靳洪强，蒋志彬，卢元构，韩庆荣，吕思林，陈国文，尤金德，陈兴元，李敏，李贺先，陈连才

续表

序号	项目名称	主要完成单位	主要完成人
科技进步奖（一等奖）			
JB-003	年产2万吨复极式离子膜法烧碱国产化装置	上海塑料研究所 南开大学 广州化工厂 上海天源化工厂	周振德，甘锁才，黄文正，邢家梧，靳洪强，蒋志彬，卢元构，韩庆荣，吕思林，陈国文，尤金德，陈兴元，李敏，李贺先，陈连才
JB-004	年产6万吨料浆法磷胺国产化装置	四川联合大学 四川硫酸厂 四川省化工设计院 三门峡化工机械厂 自贡工业泵厂 西南化机股份有限公司 四川化工机械厂 大连耐酸泵厂	钟本和，王建华，蒋思均，冯全煜，李玉川，陈文梅，张允湘，艾光运，刘宗权，别祖林，樊昌福，张义方，应健康，谢大宏，王永贵
JB-005	注塑成型过程计算机模拟技术	郑州工学院	申长雨，陈静波，王国中，刘春太，阎富友，曹伟，刘晓峰，王利霞，聂晓霞，高峰，李海梅，杨广东，郭延东，逮晓勤，姚起剑
JB-006	合成氨和尿素装置优化控制和调度	河北省沧州化肥厂 华东理工大学 化工部上海化工研究院	黄道，王天喜，吴坚，高成，王经国，朱永庭，王行愚，周金荣，张洪垠，蒋慰孙，牛金增，康永年，邱福祥，翟立英，孔繁伦
JB-007	富右旋反式丙烯菊酯	江苏省农业研究所 江苏省化工设计院	侯鼎新，成寿麟，汪达兴，张湘宁，施懿琴，季军，殷尚正，蔡漠毅，匡墨南，严传鸣，徐敏，张申伟，柳庆先，谭如学，童遂慈
科技进步奖（二等奖）			
JB-001	《化工学报》	中国化工学会 化学工业出版社	李健辞，周冬姬，师其英，杨宜年，方巩，赵颖力，汪家鼎，时钧，卢焕章
JB-002	HS 法脱出硫化物及二氧化碳技术	南京化学工业（集团）公司研究院	郭兆保，陈世钧，黄曼芬，肖九高，梁锋，丁心悦，李振甫，郭宁喜，刘够生

续表

序号	项目名称	主要完成单位	主要完成人
科技进步奖（二等奖）			
JB-003	空间位阻胺脱除二氧化碳新技术及气液传质数学模型的开发应用	南京化学工业（集团）公司研究院 渤海化工（集团）股份有限公司天津碱厂 河南省安阳化肥厂	王祥云，冯世译，汪令慈，阎凤林，陈耀汉，王先进，王安荣，张希德，毛松柏
JB-004	年产100吨氯化聚醚	辽宁省沈阳农药厂 化工部沈阳化工研究院 潍坊氯化聚醚厂	张树仁，周存文，赵敬赤，高嘉新，高非，薛有仁，赵湘华，钱阳光
JB-005	共轭环散堆塔填料的开发与应用	华南理工大学	陈焕钦，杨卓如，徐伟萍，黄洪，梅慈云
JB-006	“65”“60”系列低断面轿车子午线轮胎	山东省荣成市橡胶厂 化工部北京橡胶工业研究设计院	郑维峰，胡幼学，孙永贵，梅周蟒，何晓玫，于喜涛，贾云海，许美华，楚阿丽
JB-007	硝基氯苯单塔精馏—结晶分离新工艺	北京化工大学 江苏永联集团公司	叶永恒，陈毓强，杨承业，邱岳，刘炜军，奚建强，范晓兰，李德耀，葛丁良
JB-008	悬浮法通用型聚氯乙烯树脂及试验方法GB/T 5761—93	化工部锦西化工研究院 北京化工二厂	安少华，孙丽娟，潘桂荣，霍贵宗，杜凤梅，陈艳茹，刘希凤
JB-009	高压流体相平衡及状态方程的研究与应用	南京化工大学	徐南平，时钧，王廷儒，董军航，卞白桂
JB-010	WF-103、WF-104 UV-固化氨基甲酸酯环氧聚酯和脂环氧聚硅氧烷丙烯酸酯光纤涂料	湖北省化学研究所	余万能，屈秀宁，余晓梦，孙群珍，沈革新，刘良炎，刘卫，姜涛，荣家成
JB-011	聚合物聚醚多元醇	化工部黎明化工研究院	罗钟瑜，万小龙，胡忠伟，么庆金，于海成，高永琪，杨清，刘迎春，王淑琴
JB-012	湖内制卤直接碳化生产食用小苏打新工艺	内蒙古伊克昭盟察汗淖化工厂	李新华，张三厚，苏树友，訾文化，杨小棠，刘连弟，宫圣，杨存良，康孝儒
JB-013	氯代苯甲醛（2,4-二氯苯甲醛、邻氯苯甲醛、对氯苯甲醛）	化工部沈阳化工研究院 兰溪农药厂	付定一，姜树苍，杨贺选，陈恩音，徐文宝，韩梅荣
JB-014	二甘醇制吗啉成套技术	化工部北京化工研究院	王蕴林，郭浩然，王红红，王立中，李文通，戴伟，郁雅明，贾东丽，李学云

续表

序号	项目名称	主要完成单位	主要完成人
科技进步奖（二等奖）			
JB-015	用于过程控制的辨色传感器及其应用的研究	北京化工大学 吉林化学工业股份有限公司染料厂	武志华，张进明，张权，施用唏，王世玲，赵敏，孙永林，苏威涛，吴振威
JB-016	量热式高压气体质量流量计及控制仪	化工部北京化工研究院	陈敏贤，范雨珍，王昭雯，赵玫，钱军
JB-017	3 万吨级乙烯裂解炉用二级急冷锅炉开发	化工部化工机械研究院 吉林化学工业股份有限公司有机合成厂 兰州化学工业公司化工机械厂	刘丰，张松龙，杨学民，徐静安，李金科，王爱军，宋凯仁，徐宏兵，康翼
JB-018	JHG-131-3 腈硅聚合物	吉林化学工业公司研究院	王玉学，苗宏远，王金晏，李林秋，毛桂秋
JB-019	乐凯 GBR100 日光型彩色胶卷	中国乐凯胶片公司	邹竞，任风荣，高贺，李翠萍，李占辉，王洪泽，梁晓军，张永利，李路海
JB-020	匀染剂 NA-H	大连市轻化工研究所 顺德市容里精细化工厂	胡家智，翟立全，张俊杰，田万吉，郑宝环，史学风，周淑一，杜晓伟
JB-021	广东省云浮硫铁矿破碎工业场地滑坡防治工程	化工部化学矿山设计研究院 广东省云浮硫铁矿企业集团公司	李思华，马英豪，张光中，杨勤盛，方向东，查名铎，钟孝亢
JB-022	国产尿素级不锈钢 00Cr17Ni14Mo2 衬里 ϕ1400 尿素合成塔	南京化学工业（集团）公司化工机械厂	徐继和，杨宜生，潘步云，王吉和，季祥民，华伟，徐明林，赵山林，姚国熙
JB-023	乐凯 03 型彩色相纸	中国乐凯胶片公司	曹富华，高绍平，杨文贤，张静，尹长，杨文才，任守用，许明忠，高保利
JB-024	LM-X850 胎面复合挤出联动生产线	天津市橡塑机械联合有限公司	张芝泉，汤静，李琪，柴嘉佑，李金凯，石翼铭，李建志，冯达元
JB-025	NC 型轴-径向氨合成塔内件	南京化学工业（集团）公司研究院 平顶山化肥厂 南京化学工业（集团）公司化工机械厂	吕仲明，顾名权，王富保，郑晓松，章硕明，李济年，张权，杨琳，朱全勇
JB-026	LGL-X12/24.5 六角形钢丝圈挤出缠卷联动生产线	天津市橡塑机械联合有限公司	张芝泉，李永才，柴嘉佑，王维萍，董哲锦，王文奎

续表

序号	项目名称	主要完成单位	主要完成人
科技进步奖（二等奖）			
JB-027	分子热力学自由能模型及计算机模拟研究	北京化工大学	汪文川，卢焕章，梁惠民，郭明学
JB-028	铜陵地区硫化物矿床成矿条件及其矿种与斜长石牌号专属性研究	化工部化学矿产地质研究院	韩鹏
JB-029	钢筋混凝土双向板抗剪性能试验研究	郑州工学院	丁自强，韩菊红，杨建水，赵广田，袁群，黄新良，刘建
JB-030	内蒙古狼山地区多金属硫铁矿控矿因素及成矿远景分析	化工部化学矿产地质研究院	赵晓，郭玉亭，阎飞，索文，仲富琪，苏茵，刘峰，殷佳屏
JB-031	结构动力灵敏度分析及动力响应研究	郑州工学院	王伟，苗同臣，陈淮，赖永星，刘占臣，马成刚，胡少伟
JB-032	年产 30 吨吡嘧黄隆原料	化工部沈阳化工研究院 辽宁省沈阳农药厂	朴爱子，姜蕴才，史贤庆，刘晔，严士琴

附表 12 1996 年度化工部科技奖励获奖项目

序号	项目名称	主要完成单位	主要完成人
技术发明奖（一等奖）			
（空缺）			
技术发明奖（二等奖）			
JS-001	三叉杆滑移式等角速万向联轴器	青岛化工学院	常德功，王子健，尹清珍，周桂蓬，王莲芬，孟兆明
JS-002	短纤维预处理技术	北京化工大学 黑龙江省富锦市预处理短纤维厂	张立群，周彦豪，刘月星，童玉清，钦焕宇，耿海萍
技术发明奖（三等奖）			
JS-001	木粉聚醚催化合成的研究	郑州工业大学	蒋登高，王福安，杨长生，王文昌，陈道学，蒋元力
自然科学奖（一等奖）			
（空缺）			
自然科学奖（二等奖）			
ZR-001	聚吡咯、聚苯胺及炭黑-聚丙烯复合材料的制备、结构和性能研究	北京化工大学	李长江，姚琪，刘丽敏

续表

序号	项目名称	主要完成单位	主要完成人
		自然科学奖（三等奖）	
ZR-001	环境中重金属及其形态分析新系统研究	杭州大学	朱利中，戚文彬，朱岩
ZR-002	快速凝固 Al-Fe 合金中的亚稳结构研究	郑州工业大学	汤亚力，沈宁福，张东捷，刘晓芳，石广新
ZR-003	含铝硅溶胶的结构、性能与应用	南京化工大学	方永浩，杨南如
ZR-004	功能性聚合物乳液的研究	湖北大学	程时远，徐祖顺，管蓉，路国红，陈正国
ZR-005	丁二烯聚合、α-苯乙醇脱水催化反应动力学的研究	青岛化工学院	夏少武
		科技进步奖（一等奖）	
JB-001	大型离心式压缩机组在线监测和故障诊断系统	泸州天然气化学工业公司 西安交通大学	屈梁生，胡锡章，张西宁，杨蜀生，李艾华，任晓善，蒋林，辜学明，孟健，周志军，徐光华，马志勇，魏强，姚遥，陈涛
JB-002	工业生产过程系统抗震可靠性评估理论与应用	郑州工业大学 同济大学	李杰，李天，陈淮，韩新，孙增寿，宁建学，赵晓，魏星，易宇
JB-003	年产 60 万吨纯碱装置新技术的开发及应用	中国成达化学工程公司 唐山三友碱业（集团）有限公司 化工部大连化工研究设计院 锦西化工机械厂 渤海化工（集团）股份有限公司天津碱厂 金州重型机器厂 天津市板式换热器厂 山西东方机械厂 四川化工机械厂 中国化学工程第十三建设公司	周光耀，邸维章，彭承美，李鹤廷，周晓东，李友声，刘福良，刘霞，谢大臣，马秀芬，张伟，徐大萃，宋宗亮，何炀勋，朱尚琴

续表

序号	项目名称	主要完成单位	主要完成人
科技进步奖（一等奖）			
JB-004	氯碱生产过程优化控制系统	渤海化工（集团）股份有限公司天津大沽化工厂	肖卫国，王志明，张珍妹，于现军，冯圣文，杨广鑫，李宝利，张晓林，刘建文，郭艳芬，陈树泉，钱汉成，李育峰，顾卫国，程殿斌
科技进步奖（二等奖）			
JB-001	水煤浆加压气化炉用 Cr_2O_3-Al_2O_3-ZrO_2 耐火材料	冶金部洛阳耐火材料研究院 新乡市耐火材料厂 山东鲁南化肥厂	郭宗奇，董海，王亚帅，李风秋，韩伯琦，朱毓生，宋林喜，陈建华，王军
JB-002	超高分子量聚乙烯原位反应增强聚丙烯超韧合金的研制与开发	北京化工大学 江苏省仪征市工程塑料厂	金日光，夏正勤，汪晓东，时家骧，郇仲生，武德珍
JB-003	“270”橡胶密炼、压片、冷却机组	大连橡胶塑料机械厂	张普义，宁学文，孙素华，陈汝祥，金放，任凤年，杨红，丁世杰，高文岳
JB-004	以天然气为原料低压法合成年产 3 万吨甲醇装置	化工部西南化工研究院	刘克强，周正明，秦重远，杨龙贵，陈会伦，汪家谦，邱传珪，陈小平，王良辉
JB-005	桑塔纳轿车保险杠专用料（APB-123）	化工部北京化工研究院	朱更生，王铭华，李杰，蔡海军，金滟，张国民，曹德芳，陈绍梅，曾向阳
JB-006	湖北省兴神磷矿沉积环境与矿石物质组分研究	化工部化学矿产地质研究院	东野脉兴，郑文忠，李钟模，胡珞兰
JB-007	年产 50 吨二氯喹啉酸中试和年产 500 吨二氯喹啉酸基础设计	化工部沈阳化工研究院 江苏昆山化工厂	朴爱子，施杲棣，李彬，汤沈毅，瞿树德，朱学林，史贤庆，彭辉良，李壮
JB-008	荧光增白剂 ER 的研制	化工部沈阳化工研究院	马德强，张新悦，徐龙鹤，温卫东，满庆芝，毛树薇，黄元海，赵辛，张福臻

续表

序号	项目名称	主要完成单位	主要完成人
科技进步奖（二等奖）			
JB-009	γ-丁内酯甲胺（氨）化制 N-甲基吡咯烷酮（σ-吡咯烷酮）成套技术	化工部北京化工研究院	徐立英，杨元一，乐毅，朱云仙，卢传学，王秀玲，黄顺卿，张佩琴，祁国洪
JB-010	橡胶增粘剂 TKO 系列和 TKB 系列的研制与开发	化工部北京橡胶工业研究设计所 上海橡胶助剂厂 青岛助剂厂	蒲启君，赵忠礼，许春华，魏述章，严信康，李花婷，齐玉娥，程伟祥，李建中
JB-011	上海染料在世界染料大百科全书《染料索引》中登录的应用和研究	上海染料有限公司	章杰，陈维沄，五鹏飞
JB-012	BN-310 紫外负性光刻胶	北京化学试剂研究所	马存恕，郑金红，黄志齐，刘世龙，李绍玲，焦小明，胡德甫，郝志强，张汉良
JB-013	引进丙烯腈装置的技术改进及其相关技术的开发与应用	山东淄博石油化工厂	韩兆会，乔昌明，赵恩俊，张沛存，张华堂，王晓武，王英全，吕晓燕，徐良
JB-014	年产 5000 吨甲胺生产技术	化工部第六设计院 化工部上海化工研究院	孟祥凤，李细巧，陈兴东，金经真，姜孔馨，张公钧，王一士，余时明，郑贤华
JB-015	CM-269 等 6 个功能性成色剂的合成及应用研究	化工部感光材料技术开发中心 中国乐凯胶片公司	阮丽蓉，戴希衡，黄树华，孙权一，王惠云，白玉芳，朱镰，刘全群，庄大浪
JB-016	杀菌剂乙霉威（万霉灵）及其制剂	化工部沈阳化工研究院 江苏省新沂农药厂	王英杰，母灿先，张俊波，谢春燕，可乃国，杨来民，王通玲，许连云，马林
JB-017	30%百菌清、10%二甲菌核利和 22%敌敌畏 3 种保护地烟剂研制与开发	中国农业科学院蔬菜花卉研究所 化工部科学技术研究总院 湖南南天实业股份有限公司 上海联合化工厂	剧正理，朱国仁，赵建周，曹力进，徐宝云，李桂生，肖修荣，陈琦楚，钱洪

续表

序号	项目名称	主要完成单位	主要完成人
科技进步奖（二等奖）			
JB-018	国产卷钢涂料配套系列化开发	化工部常州涂料化工研究院 武汉钢铁公司涂层带钢公司 化工部涂料工业研究所常州市工业涂料厂	肖佑国，张俊智，孔鲜梅，王大期，徐世坤，陈复锁，朱莉，祝福君，王芃生
JB-019	年产 100 吨毒死蜱中试和年产 1000 吨毒死蜱原药及制剂基础设计	化工部沈阳化工研究院 南通染化厂	诸锡云，王嘉道，金宽洪，俞建平，侯纪蓉，顾树基，李丹，朱怡新，李壮
JB-020	地层测试用膨胀式封隔器胶筒	化工部沈阳橡胶工业制品研究所 江汉石油管理局 辽河石油勘探局井下作业公司测试公司	关玉新，程焕清，张英顺，韩行国，田胜辉，蔡伟，金迩铭，朱德明，张德君
JB-021	胶磷矿浮选新型捕收剂 PA-31 开发研究	化工部化工矿山设计研究院	孙克己，戴从洲，刘升林，吴良图，李桂香，朱维成，宋文义，张金爱，钟代伏
JB-022	活性艳蓝 KE-GN 合成研究	上海染料化工八厂 大连理工大学	杨锦宗，钱明生，丁素亭，赵德丰，李伟之，梁聚欣，曹美玲，王新华，方继民
JB-023	炼厂焦化干气加氢催化剂及其应用技术的开发	化工部西北化工研究院	周晓奇，江展昌，杜彩霞，刘维孝，吴志涛，越艳芳，霍尚义，李军，王有坤
JB-024	超声波 93%硫酸浓度计	南京化学工业（集团）公司研究院	万宁，杨晓敏，李平，孙和信，宋建华，梅基强，郑东，王雪林，解天槽
JB-025	NCF-1 低固含量免清洗助焊剂	化工部成都有机硅应用研究技术服务中心	周瑞山，薛树满，肖坤，苏松
JB-026	齐鲁乙烯氯碱高浓度含盐污水处理装置	化工部第三设计院 化工部北京化工研究院	王本涛，王占华，刘正，陈香柏，徐炳华，梁伯庆，胡继之，章明，朱永东
JB-027	LM-X600 轮胎胎面复合挤出联动生产线	天津市橡塑机械研究所	张芝泉，汤静，张建浩，张志谦，林文泉，徐伦高，董哲锦，王云飞，薛友强

附表 13 1997 年度化工部科技奖励获奖项目

序号	项目名称	主要完成单位	主要完成人
技术发明奖（一等奖）			
（空缺）			
技术发明奖（二等奖）			
JS-001	缓释包裹型复合肥料及其制造工艺	郑州工业大学 郑州乐喜施化学肥料厂	许秀成，张文辉，李药萍，王好斌，张宝林，孙以中
JS-002	引孔压浆沉桩工法	化工部第一勘察设计院	刘兴辰，王洪柱，梁闽，林延增，侯生明
自然科学奖（一等奖）			
（空缺）			
自然科学奖（二等奖）			
ZR-001	极谱催化波和电化学溶出分析方法研究	青岛化工学院	焦奎，刘澄凡，石金辉
科技进步奖（一等奖）			
JB-001	7051 杀虫素	化工部上海生物化学工程研究中心 浙江海门制药厂 上海溶剂厂	沈寅初，张国凡，杨慧心，陶正利，刘俊士，陈祥健，杨星，李蜀生，陈正杰
JB-002	含氯化肥科学施肥和机理的研究	中国农业科学院土壤肥料研究所 西南农业大学资源环境学院 辽宁省农业科学院土壤肥料研究所 湖北省农业科学院土壤肥料研究所 化工部上海化工研究院 甘肃省农业科学院土壤肥料研究所 广西农业科学院土壤肥料研究所 湖北省土壤肥料工作站 天津市土壤肥料研究所 华中农业大学	李家康，毛炳衡，傅孟嘉，刘立新，金安世，祝其胜，林继雄，庄莲娟，金绍龄，黄玉溢，程奕，徐辉，王德清，魏世强，叶坤合
JB-003	一甲基肼研制	化工部黎明化工研究院	李俊贤，徐仲麦，丁建新，唐经学，周福美，黄文源，叶青萱，杨春生，简显光，夏清阳，米镇涛，翟振国，杨忞

续表

序号	项目名称	主要完成单位	主要完成人
科技进步奖（二等奖）			
JB-001	《化学工程手册》	化学工业出版社	萧成基，冯伯华，汪家鼎，郭慕孙，时钧，余国琮，林纪方，陈家镛，沈复，郭长生，谢丰毅，蔡剑秋
JB-002	《合成氨工学》	化学工业出版社 南京化学工业公司	姜圣阶，吴锡军，朱世永，冯元琦，冯孝庭，夏敏文，姚桂秋，王仁杰，骆文敏
JB-003	钴盐型橡胶与镀黄铜钢丝帘线粘合剂 RC 系列的研制与开发	化工部北京橡胶工业研究设计院 镇江冶炼总厂	蒲启君，严忠庆，赵忠孔，陆金城，李华婷，曹进海，许春华，郦玉宝，齐玉娥
JB-004	T54/T60 舰船用阻尼涂料	化工部海洋涂料研究所 中国船舶总公司第七二五研究所厦门分部	黄微波，刘东晖，杨宇润，战凤昌，郑天水，王宝柱，郑复兴，李筱月，陈酒姜
JB-005	有机试剂对氢化物发生原子光谱法的增效作用的研究	杭州大学	陈恒武，毛雪琴，吴建之，汤福隆
JB-006	石油钻井井架力学行为分析及安全评估准则	郑州工业大学 中原石油勘探局	王伟，阴振亚，苗同臣，陈淮，兰振凯，剌永星，董本才，马惠中，雷天友
JB-007	乐凯彩虹 SA-1 型彩色相纸	中国乐凯胶片公司	许明忠，任守用，郭建国，张迎祥，赵振江，张尚湖，董梅，张宝珍，田爱军
JB-008	XY-4S1800B、XY-F4S 1800B 橡胶四辊压延机组	大连橡胶塑料机械厂	张津，刘澄厚，陶乃义，孙在波，孙桂娟，苗延利，任凤年，张锦佩，李次猷
JB-009	会聚件及磁钢用磁性塑料	北京市化学工业研究院	徐新民，陈洵，李志强，张向群，李志峰，曹公通

续表

序号	项目名称	主要完成单位	主要完成人
科技进步奖（二等奖）			
JB-010	化工综合信息服务系统	中国化工信息中心	李中，杜明洁，陈卓，罗立新，林莉，汪佩瑶，王莉华，徐青平，王晓红
JB-011	α-Al_2O_3 管式陶瓷微滤膜制备技术	南京化工大学 广德县箭穿无机膜设备有限公司	徐南平，陈长顺，汪沛，李金锁，邢卫红，朱平，王锡华，时钧
JB-012	用石油化工含钴、钼废催化剂生产钴、钼化工系列无机盐产品	成都市西南金属化工厂	王钧，王秀贞，金怡，李川娜
JB-013	Zr702 化工工艺管道焊接技术	中国化学工程第六建设公司 机械部合肥通用机械研究所 上海石化工程建设总公司（集团） 江苏索普集团公司	李计黎，平宝琳，王本凡，汪兵，郁汉斌，朱明曜，朱金舟，黄龙生，方勤
JB-014	橡胶防老剂 4020 连续一步法合成工艺	化工部南京化工厂	李鸿森，赖纪煌，童冬姝，周立蓉，陈玉森，谢爱能，谢成忠，许建华，吴相生
JB-015	NCA-2 型焦炉煤气净化分解催化剂	南京化学工业集团有限公司催化剂厂	黄建明，王富绩，陈富宝，郁荣寿，王惠军，成秀武，丁宏坤
JB-016	含碳氨水回收集成分离技术	化工部上海化工研究院 南京化学工业集团有限公司氨肥厂	贾春兰，殷云飞，陈彦明，陆懋筠，胡宏志，叶亚兴，朱永嘉，夏家仁，刘乃鸿
JB-017	卷帘型干式煤气柜橡胶密封膜	沈阳第四橡胶厂	施德欣，姜振华，袁国汀，李文习，曾泽，韩渝京，张国滨，伊英军，王继业
JB-018	吡虫啉（又称蚜虱净）	江苏省农药研究所 江苏省化工设计院	夏安平，苗桂英，周世希，练建平，王凤云，俞幼芬，童遂慈，孙文琴，顾正远

续表

序号	项目名称	主要完成单位	主要完成人
科技进步奖（二等奖）			
JB-019	大功率无泄漏磁力釜	化工部上海化工研究院 江苏省南通市化工机械厂	崔鹏程，杨麒，陈昌辉，姜金忠，许德勤，侯少雄，邵慧良，徐兴华，李文
JB-020	合成甲基异丙基酮工业试验	化工部北京化工研究院 宜兴市京泽化工厂	李德新，金淑华，张慧立，王国清，茅文星，曾清泉，邵金秋，姚云松，许士兴
JB-021	系列数字精密质量流量计（DMF-1）	化工部北京化工研究院	林振锋，高汉超，许桂英，董建丽，程现西，傅红巾，王双庆
JB-022	羟基封端液体含氟苯撑硅橡胶 FE2821	上海市有机氟材料研究所 中国航空工业总公司航空材料研究院	徐乃宣，施志清，曹寿德，朱海裕，侯结民，缪利琼，杨冲，夏文红，童洁雯

附表 14　1998 年度国家石油和化学工业局科技奖励获奖项目

序号	项目名称	主要完成单位	主要完成人
技术发明奖（一等奖）			
（空缺）			
技术发明奖（二等奖）			
JS-001	75-70654 的设计与制备技术	化工部感光材料技术开发中心	李旭东，赵险峰
技术发明奖（三等奖）			
JS-001	BF-30a 缓蚀剂连用法热水锅炉防腐阻垢技术	北京化工大学	魏刚，熊蓉春，陈智生，杨明，胡钢华
JS-002	新型硼酸酯型合成汽车制动液	北京化工大学	段雪，何静，孙鹏，李峰，王作新
自然科学奖（一等奖）			
（空缺）			
自然科学奖（二等奖）			
ZR-001	高温下焊接结构的设计原理	南京工业大学	涂善东，巩建鸣，凌祥，陈嘉南，周昌玉

续表

序号	项目名称	主要完成单位	主要完成人
自然科学奖（三等奖）			
ZR-001	聚合物共混物分散相粒径定量预测的研究	化工部北京化工研究院	张中岳，乔金梁，黄红红
ZR-002	活性染料反应性的研究及其创新结构设计	大连理工大学	吴祖望，王桂娟，林莉，田雅珍，杨凌宵
科技进步奖（一等奖）			
JB-001	酶法合成手征性化合物的新技术研究	南京化工大学	欧阳平凯，应汉杰，胡永红，王雪根，万红贵，徐虹
JB-002	分子蒸馏技术及工业化应用	北京化工大学 北京新特科技发展公司	林功成，刘玮，石磐，王华庆，冯建勋，董传涛，梁晓萍，陈慕菁，袁朝刚
JB-003	化工设备事故预测技术的研究	南京化工大学	戴树和，涂善东，吴望周，沈士明，黄文龙，巩建鸣，於孝春，陈嘉南，吴宝娟，周昌玉
科技进步奖（二等奖）			
JB-001	年产30万吨套子午线轮胎工业性生产技术	化工部北京橡胶工业研究设计院 山东省荣成市橡胶厂	吴桂忠，郑维峰，谢遂志，吕秉堂，孙永贵，王海灵，陈敏玲，刘昌波，鞠训宁
JB-002	膦羟酸缓蚀阻垢剂	南京化工大学 武进精细化工厂	韩应琳，汤建元，刁月民，路长青，马迎军，杨文忠
JB-003	杀菌剂2-(2-苯氧基乙基)三甲基氯化铵（MQA）	南京化工大学 江都市第八化工厂	王锦堂，朱红军，李国生，蒋建龄，韦广法，陆世朝，殷峻，吴庆梅
JB-004	932产品研制	化工部光明化工研究设计院	高昌熙，岳成君，张洪霞，胡丽安，常文翠，陈世兴，蔡树声，查燕春，梁肃臣
JB-005	反应型PVC/PP高韧性高抗流动合金材料的开发	北京化工大学 湖南省郴州塑料材料厂	金日光，杨六亿，武德珍，雷翔书，张宇东，汪晓东，励杭泉

续表

序号	项目名称	主要完成单位	主要完成人
科技进步奖（二等奖）			
JB-006	乐凯电话磁卡宽片	中国乐凯胶片公司	陈必源，王德胜，张济才，任汉文，刁振刚，刘彦峰，张作泉，张运刚，锁亚强
JB-007	耐光钼铬红颜料的研制	化工部常州涂料化工研究院 杭州江南颜料化工厂	钱跃敏，付敏，蒋定凤，陈立荣，陈伟忠
JB-008	改进型汽车用聚氯乙烯塑溶胶	化工部锦西化工研究院 南京依维柯汽车有限公司	冷文学，沙涤，纪绍庆，曲秀兰，郭彪，周光仁，张宏伟，韩克慧
JB-009	大口径管材专用聚氯乙烯树脂	化工部锦西化工研究院 江苏北方氯碱集团公司 北京化工大学 浙江大学	傅培升，卢文科，李少言，华幼卿，翁志学，张振英，金日光，黄志明，陈群涛
JB-010	波音 737-300 型飞机轮胎研制	化工部曙光橡胶工业研究设计院	韩飞雪，王顺益，关伟平，俞华英，毛体贤，郭保华，聂树生，王国篇
JB-011	聚氨酯反应注射成型新产品	化工部黎明化工研究院	林可君，周正欣，张家昕，董火荣，徐归德，关秀文，王亚萌，修玉英
JB-012	年产 1.5 万吨（P_2O_5）双槽半水物磷酸及年产 3.0 万吨磷酸一铵生产技术	云南省化工研究院 昆明化肥厂 南京化学工业（集团）公司设计院	胡明南，郑池，陈教荃，马丕静，马兆宁，段汇川，蒋振海，楚向东，徐云生
JB-013	江苏省洪泽县无水芒硝矿钻井两管油垫水溶开采工业试验	化工部长沙设计研究院 江苏省洪泽县芒硝矿	梁天佐，马平杰，王力强，梅国家，周荣晋，莫中华，李梅鹏，唐顺华，王守明
JB-014	含稀土的复合肥料	天津市黄海化肥厂 中国农业科学院土壤肥料研究所 化工部上海化工研究院 北京有色金属研究总院	付洪斌，徐新宇，吴向阳，张锦源，张玉梅，温劲波，张聘祥，田荣屏，朱永懿

续表

序号	项目名称	主要完成单位	主要完成人
科技进步奖（二等奖）			
JB-015	工业建筑防腐蚀设计规范 GB 50046—95	中国寰球化学工程公司 中国成达化学工程公司 化工部第二设计院 北京有色冶金设计研究总院	马德彰，范迪恩，何进源，顾伯岳，杨文君，宋波，汪家塘，祖渤珩，周海林
JB-016	高聚物注射及挤出成型中数值计算理论的研究	郑州工业大学	申长雨，陈静波，刘春太，王利霞，王国中，杨广军，李倩，曹伟，杨晓东
JB-017	合成气定向转化为低碳烯烃的超微粒子催化剂的研制和催化原理研究	北京化工大学	张敬畅，杨福明，曹维良，郭广生，高晓云，陆江银，唐烈，窦正仓
JB-018	大陆层控构造论	化工部化学矿产地质研究院	李扬鉴，张星亮，陈延成
JB-019	从盐湖沉积资料看晚第四纪全球气候变化	化工部化学矿产地质研究院	陈延成，王鉴津，魏东岩，刘振敏，杨清堂，钱作华，关绍曾
JB-020	《涂料工艺》（增订本）1～6分册	天津灯塔涂料有限公司 上海涂料公司 北京红狮涂料有限公司 化学工业出版社 上海涂料研究所	居滋善，陈世杰，虞兆年，马庆林，顾南君，姜英涛，王树强
JB-021	《离子选择电极分析技术》	化学工业出版社 中国计量科学研究所	谢声洛，任惠敏

附表 15　1999 年度国家石油和化学工业局科技奖励获奖项目

序号	项目名称	主要完成单位
技术发明奖（一等奖）		
（空缺）		
技术发明奖（二等奖）		
JS-001	高反式-1,4-聚异戊二烯的合成与应用开发	青岛化工学院 北京橡胶工业研究设计所
JS-002	兑卤脱钠控速分解结晶法制优质氯化钾	化工部连云港设计研究院

续表

序号	项目名称	主要完成单位
技术发明奖（三等奖）		
JS-001	激光印字胶印版	北京化工大学 中国乐凯胶片公司第二胶片厂
JS-002	环流式碳化塔技术	化工部大连化工研究设计院
JS-003	螺旋提土压灌水泥砂浆桩复合地基及其施工技术	中国化学工程第一岩土工程有限公司
JS-004	垂直折流多功能生化反应器	大连理工大学
科技进步奖（一等奖）		
JB-001	发酵法生产透明质酸	北京化工大学
JB-002	热硫化硅橡胶生胶生产技术	化工部晨光化工研究院（成都）
JB-003	《化工百科全书》	化学工业出版社
科技进步奖（二等奖）		
JB-001	液膜分离回收废水中高浓度酚、氰技术及应用	沈阳化工研究院 江苏省新沂利民化工有限公司 大连瑞泽农药股份有限公司
JB-002	年产 1.5 万吨新工艺炭黑工业化技术推广应用	化工部炭黑工业研究设计院 湖南邵阳炭黑厂 青州化工股份有限公司 上海立事化工实业公司
JB-003	FYD 驱动机构特种线圈骨架	北京化工大学
JB-004	高清晰度、高分辨率星载胶片（A 型）	中国乐凯胶片公司
JB-005	氯乙烯路线联产 HFC-152a 和 HCFC-142b 技术	浙江省化工研究院
JB-006	光成像抗蚀抗电镀油墨及阻焊油墨	北京力拓达科技有限责任公司 北京化工大学
JB-007	A/O 生物膜法处理精对苯二甲酸（PTA）废水达标技术	化工部第三设计院（东华工程公司） 扬子石化公司
JB-008	石化炼油工业污水处理工艺	化工部第三设计院（东华工程公司）
JB-009	低供热源变压再生新工艺	南化集团研究院 安阳化学工业集团有限责任公司
JB-010	六自由度主-从操作系统手控器	郑州工业大学
JB-011	无机陶瓷微滤膜成套装备与应用技术	南京化工大学
JB-012	超临界二氧化碳萃取技术及其工业化成套装置的研究开发	化工部光明化工研究设计院

续表

序号	项目名称	主要完成单位
科技进步奖（二等奖）		
JB-013	蒽醌法制过氧化氢用球形钯催化剂技术开发及产业化	黎明化工研究院
JB-014	以乙烯装置为主的化工工艺设计技术	中国寰球化工工程公司
JB-015	大容量密炼机上辅机及控制系统	北京橡胶工业研究设计院 山东成山橡胶集团荣成橡胶厂
JB-016	乘用子午胎二次法成型机、一段成型机、二段成型机	北京敬业机械设备有限公司 北京法思特科贸公司
JB-017	微悬浮法 PVC 专用糊树脂及工艺	化工部锦西化工研究院 北京化工大学 沈阳化工股份有限公司
JB-018	不相溶聚合物共混中增容-交联协同作用的研究	浙江大学
JB-019	Ⅰ、Ⅱ、Ⅲ类管道安装分析系统	浙江工业大学 镇海炼油化工股份有限公司化肥厂
JB-020	《机械设计手册》（第三版）	北京有色冶金设计研究总院 化学工业出版社
JB-021	《农药问答》（第三版）	中国农科院植保所 化学工业出版社
JB-022	《工业水处理技术》	化学工业出版社
JB-023	《化工分离过程》	天津大学 化学工业出版社
JB-024	《尿素》	大连理工大学 中国五环化学工程公司 上海化工研究院 化学工业出版社

附表 16　2000 年度中国昊华化工（集团）总公司科技奖励获奖项目

序号	项目名称	主要完成单位
技术发明奖（一等奖）		
（空缺）		
技术发明奖（二等奖）		
JS-001	固体浮力材料	海洋化工研究院

续表

序号	项目名称	主要完成单位
科技进步奖（一等奖）		
JB-001	从活性染料到反应性染色的理论与实践	大连理工大学
科技进步奖（二等奖）		
JB-001	新型单组分聚氨酯风挡玻璃粘接剂/密封胶	深圳市奥博胶粘剂化工有限公司
JB-002	薄膜蒸发器应用研究	南京化工大学
JB-003	年产5吨子级高纯氯生产装置	光明化工研究院
JB-004	悬浮法聚氯乙烯聚合配方研究	锦西化工研究院 新疆天业集团石河子中发化工公司
JB-005	X（S）N-55/30TS 同步转子密炼机	青岛化工学院
JB-006	烷基糖苷合成	大连理工大学
JB-007	湿法纺丝腈纶工业污水处理技术	东华工程公司 安庆石化总厂、腈纶厂
JB-008	固相水合固体进料离心分离—水碱制低盐重质纯碱技术	大连化工研究设计院
JB-009	水性氟树脂耐高温防粘涂料	广州市化学工业研究所
JB-010	切割V带、同步齿型生产装置	青岛化工学院
JB-011	橡胶密封圈、自紧油封	西北橡胶塑料研究设计院

附表17　2001年度中国昊华化工（集团）总公司和中国石油和化学工业协会科技奖励获奖项目

序号	项目名称	主要完成单位
技术发明奖（一等奖）		
JS-001	新型高效杀菌剂氟吗啉	沈阳化工研究院
技术发明奖（二等奖）		
JS-001	高性能硬质聚氯乙烯微发泡化学建材及新型挤出发泡工艺	青岛化工学院
JS-002	四氟乙烯（TFE）单体生产新工艺的应用	晨光化工研究院二厂 中国化工装备总公司
JS-003	新型功能性成色剂的创制和应用的研究	中国乐凯胶片集团感光化工研究院
JS-004	年产百万吨级二氟甲烷制备中试	浙江省化工研究院
技术发明奖（三等奖）		
JS-001	铝-硅联合缓蚀剂的创制及应用研究	北京化工大学

续表

序号	项目名称	主要完成单位
科技进步奖（一等奖）		
JB-001	微生物催化法生产丙烯酰胺及聚丙烯酰胺	原化工部上海生物化学工程研究中心 北京恒聚油田化学剂有限公司 胜利油田长安实业集团公司 江苏南天集团股份有限公司 原化工部广州聚丙烯酰胺研究中心
JB-002	年产 6000 吨子午线轮胎专用有机硅烷偶联剂	南京曙光化工总厂
JB-003	大型企业资源优化配制系统	沈阳宏安软件开发有限公司 中国石油抚顺石化分公司
科技进步奖（二等奖）		
JB-001	聚乙烯可控聚合及 PVC 合金的高强超韧化应用研究	北京化工大学
JB-002	存在反应的电解质溶液相平衡研究和应用	南京化工大学
JB-003	旋风预热器窑分解磷石膏制硫酸联产水泥技术	山东鲁北企业集团总公司
JB-004	壳聚糖生产新技术及应用	北京化工大学
JB-005	特种聚乙醇（PEG）的研制	中国化工新材料总公司黎明化工研究院
JB-006	无机陶瓷超滤膜成套装备与应用技术	南京化工大学
JB-007	高效导向筛板塔在化工生产中的开发研究及工业应用	北京化工大学
JB-008	农药新品种——氟节胺的研究开发	浙江省化工研究院
JB-009	55、50 系列高速低滚动阻力轿车子午胎	北京橡胶工业研究设计院
JB-010	万吨级甲乙酮装置	原化学工业部第三设计院（东华工程公司）
JB-011	直接挤出成型加工硬质 PVC 专用树脂开发	锦西化工研究院 新疆天业集团石河子中发化工公司
JB-012	B207 型一氧化碳低温变换催化剂	南化集团研究院
JB-013	双槽磷酸工艺技术	原化学工业部第三设计院（东华工程公司） 云南红磷化工有限责任公司
JB-014	生产过程节水减污技术及设备研究	北京化工研究院环境保护研究所 沈阳化工研究院 北京化工大学 中国环境科学研究院

续表

序号	项目名称	主要完成单位
科技进步奖（二等奖）		
JB-014	生产过程节水减污技术及设备研究	同济大学 哈尔滨空调股份有限公司 浙江巨化股份有限公司合成氨厂
JB-015	过程系统能量集成技术	大连理工大学 抚顺乙烯化工有限公司 辽阳石化分公司炼油厂
JB-016	高性能建筑用涂料的开发	中国化工建设总公司常州涂料化工研究院
JB-017	内循环冷却吸收装置的研究与开发	郑州大学
JB-018	新型多官能团缓蚀阻垢剂 DPSC 的工业化开发	南京化工大学 南京化工大学武进水质稳定剂厂
JB-019	用于油田驱油及其他领域的新型高效活性聚合物的研究开发	山东省化工研究院 山东大学 山东油化化工科技有限公司 山东瑞星生物化工股份有限公司
JB-020	CWF-15 型高浓度、高稳定性水煤浆添加剂	昆山市迪昆精细化工公司 中国兖州矿业集团公司
JB-021	钛缠绕式垫片生产技术	南京工业大学 泰州市金烨钛制品有限公司
JB-022	万吨级油/气路线新工艺炭黑生产技术开发	中橡集团炭黑工业研究设计院
JB-023	苯酚羟基化制邻苯二酚成套技术	铜山精密化工总厂 南开大学 中化化工科学技术研究总院
JB-024	密炼机实验平台及智能化控制技术	青岛化工学院
JB-025	轿车零部件专用涂料的研究	中国化工建设总公司常州涂料化工研究院
JB-026	大型滑动密封圈的研制	北京橡胶工业研究设计院 中国航天科技集团公司第七〇三研究所 河南轮胎股份有限公司
JB-027	XY-4S1200C、XY-F4S1200C 橡胶四辊压延机组	大连冰山橡塑股份有限公司

附表 18　2002 年度中国石油和化学工业协会科技奖励获奖项目

序号	项目名称	主要完成单位
技术发明奖（一等奖）		
JS-001	非木材纤维造纸用变性淀粉系列产品	杭州市化工研究所 化学工业（全国）造纸化学品工程技术研究中心 杭州纸友科技有限公司
JS-002	杀菌虫剂 89-1	四川省化学工业研究设计院
技术发明奖（二等奖）		
JS-001	烷氧基改性的季鏻盐及其制备方法和应用	南京工业大学
JS-002	端噁唑啉聚醚及其碳酸钙粒子增韧聚烯烃母料的应用开发	南京工业大学 中国石化集团金陵石油化工公司
JS-003	荧光增白剂 OB 合成新工艺	大连化工研究设计院
JS-004	微生物酶法拆分制备 D-泛解酸内酯及应用	江南大学 浙江鑫富生化股份有限公司
科技进步奖（一等奖）		
JB-001	固体超强酸光催化剂的研制及在空气净化器中的工业应用	福州大学
JB-002	择形催化转化沸石催化剂和技术的研究与开发	大连理工大学
JB-003	旱田除草剂精恶唑禾草灵	沈阳化工研究院 安徽华星化工股份有限公司 杭州宇龙化工有限公司
科技进步奖（二等奖）		
JB-001	合成氨燃料气双甲精制新工艺	湖南安淳高新技术有限公司
JB-002	新的环保型双活性基活性染料	沈阳化工研究院 上海万得化工有限公司
JB-003	油菜田除草剂草除灵乙酯	沈阳化工研究院 浙江新安化工集团股份有限公司 安徽华星化工股份有限公司
JB-004	PE 基高强度钢塑复合管材料及成型生产设备研制	青岛科技大学
JB-005	年产 1000 吨纳米级二氧化硅（气相法白炭黑）	沈阳化工股份有限公司
JB-006	绝热-管壳复合型甲醇合成反应器	华东理工大学

续表

序号	项目名称	主要完成单位
科技进步奖（二等奖）		
JB-007	AS 系列在线分析仪表样气预处理系统	成都倍诚分析技术开发公司 成都市依梯梯倍诚工控技术有限公司 云南云天化股份有限公司
JB-008	海洋高压输油胶管	河北欧亚特种胶管有限公司
JB-009	无电解 Ni-P、Ni-P-PTFE 非晶态合金的防腐防蜡油管	哈尔滨工业大学
JB-010	用于子午线轮胎新型高性能不溶性硫磺材料研制	无锡市钱桥橡胶助剂厂
JB-011	NHP 型系列高效节能新型喷雾、增湿、降温、降尘、脱硫雾化技术及设备	南京工业大学
JB-012	大型腈纶纺丝生产装置网络化操作系统研究与实现	哈尔滨工业大学 中国石油大庆石化分公司腈纶厂
JB-013	涂料用高固体分聚酯和丙烯酸树脂的研究与开发	中国化工建设总公司常州涂料化工研究院
JB-014	面向对象的通用化工过程模拟分析系统	青岛科技大学
JB-015	碳纤维复合材料用高性能树脂基体	大连理工大学
JB-016	农用系列烟剂	北京天擎化工有限责任公司 北京天擎绿保农业技术有限公司 北京云港生物化工有限公司
JB-017	XLBⅡ小料自动配料称重系统	青岛高校软控股份有限公司
JB-018	DH021 型环己醇脱氢制环己酮催化剂	南化集团研究院 南京东方化工有限公司
JB-019	柔性抗磨高压管汇	河北省景县液力柔性管汇厂
JB-020	FB122 型低汽气比高温变换催化剂	西北化工研究院
JB-021	大型鲁奇炉煤制氨装置制气与净化关键技术的工程研究与改进	天脊煤化工集团有限公司
JB-022	KDY-5000 型橡胶压延自动测厚及控制系统	北京市科地亚金创电子技术研究所 河南轮胎股份有限公司
JB-023	JW 低压均温甲醇合成塔技术	杭州林达化工技术工程公司

附表 19　2003 年度中国石油和化学工业协会科技奖励获奖项目

序号	项目名称	主要完成单位
技术发明奖（一等奖）		
JS-001	发酵法生产丙酮酸	江南大学 常茂生物化学工程股份有限公司
技术发明奖（二等奖）		
JS-001	草甘膦可溶性固体剂型	南通飞天化学实业有限公司
技术发明奖（三等奖）		
JS-001	新颖杀虫剂氯噻啉的合成工艺	南通江山农药化工股份有限公司
JS-002	年产 3 吨双酚 A 二酐中试	上海市合成树脂研究所
JS-003	苦参素植物杀虫剂	北京三友世纪生化技术有限公司
科技进步奖（一等奖）		
JB-001	易自聚物料精馏新技术的研究开发与应用	北京化工大学 中国石化上海石油化工股份有限公司化工研究所
JB-002	子午线轮胎专用高性能新结构钢帘线生产技术开发	江苏兴达钢帘线股份有限公司
JB-003	呋喃酚技术的研究与开发	湖南化工研究院
JB-004	年产 5 万吨氯化聚乙烯（CPE）生产技术装备的开发	潍坊亚星集团有限公司
JB-005	年产 12 万吨大型磷酸成套装置	东华工程科技股份有限公司 安徽六国化工股份有限公司 北京化工大学 杭州化工机械厂
JB-006	乙二醇生产工艺的模拟、优化及在工程设计中的应用	中国寰球工程公司
JB-007	环氧乙烷四氢呋喃共聚醚（PET）的研制	黎明化工研究院
JB-008	年产 3.5 万吨 MTBE 裂解制聚合级异丁烯成套技术	中国石油化工股份有限公司北京燕山分公司研究院 中国石化北京燕山石油化工股份有限公司 北京燕山石油化工设计院
JB-009	催化裂化反应系统新型集成技术开发及应用	石油大学（北京）
JB-010	《材料科学导论——融贯的论述》	化学工业出版社
科技进步奖（二等奖）		
JB-001	固定化细胞法合成天然酒石酸	常茂生物化学工程股份有限公司
JB-002	超强多功能阻聚剂 BL-628	北京斯伯乐科技发展有限公司

续表

序号	项目名称	主要完成单位
科技进步奖（二等奖）		
JB-003	高效除草剂稀禾定	沈阳化工研究院
JB-004	系列潜伏性环氧树脂基体及其结构-功能一体化复合材料的研制与应用	大连理工大学 哈尔滨玻璃钢研究院
JB-005	高性能合成树脂仿幕墙系统材料生产及应用技术	深圳嘉达化工有限公司 深圳市嘉达新材料实业有限公司
JB-006	胜利炼油厂 CIM 系统	中国石油化工股份有限公司齐鲁分公司胜利炼油厂
JB-007	脱壳弹塑料弹托及闭气环生产技术	中蓝晨光化工研究院
JB-008	双峰低成本反应性液体橡胶合成技术的开发	中国石油天然气集团公司兰州化学工业公司胶乳研究中心
JB-009	矿用巨型工程机械轮胎无模硫化新工艺	北京金运通大型轮胎翻修厂
JB-010	六氟化硫技术改进及工业化研究	黎明化工研究院
JB-011	肼-70 的研制及其应用研究	黎明化工研究院
JB-012	耙料机遥测遥控系统	江南大学
JB-013	万吨级真空结晶复分解法硝酸钾工艺装置	东华工程科技股份有限公司 云南沃特威化工股份有限公司
JB-014	工业设备气相保护技术	北京化工大学 北京化新通达清洗技术有限公司 廊坊开发区热力中心
JB-015	精甲霜灵原药及制剂	浙江禾本农药化学有限公司
JB-016	丁羟推进剂用新型高效键合剂研究	黎明化工研究院
JB-017	新颖杂环类有机磷杀虫剂：杀扑磷和甲基嘧啶磷的工程开发研究	浙江工业大学 浙江永农化工有限公司
JB-018	高效脉冲填料塔强化的研究和应用	清华大学
JB-019	医用级聚氯乙烯树脂 M-1000	上海氯碱化工股份有限公司
JB-020	高纯芥酸酰胺生产新工艺开发	泸天化（集团）有限责任公司
JB-021	超高效除草剂-阔草特（嗪草酸）合成技术	大连瑞泽农药股份有限公司 大连正大精细化工研究院 大连经济技术开发区新星农药研究所
JB-022	新型丙烯氧化制丙烯醛、丙烯酸催化剂	中国石油兰州石油化工公司石油化工研究院

续表

序号	项目名称	主要完成单位
科技进步奖（二等奖）		
JB-023	无裂缝纳米级氧化物膜钛阳极	华东师范大学 苏州新区化工节能设备厂
JB-024	BVT 浮阀塔板的研制及其在工业中的应用	石油大学（华东） 山东石大科技有限公司
JB-025	过程工业能量系统优化在石油企业中的工程应用	华南理工大学 中国石油天然气股份有限公司大庆炼化分公司 广州市优华过程技术有限公司
JB-026	18mm 厚 MDYB-3 定向航空有机玻璃	锦西化工研究院
JB-027	钠法漂粉精生产技术研究及应用	中国石化江汉油田分公司盐化工总厂
JB-028	高性能驱动型花纹无内胎全钢载重子午胎	北京橡胶工业研究设计院 山东成山轮胎股份有限公司
JB-029	反应挤出法制备高分子反应型相容剂及其应用研究	青岛大学
JB-030	超细高氯酸铵扩大试验	黎明化工研究院
JB-031	环保型农药——75%苯磺隆干悬浮剂	江苏瑞禾农药厂
JB-032	特殊环境下化工设备预测性维修规划关键技术的研究	南京工业大学 华东理工大学
JB-033	聚合物材料在口模出口区流动中粘弹性行为及机理的研究	华南理工大学
JB-034	基于神经网络和遗传算法的机械结构优化设计理论、方法及其应用	南京工业大学 浙江大学
JB-035	西部前陆盆地勘探测井配套新技术研究及应用	江汉石油学院
JB-036	气举采油系统技术	江汉石油学院
JB-037	《茂金属催化剂及其烯烃聚合物》	中国石油兰州石化公司石油化工研究院 化学工业出版社
JB-038	《机械设计手册》（第四版，5 卷）	中国有色工程设计研究总院
JB-039	《新型氮肥——长效碳酸氢铵》	中国科学院沈阳应用生态研究所 化学工业出版社
JB-040	《溶剂萃取手册》	化学工业出版社
JB-041	《复合材料大全》	江苏省复合材料学会 化学工业出版社
JB-042	《跨世纪的高分子科学》丛书	国家自然科学基金委员会化学部 化学工业出版社

附表20　2004年度中国石油和化学工业协会科技奖励获奖项目

序号	项目名称	主要完成单位
技术发明奖（一等奖）		
JS-001	无机纳米颗粒增韧改性塑料制品工业化技术	北京化工大学 北京中超海奇科技有限公司 天津中财型材有限责任公司
JS-002	面向超细颗粒悬浮液固液分离的陶瓷膜设计与应用	南京工业大学
JS-003	两段提升管催化裂化技术	石油大学（华东）
JS-004	新杀菌剂龙克菌的开发及应用技术研究	浙江龙湾化工有限公司 浙江省温州市农业局
JS-005	耦合法生产γ-丁内酯和2-甲基呋喃	中国科学院山西煤炭化学研究所 江苏七洲绿色化工股份有限公司
技术发明奖（二等奖）		
JS-001	富马酸、苹果酸联合生产创新工艺	常茂生物化学工程股份有限公司 江苏工业学院
JS-002	几种聚合物-层状硅酸盐纳米复合材料及其产业化	中国科学院化学研究所 石油大学（北京）
JS-003	新型氯化法纳米二氧化钛制备技术及应用	北京化工大学 北京化大天瑞纳米材料技术有限公司
JS-004	降低高氯酸铵水分结晶新工艺及高氯酸铵湿法组批研究	黎明化工研究院
JS-005	杀螟丹的制备方法	江苏溧化化学有限公司 江苏中意化学有限公司 江苏瑞禾化学有限公司
JS-006	盐酸法生产饲料级磷酸氢钙联产碳酸钙及氯化铵的方法	河北科技大学
JS-007	多级气波制冷机及技术	大连理工大学
JS-008	环己烷氧化酸性洗涤废水制取己二酸技术	沈阳工业大学 中国石油天然气股份有限公司辽阳石化分公司
科技进步奖（一等奖）		
JB-001	大型高效搅拌槽反应器的研究开发及工业应用	北京化工大学
JB-002	环保型阻燃热塑性树脂系列产品的开发及产业化	广州金发科技股份有限公司
JB-003	纳米碳酸钙原位聚合PVC复合树脂产业化工程	巨化集团公司 杭州华纳化工有限公司

续表

序号	项目名称	主要完成单位
科技进步奖（一等奖）		
JB-004	间苯二胺绿色制备工艺研究及应用推广	浙江工业大学
JB-005	新型转盘萃取塔研究开发与工业应用	清华大学 中国石油化工股份有限公司巴陵分公司
JB-006	一种连续制备RT-培司绿色新工艺	山东圣奥化工股份有限公司
JB-007	新型氯醇法环氧丙烷生产技术及装备	沈阳化工学院 锦化化工（集团）有限责任公司
JB-008	树脂吸附技术在氯化苯清洁生产中的应用	南京大学 中国石化集团南京化工厂 江苏扬农化工集团有限公司
JB-009	低渗石油储层注 CO_2 驱油中的重大科技问题的实验和理论研究	石油大学（北京）
JB-010	化工过程数据协调和过失误差侦破的研究	清华大学
JB-011	滇池磷的现代沉积与环境	中化地质矿山总局地质研究院
科技进步奖（二等奖）		
JB-001	ELL-外测液位仪	西安定华电子有限公司
JB-002	国家ODS替代品工程中心建设及氢氟烃类产品开发研究	浙江省化工研究院
JB-003	年产500吨氟橡胶生产技术	中昊晨光化工研究院
JB-004	聚丙烯塑料专用涂料	中国化工建设总公司常州涂料化工研究所 江阴市荣新塑化有限公司
JB-005	万吨级全液相二氟一氯甲烷生产新工艺	浙江衢化氟化学有限公司
JB-006	COMS-Ⅱ级超净高纯试剂的研制	江阴市化学试剂厂 江阴市化工试剂研究所
JB-007	低毒杀螨剂溴螨酯原药和制剂	浙江禾本农药化学有限公司
JB-008	欠平衡钻井多项流动水力参数设计和计算	石油大学（华东） 大港油田集团钻井工程公司
JB-009	高硅含量丙烯酸乳液及其涂料的研制	中国化工建设总公司常州涂料化工研究院
JB-010	淀粉、丙烯腈制备超吸水剂新工艺	江南大学 枣庄源大实业有限公司
JB-011	氯代三氟甲基吡啶产业化开发	江苏扬农化工集团有限公司 山东省农药研究所

续表

序号	项目名称	主要完成单位
科技进步奖（二等奖）		
JB-012	年产 10 万吨烧碱蒸发大型装置及其工艺的研究	江苏安邦电化有限公司
JB-013	软体油罐骨架材料	山东博莱特化纤有限责任公司
JB-014	全位置智能焊接机器人	北京石油化工学院
JB-015	铡刀式带束层钢丝帘布裁断机组	北京橡研院机电技术开发有限公司
JB-016	高速印刷机用高性能印刷胶辊制备成套技术及装备开发	北京化工大学 北京北化新橡科技发展有限公司
JB-017	新型高效无堵塞泵系列化开发及应用	江苏大学 江苏亚太水工机械有限公司
JB-018	丁烯提浓成套工艺技术	东华工程科技股份有限公司 烟台大学 新疆独山子天利高新技术股份有限公司甲乙酮厂 安徽东华工程技术有限公司
JB-019	UASB 法处理高浓度化工废水的技术研究	哈尔滨工业大学
JB-020	螺杆压缩机新型油封的应用研究	石油大学（华东） 中国石化齐鲁股份有限公司橡胶厂
JB-021	CCTGK 型系列 650℃新型空气预热器	中橡集团炭黑工业研究设计院
JB-022	稳定性同位素氮-15（高丰度）	上海化工研究院
JB-023	多元料浆新型气化技术开发研究	西北化工研究院
JB-024	年产 500 吨彩色显影剂 CD-3 产业化	蓝星化工科技总院 南通星辰合成材料有限公司
JB-025	JD-70 绝缘耐热有机硅自粘带	上海橡胶制品研究所
JB-026	双螺杆连续本体法热塑性聚氨酯（TPU）生产技术及产品开发技术	洛阳吉明化工有限公司
JB-027	KP6035 高粘度乙丙橡胶专用油的研制及工业应用	中国石油克拉玛依石化分公司
JB-028	丁二烯精馏装置先进控制与全装置自动负荷升降	扬子石油化工股份有限公司 南京工业大学
JB-029	酶法生产低聚木糖	江南大学 新疆纵横股份有限公司

续表

序号	项目名称	主要完成单位
科技进步奖（二等奖）		
JB-030	连续浇注复合外墙保温装饰材料的技术开发与设备的研制	青岛科技大学
JB-031	GMX-23 套装硅橡胶	中蓝晨光化工研究院
JB-032	机场跑道专用沥青的研制	中国石油克拉玛依石化分公司
JB-033	石油开采井下作业工具全自动试压机组的研制	北京矿冶研究总院
JB-034	聚丙烯装置用高效杀活剂 BL-825	北京斯伯乐科技发展有限公司
JB-035	年产 100 万吨呋喃酮生产技术	大连金菊香料有限公司
JB-036	天然气水合物应用技术研究与开发	中国科学院广州能源研究所
JB-037	塔河油田奥陶系油气藏成藏地球化学研究	石油大学（北京） 中国石油化工股份有限公司西北分公司
JB-038	移动床径向反应器流体力学及工程应用研究	清华大学
JB-039	化工过程爆炸灾害理论模型及防灾决策支持系统研究	南京工业大学
JB-040	水处理剂——聚氯化铝 GB 15892—2003	深圳市中润水工业技术发展有限公司等 天津化工研究设计院 凯米沃特（宜兴）净化剂有限公司 深圳市清源净水器材有限公司 重庆渝西化工厂 江苏太仓市新星轻工助剂厂 淄博净水剂厂
JB-041	《中国煤炭性质、分类和利用》	煤炭科学研究总院北京煤化工研究分院 化学工业出版社
JB-042	《现代干燥技术》	化学工业出版社
JB-043	《色谱技术丛书》第一版（1～13）	化学工业出版社
JB-044	灰熔聚流化床气化工程设计	华陆工程科技有限责任公司 中国科学院山西煤炭化学研究所

（本附录由宫艳玲校阅）

参考文献

[1] 中华人民共和国化学工业部. 中国化学工业大事记（1949—1994）[M]. 北京：化学工业出版社, 1996.

[2] 中华人民共和国化学工业部. 中国化学工业大事记（1995—1998.3）[M]. 北京：化学工业出版社, 1998.

[3] 化学工业部组织史编制组. 化学工业部及其在京直属单位领导人名录 [M]. 北京：化学工业出版社, 1990.

[4] 中国石油和化学工业协会. 中国石油和化学工业大事记（1998.3—2001.4）[M]. 北京：化学工业出版社, 2009.

[5] 李勇武. 科技兴化·激荡三十年——纪念中国石油和化学工业改革开放三十年[M]. 北京：化学工业出版社, 2008.

[6] 中国大百科全书总编辑委员会. 中国大百科全书——化学卷（Ⅰ，Ⅱ册）[M]. 北京：中国大百科全书出版社，1989.

[7] 中国大百科全书总编辑委员会. 中国大百科全书——化工卷[M]. 北京：中国大百科全书出版社, 1987.

[8] 中国大百科全书总编辑委员会. 中国大百科全书——轻工卷[M]. 北京：中国大百科全书出版社, 1991.

[9] 中国大百科全书总编辑委员会. 中国大百科全书——军事卷（Ⅰ，Ⅱ册）[M]. 北京：中国大百科全书出版社, 1989.

[10] 中国大百科全书总编辑委员会. 中国大百科全书——矿冶卷[M]. 北京：中国大百科全书出版社, 1992.

[11] 中国大百科全书总编辑委员会. 中国大百科全书——中医卷[M]. 北京：中国大百科全书出版社, 2000.

[12] 时钧, 汪家鼎, 余国琮, 等. 化学工程手册（第二版）（上下卷）[M]. 北京：化学工业出版社, 1996.

[13] 茅以升. 现代工程师手册[M]. 北京：北京出版社, 1986.

[14] 中国化工博物馆. 中国化工通史——古代卷[M]. 北京：化学工业出版社, 2014.

[15] 中国化工博物馆. 中国化工通史——行业卷（上下册）[M]. 北京：化学工业出版社, 2014.

[16] 《中国化工通史》编写组. 中国化工通史——区域卷[M]. 北京：化学工业出版社, 2019.

[17] 《中国化工通史》编写组. 中国化工通史——统计卷[M]. 北京：化学工业出版社, 2020.

[18] 周嘉华, 赵匡华. 中国化学史（古代卷）[M]. 南宁：广西教育出版社, 2003.

[19] 赵匡华. 中国化学史（近现代卷）[M]. 南宁：广西教育出版社, 2003.

[20] 中国人民解放军历史资料丛书编审委员会. 军事工业·根据地兵器[M]. 北京：解放军出版社, 2000.

[21] 中国科学技术协会. 中国科学技术专家传略·工程技术编：化工卷 1[M]. 北京：中国科学技术出版社, 1999.

[22] 陈歆文, 周嘉华. 永利与黄海——近代中国化工的典范[M]. 济南：山东教育出版社, 2006.

[23] 顾秀莲. 爱我化工[M]. 北京：化学工业出版社, 1996.

[24] 李寿生. 中国化工风云录[M]. 北京：中国工人出版社, 1996.

[25] 李寿生. 中国化工风云录[M]. 北京: 化学工业出版社, 2017.
[26] 何红艳. 中国地图册（第 11 版）[M]. 北京: 中国地图出版社, 2006.
[27] 谭见安. 地理辞典[M]. 北京: 化学工业出版社, 2009.
[28] 杨光启, 陶涛. 当代中国的化学工业[M]. 北京: 中国社会科学出版社, 1986.
[29] 张万欣. 当代中国的石油化学工业[M]. 北京: 中国社会科学出版社, 1987.
[30] 焦力人. 当代中国的石油工业[M]. 北京: 中国社会科学出版社, 1988.
[31] 孙晓风. 中国炼油工业[M]. 北京: 石油工业出版社, 1989.
[32] 《当代中国石油工业》编委会. 当代中国石油工业（1986—2005）（上下卷）[M]. 北京: 当代中国出版社, 2008.
[33] 宋健. 现代科学技术基础知识[M]. 北京: 中共中央党校出版社, 1994.
[34] 张运明. 化学·社会·生活[M]. 南宁: 广西科学技术出版社, 2002.
[35] 方义杉. 五十年来之中国石油公司[M]. 台北: 中国石油股份有限公司石油通讯编辑委员会, 1996.
[36] 王箴. 化工辞典（第四版）[M]. 北京：化学工业出版社, 2000.
[37] 陈鸿璠. 石油工业通论[M]. 北京: 石油工业出版社, 1995.
[38] 于学驷. 中国国防科技工业的摇篮——革命根据地的人民兵工（上下集）[M]. 北京: 兵器工业出版社, 2001.
[39] 张卫东, 王瑞和. 石油石化 300 问[M]. 东营: 中国石油大学出版社, 2010.
[40] 杨光启. 世界化学工业年鉴[M]. 北京：化学工业部科学技术情报研究所，1984.
[41] 张洪沅, 丁绪淮, 顾毓珍. 化学工业过程及设备（上册）[M]. 北京: 化学工业出版社, 1966.
[42] 张克忠, 苏元复. 无机工业化学[M]. 北京: 商务印书馆, 1935.
[43] 王水平. 新中国大事典[M]. 北京: 中国国际广播出版社, 1992.
[44] 《当代中国》丛书编辑部. 当代中国的北京（上下册）[M]. 北京: 中国社会科学出版社, 1989.
[45] 周万祥. 北京化工学院志（1958—1992）[M]. 北京: 化学工业出版社, 1996.
[46] 《当代中国》丛书编辑部. 当代中国的天津（上下册）[M]. 北京: 中国社会科学出版社, 1989.
[47] 河北省地方志编纂委员会. 河北省志（第 24 卷）化学工业志[M]. 北京: 方志出版社, 1996.
[48] 《当代中国》丛书编辑部. 当代中国的河北（上下册）[M]. 北京: 中国社会科学出版社, 1990.
[49] 辽宁省地方志编纂委员会办公室. 辽宁省志·化学工业志[M]. 沈阳: 辽宁科学技术出版社, 1999.
[50] 辽宁省石油化学工业厅. 辽宁省化学工业志[M]. 沈阳: 辽宁人民出版社, 1993.
[51] 《当代中国》丛书编辑部. 当代中国的辽宁（上下册）[M]. 北京: 当代中国出版社, 1994.
[52] 《当代中国》丛书编辑部. 当代中国的黑龙江（上下册）[M]. 北京: 中国社会科学出版社, 1990.
[53] 《当代中国》丛书编辑部. 当代中国的上海（上下册）[M]. 北京: 当代中国出版社, 1983.
[54] 江苏省地方志编纂委员会. 江苏省志·化学工业志[M]. 北京: 方志出版社, 1999.
[55] 《当代中国》丛书编辑部. 当代中国的江苏（上下册）[M]. 北京: 中国社会科学出版社, 1989.
[56] 《当代中国》丛书编辑部. 当代中国的浙江（上下册）[M]. 北京: 中国社会科学出版社, 1989.
[57] 安徽省地方志编纂委员会. 安徽省志·石油化学工业志[M]. 合肥: 安徽人民出版社, 1992.
[58] 福建省地方志编纂委员会. 福建省志·化学工业志[M]. 北京: 方志出版社, 1995.
[59] 《当代中国》丛书编辑部. 当代中国的江西（上下册）[M]. 北京: 当代中国出版社, 1991.
[60] 江西省地方志编纂委员会. 江西省志. 江西省石油化学工业志 [M]. 北京: 中共中央党校出版社，1992.
[61] 《当代中国》丛书编辑部. 当代中国的山东（上下册）[M]. 北京: 中国社会科学出版社, 1989.

[62] 山东省地方史志编纂委员会. 山东省志·陶瓷工业志[M]. 济南: 山东人民出版社, 1995.
[63] 《当代中国》丛书编辑部. 当代中国的河南（上下册）[M]. 北京: 中国社会科学出版社, 1990.
[64] 河南省地方史志编纂委员会. 河南省志·石油工业志·化学工业志[M]. 郑州: 河南人民出版社, 1997.
[65] 《当代中国》丛书编辑部. 当代中国的湖南（上下册）[M]. 北京: 中国社会科学出版社, 1990.
[66] 湖南省地方志编纂委员会. 湖南省志·工业矿产志·化学工业[M]. 长沙: 湖南出版社, 1993.
[67] 《当代中国》丛书编辑部. 当代中国的广东（上下册）[M]. 北京: 当代中国出版社, 1991.
[68] 佛山市博物馆. 佛山市文物志[M]. 广州: 广东科技出版社, 1991.
[69] 广西壮族自治区地方志编纂委员会. 广西通志·糖业志[M]. 南宁: 广西人民出版社, 1998.
[70] 四川省地方志编纂委员会. 四川省志·石油天然气工业志[M]. 成都: 四川人民出版社, 1997.
[71] 《当代中国》丛书编辑部. 当代中国的贵州（上下册）[M]. 北京: 中国社会科学出版社, 1989.
[72] 陕西省地方志编纂委员会. 陕西省志·第十八卷·石油化学工业志[M]. 西安: 陕西人民出版社, 1989.
[73] 《当代中国》丛书编辑部. 当代中国的陕西（上下册）[M]. 北京:当代中国出版社, 1991.
[74] 《当代中国》丛书编辑部. 当代中国的青海（上下册）[M]. 北京: 当代中国出版社, 1991.
[75] 青海省地方志编纂委员会. 青海省志·石油工业志[M]. 西宁: 青海人民出版社, 1995.
[76] 《当代中国》丛书编辑部. 当代中国的新疆[M]. 北京: 当代中国出版社, 1991.
[77] 《化学发展简史》编写组. 化学发展简史[M]. 北京: 科学出版社, 1980.
[78] 卢嘉锡, 路甬祥. 中国古代科学史纲[M]. 石家庄: 河北科学技术出版社, 1998.
[79] 刘国良. 中国工业史（古代卷）[M]. 南京: 江苏科学技术出版社, 1990.
[80] 凌永乐. 世界化学史简编[M]. 沈阳: 辽宁教育出版社, 1989.
[81] 北京化工学院化工史编写组. 化学工业发展简史[M]. 北京: 科学技术文献出版社, 1985.
[82] 崔述生, 张浩. 精编本草纲目[M]. 北京: 中医古籍出版社, 2003.
[83] 朱肱. 酒精译注[M]. 宋一明, 李艳, 译注. 上海: 上海古籍出版社, 2010.
[84] 贾思勰. 齐民要术译注[M]. 缪启愉, 缪桂龙, 译注. 上海: 上海古籍出版社, 2010.
[85] 沈括. 梦溪笔谈[M]. 北京: 团结出版社, 1996.
[86] 北京印刷一厂工人理论组. 《梦溪笔谈》选注[M]. 北京: 人民文学出版社, 1975.
[87] 宋应星.天工开物译注[M]. 潘吉星, 译注. 上海: 上海古籍出版社, 2012.
[88] 清华大学机械厂工人理论组. 《天工开物》注释[M]. 北京: 科学出版社, 1976.
[89] 王明. 抱朴子内篇校释（第 2 版）[M]. 北京: 中华书局, 2010.
[90] 任法融. 《周易参同契》释义[M]. 北京: 东方出版社, 2009.
[91] 《中国兵书集成》编委会. 中国兵书集成（第 3～5 册）武经总要（一）（二）（三）[M]. 北京: 解放军出版社; 沈阳: 辽沈书社联合出版, 1988.
[92] 司马迁. 史记[M]. 长沙: 岳麓书社, 1996.
[93] 班固. 汉书[M]. 北京: 中华书局, 2010.
[94] 范晔. 后汉书[M]. 南京: 江苏古籍出版社, 2002.
[95] 张华. 博物志[M]. 张恩富, 译. 重庆: 重庆出版社, 2007.
[96] 常璩. 华阳国志[M]. 严茜子, 点校. 济南: 齐鲁书社, 2010.
[97] 山西省地方志办公室. 山西省志·化学工业志[M]. 北京: 中华书局, 2015.
[98] 北京市地方志编纂委员会. 北京志·工业卷·化学工业志、石油化学工业志[M]. 北京: 北京出版社, 2001.
[99] 中国石化集团北京燕山石油化工有限公司. 燕山石化志[M]. 北京: 中国石化出版社, 2005.

[100] 李约瑟. 中国科学技术史·第五卷 化学及相关技术：第七分册 军事技术：火药的史诗[M]. 刘晓燕，译. 北京：科学出版社，2005.

[101] 李约瑟，黄兴宗.中国科学技术史·第六卷 生物学及相关技术：第五分册 发酵与食品科学[M]. 韩北忠，译. 北京：科学出版社，2008.

[102] 吴熙敬，汪广仁，吴坤仪. 中国近现代技术史（上下卷）[M]. 北京：科学出版社，2000.

[103] 姚乃兴. 姜圣阶[M]//《科学家传记大辞典》编辑组编辑. 中国现代科学家传记（第二集）. 北京：科学出版社，1991: 787-792.

[104] 周嘉华，李华隆. 大众化学化工史[M]. 济南：山东科学技术出版社，2015.

[105] 中国石化思想政治工作部（企业文化部）. 中国石油化工发展历程简明读本[M]. 北京：中国石化出版社，2010.

[106] 林承志. 化学之路：新编化学发展简史[M]. 北京：科学出版社，2011.

[107] 陈歆文. 中国近代化学工业史[M]. 北京：化学工业出版社，2006.

[108] 广田襄. 现代化学史[M]. 丁明玉，译.北京：化学工业出版社，2018.

[109] 后德俊，周嘉华. 中国古代日用化学工程技术史[M]. 太原：山西出版社，2011.

[110] 张汝训. 化学史话[M]. 南京：正中书局，1947（民国三十六年）.

[111] 张子高. 中国化学史稿（古代之部）[M]. 北京：科学出版社，1964.

[112] 上海市格致中学，上海市格致中学校友会. 格致校史稿[M]. 上海：上海社会科学院出版社，2005.

[113] 李敏，张启跃. 橡胶工业手册[M]. 北京：化学工业出版社，2012.

[114] 李剑农. 中国古代经济史稿[M]. 武汉：武汉大学出版社，2006.

[115] 中国地质学会. 中国地质学学科史[M]. 北京：中国科学技术出版社，2010.

[116] 董志凯，武力. 中华人民共和国经济史（1953—1957）（上、下册）[M]. 北京：社会科学文献出版社，2011.

[117] 刘克祥，吴太昌. 中国近代经济史（1927—1937）（上、中、下三册）[M]. 北京：人民出版社，2010.

[118] 王方中. 中国近代经济史稿（1940—1927）[M]. 北京：北京出版社，1982.

[119] 彭泽益. 中国近代手工业史资料（1840—1949）（第二卷）[M]. 北京：生活·读书·新知三联书店，1957.

[120] 彭泽益. 中国近代手工业史资料（1840—1949）（第三卷）[M]. 北京：生活·读书·新知三联书店，1957.

[121] 彭泽益. 中国近代手工业史资料（1840—1949）（第四卷）[M]. 北京：生活·读书·新知三联书店，1957.

[122] 傅筑夫. 中国经济史论丛（上下）[M]. 北京：生活·读书·新知三联书店，1980.

[123] 杨宽. 中国古代冶铁技术发展史[M]. 上海：上海人民出版社，2005.

[124] 吴慧. 中国古代商业[M]. 北京：商务印书馆，1998.

[125] 申漳. 简明科学技术史话[M]. 北京：中国青年出版社，1990.

[126] 陈美东. 简明中国科学技术史话[M]. 北京：中国青年出版社，1990.

[127] 中国地方志指导小组办公室. 中国新编地方志目录[M]. 北京：方志出版社，1999.

[128] 曹振宇，程顺达. 化学与现代生活[M]. 北京：科学出版社，1990.

[129] 生活・读书・新知三联书店. 国外工业现代化概况[M]. 北京：生活·读书·新知三联书店，1979.

[130] 牛占珩. 周易与古代经济[M]. 成都：巴蜀书社出版社，2004.

[131] 陈歆文. 中国化学工业的奠基人——范旭东[M]. 大连：大连出版社，2003.

[132] 化工部办公厅，中国化工报社. 全国化工企事业单位名录[M]. 北京：中国物资出版社，1990.

[133] 钟少异. 中国古代军事工程技术史（上古至五代）[M]. 太原：山西出版集团，2008.

[134] 张伯海. 中国期刊[M]. 兰州：甘肃人民出版社，1998.

[135] 魏然. 东方使者——顾秀莲化工外交之旅[M]. 北京: 化学工业出版社, 2006.
[136] 中国石油和化学工业协会, 中国化工信息中心, 中国化工情报信息协会. 中国石油和化工信息回顾与展望（第二集）（1989—2004）[J]. 中国化学化工文摘, 2004（增刊 22）.
[137] 中华人民共和国教育部科学技术司. 改革开放中腾飞的高校科技（1978—2008）[M]. 北京: 高等教育出版社, 2009.
[138] 中国石油和化学工业联合会第三次会员大会会刊. 中国石油和化工经济分析[J], 2010.
[139] 中国石油和化学工业协会, 李勇武. 石油和化学工业 60 年[M]. 北京: 化学工业出版社, 2009.
[140] 埃德加·斯诺. 西行漫记（原名: 红星照耀中国）[M]. 董乐山, 译. 北京: 生活·读书·新知三联书店, 1979.
[141] 雍桂良. 吴亮平传[M]. 北京: 中央文献出版社, 2009.
[142] 潘连生. 关于化学工业发展的探讨[M]. 北京: 化学工业出版社, 1999.
[143] 汪广仁. 中国近代科学先驱徐寿父子研究[M]. 北京: 清华大学出版社, 1998.
[144] 汪广仁, 徐振亚. 海国撷珠的徐寿父子[M]. 北京: 科学出版社, 2000.
[145]《康世恩传》编写组. 康世恩传[M]. 北京: 当代中国出版社, 1998.
[146] 中国石油化工集团公司办公厅. 李人俊与中国石化工业[M]. 北京: 中国石化出版社, 2000.
[147] 侯祥麟. 我与石油有缘: 侯祥麟自述[M]. 北京: 石油工业出版社, 2001.
[148] 张文欣. 陈俊武传[M]. 北京: 中国石化出版社, 2018.
[149] 张洪沅, 丁绪淮, 顾毓珍. 化学工业过程扩设备（上册）[M]. 北京: 化学工业出版社, 1966.
[150] 陈锦华. 伟大时期的实践与求索[M]. 合肥: 安徽人民出版社, 1999.
[151] 尚长文. 王基铭传[M]. 北京: 中国石化出版社, 2017.
[152] 汪燮卿. 汪燮卿自传[M]. 北京: 中国石化出版社, 2018.
[153] 北京市科学技术协会. 北京科技社团与首都科学发展[M]. 北京: 北京出版社, 2009.
[154]《当代中国》丛书编辑部. 当代中国的出版事业[M]. 北京: 当代中国出版社, 1993.
[155] 闻人军. 考工记译注[M]. 上海古籍出版社, 2008.
[156] 当代中国研究所. 中华人民共和国史稿（全 5 卷） [M]. 北京: 当代中国出版社, 人民出版社, 2012.
[157] 中共中央党史研究室. 中国共产党历史（第 1 卷）[M]. 北京: 中共党史出版社, 2002.
[158] 中共中央党史研究室. 中国共产党历史（第 2 卷）[M]. 北京: 中共党史出版社, 2011.
[159] 中共中央党史研究室. 中国共产党的九十年[M]. 北京: 中共党史出版社, 2019.
[160] 李寿生. 铿锵脚步: 新中国成立 70 周年石油和化学工业发展纪实（上下册）[M]. 北京: 化学工业出版社, 2019.
[161] 朱曾惠. 美国、欧盟和日本化学工业发展规划的编制（2020—2025）[J]. 中国化工信息，2006.
[162] 朱曾惠. 世界化学工业发展战略中的若干问题[M]. 北京: 化学工业出版社, 2009.
[163] 李扬鉴. 大陆层控构造论文选集[M]. 北京: 科学出版社, 2017.
[164] 李钟模. 钟模科普作品选——化工·地质·环境漫谈[M]. 北京: 化学工业出版社, 2016.
[165] 魏东岩. 全球变化——人类存亡之焦点[M]. 北京: 地质出版社, 2009.
[166] 魏东岩. 蒸发岩生物成因论. 北京: 地质出版社, 2008.
[167] 周嘉华. 酒铸史钩[M]. 深圳: 海天出版社, 2015.
[168] 叶建华. 勇立潮头[M]. 北京: 中央文献出版社, 2014.
[169] 魏昕宇. 塑料的世界[M]. 北京: 科学出版社, 2019.
[170] 叶铁林. 天然碱: 资源・地质・开采・加工 [M]. 3 版. 北京: 化学工业出版社, 2013.

[171] 翟海潮. 胶黏剂行业那些事——从业 30 年所见所闻[M]. 北京: 化学工业出版社, 2018.

[172] 中国石油和石化工程研究会. 中国石油石化工程年鉴（2001—2005）[M]. 北京: 中国石化出版社, 2007.

[173] 中国石油和石化工程研究会. 中国石油石化工程年鉴（2006—2010）[M]. 北京: 中国石化出版社, 2007.

[174] 《中国石油化工集团公司年鉴》编委会. 中国石油化工集团公司年鉴（2011）[M]. 北京: 中国石化出版社, 2011.

[175] 《中国石油天然气集团公司年鉴》编委会. 中国石油天然气集团公司年鉴（2010）[M]. 北京: 石油工业出版社, 2010.

参考资料

[1] 中国化学工业发展剪影（陈歆文文集）, 2001.

[2] 浮生寄兴（陈歆文文集二）, 2015.

[3] 北京化工大学招生办公室. 北京化工大学 2012 报考指南, 2012.

[4] 北京化工大学招生办公室. 北京化工大学 2013 报考指南, 2013.

[5] 策划: 丁巨元，罗兵. 编辑: 冯婕. 1958—2008 北京化工大学 50 年.

[6] 化学工业部科学技术情报研究所编. 回顾与展望——化工情报事业创建三十年（1958—1988）, 1988 年 11 月.

[7] 中国化工信息中心有限公司编. 汇心于信 智领未来（1959—2019）, 2019 年 10 月.

[8] 中国化工学会、《中国石油和化工》杂志社编. 面向 21 世纪的中国化工——纪念中国化工学会成立 80 周年（1922—2002）.

[9] 中国化工学会编. 化工持续发展面临的挑战和机遇——纪念中国化工学会成立 90 周年（1922—2012）.

[10] 中国化工学会会史, 1982 年 4 月.

[11] 中国石油和化工勘察设计协会编. 中国化工勘察设计五十年（1953—2003）, 2005 年 10 月.

[12] 中国石化工程建设公司编. 1953—2003 辉煌历程.

[13] 中国石化工程建设公司（SEI）编. 中国石化工程建设有限公司六十周年纪念册《辉煌六十年》.

[14] 中国化工科技奖励——辉煌 20 年（1984—2004）.

[15] 中国石油和化学工业局化工科学技术奖励评审委员会编. 化工科技成果获奖项目汇编（1992—1998）.

[16] 中国化工学会橡胶专业委员会秘书处编. 中国橡胶工业百年（1915—2015）.

[17] 《涂料工业》纪念特刊 1959—2009 创刊五十周年.

[18] 天津大学 2012 年报.

[19] 中国氮肥工业协会.

[20] 中国石油化工集团公司办公厅编. 历史文献中的中国石化（1983—2013）.

[21] 中国化工博物馆展陈导引.

[22] 《中国工业史·石油化工卷》第五、六编送审稿（沈渭提供，2020 年）.

[23] 北京化工大学招生办公室. 北京化工大学 2011 报考指南, 2011.

[24] 中国石化北京化工研究院 2009.

[25] 袁纽任编委会主任. 中国化工勘察设计五十年（1953—2003）（内部资料）. 北京: 中国石油和化工勘察设计协会编, 2005.

[26] 化学工业部科学技术情报研究所编. 化工情报事业三十年（1958—1988）（内部资料）, 1988 年 11 月.

[27] 石油化工生产装置技术资料汇编（内部资料）. 北京石油化工总厂, 1977.

[28] 北京燕山石油化工公司石油化工生产装置技术资料汇编（内部资料, 2 册）. 北京燕山石油化工公司, 1988.

[29] 山东省石油化学工业厅编志办公室编. 山东省志·化学工业志（1840—1984）（内部资料）.

[30] 黄勇著. 陕煤集团成立十五周年——职工优秀摄影作品集, 2019 年 2 月.

[31] 白国宝主编. 科海弄潮（资料）. 山西省应用化学研究所, 2004.

[32] 2015 年 PSE 年会纪念册. 成思危主任和我们在一起的日子.

[33] 杨友麒学术论文自行选集（1957—2017）.

[34] 北京化工研究院志（1958—1996）（1998 年·北京）.

[35] 中国石油化工总公司科学技术情报研究所出版. 中国石油化工总公司年鉴（1988 年）.

[36] 中国化工学会橡胶专业委员会出版. 中国橡胶工业百年（2015 年 9 月第 1 版）.

[37] 中国石油化工总公司石油化工科学研究院编. 石油化工科学研究院发展史, 1996 年 6 月.

[38] 《化学工业出版社建社 55 周年》工作领导小组编. 化学工业出版社大事记（1953. 1—2008. 1）, 2008 年 1 月 30 日.

[39] 中国石油和化学工业协会编. 国防化工事业的创建历程，2007.

后 记

在中国大地上，化工技术和化工生产历史悠久。中华人民共和国成立后，化学工业突飞猛进，取得举世瞩目的成就。2007 年，沈渭、刘承彦、蔡强、李爱青开始酝酿编写一本中国化学工业发展历史的书籍。2011 年正式成立编写组。《中国化工通史》（以下简称《通史》）编写组成员（除《古代卷》）基本上都是从事化工事业的科技人员和管理人员，没有写史的经验。但是凭着对化工事业的热爱，怀着对成千上万化工人为祖国化工事业艰苦创业的敬意，决心拿起笔记录历史。为了尽可能地保证历史的真实性和准确性，编写组不惜跋山涉水寻找失散的资料，登门拜访年事已高的化工老前辈，邀请化工各行业的老专家、老领导参与编写工作。在编写过程中，还有不少意想不到的困难和障碍，编写组集思广益，使得难点逐一解决。2014 年《通史》的《古代卷》和《行业卷》完成出版。如读者想了解编纂《通史》的起因和工作过程，可参阅《古代卷》或《行业卷》的后记。

《通史》前两卷问世后，2015 年因原支持单位中国化工博物馆的工作调整，编写组面临何去何从的抉择，以及工作遇到的困难如何解决等诸多问题。在刘承彦同志的坚持和推动下，沈渭、余一、刘国杰、蔡强等决定编写工作不能半途而废。随后，几人四处奔波联系作者、编者和资助者，工作才得以继续。终于 2019 年和 2020 年，相继出版了《区域卷》和《统计卷》。关于这两卷的编纂情况，《区域卷》的前言和《统计卷》的前言与后记，皆有略述。

倡议编写《事业卷》，不得不提一下侯德榜的最后一任秘书叶铁林先生。他看完前四卷后，语重心长地说："新中国化工事业的发展，不应忘记从事工程设计、科研开发、情报出版、化工教育等人员的辛劳，应该再出一本事业卷。"不幸的是，《事业卷》尚未出版，叶先生却已于 2020 年 8 月离世，对他的大力倡导与支持应当铭记。《事业卷》主要内容由沈渭和刘承彦执笔编纂，罗贞礼加入编写组工作。杨元一、袁钮、余一、徐维欣、任子臣、杨友麒、魏然、宋学雁、宫艳玲分别审阅有关章节。编写过程中得到吴军、孙可华与孙云父女、王国清、李玲、胡晓春、王海珠、傅聪智、黄国强、沈宇、张俊明、陈世滨、张瑞和、徐福帅等同志的协助，《事业卷》得以顺利问世。

到目前为止，《通史》已正式出版五卷六册，共 300 多万字，2700 多页。从 2007 年 4 月创办化工博物馆开始酝酿起步，到 2020 年 12 月，历时近 14 年之久。参加工作的主要人员有（包括指导、执笔、审阅，以及提供资料、资金和咨询的专家、学者，姓名按汉语拼音排序）：白国宝、白鹭、蔡建新、蔡强、曹阳、陈丽、陈世滨、陈蔚、陈歆文、杜淑敏、樊丽秋、傅聪智、傅向升、富志侠、宫艳玲、贺永德、侯国柱、胡迁林、胡晓春、姜砚茹、揭玉斌、李爱青、李彩萍、李光、李恒东、李建强、李玲、李树国、李中、李钟模、林久宗、刘承彦、刘国杰、刘启斌、刘阳、刘宇、刘渊、罗贞礼、孟根发、牛未默、戚彪、任建新、任子臣、荣世立、沈渭、施俊鹏、宋向雁、孙可华、孙云、谭天伟、王大白、王国清、王海珠、王乐意、王雪丽、王有成、魏然、魏小卉、吴军、徐菁利、徐宇、杨习理、杨友麒、杨元一、杨昀、叶建华、叶铁林、于学泗、余一、袁钮、翟海潮、张豪禹、张俊明、张瑞和、张世元、张通、张远树、赵匡华、赵彦伟、周嘉华、朱益强。还有许多同志为《通史》的出版提供了有益帮助，因篇幅有限不能一一名列。编写组向所有参与工作和提供帮助的同志表示衷心感谢。

什么是化工？这个人们耳熟能详的名词，要真正说明白却非易事。我们认为，在现代汉语中，化学工业、化学工程和化学工艺都可以简称化工，它既涵盖了设备、装置等“硬件”，也包含了科学、技术等“软件”，在科技发展和时代变迁中它既是独立的门类，又有与其他学科在新领域的交融。化工这个词，已成为一个知识门类和事业的代名词。《通史》作为介绍我国化工发展的历史书籍与现在已经出版的各种化工历史书籍相比，它的内容相对比较丰富，编排也算新颖。但作为一部“化工通史”，是否就算完整了呢？我们的回答是否定的。通过前面对化工一词的介绍，《通史》还没有达到覆盖全面、完整的要求，从历史学角度来评判也没有达到史学的高度。编写组编纂出版的这几卷，相对于几代化工人创造的化工事业而言，记录的只不过是几片落叶与剪影。如果读者借由阅读《通史》而能感受到中国化工发展背后的艰辛与魅力，编者将感到莫大的欣慰。

《中国化工通史》编写组

2021年6月于北京

化工国支柱
博弈数十秋
留得伟业在
念君心血呕

刘承彦文

邵美澤书

天地間金木水火土
出神入化鳳凰涅槃
化腐朽为神奇
乃化工也

沈渭文

李鍾樸書